- 普通高等教育"十四五"系列教材
- 河南省"十四五"普通高等教育规划教材
- 河南省本科高校新工科新形态教材

计算机网络技术与应用

○ 主　编　李秀芹
○ 副主编　韩红玲　李国佳　王玉峰
　　　　　王庆江　崔建涛

中国水利水电出版社
www.waterpub.com.cn
·北京·

内 容 提 要

本教材相继被遴选为河南省本科高校新工科新形态教材，以及河南省"十四五"普通高等教育规划教材。全书遵循计算机网络体系结构的逻辑脉络，由底层至顶层系统地阐述了计算机网络的基本原理与前沿技术，特别强调理论与实践的深度融合，巧妙穿插案例分析与实验实践环节，旨在提升学习者的综合应用能力。本教材附赠丰富多样的多媒体教学资源，各章节内置互动测试功能，实现了学习过程中的即时反馈与自我检测。

本书适用于高等学校电子信息类、计算机类等专业的本科生和具备一定计算机与信息技术基础的计算机网络爱好者，可以作为入门指南，还可作为网络工程师的初级参考书籍。

图书在版编目（CIP）数据

计算机网络技术与应用 / 李秀芹主编. -- 北京：中国水利水电出版社, 2025.7. -- （普通高等教育"十四五"系列教材）（河南省"十四五"普通高等教育规划教材）（河南省本科高校新工科新形态教材）. -- ISBN 978-7-5226-3272-8

Ⅰ．TP393

中国国家版本馆CIP数据核字第2025DM6816号

书　　名	普通高等教育"十四五"系列教材 河南省"十四五"普通高等教育规划教材 河南省本科高校新工科新形态教材 **计算机网络技术与应用** JISUANJI WANGLUO JISHU YU YINGYONG
作　　者	主　编　李秀芹 副主编　韩红玲　李国佳　王玉峰　王庆江　崔建涛
出版发行	中国水利水电出版社 （北京市海淀区玉渊潭南路1号D座　100038） 网址：www.waterpub.com.cn E-mail：sales@mwr.gov.cn 电话：（010）68545888（营销中心）
经　　售	北京科水图书销售有限公司 电话：（010）68545874、63202643 全国各地新华书店和相关出版物销售网点
排　　版	中国水利水电出版社微机排版中心
印　　刷	清淞永业（天津）印刷有限公司
规　　格	184mm×260mm　16开本　24.75印张　587千字
版　　次	2025年7月第1版　2025年7月第1次印刷
印　　数	0001—4000册
定　　价	**58.00元**

凡购买我社图书，如有缺页、倒页、脱页的，本社营销中心负责调换

版权所有·侵权必究

序

在信息技术日新月异的当代，计算机网络已蔚然成为推动人类文明跃进的广阔领域，它不仅深刻地重塑了人类社会的生存范式，更是各行各业创新浪潮与进步的坚固基石。随着数字化浪潮的汹涌澎湃、网络互联的深度渗透以及智能化的全面兴起，对计算机网络基础理论及广泛应用的深刻洞察，已成为时代赋予我们的迫切需求。

追溯计算机网络的历史脉络，从萌芽阶段的局域网跨越至如今覆盖全球的互联网，从基础的数据流通演进至云计算、大数据等尖端技术的广泛应用，这一进程见证了网络技术从空白中孕育、由简朴走向繁复的辉煌篇章。每一次技术的飞跃，都如同浪潮般席卷整个行业，引发深刻的结构调整与创新风暴，激发了无数智慧火花，照亮了科技前行的道路。

在此背景下，对于新时代的IT（信息技术）领域求知者而言，构筑坚实的网络知识基础与紧跟时代步伐的前沿技术视野，是不可或缺的专业素养。本书正是在此背景下应运而生的，它遵循国际标准化组织（ISO）所定义的七层网络架构，层层抽丝剥茧、细致入微地解析了数据在网络空间中的流转与处理机制，全面覆盖了互联网的多元化应用场景，并深入探讨了网络安全的核心原理、潜在威胁及防御策略。本书还特别聚焦于无线网络这一近年来蓬勃发展的技术领域，它不仅颠覆了传统的通信模式，更极大地丰富了信息获取的渠道与方式。本书旨在引导读者深刻理解无线网络的独特优势与局限，掌握其在现代生活中的广泛应用之道。

本书的鲜明特色在于其丰富的网络案例分析与综合应用实践，强调理论与实践的深度融合，力避将网络技术抽象化、空洞化，确保读者能够在生动具体的情境中，准确把握计算机网络的专业术语和工作原理，深刻理解网络技术所致力于解决的现实问题。

通过对本书的研读，读者不仅能够系统掌握计算机网络的基本理论与实用技能，更将激发对新技术的好奇心与探索欲，为构建更加安全、高效、智能的网络生态环境贡献智慧与力量。愿每位读者都能在这片充满无限可能的网络宇宙中，发现学习的乐趣，积累宝贵的知识，拓宽认知的边界，点燃创新的火花，最终在未来的网络世界中绽放属于自己的璀璨光芒！

解放军信息工程大学教授

2025年1月

前　言

本书从学习者的视角出发，围绕计算机网络体系结构自底向上，从物理层到应用层，将知识点贯穿于完整的计算机网络系统。书中包括网络技术的理论内容、运行网络技术的硬件实现、网络技术的模拟实践、网络技术应用的真实案例等。

本书分为三篇共九章进行论述。

第一篇　自底向上的计算机网络技术

本篇介绍计算机网络五层体系结构自底向上的网络技术及应用。

第一章计算机网络概论。第一～七节主要概述计算机网络的功能、计算机网络体系结构和下一代互联网的特点，使初学者理解计算机网络系统的构成和网络应用的特点，并介绍计算机网络的性能指标等。第八节概述以互联网为中心，提供快速且安全计算资源和服务的云计算，并简单介绍越来越普及的物联网的体系结构。

第二章物理层。物理层是计算机网络体系结构的最底层，实现传输媒体上的比特流透明传输。第一节介绍物理层的概况。第二节介绍数据通信的基础知识。第三节介绍主要的传输媒体。第四节和第五节分别讨论信道复用技术和数字传输系统。第六节介绍交换网络。第七节介绍互联网的常用接入技术。

第三章数据链路层。第一节介绍数据链路层的主要功能和数据单元帧的概念等。第二节介绍点到点链路常用的链路层协议PPP（点到点协议）。第三节阐述广播型链路的特点和介质访问控制协议。第四～六节围绕广播型链路构成的以太网，介绍该类型局域网的物理层和数据链路层协议、网络设备，以及局域网内部的逻辑划分——虚拟局域网。

第四章网络层。第一节介绍网络层在整个网络体系结构中的位置和核心作用。第二节介绍因特网的骨干协议 IPv4 协议，从 IP 地址和网络地址出发，讲解 IP 报文的格式，引出地址解析协议，然后分析 IP 报文的转发过程。第三节介绍网际控制报文协议，其主要是为了辅助 IP 完成差错报告的，也可以用来实现网络信息查询。第四节主要探讨网络层设备。第五节介绍路由器更新路由表时运行的路由协议或路由算法。第六～八节分别介绍网络地址转换技术、虚拟专用网技术、IP 多播技术等的原理和应用。第九节介绍互联网协议 IPv6，主要探讨 IPv6 地址、IPv6 报文格式和 ICMPv6 协议。第十节介绍移动 IP 的工作原理。第十一节简单介绍多协议标记交换。第十二节介绍软件定义网络的基本概念。

第五章传输层。第一节介绍传输层为应用层提供的数据传输服务，并简单介绍两种经典的传输协议。第二节介绍传输层面向无连接的 UDP（用户数据报协议）。第三～五节深入介绍传输层的可靠传输协议 TCP（传输控制协议）的特点、报文格式和 TCP 连接管理。第六～八节介绍计算机网络常见的可靠传输机制，涉及 TCP 的流量控制和拥塞控制。第九节研究具有高实时性要求的计算机网络应用的服务质量问题。

第六章应用层。第一节介绍自动获取 IP 地址的 DHCP（动态主机配置协议）。第二节介绍由服务器的域名获得其 IP 地址的域名系统 DNS。第三节介绍万维网的核心技术之一，即超文本传输协议 HTTP。第四～六节分别介绍 FTP、SMTP、POP3、IMAP、Telnet 等互联网标准协议。第七节以 PuTTY 为例，介绍安全外壳（secure shell，SSH）协议作为一种加密网络协议的工作原理和应用。第八节介绍应用层和网络操作系统的接口部分，即套接字编程概述。

第二篇　网络安全和无线网络基础

网络安全问题已经成为全球高度关注的热点，无线网络因快捷性得到越来越普遍的应用。本篇重点论述计算机网络安全知识和无线网络技术。

第七章网络安全与防护概论。第一节介绍网络安全中的基础概念。第二节概述网络空间安全体系与评估标准。第三节简要描述网络攻击的分类、网络攻击的步骤和网络安全模型。第四节主要介绍 4 种常见的攻击技术和网络用户的日常个人网络安全防护措施。第五节重点介绍 DoS（拒绝服务）攻击、DDoS（分布式拒绝服务）攻击及防御。第六节展望了网络安全的未来。

第八章无线网络。第一节介绍无线局域网的物理层、数据链路层、网络部署和安全问题。第二节、第三节分别探讨中速、低速和高速的无线个人区域网。第四节介绍蜂窝移动通信技术。第五节简单介绍 RFID（射频识别）技术和传感器网络。

第三篇　计算机网络实践

本篇借助 Wireshark、eNSP、Nginx 等网络工具软件，进行数据包的捕获及分析、网络设备的配置（仿真）、应用服务器的部署等。

第九章网络操作与实践。第一节介绍基于 Windows 操作系统的常用网络操作命令。第二节介绍华为模拟软件 eNSP 及其应用方法。第三节和第四节基于 eNSP 进行网络实验方案设计，并给出基于端口的 VLAN 划分实践应用案例、网络层的 4 个协议抓包分析实验。第五节、第六节、第八节利用 eNSP 和 Wireshark 进行网络层核心设备路由器运行的路由协议实验，以及传输层协议和应用层经典协议的协议分析实验。第七节利用 nginx 进行应用服务器配置。第九节基于 Visual Studio 进行 Winsock 的 C 语言编程实验。

本书特色

一、新工科教育理念

本书融合计算机与通信技术、网络软件与硬件、理论与应用技术，以学习者为中心，以培养具有解决复杂工程问题能力、综合学习能力和创新能力的网络人才为目标，以满足新工科人才培养和工程教育专业认证对计算机类工科专业网络课程教学需求为导向，将网络技术的具体原理、机制与实践应用相结合，全面提升学习者的网络技术研究水平、网络管理能力、复杂网络部署能力和网络应用程序开发能力。

二、多资源的新生态教材

本书拟建设成一个集纸质书、课件、微视频、在线平台等多资源的新生态互动式学习体系，有效引导学习者自主学习，培养深度学习和创新能力，利于翻转课堂教学模式的开展。

三、虚实互补的实验环境、网络操作可视化

学习者根据网络实验室和软硬件环境保障条件，可使用真实的硬件设备完成部分实验，在设备不足的情况下，借助仿真模拟软件、虚拟仿真平台来完成实验内容，实现了网络设备操作、网络数据及协议分析可视化，解决了学习者缺乏真实网络设备不能进行实践操作的问题。线上平台包含了 12 个利用模拟软件实现的实验实践性内容，硬件设备有助于激发学生者学习兴趣，模拟仿真等有利于节约成本，同时也能满足能力培养、技术锻炼的需要，从而达成能力培养的目标。

本书由华北水利水电大学李秀芹担任主编，韩红玲、李国佳、王玉峰、王庆江，以及郑州轻工业大学崔建涛等担任副主编。具体编写分工如下：李秀芹编写第一章，王庆江编写第二章，韩红玲编写第三章和第四章，李国佳编写第五章和第七章，王玉峰编写第六章和第九章，崔建涛编写第八章。郑州轻工业大学的杜中州和孙海燕、郑州航空工业管理学院的屠宏等提供了部分资源。本书编写过程中参考了一些文献资料，在此向这些文献资料的作者们表示衷心感谢。

由于编者水平有限，书中错误和不妥之处在所难免，敬请专家和读者批评指正（E-mail：lixiuqin@ncwu.edu.cn），在此表示衷心感谢。

编者

2025 年 1 月

目　录

序
前言

第一篇　自底向上的计算机网络技术

第一章　计算机网络概论 　3
　第一节　为什么学习计算机网络　3
　第二节　计算机网络的定义和功能　5
　第三节　计算机网络的组成和分类　6
　第四节　计算机网络拓扑结构　11
　第五节　计算机网络的性能　13
　第六节　计算机网络体系结构　17
　第七节　下一代互联网　32
　第八节　云计算与物联网　39
　扩展阅读　42
　本章小结　42
　习题　43

第二章　物理层　46
　第一节　物理层概述　46
　第二节　数据通信的基础知识　47
　第三节　传输媒体　55
　第四节　信道复用技术　61
　第五节　数字传输系统　65
　第六节　交换网络　68
　第七节　互联网接入技术　71
　实践应用案例　78
　卫星通信在智慧水利中的应用　79

  扩展阅读 ·········· 80
  本章小结 ·········· 80
  习题 ·········· 81

第三章　数据链路层 ·········· 83
  第一节　数据链路层的基本概念 ·········· 83
  第二节　点到点协议 ·········· 85
  第三节　使用广播信道的数据链路层 ·········· 88
  第四节　以太网 ·········· 91
  第五节　数据链路层的交换设备 ·········· 96
  第六节　虚拟局域网 ·········· 99
  扩展阅读 ·········· 101
  本章小结 ·········· 101
  习题 ·········· 102

第四章　网络层 ·········· 104
  第一节　网络层的设计 ·········· 104
  第二节　网际协议 IPv4 ·········· 108
  第三节　网际控制报文协议 ·········· 122
  第四节　网络层设备 ·········· 125
  第五节　路由协议 ·········· 129
  第六节　网络地址转换 ·········· 141
  第七节　虚拟专用网 ·········· 144
  第八节　IP 多播 ·········· 145
  第九节　下一代互联网协议 IPv6 ·········· 151
  第十节　移动 IP ·········· 159
  第十一节　多协议标记交换 ·········· 161
  第十二节　软件定义网络 ·········· 165
  实践应用案例 ·········· 169
  本章小结 ·········· 170
  习题 ·········· 172

第五章　传输层 ·········· 174
  第一节　传输层概述 ·········· 174
  第二节　UDP ·········· 179
  第三节　TCP 概述 ·········· 181
  第四节　TCP 报文段的首部 ·········· 183
  第五节　TCP 连接管理及解析 ·········· 185
  第六节　可靠传输的工作原理 ·········· 190
  第七节　TCP 可靠传输的实现 ·········· 196

    第八节 TCP 拥塞控制 ·· 204
    第九节 服务质量 ·· 218
    本章小结 ·· 224
    习题 ·· 224

第六章 应用层 ·· 227
    第一节 自动获取地址配置信息 ·· 227
    第二节 域名解析系统 ·· 230
    第三节 WWW 及访问过程 ·· 233
    第四节 文件下载与上传 ·· 237
    第五节 收发电子邮件 ·· 239
    第六节 访问远程主机 ·· 242
    第七节 SSH 协议 ·· 244
    第八节 网络应用编程 ·· 247
    实践应用案例 ·· 250
    扩展阅读 ·· 257
    本章小结 ·· 257
    习题 ·· 258

第二篇 网络安全和无线网络基础

第七章 网络安全与防护概论 ·· 263
    第一节 网络安全概述 ·· 263
    第二节 网络空间安全体系与评估标准 ·································· 270
    第三节 网络攻击分类和安全模型 ······································ 275
    第四节 网络攻击技术与安全防范 ······································ 280
    第五节 DoS 与 DDoS 攻击 ·· 287
    第六节 网络安全未来展望 ·· 293
    实践应用案例 ·· 296
    扩展阅读 ·· 302
    本章小结 ·· 302
    习题 ·· 303

第八章 无线网络 ·· 304
    第一节 WLAN ·· 304
    第二节 WPAN——蓝牙 ·· 323
    第三节 低速和高速 WPAN——ZigBee 和超宽带 ·························· 328
    第四节 蜂窝移动通信 ·· 330
    第五节 RFID 和传感器网络 ··· 332
    扩展阅读 ·· 334
    本章小结 ·· 334

习题 ··· 334

第三篇　计算机网络实践

第九章　网络操作与实践 ··· 339
第一节　网络相关的命令行工具 ·· 339
第二节　eNSP 网络仿真工具的基础操作 ··· 342
第三节　VLAN 配置 ··· 347
第四节　网络层协议分析 ··· 351
第五节　路由器配置 ··· 355
第六节　运输层协议分析 ··· 362
第七节　应用服务器配置 ··· 367
第八节　应用层协议分析 ··· 370
第九节　Socket 编程基础 ·· 376
本章小结 ··· 383

参考文献 ·· 384

第一篇
自底向上的计算机网络技术

第一章

计算机网络概论

内容导读

21世纪的重要特征就是数字化、网络化和信息化，计算机网络已成为连接全球、促进信息交流与资源共享的基石。它不仅能传输数据，还能够为用户提供观看视频节目、听音乐、打电话等应用，也可以提供购票、出行、外卖甚至医疗、法律援助等网络服务。计算机网络已经和人们的日常生活工作密不可分。

本章的主要内容如下：

（1）计算机网络的组成和类别。

（2）计算机网络拓扑结构。

（3）计算机网络的性能。

（4）计算机网络体系结构。

（5）下一代互联网。

第一节　为什么学习计算机网络

一、计算机网络的使用

在当今数字化的时代，计算机网络已经成为人类生活中不可或缺的部分。计算机网络是现代信息社会的基础设施，提供了丰富多彩的应用与服务，从日常的网上购物、社交娱乐，到工作中的远程办公、数据传输，计算机网络无处不在，深刻地影响着人们的生活和工作方式。计算机网络极大地丰富了人们的日常生活，提高了工作效率，促进了全球文化的交流与融合，推动了社会的进步与发展。

计算机网络应用广泛，已渗透到社会的各个领域。

（1）教育领域。随着计算机网络技术的不断发展，教育领域也发生了翻天覆地的变化。计算机网络为教育行业带来了革命性的变革。远程教育、在线课堂、电子图书馆等新型教育形式使教育资源得到更加公平的分配，提高了教育质量。

（2）医疗领域。计算机网络实现了远程医疗、电子病历、药品监管等功能。通过计算机网络，医生可以实现在线咨询、查看病历等服务，还能够为远离医院的患者提供专业的医疗服务，患者可以实现在线咨询、预约挂号等服务。计算机网络提高了医疗效率和精度，同时还缓解了医疗资源的不足，也为患者提供了更加便捷的医疗服务。

（3）数字化领域。通过计算机网络，企业可以实现内部管理和外部业务的全面数字化。例如，企业可以使用虚拟专用网（virtual private network，VPN）来保障远程办公的安全性；使用云存储和云服务来共享和保护数据；使用电子商务平台来拓展业务范围和增加销售额；使用工业控制系统实现生产过程的实时监控和自动控制；等等。这些应用不仅提高了企业的生产效率和管理水平，还有效降低了运营成本。

（4）娱乐领域。计算机网络为娱乐行业注入了新的活力。网络游戏、在线视频、虚拟现实等娱乐形式丰富了人们的娱乐生活，提供了更加多样化的娱乐体验。

（5）物联网领域。物联网是在互联网基础上延伸和扩展的一种网络，通过物联网技术，各种物品可以相互连接并进行信息交换。物联网在智能家居、智能交通、智能城市等领域有着广泛的应用。例如，智能家居控制系统可以通过计算机网络连接各种智能设备，实现家电的远程控制和自动化控制，提高了人们的生活质量和社会效率。

（6）政府及公共服务。政府部门利用计算机网络进行电子政务，提供公共服务，增强政府透明度和公民参与度。

测试题1-1

未来计算机网络可能会有哪些新应用、新发展？
思考

二、计算机网络应用的未来发展

随着计算机网络技术的不断进步和发展，可以预见到更多的新兴应用领域将会出现。例如，人工智能、大数据、云计算、生成式大模型等先进技术的应用将推动计算机网络向更高层次发展。这些技术将为人们的生活带来更多便利和惊喜，同时也会为现有的社会结构和商业模式带来深刻的变革。

总之，计算机网络应用已经深入到社会的各个角落，不断推动着社会的进步和发展。从基础知识到前沿应用，计算机网络在各个行业中的应用不断拓展和深化。了解和掌握计算机网络应用的基本知识和技能，已经成为一种必要的生活和工作能力。

测试题1-2

计算机网络给人们的生活带来了哪些便利？
思考

三、计算机网络的实例

计算机网络是现代高科技的重要组成部分，是计算机技术与通信技术紧密结合的产物，综合了计算机与通信两方面的新技术，涉及面宽，应用范围广。

下面介绍一个小型的校园网实例。该校园网有多个服务器（如 Web 服务器、邮件服务器、域名服务器等），这些服务器通过汇聚交换机接入校园网。多个联网终端可在宿舍区、办公区或教学区通过接入交换机接入校园网。接入交换机、汇聚交换机、核心交换机相互连接构成了校园的网络核心，校园的边界部分则通过防火墙、边界路由器等设备，利用广域链路与外部相连。学生或教职工可利用终端访问校园网内的服务器，也可通过路由器访问外部网络（如互联网）的资源，外部的终端也可访问校园网内的资源。其拓扑结构如图1-1所示。

该校园网只是众多网络中的一个，不同的网络在规模、结构、提供的网络服务等

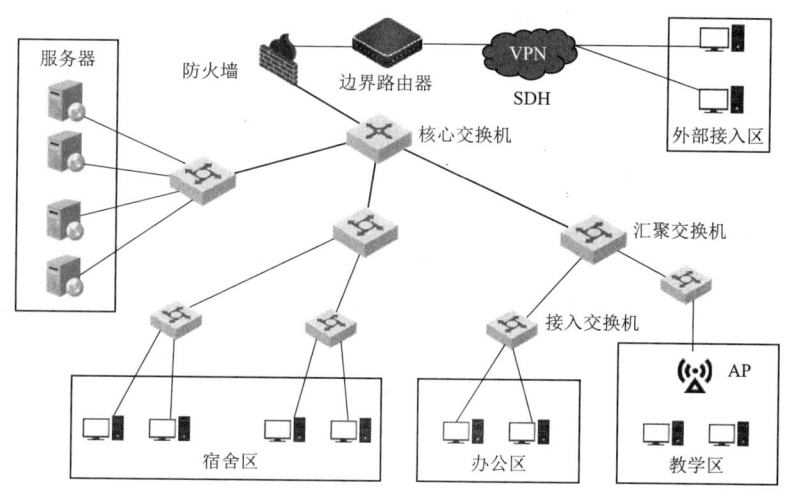

图 1-1 校园网拓扑结构

方面各有特色，这取决于各网络运营使用单位本身对网络的需求。

从图 1-1 中可以直观地看到，计算机网络是由若干节点和链路构成的"网状图"。那到底什么是计算机网络，如何理解计算机网络的组成呢？

第二节 计算机网络的定义和功能

一、计算机网络的定义

计算机网络并无一个严格的定义，随着科学技术的发展和人们侧重点的不同，对计算机网络的含义有不同的理解。

（1）早期（第一代）：计算机技术与通信技术相结合，实现远程信息处理且实现资源共享的系统。

（2）ARPANET（阿帕网）问世后：用通信线路互连起来，能相互共享资源（硬件、软件、信息），并且各自具有独立功能的计算机系统之集合。注意：计算机间通信的目的是共享硬件、软件、信息资源；各计算机系统功能独立，地域可以分散；计算机网络应具有网络操作系统。

（3）随着分布式技术的发展：使用一个网络操作系统来自动管理用户任务所需的资源，使整个网络像一个大的计算机系统一样，网络"透明"地给用户提供多种任务需要的资源，用户不能直接察觉到资源来自其他多台主机。

（4）目前常采用的计算机网络定义：计算机网络是用通信线路将分散在不同地点并具有独立功能的多个计算机系统互相连接，按照网络协议进行数据通信，实现资源共享的信息系统。这里强调计算机网络是在协议控制下，实现计算机之间的数据通信，网络协议是区别计算机网络与一般计算机系统的标志。

二、计算机网络的功能

计算机网络的主要功能包括数据通信、资源共享、分布处理。

第一章 计算机网络概论

数据通信：实现计算机之间各种信息（文字、声音、图像等）的传输，以及对地理位置分散的设备进行管理与控制，是计算机网络的基本功能。

资源共享：共享计算机系统的硬件、软件和数据，是现代计算机网络的重要标志之一。

分布处理：计算机协同完成各种任务（按一定算法），是利用计算机网络提升算力、求解复杂问题的主要途径。

计算机网络还有其他的功能，比如提高计算的可靠性和可用性。这里的可靠性指网络中的计算机彼此互为备用，可用性指均衡各台计算机负担，避免产生忙闲不均的现象。

测试题1-3

思考　如何理解计算机网络的概念？

第三节　计算机网络的组成和分类

一、计算机网络的组成

怎样把计算机连接起来，使之可以进行通信？将多台计算机连接以构成计算机网络，需要哪些设备？本节将对这些问题作出初步的解答。

（一）计算机网络的软硬件组成

从组成部分来看，一个完整的计算机网络主要由硬件、软件两部分组成，缺一不可。

计算机网络的硬件包括各种网络设备和介质，负责网络的物理连接和数据传输；软件则包括网络操作系统、网络协议、网络通信软件、网络管理软件和网络应用软件等，这些软件负责网络的配置、管理、通信和保护，如图1-2所示。

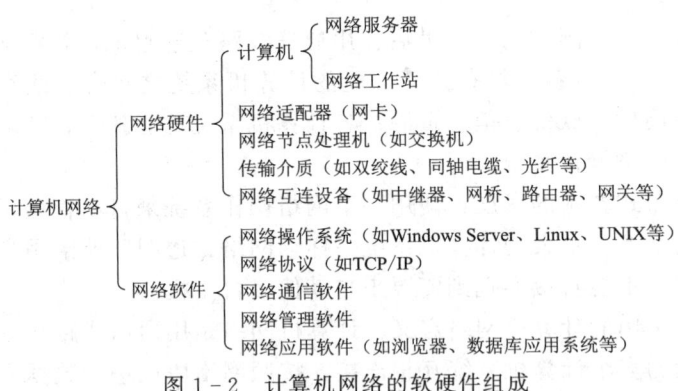

图1-2　计算机网络的软硬件组成

硬件和软件的协同工作确保了网络的正常运行和数据的有效传输。

1. 网络硬件

（1）网络服务器：高性能计算机，用于网络管理、运行应用程序和处理网络工作站成员的信息请求。

(2) 网络工作站：联入网络的主机。

(3) 网络适配器：又称网络接口卡或网卡，负责计算机与网络之间的通信。

(4) 网络节点处理机：如交换机、路由器，负责网络中的数据传输和转发。

(5) 传输介质：提供通信信道，如双绞线、光纤、无线电波等。

(6) 网络互连设备：如集线器、网桥和路由器，用于扩展网络的规模。

2. 网络软件

网络软件主要包括网络操作系统、网络协议和各类网络应用。

(1) 网络操作系统：管理网络中的硬件和软件资源，提供网络服务。常见的网络操作系统有 Novell 公司的 NetWare、微软公司的 Windows Server 及 UNIX 系列。

(2) 网络协议：定义数据传输的格式和规则，确保数据正确传输。

(3) 网络通信软件：主要用来实现设备之间的通信。常见的有腾讯公司的即时通信软件 QQ 和社交软件微信、阿里巴巴集团推出的免费沟通和协同的企业级通信工具钉钉等。

(4) 网络管理软件：监控和管理网络性能、设备和流量，包括故障检测和网络优化。

(5) 网络存取方法：控制用户对网络资源的访问权限。

(6) 网络安全软件：保护网络免受各种安全威胁，包括防火墙、入侵检测系统和虚拟专用网络。

(7) 网络应用软件：运行在网络协议之上，提供具体的网络服务和应用程序功能，如办公软件、游戏等。

(二) 计算机网络的功能组成

从功能组成来看，计算机网络由通信子网和资源子网组成，如图 1-3 所示。

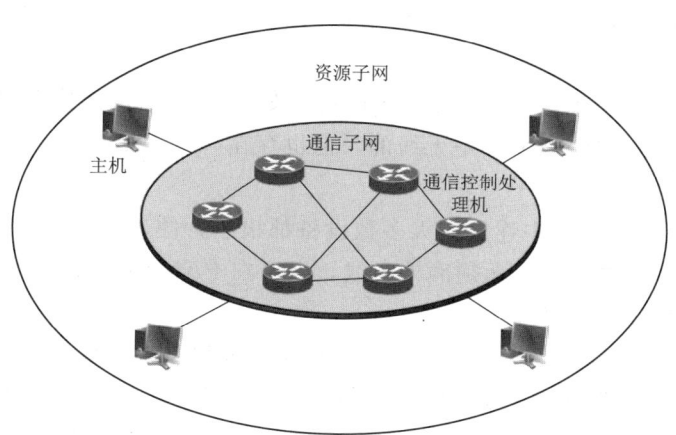

图 1-3 计算机网络的功能组成

通信子网由各种网络传输介质、通信设备和相应的网络协议组成，属于网络核心部分，它使计算机网络具有数据传输、交换、控制和存储的能力，实现计算机之间的数据通信。

正是在通信子网的支持下，用户才能利用网络上的各种资源，进行相互间的通信，实现计算机网络的功能。

通信子网有以下两种类型。

（1）公用型（如中国公用计算机互联网 ChinaNET）。

（2）专用型（如各类银行网、证券网等）。

资源子网是实现资源共享功能的设备及其软件的集合，属于网络边缘部分，向计算机网络用户提供共享其他计算机上的硬件资源、软件资源和数据资源的服务。

视频1-1

测试题1-4

> 从工作方式来看，计算机网络由几部分组成？

二、计算机网络的类别

在刚刚接触网络的时候，你可能遇到各种各样的网络类型，如局域网、广域网、以太网、互联网等，而且某一种网络通常有多种说法，使人们很容易混淆，不知哪一种说法是正确的。其实这些说法都没错，因为计算机网络可以从不同的角度进行分类，常用的分类方法如下。

（一）按网络覆盖范围分类

根据网络覆盖范围的不同，计算机网络可分为个人区域网（PAN）、局域网（LAN）、城域网（MAN）、广域网（WAN）。

1. PAN

PAN 覆盖的范围最小（通常为 10m 以内），用于连接计算机、平板电脑、智能手机、打印机等数字终端设备。PAN 主要使用无线通信技术实现联网设备之间的通信，因此更准确的含义是无线个人区域网（wireless personal area network，WPAN）。PAN 是最小和最简单的网络类型。

WPAN 的一个示例是当用户将蓝牙设备（如无线耳机）连接到智能手机或笔记本电脑时。尽管大多数 PAN 都是无线的，但也存在有线 PAN。

（1）PAN 的优势。

1）便携性。在 PAN 中连接的大多数设备都很小，便于携带。

2）成本效益与便捷性。无须额外布线，即可在 PAN 中连接两个设备，与有线网络相比，PAN 通常更便宜。

3）可靠性。PAN 保证设备之间的稳定连接，前提是设备保持在 10m 范围内。

4）安全性。PAN 不直接连接到更大的网络，而是连接到更大网络中的其他设备。PAN 中设备的安全性取决于中间设备在更大网络中的安全性。

（2）PAN 用例。PAN 的配置使个人用户可以在其附近连接他的设备。这方面的示例是体域网，其中用户实际佩戴连接的设备。带有计算机、打印机和其他无线设备的小型家庭网络也被视为 PAN。

展望未来，PAN 可以成为未来领域的关键网络类型。一些网络专家预测，PAN

可能能够在办公室和家庭中优化和启用物联网系统。

2. LAN

LAN是指在一个区域内,计算机和其他设备相互连接。LAN的覆盖范围可以是从家中的几米到大型公司办公室的数百米。网络拓扑决定了LAN中的设备如何互联。

LAN使用有线或无线连接选项。无线局域网(WLAN)在普及方面超过了传统的有线局域网,但有线局域网仍然是更安全可靠的选择。有线局域网使用物理电缆,如以太网和交换机;WLAN使用无线路由器和接入点等设备,通过射频波将网络设备互连。

网络管理员可以实施安全协议和加密标准来保护无线网络。有线局域网通常更安全,因为它们需要物理电缆来形成连接,而且更不容易受到损害。

(1) LAN的优势。LAN支持家庭和公司网络环境等。家庭中的用户可以连接他们的设备并在每台设备之间传输数据而几乎没有错误。公司的员工可以快速交流、共享和访问其组织提供的相同数据和服务。

(2) LAN用例。最常见的WLAN用例是Wi-Fi。无线网络可以使用Wi-Fi无线电信号在一个位置连接多个设备。但需要注意的是,WLAN和Wi-Fi有所不同。Wi-Fi网络是一种WLAN,但并非所有WLAN都使用Wi-Fi。

3. MAN

MAN是整个城市、城镇或自治市的多个LAN的互连。与LAN一样,MAN可以使用各种有线或无线连接选项,包括光纤、以太网电缆、Wi-Fi或蜂窝网络。

(1) MAN的优势。

1) 市政覆盖。MAN可以跨越整个城市或城镇,将网络延伸数十千米。

2) 高效网络标准。MAN配置通常使用IEEE 802.6网络标准来增加带宽和频率,从而提高网络性能。

3) 高速连接。光纤电缆是最流行的MAN连接形式,因为它提供安全和快速的连接。

(2) MAN用例。MAN的主要目的是在多个位置提供相同的网络。在LAN中,可以在一个位置访问网络。在MAN中,在同一城市拥有LAN的组织(例如不同的办公楼)可以将其网络连接扩展到不同的位置。

政府实体还可以配置MAN以向用户提供公共网络连接。例如,市政当局使用无线城域网技术向城市居民提供免费的公共Wi-Fi。

4. WAN

WAN是最广泛的计算机网络配置类型。与MAN一样,WAN是属于同一网络的多个LAN的连接。然而,与MAN不同的是,WAN并不局限于城市范围内。WAN可以扩展到全球的任何区域。例如,在纽约设有公司办事处的组织可以在同一WAN中连接伦敦的分支机构。两个位置的用户都可以访问相同的数据、文件和应用程序,并且可以相互通信。

(1) WAN的优势。

1) 广泛区域覆盖。WAN提供更广泛的连接,因为网络可从世界任何地方连接。

2) 改进的性能。WAN使用具有专用带宽的链路将LAN连接在一起。这提高了网络速度,并提供比 LAN 更快的数据传输速率。

3)提高安全性。专用连接提高了整个网络的安全性,因为网络只连接到自身,从而减少攻击者劫持系统的机会。

(2) WAN 用例。WAN 的主要吸引力在于它改进长距离网络连接。企业使用 WAN 连接远离总部的分支机构。但企业并不是唯一可以使用 WAN 的组织。今天,全球约有 2/3 的人口使用了互联网,互联网是世界上最受欢迎的网络,互联网属于 WAN 类型。

(二)按网络拓扑结构分类

按网络拓扑结构的不同,计算机网络可以分为总线型网络、星形网络、环形网络、树形网络、网状网络等。

(三)按网络传输介质分类

按网络传输介质的不同,计算机网络可以分为有线网络和无线网络。

有线网络使用的传输介质为双绞线、同轴电缆、光纤等,无线网络通过无线电波、卫星等进行数据通信。

(四)按所使用的网络协议分类

根据所使用的网络协议,计算机网络可以分为使用 IEEE 802.3 标准协议的以太网(Ethernet)、使用 IEEE 802.5 协议的令牌环网(token ring)、使用 IEEE 802.11 协议的 Wi-Fi 网络,以及 FDDI 网、ATM 网、X.25 网等。

(五)按网络的使用者分类

按网络的使用者,计算机网络可分为公用网络和专用网络。

公用网络(public network)是指由国家电信公司(国有或私有)出资建造的大型网络。"公用"的意思是所有愿意按电信公司规定交纳费用的人都可以使用,因此公用网络也称为公众网络。专用网络(private network)是某个部门为单位的特殊业务工作的需要而建造的网络,这种网络不向本单位以外的人提供服务。例如,军队、铁路、电力、银行、证券等均有自己的专用网络。

(六)按传输技术分类

按传输技术划分,计算机网络可分为广播式网络和点到点网络。

1. 广播式网络

在广播式网络中仅有一条通信信道,这条通信信道由网络上的所有站点共享。在传输信息时,任何一个站点都可以发送数据分组,且发送的数据分组可被其他所有站点接收。而这些站点根据数据包中的目的地址进行判断,如果是发给自己的则接收;否则,丢弃它。采用这种传输技术的网络称为广播式网络(broadcast network)。显然,在广播式网络中,发送的数据分组的目的地址有单一节点地址、多节点地址与广播地址三类。总线型以太网就是典型的广播式网络。

2. 点到点网络

在点到点网络中,每条物理链路连接两台计算机。若通信的两台主机之间没有直接连接的链路,则它们之间的分组就要通过中间节点进行接收、存储和转发,直至目的节点。这种传输技术称为点到点,采用点到点传输技术的网络为点到点网络。是否采用分组存储转发与路由选择机制是点到点网络与广播式网络的重要区别，广域网基本都属于点到点网络。

互联网是什么网络类型？

第四节　计算机网络拓扑结构

一、网络拓扑结构基本概念

网络拓扑结构是指网络中各个节点的连接布局或构型，以及这些节点在逻辑或物理上的连通性。如果不考虑网络的地理位置，而把连接在网络上的设备看作节点，把连接计算机的通信链路看作链路，这样就可以抽象出网络拓扑结构。

网络拓扑结构，就是计算机节点和通信链路所组成的几何形状。网络拓扑结构描述了网络中各节点之间的连接方式和结构。

从网络拓扑结构看，计算机网络就是由若干网络节点和连接这些网络节点的通信链路构成的。计算机网络中的节点又称网络单元，一般可分为访问节点、转接节点和混合节点三类。

二、常见的几种网络拓扑结构

常见的网络拓扑结构有星形、环形、总线型、树形、网状等。每种拓扑都有优缺点，适用于不同的网络场景和需求。

（一）星形拓扑结构

星形拓扑结构如图1-4所示，是一种集中控制式的结构，以一台设备为中心节点，其他外围节点都通过一条点到点链路单独与中心节点相连，各外围节点之间的通信必须通过中心节点进行。

星形拓扑结构的主要特点如下：

(1) 星形拓扑结构简单，便于管理和维护。

(2) 星形拓扑结构易实现结构化布线。

(3) 星形拓扑结构易扩充、易升级。

(4) 通信链路专用，链路成本高。

(5) 星形拓扑结构的网络由中心节点控制与管理，中心节点的可靠性基本上决定了整个网络的可靠性。

(6) 中心节点的负担重，易成为信息传输的瓶颈，且一旦出现故障，全网瘫痪。

（二）环形拓扑结构

环形拓扑结构如图1-5所示，各节点通过链路连接，在网络中形成一个首尾相接的闭合环路，信息在环中作单向流动，通信链路共享。

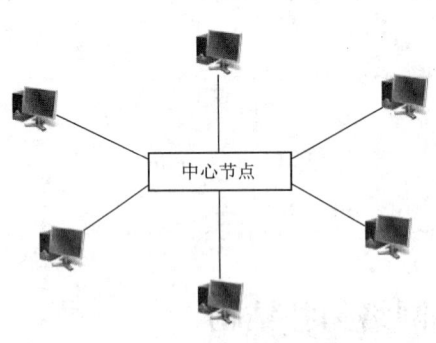
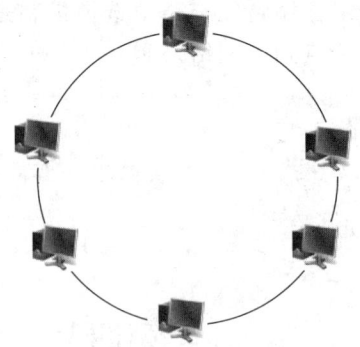

图 1-4　星形拓扑结构　　　　　图 1-5　环形拓扑结构

环形拓扑结构的主要特点如下：

（1）路由选择控制简单。

（2）电缆长度短。

（3）时延固定、实时性强。

（4）节点故障引起整个网络瘫痪。

（5）适用于光纤。光纤传输速度高，而环形拓扑是单方向传输，十分适用于光纤这种传输介质。

(三) 总线型拓扑结构

总线型拓扑结构如图 1-6 所示，所有节点均连接到一条称为总线的公共线路上，即所有节点共享同一条数据通道，节点间通过广播进行通信。

总线型拓扑结构的主要特点如下：

（1）总线型拓扑结构简单，而且又是无源元件。

（2）易于扩充。

（3）使用电缆较少，且安装容易。

（4）使用的设备相对简单，可靠性高。

（5）链路故障对网络性能的影响大，总线的故障会导致网络瘫痪，此外，节点数量的增多也会影响网络性能。

(四) 树形拓扑结构

树形拓扑结构如图 1-7 所示，是一种分层结构，信息交换主要在上、下节点之间进行，相邻及同层节点一般不进行数据交换。

树形拓扑结构的主要特点如下：

（1）树形拓扑结构是天然的分层结构。

（2）易于扩展。

（3）易故障隔离，可靠性高。

（4）电缆成本高。

（5）对根节点的依赖性大，一旦根节点出现故障，将导致全网不能工作。

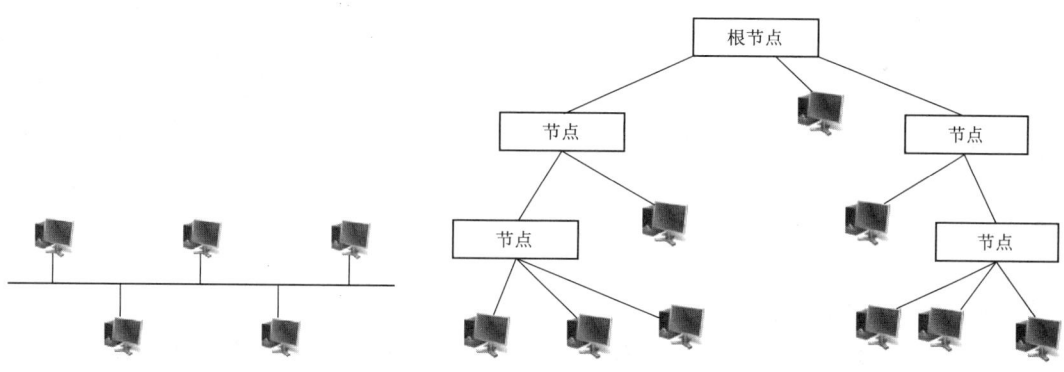

图 1-6　总线型拓扑结构　　　　　图 1-7　树形拓扑结构

（五）网状拓扑结构

网状拓扑结构如图 1-8 所示。

网状拓扑结构的主要特点如下：

(1) 每个节点都有冗余链路，可靠性高。

(2) 因为有多条路径，所以可以选择最佳路径，减少时延，改善流量分配，提高网络性能，但路径选择比较复杂。

(3) 结构复杂，不易管理和维护。

(4) 适用于大型广域网。

(5) 链路成本高。

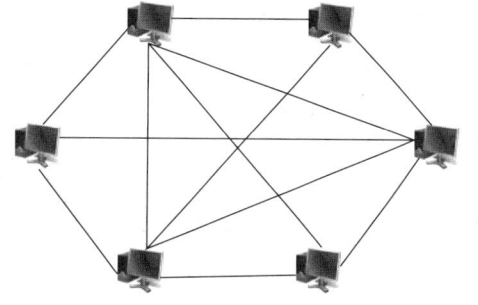

图 1-8　网状拓扑结构

混合型拓扑结构是由以上几种拓扑结构混合而成的。例如，环星形结构，它是令牌环网和 FDDI 网常用的结构。再如总线拓扑和星形拓扑的混合结构等。

星形拓扑结构、环形拓扑结构和总线型拓扑结构是三种基本的拓扑结构。实际生活中的网络往往是多种拓扑结构的组合。

测试题 1-6

思考　如何理解网络拓扑结构？其优缺点是什么？

第五节　计算机网络的性能

一、计算机网络的性能指标

计算机网络的功能和应用阐述网络能解决什么问题，而网络的性能则是为了衡量网络提供的服务怎么样。计算机网络的性能一般是指它的几个重要的性能指标。除这些重要的性能指标外，还有一些非性能特征也对计算机网络的性能有很大的影响。下面讨论计算机网络几个重要的性能指标。

13

（一）速率

计算机发送出的信号都是数字形式的。比特（bit）是计算机中数据量的单位，一个比特就是二进制数字中的一个 1 或 0。网络技术中的速率是指数据的传输速率，也称数据率（data rate）或比特率（bit rate）。速率是计算机网络中最重要的一个性能指标。速率的单位是 bit/s（比特每秒）。另外，速率的单位还有 kbit/s、Mbit/s、Gbit/s、Tbit/s。速率往往是指额定速率或标称速率。

（二）带宽

带宽有以下两种不同的含义。

（1）带宽本来是指某个信号具有的频带宽度。信号的带宽是指该信号所包含的各种不同频率成分所占据的频率范围。例如，在传统的通信链路上传输的电话信号的标准带宽是 3.1kHz。这种意义的带宽单位是 Hz（赫兹）（或 kHz、MHz、GHz 等）。

（2）在计算机网络中，带宽用来表示网络的某通信链路所能传输数据的能力，因此网络带宽表示在单位时间内网络中某通信链路所能通过的"最高数据率"。这种意义的带宽单位是 bit/s。在这种单位的前面也可以加上千（k）、兆（M）、吉（G）或太（T）这样的词头。

带宽决定了网络在单位时间里能处理的数据量。高带宽可以提高数据传输速率，从而改善用户体验和网络效率。

（三）吞吐量

吞吐量是指在单位时间内通过网络传输的实际数据量，通常以 bit/s 为单位。

吞吐量与带宽相关，但通常实际带宽值低于理论带宽值，因为它受到网络拥塞、数据包丢失和其他因素的影响。吞吐量是对现实世界中网络的一种测量，以便知道实际上到底有多少数据量能够通过网络。

（四）延迟

延迟也称时延或迟延，是指数据（一个报文或分组甚至比特）从网络（或链路）的一端传输到另一端所需的时间。延迟是一个很重要的性能指标。

需要注意的是，网络中的延迟是由以下几个不同部分组成的。

（1）发送延迟，又称传输延迟。其是指主机或路由器等发送数据帧所需要的时间，也就是从发送数据帧的第一个比特算起，到该数据帧的最后一个比特发送完毕所需的时间。发送延迟的计算公式是

$$发送延迟 = 数据帧长度 / 发送速率 \tag{1-1}$$

式（1-1）中，数据帧长度的单位为 bit，发送速率的单位为 bit/s。

对于一定的网络，发送延迟并非固定不变，而是与发送的数据帧长度成正比，与发送速率成反比。

（2）传播延迟。其是信号通过信道传输时所需要的时间，通常与所传播的距离成正比。传播延迟的计算公式是

$$传播延迟 = 信道长度 / 信号在信道上的传播速率 \tag{1-2}$$

电磁波在大气空间的传播速率为 3.0×10^5 km/s，在铜线电缆中的传播速率为 2.3×10^5 km/s，在光纤中的传播速率为 2.0×10^5 km/s。

例如，在900km的大气空间中，产生的传播延迟大约为3ms。

发送延迟和传播延迟有本质的区别：发送延迟在机器内部的发送器中（一般就是在网卡中）产生，与传播信道的长度没有任何关系；传播延迟则在机器外部的传播信道上产生，与信号的发送速率无关。信号传输的距离越远，传播延迟就越大。

（3）处理延迟。其是指主机或路由器在收到分组时对其进行处理所需的时间，如分析分组的首部、从分组中提取数据部分、进行差错检验或查找适当的路由等。

（4）排队延迟。分组在经过网络传输时，需经过多个路由器。分组在进入路由器后要先在输入队列中排队等待处理，而且在路由器确定转发接口后，还要在输出队列中排队等待转发，这就产生排队延迟。排队延迟的大小取决于网络当时的通信量。若网络中通信量很大，则会产生队列溢出，使分组丢失，相当于排队延迟无穷大。

数据在网络中经历的总延迟即4种延迟之和：

$$总延迟 = 发送延迟 + 传播延迟 + 处理延迟 + 排队延迟 \tag{1-3}$$

图1-9给出了几种延迟产生的地方的示意图，以便读者更好地理解。在总延迟中，究竟是哪一种延迟占主导地位，需具体分析。

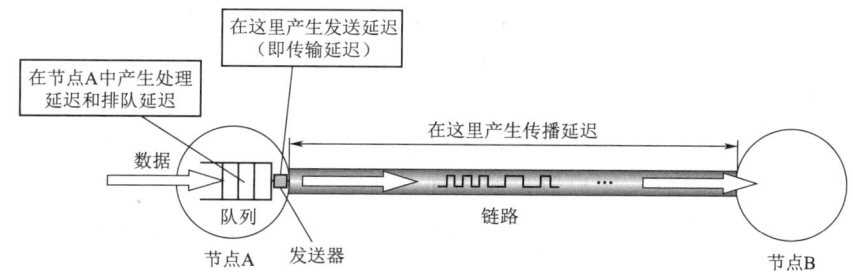

图1-9 几种延迟产生的地方的示意图

（五）丢包率

丢包率是指在网络传输过程中丢失的数据包占总发送数据包的比例，通常以百分比表示。丢包会导致数据传输错误和重传，影响网络性能和应用的可靠性。低丢包率对于网络的稳定性至关重要。

（六）往返时间

往返时间（RTT）是指在计算机网络中，从发送数据包到接收到对应的确认数据包所经历的时间。这个时间包括从发送端到达目的端、目的端处理数据包、目的端发送确认数据包、确认数据包返回发送端的整个时间。在忽略目的端处理延迟和发送延迟的情况下，RTT才是2倍的端到端延迟。RTT通常用来衡量网络延迟，也就是数据从发送到接收所需的时间。

在网络通信中，RTT对于评估网络性能非常重要。它直接影响数据传输的速度和效率。较长的RTT意味着数据传输的延迟较大，可能会导致网络连接速度变慢，影响用户体验。因此，网络工程师和管理员通常会监测和优化RTT，以确保网络的稳定性和性能。

（七）利用率

利用率是指实际传输的数据量与最大带宽的比率，通常以百分比表示。高利用率表示网络资源被充分使用，但过高的利用率可能导致性能下降和拥塞问题。

根据排队论，当某信道的利用率增大时，该信道引起的延迟也就迅速增加。若令 D_0 表示网络空闲时的延迟，D 表示网络当前的延迟，则在适当的假定条件下，可以用下面的简单公式表示 D 和 D_0 之间的关系。

$$D = D_0/(1-U) \quad (1-4)$$

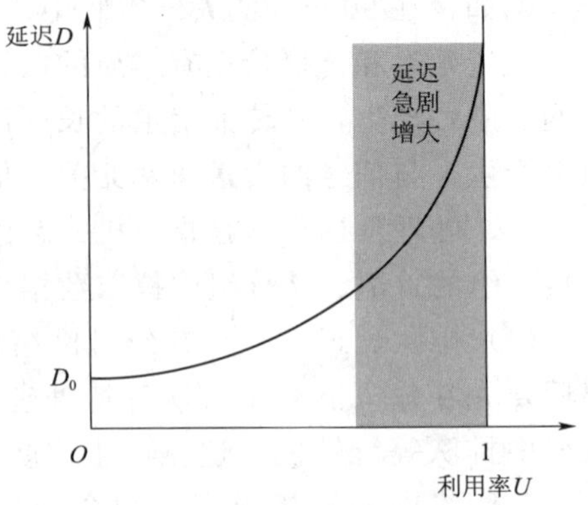

图 1-10 网络的利用率和延迟的关系

式（1-4）中，U 表示网络的利用率，数值在 0～1 之间。网络的利用率和延迟的关系如图 1-10 所示。

二、计算机网络的非性能特征

计算机网络的非性能特征是指那些不直接涉及网络性能（如带宽、延迟等）的特性，但对网络的设计、使用和管理同样至关重要。以下是一些主要的非性能特征及其简单说明。

（一）可扩展性

可扩展性是指网络在规模扩大时，能够有效地增加更多的设备和用户而不显著降低性能。随着组织的扩展或用户数量的增加，网络需要能够支持更多的节点和更高的流量。可扩展的网络设计能保证网络在规模扩大时仍能保持稳定的性能和管理能力。

（二）可靠性

可靠性是指网络在正常运行和应对故障时的稳定性和持续性。一个高可靠性的网络能够在发生部分故障时继续提供服务。网络可靠性直接影响业务的连续性和服务的可用性。高可靠性的网络通常包含冗余路径、备份设备和故障恢复机制，以减少故障对业务的影响。

（三）安全性

安全性涉及保护网络及其数据免受未经授权的访问、攻击和其他威胁的能力。安全性是网络设计的关键因素，包括防火墙、入侵检测系统、加密技术和身份验证机制等。保障网络安全可以防止数据泄露、信息篡改和服务中断等问题。

（四）可管理性

可管理性是指网络管理员能够有效地配置、监控和维护网络的能力，包括网络设备的管理、故障诊断和性能监控。良好的可管理性可以简化网络管理任务，提高网络运维效率，减少故障恢复时间。现代网络管理工具和协议（如 SNMP、NetFlow）支持自动化管理和监控。

（五）质量

网络的质量取决于网络中所有构件的质量，以及这些构件是怎样组成网络的。质量影响很多方面，如网络的可靠性、网络管理的简易性等。网络的性能与网络的质量并不是一回事。例如，有些性能一般的网络，运行一段时间后出现故障，无法再继续工作，说明其质量不好。高质量的网络往往价格也较高。

(六) 标准化

标准化是指网络中使用的技术、协议和接口符合国际标准或行业规范。标准化有助于确保不同厂商的设备和软件能够兼容并协同工作，同时也促进了技术的互操作性和可扩展性。

视频1-2

(七) 成本效益

成本效益是指网络建设和维护的经济性，包括初始投资和运营成本的合理性。

网络设计需要在性能、功能和成本之间找到平衡。高成本的网络解决方案不一定能带来相应的性能提升，而成本效益高的设计可以在预算内实现良好的网络性能和功能。因此，综合考虑这些非性能特征，有助于建立一个经济高效、稳定可靠、易于管理的网络系统。

测试题1-7

网络的利用率是不是越高越好？

第六节　计算机网络体系结构

一、网络体系结构的发展过程、网络协议与分层模型

(一) 网络体系结构的发展过程

计算机网络体系结构的发展初期，计算机终端融合通信技术，面向终端构建网络。20世纪60年代末至70年代初，美国国防部高级研究计划局（ARPA）建立了ARPANET，这是一个分组交换网络，ARPANET由资源子网和通信子网两部分组成，采用了层次化的模型与协议体系。国际标准化组织（ISO）于1977年成立了专门的机构研究计算机网络互联问题，并于1978年提出了著名的"开放系统互联参考模型（OSI/RM）"。

随着因特网的发展，TCP/IP协议逐渐成为网络通信的主流协议。时至今日，互联网中存在多种多样的网络体系结构。

1. 面向终端的计算机通信网

这一阶段的特点是计算机成为网络的中心和控制者，终端围绕中心计算机分布，形成分层星形结构，终端通过通信链路共享主机的硬件和软件资源。

2. 分组交换网

此阶段的网络由通信子网和资源子网组成，以通信子网为中心，不仅共享通信子网的资源，还可共享资源子网的硬件和软件资源。网络的共享采用排队方式，由节点的分组交换机负责分组的存储转发和路由选择，提高了通信链路的利用率。

3. 形成计算机网络体系结构

为了使具有不同网络体系结构的计算机网络都能互连，ISO 提出了开放系统互连（OSI）参考模型，为各种网络在世界范围内互连提供了标准框架。

4. TCP/IP 协议族的普及

随着 ARPANET 的发展，TCP/IP 协议族成为事实上的标准，特别是在 1983 年，TCP/IP 协议成为 ARPANET 的标准协议，标志着互联网的诞生。

5. 互联网基础结构的发展

互联网的发展经历了从单个网络 ARPANET 向互联网发展的过程，形成了 3 级结构的互联网和多层次结构的互联网，以及客户/服务器方式和对等方式等通信方式。

这些阶段的发展标志着网络技术从最初的简单连接到全球化网络的演变，每个阶段都为后续的技术进步和互联网的广泛应用奠定了基础。

（二）网络协议与分层模型

因特网（Internet）是世界上最大的计算机网络，人们每天都在使用 Internet 获取各种信息，信息的传递要依靠网络，网络已成为信息社会的命脉和发展知识经济的重要基础。

那么，计算机网络中两个端系统之间的数据通信如何实现？如何保证其正确性呢？

1. 网络协议

在计算机网络中要实现资源共享、信息交换，需依赖计算机网络中复杂的协议体系，必须遵守一些事先约定好的规则，这些规则明确规定了所交换的数据的格式和时序，以及在发送或接收数据时要采取的动作等。这些为进行网络中的数据交换而建立的规则、标准或约定即称为网络协议，简称协议。而网络标准则是由 ISO 制定的，旨在促进不同厂商设备间的互操作性。

网络协议主要由以下三个要素组成。

（1）语义：规定通信双方"讲什么"，即各个控制信息的具体含义，包括需要发出何种控制信息、完成何种动作及作出何种响应。

（2）语法：规定通信双方"怎么讲"，即数据与控制信息的结构或格式、数据编码等；例如，地址字段多长以及它在整个分组中什么位置。

（3）同步（或时序）：规定通信双方"序速控"，即事件实现的顺序和时间的详细说明，包括数据应该在何时发送出去，以及数据应该以什么速率发送。

计算机网络协议实质上是计算机间通信时所使用的一种语言，它是计算机网络不可缺少的一个组成部分，它相当于人类的语言。人与人之间进行通话交流，必须具有相同的语言。同样道理，一个采用某种网络协议的计算机与一个采用另一种网络协议的计算机也无法通信。

可见协议不是网络所独有的，它在人们的日常生活中处处可见。

网络协议非常复杂，其必须保证系统在任何复杂的情况下都能正确工作。因为网络协议如果不全面考虑不利情况，当情况发生变化时，协议就会保持理想状况，一直等下去！就如同两个朋友在电话中约好下午 3 点在公园见面，并且约定不见不散。这个协议就是很不合理的,因为任何一方如果有事耽搁而来不了,就无法通知对方,而另一方就必须一直等下去!

所以看一个计算机网络协议是否正确,不能只看在正常情况下是否正确,还必须非常仔细地检查协议能否应付各种异常情况。在日常生活中所使用的许多约定,都远远达不到网络协议的要求,因此约定经常失效。对于非常复杂的计算机网络协议,其结构常采用分层模式。

2. 分层模型

接下来讨论计算机网络的分层问题。

在处理、设计和讨论一个复杂系统时,总是将复杂系统划分为多个小的、功能相对独立的模块或子系统。这样可以将注意力集中在这个复杂系统的某个特定部分,并有能力把握它。这就是模块化的思想。计算机网络是一个非常复杂的系统,当然需要利用模块化的思想将其划分为多个模块来处理和设计。人们发现层次式的模块划分方法特别适合网络系统,因此目前所有的网络系统都采用分层体系结构。

在日常生活中不乏分层结构,例如,邮政系统就是一个分层的系统,而且它与计算机网络有很多相似之处。在讨论计算机网络的分层体系结构之前,先来看看邮政系统的分层结构。

邮政系统的主要业务是把客户寄送的信件快速地传递给收件方,那么这封信件需要经过哪些步骤呢?

比如,甲、乙两地的两人 A、B 进行通信,A 将写好的信交给甲地邮局,甲地邮局经过运输部门将信邮至乙地邮局,B 再从乙地邮局取信。这相当于一个 3 层结构,如图 1-11 所示。

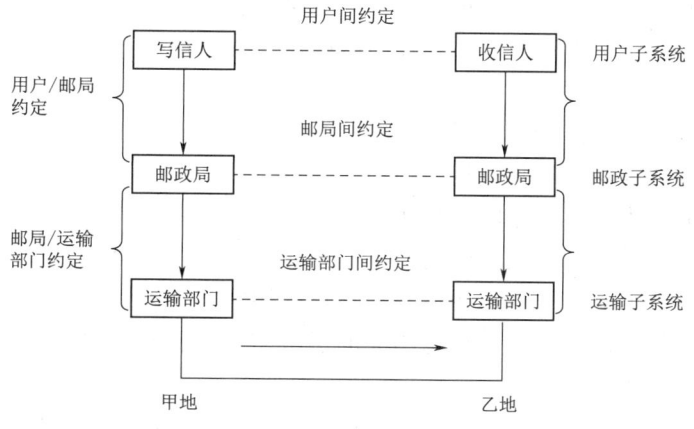

图 1-11 邮政系统层次结构示意图

虽然两个用户、两个邮政局、两个运输部门分处甲、乙两地,但是它们都分别对应同等机构,同属一个子系统(子层),邮局有邮局间的约定,运输部门有运输部门间的约定;而同处一地的不同机构则不在一个子系统内,而且它们之间的关系是服务与被服务的关系。例如,邮局为写信人、收信人服务,同时又享受运输部门的服务。

可见,邮政系统采用分层处理,通过上、下层协作和同层间的约定实现通信任务。同样，计算机之间的通信也是通过分层的方法来完成的。相互通信的两个计算机系统必须高度协调工作才行，而这种"协调"是相当复杂的。

计算机网络是一个非常复杂的系统，"分层"可将庞大而复杂的问题转化为若干较小的局部问题，而这些较小的局部问题就比较易于研究和处理。在不同层上予以解决，就像编程时把问题分解为很多小的模块来解决一样。

使用分层方法需明确以下几点：
(1) 分层与功能，即网络应该具有哪些层次？每一层的功能是什么？
(2) 服务与接口，即各层之间的关系是怎样的？它们如何进行交互？
(3) 协议，即通信双方的数据传输要遵循哪些规则？

那么，为什么要采用分层方法，分层方法有什么优点呢？

其实在许多学科中都有应用到分层方法。

分层方法有如下优势：
(1) 各层之间相互独立：使设计人员能专心设计和开发所关心的功能模块，上层只需了解下层通过层间接口提供什么服务，即黑箱方法。
(2) 灵活性好、适应性强：只要层间接口和服务不变，层内实现方法可任意改变。比如邮局可使用不同方法对信件进行分拣。
(3) 结构上可分割开：各层都可以采用最合适的技术来实现。
(4) 易于实现和维护：把网络操作分成复杂性较低的单元，结构清晰，易于实现和维护。
(5) 能促进标准化工作：定义并提供了具有兼容性的标准接口。

层数多少要适当。层次结构虽然有它的优点，但是如果划分得不合理，反而会带来许多负面影响。若层数太少，就会使每一层的协议太复杂。层数太多又会在描述和综合各层功能的系统工程任务时遇到较多的困难。划分层次要遵守一定的原则。

划分层次的基本原则如下：
(1) 网络中各节点都具有相同的层次。
(2) 不同节点的对等层具有相同的功能。
(3) 同一节点内相邻层之间通过接口通信。
(4) 每一层可以使用下层提供的服务，并向其上层提供服务。
(5) 不同节点的对等层通过协议来实现对等层之间的通信。

在计算机网络术语中，将计算机网络的层次结构模型及各层协议的集合称为计算机网络体系结构。

计算机网络涉及不同的通信介质、不同的设备、不同的应用环境等差异性，网络体系结构就是把它们组织在一起的有机整体。由于有了网络体系结构的规范，网络开发人员就可以根据协议设计每一层的软件程序或硬件设备。

需要指出的是，计算机网络体系结构仅是计算机网络及其部件所应完成的功能的精确定义，并不包括实现细节和接口规范。这些功能究竟是用何种硬件或软件完成的，则是一个遵循这种网络体系结构的实现问题。体系结构的英文单词 architecture 的原意是建筑学或建筑的设计和风格。它和一个具体建筑物的概念很不相同。例如，人可以走进一个明代的建筑物中，但却不能走进一个明代的建筑风格之中。同理，也不能把一个具体的计算机网络说成是一个抽象的网络体系结构。

网络体系结构与具体的物理实现无关，即使连接到网络中的主机和终端型号、性能各不相同，只要共同遵守相同的协议，就可以实现互通信和互操作。因此说，网络体系结构是抽象的，而实现则是具体的，是真正在运行的计算机硬件和软件。

1974年，美国的IBM公司提出了基于其大型机的"主机—终端"通信模型——系统网络体系结构（systems network architecture，SNA）。这是世界上第一个网络体系结构。此后，许多公司纷纷提出各自的网络体系结构。这些网络体系结构的共同点是都采用层次结构模型，但层次划分和功能分配均不相同。

视频 1-3

目前比较典型的两种分层模型：一是 OSI 参考模型，其是 7 层模型，是国际标准，但并没有得到市场的认可；二是 TCP/IP 参考模型，其是 4 层模型，非国际标准，但获得了最广泛的应用，是事实上的国际标准。

测试题 1-8

思考　试举出一些与分层体系结构思想相似的日常生活应用。

二、OSI 参考模型

为了使具有不同网络体系结构的计算机网络都能互通，1974年，ISO 提出一个试图使各种计算机在世界范围内互连成网的标准框架，即著名的 OSI 参考模型。在 OSI 中，"开放"是指只要遵循 OSI 标准，一个系统就可以与位于世界上任何地方、同样遵循同一标准的其他任何系统进行通信。该模型是一个 7 层协议的网络体系结构，如图 1-12 所示。

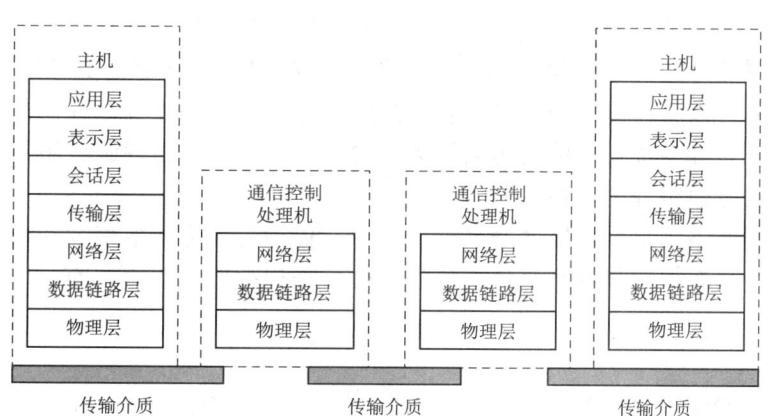

图 1-12　OSI 参考模型结构示意图

（一）OSI 参考模型的各层功能

OSI 参考模型自下向上分为物理层、数据链路层、网络层、传输层、会话层、表示层和应用层。每层各自完成相应的功能。

1. 物理层

物理层是 OSI 参考模型的第一层。物理层是网络通信的数据传输介质，由连接不同节点的电缆与设备共同构成。物理层的主要功能是利用传输介质为数据链路层提供物理连接，负责处理数据传输率并监控数据出错率，以便实现数据流的透明传输。物理层的数据传输单元是比特。

该层规定了网络设备接口标准、电压标准，尽可能地通过频分复用、时分复用技术在通信链路上更快地传输数据。OSI 参考模型中并未定义实际的物理层协议。物理层设计要考虑到机械、电气、功能和过程性的接口等一系列问题。

2. 数据链路层

数据链路层是 OSI 参考模型的第二层，为在相邻网络实体之间建立、维持和释放数据链路连接，并传输数据链路服务数据单元。最基本的功能是将物理层提供的传输原始比特流可能出错的物理连接改造成为逻辑上无差错的数据链路，向网络层提供服务，将源机器网络层送来的数据以"帧"的形式可靠地传输到相邻节点的目标机器。

数据链路层的任务是负责相邻节点间的通信。

3. 网络层

网络层是 OSI 参考模型的第三层。网络层涉及的是将源端发出的分组经各种途径送到目的端。从源端到目的端可能得经过许多中间节点（数据链路层仅将数据帧从数据链路的一端送到其另一端）。

网络层的主要功能是为数据在节点之间传输而创建逻辑链路，通过路由选择算法使分组通过通信子网选择最适当的路径，以及实现拥塞控制、流量控制、网络互联等。网络层在网络层和传输层的接口上为传输层提供服务。网络层的任务是为数据在网络中选择一条合适的路径，实现主机和主机间的数据传输。

4. 传输层

传输层是 OSI 参考模型的第四层，它是整个协议层次结构的核心。有人把 OSI 的 7 层模型划分为两部分：第一层到第四层为底层部分，第五层到第七层为高层部分。底层部分可以看作传输服务提供者，高层部分可以看作传输服务用户。这一划分将传输层置于关键的位置，因为传输层为传输服务提供者和传输服务用户架起了一座提供可靠数据传输服务的"桥梁"。

传输层在网络层提供的服务的基础上，通过传输协议完成本层的功能。传输层的主要任务是为从源端到目的端提供可靠的、价格合理的数据传输，而与所使用的网络无关。

5. 会话层

会话层是 OSI 参考模型的第五层。会话层的主要功能是负责在通信的应用程序之间建立、维护和释放面向用户的连接。通信的应用程序之间建立会话，需要传输层建立一个或多个连接。

会话是指完成一项任务而进行的一系列相关的信息交换。活动是指相对独立的一组相关操作。例如，一次会话传输多个文件，其中每一个文件的传输为一个活动，如图 1-13 所示。

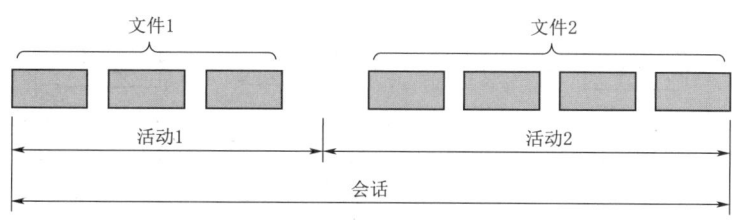

图 1-13 会话和活动示意图

6. 表示层

表示层是 OSI 参考模型的第六层,它主要处理有关被传输数据的表示问题,要向应用实体提供资料表示,要解决不同系统的数据表示问题,解释所交换的数据的意义,进行正文压缩及各种变换(如代码转换、格式转换等),使采用不同表示方法的开放系统之间能够相互通信。此外,在表示层可以利用密码对正文进行加密、解密,这也是一个重要功能。

从物理层到会话层的各层协议都尽量采用各种措施来确保发送的信息准确、可靠,但由于不同厂家的计算机产品在信息表示标准(如字符编码、数值表示等)上常有不同,所以这些正确传输的信息仍不能被识取。这个问题的解决是表示层的主要任务。表示层如同应用程序和网络之间的翻译,即在保持数据含义的前提下进行信息表示格式的转换。

7. 应用层

应用层是 OSI 参考模型的最高层,它给应用进程提供了访问 OSI 环境的手段。应用层的主要功能是提供用户接口。这里的用户接口特指能够发起网络通信的应用程序,比如 QQ、浏览器等客户端程序,以及 Web 服务器、邮件服务器、媒体服务器等服务器程序。

用一句话概述 OSI 参考模型的各层功能如下:

(1) 应用层:为用户使用网络提供接口或手段。
(2) 表示层:实现数据格式转换、数据加密、数据解密等。
(3) 会话层:进行会话管理与会话同步。
(4) 传输层:在端到端之间可靠地传输报文。
(5) 网络层:在源节点和目的节点之间选择路由和进行拥塞控制。
(6) 数据链路层:在相邻节点之间无差错地传输帧。
(7) 物理层:透明地传输比特流。

(二) OSI 参考模型的数据传输过程

OSI 参考模型的数据传输过程如图 1-14 所示。

(1) 应用进程 A 的数据传输到主机 A 中的应用层,应用层为数据添加应用层的控制报头后,形成应用层的服务数据单元,然后将其传输到表示层。

(2) 表示层接收到这个服务数据单元,添加表示层的控制报头,形成表示层的服务数据单元,然后将其传输到会话层。表示层按协议要求进行数据格式变换或加密处理。

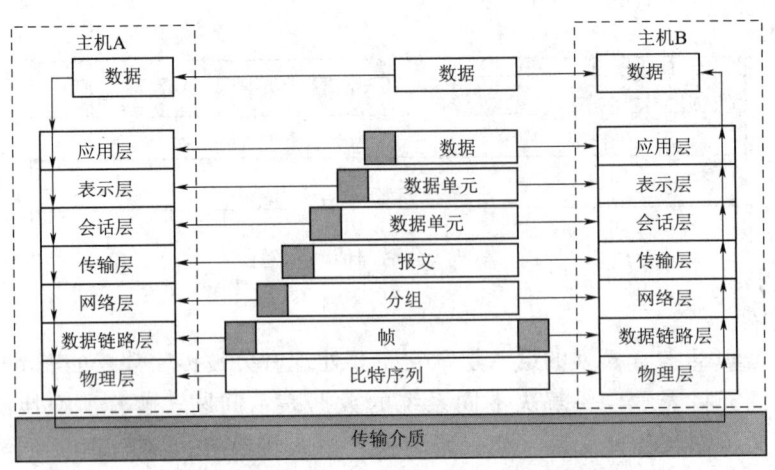

图 1-14　OSI 参考模型的数据传输过程

（3）会话层接收到这个服务数据单元，添加会话层的控制报头，形成会话层的服务数据单元，然后将其传输到传输层。会话层的控制报头用于协调通信主机之间的进程通信。

（4）传输层接收到这个服务数据单元，添加传输层的控制报头，形成传输层的服务数据单元，然后将其传输到网络层。传输层的服务数据单元称为报文。

（5）网络层接收到这个服务数据单元。在网络层，服务数据单元的长度有限制，故传输层报文被分解为多个较短的服务数据单元网络层为其添加网络层的控制报头，形成网络层的服务数据单元，然后将其传输到数据链路层。网络层的服务数据单元称为分组。

（6）数据链路层接收到这个服务数据单元，添加数据链路层的控制信息，形成数据链路层的服务数据单元，然后将其传输到物理层。数据链路层的服务数据单元称为帧。

（7）物理层接收到这个服务数据单元，形成物理层的服务数据单元，然后通过传输介质将其传输到下一个主机中的物理层。物理层的服务数据单元称为比特序列（比特流）。

（8）主机 B 接收到这个服务数据单元后，从物理层依层上传，每层拆除该层的控制报头，形成相应层的服务数据单元，直至到达应用层。最后，应用层将数据传输至应用进程 B。

需要注意的是，在整个通信过程中，虽然数据的实际传输方向是垂直的，但从用户的角度来看却好像数据一直是水平传输的。例如，当发送方主机的传输层从会话层得到数据后，形成报文，并把报文发送给接收方主机的传输层。从发送方主机传输层的角度来看，实际上必须先把报文传给本机的网络层，但这只是一个技术细节问题。这就如同一位说汉语的外交官在联合国大会上发言时，他认为自己是在向在座的其他国家外交官讲话，事实上他只是在向同声传译讲话。

(三) 实体、协议和服务等概念

实体 (entity): 当研究开放系统中的信息交换时, 往往使用实体这一较为抽象的名词来表示任何可发送或接收信息的硬件或软件进程。在许多情况下, 实体就是一个特定的软件模块。在发送端与接收端同一层次中的实体称为同等实体或对等实体 (peer entities)。网卡、浏览器窗口、计算机都可以看作实体。

协议: 为进行网络中的数据交换 (通信) 而建立的规则、标准或约定。不同层具有各自不同的协议, 协议是"水平"的。协议作用在对等实体之间。

服务: 除最底层 (物理层) 外, 每层的实体需要其下一层实体的帮助才能完成数据的传输。这种下层实体为上层实体提供的帮助称为服务 (service)。服务是某一层及其以下各层的一种能力, 通过接口提供给其相邻上层, 服务是"垂直"的。

接口: 相邻两层之间交互的界面, 定义相邻两层之间的操作及下层对上层的服务。

层次: 计算机网络结构设计上采用了层次结构。第 n 层实体在实现自身定义的功能时, 只使用第 $n-1$ 层提供的服务, 如邮局 (第 n 层) 和信箱 (第 $n-1$ 层)。第 n 层向第 $n+1$ 层提供服务。相邻层之间通过接口传输数据。

实体、协议和服务的关系示意图如图 1-15 所示。

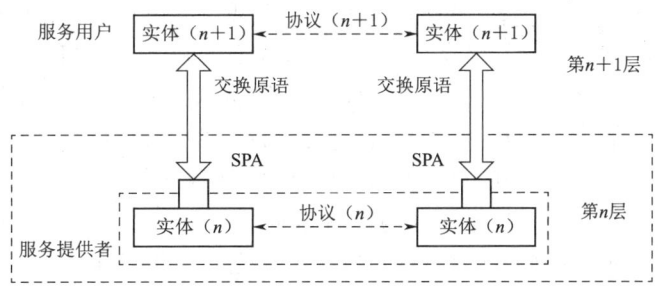

图 1-15 实体、协议和服务的关系示意图

 OSI 参考模型为什么在市场化中失败了?

三、TCP/IP 体系结构

20 世纪 70 年代初期, 美国国防部高级研究计划局 (ARPA, 于 1996 年更名为 DARPA) 为了实现不同网络之间的互联与互通, 大力资助网络技术的研究开发工作。ARPANET 开始使用的是一种称为网络控制协议 (network control protocol, NCP) 的协议。随着 ARPANET 的发展, 需要更为复杂的协议。

1973 年, 引进了传输控制协议 TCP, 随后, 在 1981 年引入了互联网协议 IP。1982 年, TCP 和 IP 被标准化为 TCP/IP 协议, 于 1983 年取代了 ARPANET 上的 NCP, 并最终形成较为完善的 TCP/IP 体系结构和协议规范。

TCP/IP 由它的 2 个主要协议即 TCP 和 IP 而得名。TCP/IP 是 Internet 上所有网络和主机之间进行交流时所使用的共同"语言",是 Internet 上使用的一组完整的标准网络连接协议。通常所说的 TCP/IP 协议实际上包含了大量的协议和应用,且由多个独立定义的协议组合在一起,因此,更确切地说,应该称其为 TCP/IP 协议集(TCP/IP 协议簇)。

(一) TCP/IP 体系结构详解

TCP/IP 体系结构共有 4 个层次,它们分别是网络接口层、网际层、传输层和应用层。其中,TCP/IP 体系结构的应用层与 OSI 参考模型的应用层、表示层、会话层相对应,TCP/IP 体系结构的传输层与 OSI 参考模型的传输层相对应,TCP/IP 体系结构的网际层与 OSI 参考模型的网络层相对应,TCP/IP 体系结构的网络接口层与 OSI 参考模型的数据链路层、物理层相对应。OSI 参考模型与 TCP/IP 体系结构的对应关系如图 1-16 所示。

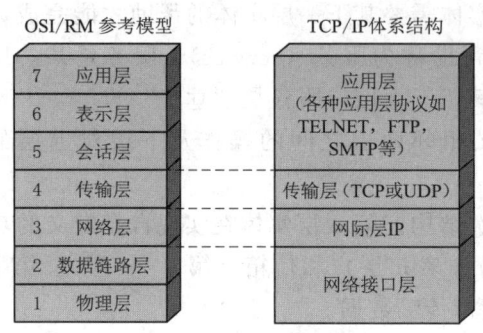

图 1-16　OSI 参考模型与 TCP/IP 体系结构的对应关系

TCP/IP 体系结构是一种分层的网络协议体系,用于在计算机网络中实现通信。它是现代互联网的基础,提供了一整套标准化的协议,用于网络设备之间的有效通信。TCP/IP 体系结构将网络通信任务分解为不同的层次,每一层负责特定的功能。

(1) 网络接口层。TCP/IP 体系结构的最底层是网络接口层,也被称为网络访问层,它包括了可使用 TCP/IP 与物理网络进行通信的协议。TCP/IP 标准并没有定义具体的网络接口协议,而是旨在提供灵活性,以适应各种网络类型,如 LAN、MAN 和 WAN。这也说明,TCP/IP 协议可以运行在任何网络上。

(2) 网际层。网际层是在 Internet 标准中正式定义的第一层。网际层的主要功能是处理来自传输层的分组,将分组形成数据包(IP 数据包),并为该数据包进行路径选择,最终将数据包从源主机发送到目的主机。在网际层中,最常用的协议是 IP,其他一些协议用来协助 IP 的操作。

(3) 传输层。传输层也被称为主机至主机层,与 OSI 参考模型的传输层类似,它主要负责主机到主机之间的端到端可靠通信。该层使用了两种协议来支持两种数据传输方法,它们是 TCP 和 UDP。

(4) 应用层。应用层是用户与网络直接交互的层,负责提供网络服务给应用程序。它定义了网络应用程序之间的通信协议。在 TCP/IP 体系结构中,应用层是最高层,它完成的任务与 OSI 参考模型中高三层的任务相同,如文件传输、远程登录、域名服务和简单网络管理等。

(二) TCP/IP 体系结构的各层协议

图 1-17 为 TCP/IP 体系结构中使用的一些协议。应用层的常用协议有 HTTP (hypertext transfer protocol,超文本传输协议)、FTP (file transfer protocol,文件

传输协议)、SMTP (simple mail transfer protocol,简单邮件传输协议)、DNS (domain name system,域名系统)、RTP (real-time transfer protocol,实时传输协议)等;传输层使用的协议有 TCP 和 UDP;网络层的核心协议是 IP,还有 ICMP (internet control message protocol,互联网控制报文协议)、IGMP (internet group management protocol,互联网组管理协议)、ARP (address resolution protocol,地址解析协议)、RARP (reverse address resolution protocol,逆向地址解析协议)等用来协助 IP 操作各种网络类型。

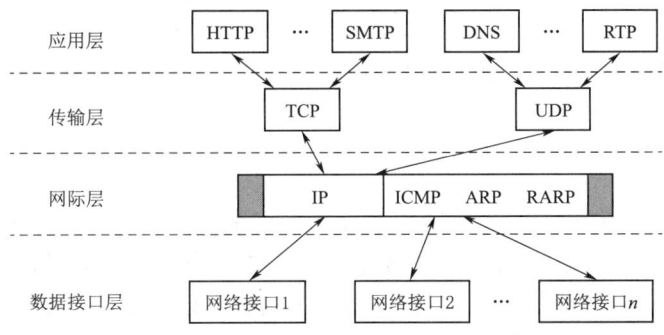

图 1-17 TCP/IP 协议族示意图

TCP/IP 体系结构中采用 IP over X 的方法,使网络接口层为网际层屏蔽了不同类型网络之间的区别,如图 1-18 所示,具有更强的适应能力。

图 1-19 用另一种方法来表示 TCP/IP 协议族,它的特点是上下两头大而中间小;应用层和网络接口层都有多种协议,而中间的网际层很小,其上层的各种协议都向下汇聚到一个协议中。这种沙漏计时器形状的

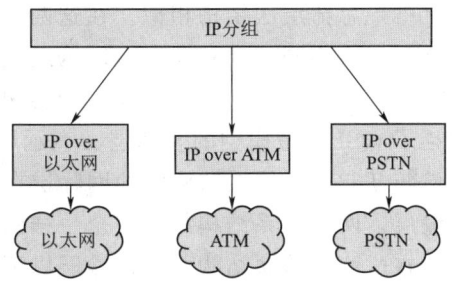

图 1-18 IP over X 层次结构

TCP/IP 协议族表明,TCP/IP 可以为各式各样的应用提供服务 (everything over IP),同时 TCP/IP 也允许 IP 在由各式各样的网络构成的互联网上运行 (IP over everything)。正因为如此,互联网才会发展到今天的全球规模。从图 1-19 中不难看出 IP 在互联网中的核心作用。

(三) TCP/IP 体系结构与 OSI 参考模型的比较

OSI 参考模型的研究初衷是希望为网络体系结构与协议发展提供一种国际标准。OSI 参考模型的研究对促进网络理论体系形成有重要作用,但它制定的很多协议标准没有成为真正流行的网络协议标准。促进互联网发展的网络协议标准是 TCP/IP。

TCP/IP 体系结构是在 OSI 参考模型的基础上专门针对 TCP/IP 网络而开发的网络体系结构,所以它既继承了 OSI 参考模型的基本结构和层次划分思想,又针对了特定的 TCP/IP 网络,更加具体化,更加具有可操作性。OSI 参考模型和 TCP/IP 体系结构有很多相似之处,但两种网络体系结构也有很多差别。下面将具体介绍这两种

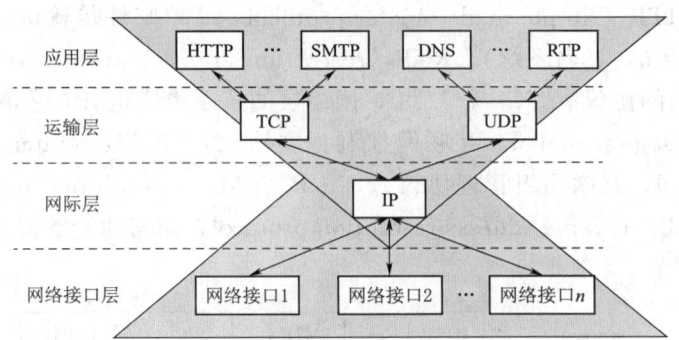

图 1-19 沙漏计时器形状的 TCP/IP 协议族示意图

网络体系结构的主要异同。

1. 两者相同之处

总体而言，OSI 参考模型和 TCP/IP 体系结构主要具有以下几方面的相同或相似点。

(1) 层次结构划分思想相同。这两种网络体系结构都是以协议栈（不同协议形成的层次结构）为基础进行层次结构划分的，并且协议栈中的协议是彼此独立的。这样做的好处是可以大大简化各种网络协议程序的设计，只需要为不同协议程序提供关联的程序接口即可。

(2) 总体层次结构相似。在这两种网络体系结构中，虽然总的层数和对应层次的名称都有所不同，但总体层次结构还是极其相似的。TCP/IP 体系结构中的网络接口层对应了 OSI 参考模型的数据链路层和物理层这两层，TCP/IP 体系结构中的应用层包括了 OSI 参考模型的会话层、表示层和应用层这 3 层，OSI 参考模型中间的网络层虽然与 TCP/IP 体系结构中的网际层在名称上不一样，但功能却是完全一样的，至于传输层，两种体系结构都是完全一样的。

在这两种体系结构中，传输层以下都属于通信子网部分，用来构建通信网络，实现数据通信；而传输层及以上各层都提供了与网络无关的端到端服务，属于资源子网部分，进行数据处理。

2. 两者不同之处

在看到 OSI 参考模型和 TCP/IP 体系结构相似之处的同时，也要看到这两种网络体系结构的许多不同之处，主要表现在以下几个方面。

(1) 适用的范围不同。OSI 参考模型是在标准化协议发明之前就已产生，所以 OSI 参考模型不偏重任何特定的网络类型，具有最广泛的理论上的参考性，是一个理想化的模型。而 TCP/IP 体系结构则相反，它是在 TCP/IP 协议族出现后针对这些协议进行功能分层和描述，所以与协议的关系非常紧密，仅适用于 TCP/IP 网络，具有好的实践性。

(2) 划分的层次结构不同。这两种网络体系结构在层次划分上的不同在前面已有介绍，主要体现在两个方面：一是 TCP/IP 体系结构中没有会话层和表示层，因为事实已证明这两个层次并没有太独立的用途，所以最后取消了，合并在应用层之中；二是在 OSI 参考模型中物理层和数据链路层的功能在 TCP/IP 体系结构中合并到了网络接口层中,尽管实际上在 TCP/IP 体系结构中对这层中的具体功能并没有明确规定,但实际上这层的功能就是 OSI 参考模型中低两层的功能。当然,事实上后来仍按照 OSI 参考模型那样进行了拆分。

(3) 支持的网络通信模式不同。OSI 参考模型的网络层同时支持无连接和面向连接的网络通信(它不仅支持 TCP/IP 网络中无连接的 IP 网络协议,同时支持 NetWare SPX/IPX 网络中面向连接的 SPX 服务等);TCP/IP 体系结构的网际层只提供无连接的服务(因为它只支持 IP 这种无连接的网络协议)。

(4) 包括的通信协议不同。OSI 参考模型是一种开放型的,是希望尽可能适用于所有类型计算机网络的理想化网络体系结构,所以它里面所包括的通信协议不仅非常多,而且类型非常复杂,适用于各类网络的都有。尽管 TCP/IP 网络也是在 OSI 参考模型的设计范围内,但 TCP/IP 网络中的通信协议是专门针对具体的 TCP/IP 体系结构而开发的,所以更具有 TCP/IP 体系结构的特点。

(四) TCP/IP 体系结构的演变

(1) 初期阶段:最初设计用于 ARPANET,主要目的是实现不同网络之间的互联和通信。

(2) 发展阶段:随着互联网的快速发展,TCP/IP 体系结构逐渐被广泛采用,成为全球网络通信的标准。

(3) 现代阶段:不断演化以支持更高的网络带宽、更复杂的应用和新的技术需求,如物联网和云计算。

测试题 1-10

 TCP/IP 体系结构最显著的特性是什么?

四、本书使用的 5 层网络体系结构

TCP/IP 体系结构是 4 层的网络体系结构,不是一个完整的网络体系结构,网络接口层并没有具体内容,没有明显区分服务、接口、协议。

观察 7 层 OSI 参考模型与 4 层 TCP/IP 体系结构的对应关系发现,TCP/IP 体系结构的应用层对应 OSI 参考模型的高三层,网络接口层与 OSI 参考模型的数据链路层和物理层相对应,因此往往采取折中办法,即综合 OSI 参考模型和 TCP/IP 体系结构的优点,采用一种只有 5 层协议的网络体系结构来阐明网络的工作原理较为合适。从下至上依次是物理层、数据链路层、网络层、传输层和应用层。图 1-20 为 OSI 参考模

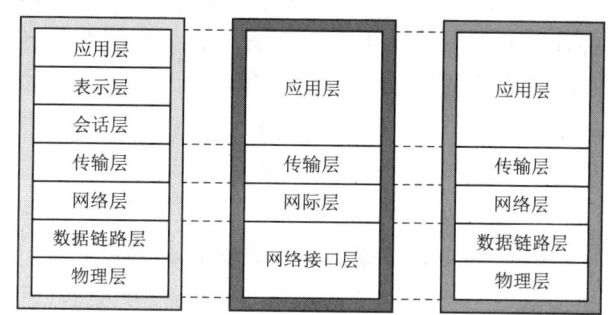

图 1-20 OSI 参考模型、TCP/IP 体系结构和 5 层网络参考模型的比较

型、TCP/IP 体系结构和 5 层网络参考模型的比较。

5 层网络参考模型中，每层处理数据的单位：物理层的 PDU（协议数据单元）就是位；数据链路层的 PDU 称为帧（frame）；网络层的 PDU 称为数据报（datagram）；传输层的 PDU 称为报文段（segment）；应用层的 PDU 称为报文（message）。

各网络体系结构的对比见表 1-1。

表 1-1 各网络体系结构的对比

网络体系结构类型	标准类型	层数	优点	缺点	备注
OSI 参考模型	国际标准	7	概念清楚，理论较完整	过于复杂，不实用	生不逢时
TCP/TP 体系结构	事实标准	4	简单、实用	底层区分不明显，模型是对协议的描述	先有协议，已成事实
5 层网络参考模型	理想化标准	5	概念较清楚，简单、实用	理想化	综合 OSI 参考模型和 TCP/IP 体系结构的优点

五、Internet 的标准化

与网络体系结构密切相关的问题是标准化问题，网络通信涉及不同设备之间的交互，为使不同国家不同制造商制造的不同性能的设备能实现交互，就必须有一些相应的标准来指导大家进行硬件、软件的设计与生产。标准化是推动计算机网络发展的重要因素。

（一）几个在国际上有影响力的标准化组织

1. ISO

ISO 的前身是国际标准化协会（ISA），其曾因第二次世界大战停止工作，于 1947 年 2 月恢复运行，更名为 International Organization for Standardization，并决定用 ISO 作为其缩写。

ISO 是世界上最有权威性的国际标准化专门机构，是由各国的国家标准化机构组成的联合会（这有利于促进国际标准的制定和在各国的执行）。

ISO 由若干个技术委员会（technical committee，TC）组成，其标准化工作涉及各种专业领域，其中 TC97 是"信息处理系统技术委员会"，它专门负责制定有关信息处理方面的标准。在 TC97 下又设立了 16 个分委员会（sub-committee，SC）和一个直属工作组（working group，WG），其中 SC16 曾负责 OSI 标准的制定工作，从 1984 年起该项工作已移交给 SC21。

2. 国际电信联盟（ITU）

ITU 是电信界最有影响的标准化组织，于 1947 年成为联合国下属的一个官方组织。ITU 有无线通信部（ITU-R）、开发部（ITU-D）、电信标准化部（ITU-T）三个主要部门。

ITU 前身是国际电报电话咨询委员会（Consultative Committee on International

Telegraph and Telephone，CCITT），中国也是 CCITT 的成员之一。它的主要工作是制定有关通信及公用数据网络（public data network，PDN）方面的标准或建议。1993 年 3 月 1 日，CCITT 被重组并更名为 ITU-T。

3. Internet 标准化组织

Internet 标准化组织与 ISO、ITU-T 有较大的区别，它比较强调开放性。Internet 标准化机构是非政府性质的。在 ARPANET 初建时，美国国防部设立了一个非正式的委员会对 ARPANET 的建设进行监督。1983 年，该委员会更名为 Internet 活动委员会（Internet Activity Board，IAB）；随后，IAB 又演变成 Internet 体系结构委员会（Internet Architecture Board）。

IAB 成员的研究成果是通过在线的技术报告进行交流的，这种技术报告通常被称为"请求评论"（request for comments，RFC）。这类 RFC 经过一定的程序，有可能升级成正式的标准。1989 年，IAB 被重视，其研究人员被转移至 Internet 网络研究部（IRTF）和 Internet 工程任务组（IETF），并在此基础上，成立了 Internet 协会（Internet Society），其任务是制定 Internet 的有关标准。

IETF 是由许多工作组组成的论坛，其主要任务是负责制定互联网的相关技术规范，为互联网架构的演进和互联网的正常运转提供支持。

IRTF 也是由许多工作组组成的论坛。IRTF 的任务是进行理论方面的研究和探索一些长期需要考虑的问题，负责用户信息、路由和寻址、安全、网络管理和标准等。

IAB 下面有一个 Internet 编号分配机构（IANA），它负责协调 IP 地址和顶层域名的管理和注册，后来该项工作由 Internet 名称和号码分配公司负责。IAB 下还有 RFC 编辑部。其负责编辑 RFC 文档。所有的 Internet 标准都是以 RFC 文档的形式在 Internet 上发表的。一个 Internet 协议标准由 Internet 草案开始，历经建议标准、草案标准，最终成为 Internet 标准，每个阶段都有相应的 RFC 文档。RFC 文档可以从 Internet 上免费下载。

但应注意，并非所有的 RFC 文档都是 Internet 标准，只有一小部分 RFC 文档最后才能变成 Internet 标准。RFC 编辑部按收到 RFC 文档时间的先后，从小到大为其编上序号（即 RFC ××××，这里的 ×××× 是阿拉伯数字）。一个 RFC 文档更新后就使用一个新的编号，并在文档中指出原来老编号的 RFC 文档已成为陈旧的。例如，2008 年 5 月公布了 Internet 正式协议标准 RFC 5000，此文档注明了：以前的文档 RFC 3700 已变为陈旧的。现有的 RFC 文档中有不少已变为陈旧的，在参考时应当注意。

4. 电气电子工程师学会（IEEE）

IEEE 于 1980 年 2 月成立了局域网标准委员会（IEEE 802），它是目前颇具影响力的局域网标准机构之一。IEEE 802 现已制定了一系列局域网标准，其中大部分已被列入 ISO 标准。

5. 美国国家标准研究所（ANSI）

ANSI 是美国指定的 ISO 投票成员，其研究范围与 ISO 相对应。它的一些标准在计算机领域中有着广泛的影响。FDDI、FDDI-Ⅱ等有影响的标准正是由 ANSI 完成的。

6．欧洲计算机制造商协会（ECMA）

ECMA 主要制定有关计算机的技术标准。它是 CCITT 和 ISO 的无表决权成员，因此其标准化工作对 ISO 也有较大的影响。

除上述组织外，还有国际电工委员会（IEC）、美国电子工业协会（EIA），以及致力于各种新型、高速网络标准化工作的相关组织，它们在网络标准化方面也颇有影响。

（二）标准化的过程

1．提案和草案阶段

标准化过程通常始于一个提案或草案。这些提案由相关的工作组或委员会提交，经过讨论和修改，形成初步的标准草案。

2．审查和讨论

标准草案在相关的标准化组织中进行审查和讨论。这个过程涉及各种利益相关方，包括行业专家、厂商和用户等。

3．公众意见征集

在一些阶段，标准草案可能会开放给公众以征求公众意见。这有助于获得广泛的反馈，并确保标准的实际应用性和有效性。

4．批准和发布

标准草案经过审查和修改后，会被正式批准并发布为标准。发布的标准通常会有一个唯一的编号，并在相关的标准化组织网站上提供详细信息。

5．持续更新

由于技术的不断发展，标准也需要定期更新。标准化组织会根据技术进展和实际需求对现有标准进行修订和更新。

测试题 1-11

思考

为什么说标准化是推动计算机网络发展的重要因素？

第七节 下一代互联网

一、下一代互联网概述

互联网已成为信息时代的核心基础设施，以互联网为代表的新一轮科技革命和产业变革日新月异，一个崭新的智能时代正在到来。展望未来，下一代互联网拥有全域互联、绿色超宽、确定承载、算网融合、智能原生和内生安全等六大技术特点，同时将从联人、联家、联企、联机、联云、联算、联数、联车、联星等 9 个维度重塑未来生产、生活与工作模式，助力构建泛在智联、卓越服务、可持续发展的智慧社会。

（一）下一代互联网技术的特点

下一代互联网技术是以新一代人工智能为核心驱动，以云技术、大数据、区块链、虚拟现实、数字孪生、引擎渲染、安全等技术为支撑，集成底层技术、应用场景、内容生态、硬件产品等多种要素的分布式互联网技术。人工智能技术推动互联网行业的智能化发展，随着 ChatGPT（聊天机器人）发展掀起了大模型和生成式人工智能（AIGC）的应用热潮。

5G/6G 网络技术的大带宽、广覆盖、低延迟、高可靠等特点，使下一代互联网更快、更广、更及时、更方便。云技术、大数据、区块链技术共同构建了下一代互联网的分布式存储架构、异构算力协同、确定性网络运输等技术底座，深度融合隐私计算、区块链共识、AI 内生安全等可信机制，构建覆盖"数据要素全生命周期管理-算力资源智能调度-网络可信价值流转"的一体化架构，形成去中心化数字身份、智能合约治理、通证化激励相容的信任生态，最终实现安全可控、绿色低碳、高效互联的新型数字基础设施与价值互联网体系。

IPv6 应用推进，使下一代互联网有了更大的地址空间。Web 3.0 作为互联网演进的创新技术，为下一代互联网构建了一个更加开放、安全和自主的环境。

（二）下一代互联网应用的特征

下一代互联网应用除赋能各行各业外，将有两大通用性的应用。

（1）和元宇宙应用结合。元宇宙作为下一代互联网的新生形态，综合了数字技术的五大支柱技术（交互与展示技术、数字孪生与数字原生技术、创建身份系统与经济系统技术、内容创作技术、治理技术）和五大地基技术（计算技术、存储技术、网络技术、系统安全、人工智能技术）的应用创新。随着人工智能应用的深入，AIGC 丰富了元宇宙的内容，大模型提升了元宇宙的应用能力。元宇宙产业生态要具备大带宽、大算力、大数据、大模型、大场景、大应用六大要素。元宇宙产业要有硬件产业支撑，也要有智能软件产业应用，才能形成元宇宙的产业生态。

（2）充分支撑数实融合。数实融合是物理世界和数字世界的融合，是数字化与实体化的融合，促进传统产业转型发展。下一代互联网是推进数实融合的主要力量，人工智能技术驱动产业智能化发展，实现数实双向赋能，区块链和数据、网络安全技术实现数实融合数据安全可控运行、数据资产流动和数据资产价值提升，实现价值互联网和信任互联网功能。

测试题 1-12

思考　　下一代互联网体系结构的研究现状和发展趋势如何？

二、新型体系结构网络

（一）主动网络

传统网络由边缘的"聪明"主机和互联这些主机的执行同类"简单"功能（如存储转发）的路由器构成，计算能力非常有限，是被动的（passive）。其缺点是网络基础设施发展缓慢、几个协议分层的功能冗余导致低效、新业务难以开展。基于 TCP/TP 协议的 Internet 遵循"端到端的原则",也就是说,Internet 网络层只提供不可靠的传输服务,而应用要求的可靠性和安全性等由端系统自己来实现。这样可大大简化 Internet 本身的复杂度。

随着网络规模日益扩大,一些局限性开始显现出来。例如,网络规模日渐庞大而且复杂,使得网络管理、资源配置、故障定位变得越来越困难;又如,新的网络应用层出不穷,它们需要新的协议和服务的支持,而网络中的传输节点(包括路由器和交换机等设备)功能相对固定,导致协议和服务的推出无法跟上应用需求的步伐。在这种背景下,人们认为需要在传统 Internet 体系结构的基础上,研究新的网络体系结构。换句话说,需要研究具有自适应、动态和智能化特性的网络。

1. 主动网络的定义与起源

主动网络(active network)是目前已知的一种方向,其概念首次出现于 1994—1995 年 DARPA 关于"网络系统未来发展方向"的讨论会。该次会议针对传统网络的多种弊端和不足,提出若干改进的途径,主动网络是会议的焦点。

主动网络是一种允许用户对网络中间节点(如路由器、交换机等)进行编程的新型网络结构。

主动网络有强大的生命力,能自我复制、自我再生、自我发展、自我保护,例如,能主动避开受到破坏的节点;当主动网络节点缺少服务时,相邻节点能复制自己,把备份传给它;主动网络上执行的移动代码能自动扩展、自动消失,其扩散方式像细胞分裂一样,只要其中的一个节点有备份,它就能扩展;当网上的站点、中间节点受到攻击时能自动启动保护程序。可见,主动网络的结构和行为不再取决于静态的设置,而是根据情况动态变化的。

近年来,特别是 Java 等与平台无关的语言出现以后,相关研究者在主动网络方面开展了大量的研究。在美国,DARPA 是主动网络研究的先驱和推动者。在 DARPA 及部分公司(如 Intel 和 Sun 等)的赞助下,首先在麻省理工学院、宾夕法尼亚大学、哥伦比亚大学、加州大学等组织内,开展了对主动网络的研究,目的是实现一种中间节点可编程的虚拟网络,增加网络编程的灵活性,解决虚拟专用网、动态过滤、拥塞控制、网络动态监控、Internet 移动通信、可靠多路广播等传统网络难以解决的问题,提高网络的安全性和服务质量。这些研究对未来网络的发展具有重大意义。

主动网络提供了一个可编程的网络计算平台,在这个平台上可以动态开发和部署各种不同的网络业务,如网络管理、主动多播、拥塞控制、信息缓存等。主动网络引起广泛关注的原因:其有可能作为快速建立新的网络业务的有力手段。

被称为主动网络节点的网络中间节点(如路由器、交换机),不仅完成存储转发等网络级的功能,而且可以对包含数据和代码的所谓主动包和普通包进行计算;具有计算能力的网络节点从接收数据包后执行相应的程序,对该数据包进行处理(如路由选择、数据合并、数据解包等),然后将数据包发送给其他网络节点。用户根据网络应用和服务的要求可以对网络进行编程以完成这些计算。

对于用户来说,主动网络可以动态地改变服务,并按照特殊的应用对服务进行优化；对于业务供应商来说，主动网络可以根据用户的需求动态地引入新的协议，与此同时对原有系统的协议没有任何影响；对于研究人员来说，动态可编程的网络提供一个平台，用于在现有网络上实现新的网络服务而不中断正常的网络服务。

简单地说，主动网络是一种可编程的分组交换网络，通过各种主动技术和移动计算技术，使传统网络从被动的字节传输模式向更一般化的网络计算模式转换。具有智能的主动网络节点可为不同的应用提供不同的服务，例如，根据链路状况寻找最佳路径，根据不同的消息激活不同的处理，允许用户按需创建自己的服务并将其分布到网络中去。

2. 主动网络的优点和不足

主动网络具有以下优点。

（1）大大加快网络基础结构的更新步伐。任何新功能或新协议的开发都是编制新的主动网络应用程序的过程。这些新协议和功能的发布和应用也简化到只是把程序代码发送到需要扩展这一功能的节点上的过程。

（2）使用户参加网络保护成为可能。生产商只需要生产带有用户希望的基本功能并对网络语言有强大支持的设备，而设备的扩展功能软件可以由用户自己来添加，即向网络节点注入用户程序。

（3）提高了网络互操作性的抽象层次。主动网络节点对不同的应用可实现不同的计算（即执行不同的程序）。网络层的互操作性基于统一的编程和计算模型。

（4）提供功能强大的网络平台。软件和硬件分离允许第三方开发新的软件。

（5）提供智能化网络管理。主动网络技术可以用来实现网络监视和事件过滤的智能。

（6）可移动性。主动分组可以在主动网络节点中移动，流经的主动网络节点可获取主动分组中的代码而执行。

（7）动态配置性。用户开发的新业务可以通过主动分组动态地安装到被管设备。

（8）灵活性非常好。任何用户程序都可视为是对节点功能的扩充。

主动网络存在以下不足。

（1）在增强网络灵活性的同时也增加了网络节点的计算开销。

（2）中间节点处理大量信息，使网络难以控制和维护。

（3）很容易受到代码的恶意攻击。

（4）整个网络的行为很难得到保障。

3. 传统网络和主动网络的比较

传统网络和主动网络的对比见表 1-2。传统网络更容易部署，没有实现软件和硬件的分离，网络服务升级和维护受到硬件的限制，而主动网络的新业务可以直接通过软件配置，不再和硬件捆绑，但是部署起来比较复杂。

表 1-2　　　　　　　　　传统网络和主动网络的对比

对比项	传统网络	主动网络
传输模式	存储—转发	存储—计算—转发
数据包处理机制	转发数据包	执行代码—访问方法—处理数据包

续表

对比项	传统网络	主动网络
可编程接口	不提供	提供
新业务动态加载	不支持	支持
新业务适应性	差	好
网络控制灵活性	差	好
系统模式	软件和硬件捆绑	软件和硬件分离
全网络运行效率	差	好
单节点运行效率	好	差

（二）内容中心网络

随着科技的不断创新和发展，互联网已经从传统的客户端/服务器通信模式转变成现在广泛使用的内容分发网络。同时，互联网的用户行为也在发生变化，从传统关注服务器和主机 IP 地址，转变为只关心数据的内容是否符合要求。因此，传统的基于 TCP/IP 协议的互联网架构面临的主要挑战包括高效可扩展内容分发、海量普适计算设备、多宿主和多链接、移动性支持。为了解决上述问题，对未来网络进行改进与设计，研发人员开始研究并设计了内容中心网络（content-centric network，CCN），它旨在重新定义人们与数字世界互动的方式。

1. CCN 的定义与起源

CCN 是一种新兴的网络架构，它彻底改变了人们思考和设计网络的方式。与传统的 IP 网络不同，CCN 将焦点从"在哪里"转移到了"是什么"。换句话说，它关注的是用户想要获取的内容本身，而不是存储该内容的特定服务器或设备的位置。

要理解 CCN 的革命性，需要回顾一下传统 IP 网络的工作方式。在 IP 网络中，通信是基于端点的地址进行的。当你想访问一个网页时，你的设备需要知道托管该网页的服务器的 IP 地址。这种方法在互联网早期工作得很好，但在当今内容密集型的网络环境中，它面临着诸多挑战。

CCN 的思想可以追溯到 21 世纪初。2009 年，Van Jacobson 等在他们具有里程碑意义的论文 *Networking Named Content* 中首次系统地提出了这一概念。他们认识到，随着互联网从主要用于远程登录和文件传输演变为主要用于内容分发的平台，网络架构也需要相应地演进。自那时起，CCN 的理念在学术界和工业界引起了广泛关注。多个研究项目和标准化努力相继展开，如命名数据网络（Named Data Networking，NDN）、帕罗奥多研究中心（PARC）的 CCNx 等，推动了这一领域的快速发展。

2. CCN 的核心思想

CCN 的核心思想可以概括为"以内容为中心，而非以主机为中心"。这种范式转换带来了以下几个关键的设计理念。

（1）内容命名：在 CCN 中，每个内容片段都有一个唯一的名称，而不是依赖于它所在的位置。这种命名机制使内容可以独立于其物理位置而被识别和检索。

(2) 内容分发：CCN 中的路由和转发决策是基于内容名称而不是 IP 地址。用户发送的是对特定内容的"兴趣包"，网络负责找到并返回匹配的内容。

(3) 原生缓存：CCN 的一个重要特性是网络节点可以自动缓存经过的内容。这意味着受欢迎的内容可以更快地到达用户，同时减轻了源服务器的负担。

(4) 安全性：在 CCN 中，安全性是在内容级别而不是连接级别实现的。每个内容片段都可以单独进行加密和认证，提供了更细粒度的安全控制。

这些核心机制共同工作，创造了一个更加高效、安全和灵活的网络环境。在接下来的章节中，将深入探讨这些机制的工作原理，以及它们如何解决现代网络面临的挑战。

3. CCN 与传统 IP 网络的比较

为了更好地理解 CCN 的革新性，可将其与传统 IP 网络进行对比，具体见表 1-3。

表 1-3　　　　　　　　CCN 与传统 IP 网络的对比

对比项	传统 IP 网络	CCN
寻址对象	IP 地址	内容名称
通信模式	端到端	内容请求—响应
路由基础	IP 地址前缀	内容名称前缀
缓存机制	应用层实现	网络层原生支持
安全模型	通道加密，如 TLS	内容级加密和认证
多播支持	需要额外协议	原生支持

CCN 代表了一种全新的网络通信范式，它有潜力解决当前互联网面临的诸多挑战。虽然 CCN 的全面部署还需要时间，但它已经开始影响人们思考和设计下一代网络的方式。

4. CCN 的特点

CCN 的设计理念带来了一系列特征，这些特征使 CCN 在处理现代网络通信需求时具有显著优势。CCN 的特点包括以下几个方面。

(1) 安全。安全是 CCN 体系结构的一部分，其中数据签名为未来互联网提供了必不可少的安全性。CCN 体系结构不存在数据通道的安全问题，因为数据没有固定的通道，可以存储在任意的缓存节点。此外，CCN 体系结构对许多 DoS 攻击有天生的防御能力。

(2) 性能佳。CCN 天生支持内容分发和多播功能，相对于当今 IP 网络具有明显的优势。另外，CCN 在动态内容、点到点通信上也具有和 IP 网络相当的性能，并具有比 IP 网络更高的灵活性、安全性和稳健性。

(3) 具有流量调节能力。流量均衡调节功能是网络应具备的功能之一，CCN 具有自然的流量调节能力，在数据转发时，可以根据链路状况选择转发策略，从而均衡整个网络流量。此外，CCN 的中间节点可以缓存经过的数据，这种设计节省了用户访问同一数据的响应时间，进而从整体上减少了整个网络的流量。

(4) 简化应用部署。互联网上的很多应用都需要复杂的中间件，以进行 IP 地址和应用关心的内容之间的映射，而 CCN 可以大大简化应用的部署与开发。

5. CCN 体系结构

CCN 体系结构保持了传统 TCP/IP 体系结构的沙漏模型，不同之处在于中间层的协议用命名数据取代 IP 地址，直接以内容名字进行路由，实现点到点的高效内容分发。这种命名方式只与其传输的信息有关，给网络节点的可移动性带来了方便。CCN 构建了存储功能，中间节点可以暂时缓存数据，提高了数据的利用率。此外，CCN 体系结构设计了安全层，对核心网络包进行封装保护。TCP/IP 体系结构与 CCN 体系结构的比较如图 1-21 所示。

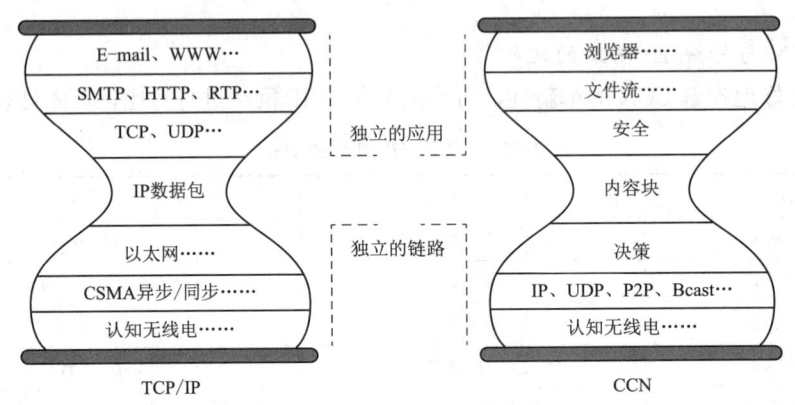

图 1-21　TCP/IP 体系结构与 CCN 体系结构的比较

（三）软件定义网络

今天的网络设施是一个"刚性"管道，网络调整、资源配置、业务响应都很不灵活。而云服务的特征是资源的高度共享和动态占用，因此必然需要一个更富弹性的网络，而弹性网络的实现有赖于资源虚拟化和软件定义。

软件定义网络（software defined network，SDN）是近年信息通信网络的最大技术热点，也是构建新一代互联网基础设施最重要的技术手段。SDN 的概念源于 2006 年美国斯坦福大学启动的"Clean Slate"项目，其初始动机是希望打破网络设备软硬件一体的垄断格局，让网络设备重演计算机软硬件分离的开放之路。2012 年，Google 在其主干网络中部署 SDN，极大地提升了网络资源利用率，展现了 SDN 的巨大优势，自此掀起了 SDN 技术发展热潮。SDN 技术发展热潮既是技术创新的结果，也是以云服务为代表的 ICT（信息与通信技术）业务发展对网络转型的必然要求。

SDN 是一种新型的网络架构，其设计理念是将网络的控制平面与数据转发平面进行分离，达到对网络流量进行灵活控制的目的，并实现可编程化控制。与 SDN 相关联的另一个重要概念是网络功能虚拟化（network functions virtualization，NFV）。NFV 是由以运营商为主体的欧洲电信标准组织（ETSI）所提出的。NFV 的特点是软硬件解耦、硬件通用化和设备功能软件化。SDN 与 NFV 是紧密关联的概念，分别着重网络级和设备级，SDN/NFV 的价值主要体现在提升网络灵活性和开放性、降低网络建设和运营成本，基于 SDN/NFV 和云实现互联网架构重构和技术变革的大潮正在到来，全球各大电信运营商也都加快了向 SDN/NFV 网络转型的步伐。

SDN 的本质是让使用者通过软件自定义的形式来控制网络的一种行为，让网络资源的管理软件化，更加智能化，从而使 IT 服务响应速度、服务质量进一步提升，使下一代互联网更加灵活。

测试题 1-13

思考

内容中心网络的主要特点是什么？SDN 有哪些典型的应用？

第八节 云计算与物联网

一、云计算

（一）云计算的概念

云计算是一种通过互联网提供计算资源和服务的技术，允许用户随时随地访问和使用云平台上的数据、软件和硬件资源。云计算的核心概念是以互联网为中心，提供快速且安全的计算资源和服务，使用户可以像使用水、电一样方便地获取计算能力。云计算的可贵之处在于高灵活性、可扩展性和高性价比等，与传统的网络应用模式相比，其具有以下优势与特点。

1. 虚拟化技术

必须强调的是，虚拟化突破了时间、空间的界限，是云计算最为显著的特点。虚拟化技术包括应用虚拟和资源虚拟两种。众所周知，物理平台与应用部署的环境在空间上是没有任何联系的，用户可通过虚拟平台对相应终端进行操作，完成数据备份、迁移和扩展等。

2. 动态可扩展

云计算具有高效的运算能力，在原有服务器基础上增加云计算功能能够使计算速度迅速提高，最终实现动态扩展虚拟化的层次，达到对应用进行扩展的目的。

3. 按需部署

计算机包含了许多应用程序、软件等，不同的应用程序对应的数据资源库不同，所以用户运行不同的应用程序需要较强的计算能力对资源进行部署，而云计算平台能够根据用户的需求快速配备计算能力及资源。

4. 兼容性强

目前市场上大多数 IT 资源、软件、硬件都支持虚拟化，比如存储网络、操作系统和开发软件、硬件等，这些虚拟化要素被整合到云系统的资源虚拟池中，实行统一管理，由于云计算的强兼容性，不仅可以兼容低配置机器、不同厂商的硬件产品，还可以提升外设的计算性能。

5. 可靠性高

服务器出现故障也不影响计算与应用程序的正常运行。因为单点服务器出现故障可以通过虚拟化技术将分布在不同物理服务器上面的应用程序进行恢复或利用动态扩展功能部署新的服务器进行计算。

6. 性价比高

将资源放在虚拟资源池中统一管理在一定程度上优化了物理资源，用户不再需要昂贵、存储空间大的主机，可以选择相对廉价的PC（个人计算机）组成云，一方面减少费用，另一方面计算性能不逊于大型主机。

7. 可扩展性

用户可以利用应用软件的快速部署条件来更为简单快捷地将自身所需的已有业务、新业务进行扩展。例如，计算机云计算系统中出现的设备故障，对于用户来说，无论是在计算机层面上，抑或是在具体运用上，任务运行均不会受到阻碍，可以利用计算机云计算具有的动态扩展功能来对其他服务器进行有效扩展。这样一来就能够确保任务得以有序完成。在对虚拟化资源进行动态扩展的情况下，同时能够高效扩展应用，提高计算机云计算的操作水平。

（二）云计算体系结构

云计算平台是一个强大的"云"网络，连接了大量并发的网络计算和服务，可利用虚拟化技术扩展每一个服务器的能力，结合各服务器的资源，提供超级计算和存储能力。通用的云计算体系结构如图1-22所示。

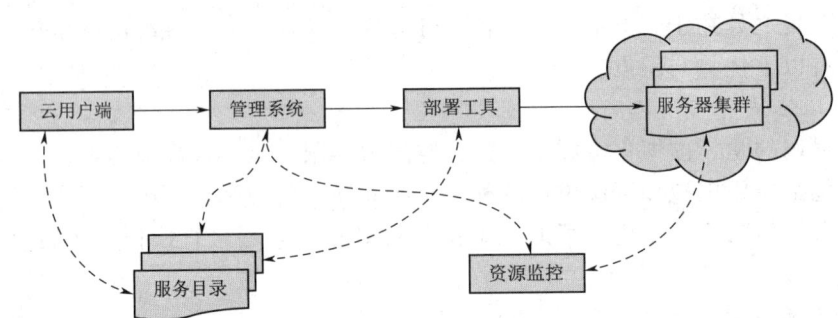

图1-22 通用的云计算体系结构

云计算按照服务类型大致可分为基础设施即服务（IaaS）、平台即服务（PaaS）和软件即服务（SaaS）三个层次。

IaaS将计算机基础设施作为服务提供，包括服务器、存储设备、网络和其他数据中心的物理资源。用户可以通过互联网访问这些资源，并根据实际使用的资源量付费。IaaS允许用户拥有更大的灵活性，可以根据需要动态地增加或减少资源。

PaaS提供了一个完整的开发环境，包括操作系统、数据库和运行环境等，使开发者可以在云平台上开发、测试和部署应用程序。这降低了开发者的技术门槛，使他们能够专注于应用程序的逻辑，而不是底层基础设施的管理和维护。

SaaS是一种通过互联网提供软件应用的方式，用户无须购买和安装软件，而是通过浏览器或客户端软件来访问这些应用。SaaS模式使软件供应商能够集中管理和更新软件，从而提高了效率和降低了成本。

(三)云计算的主要应用领域

金融云:为金融机构提供安全、高效、智能的金融服务平台,提高业务处理能力和运营效率。金融云通过云计算技术,实现了金融数据的集中化管理和处理,降低了 IT 成本,提高了客户满意度。

制造云:整合制造资源和能力,实现制造过程的智能化、柔性化和协同化。通过制造云服务,企业能够更灵活地应对市场需求变化,提高生产效率和产品质量。

教育云:为教育机构和学习者提供资源共享、协作互动、个性化学习的平台。云计算技术优化了教育资源的配置和利用,促进了教育公平和提高了教育质量。

医疗云:将云计算技术应用于医疗健康领域,实现医疗资源的共享、医疗服务的智能化和医疗数据的互联互通。医疗云服务提高了医疗服务的效率和质量,降低了医疗成本,为患者提供了更好的医疗体验。

云计算应用已经深入各行各业,成为推动社会进步和发展的重要力量。未来,随着云计算技术的不断发展和完善,它将在更多领域发挥更大的作用。

测试题 1-14

推动云计算发展的主要原因是什么?

二、物联网

(一)从 Internet 到物联网

对于网络的使用,人们的要求并没有就此止步。人们充分享受了终端和终端之间的通信便利后,开始追求人与物、物与物,还有人与人之间的通信,也就是物联网(internet of things,IoT)的需求。物联网是指通过各种信息传感器、RFID 技术、全球定位系统、红外感应器、激光扫描器等各种装置与技术,实时采集任何需要监控、连接、互动的物体或过程,采集其声、光、热、电、力学、化学、生物、位置等各种需要的信息,通过各类可能的网络接入,实现物与物、物与人的泛在连接,实现对物品和过程的智能化感知、识别和管理。

物联网不需要通过终端,可以直接基于 Internet 实现物与物、物与人,还有人与人之间的交互过程,并在此基础上提供各种服务。物联网中的物是原有物品和网络终端的混合体,嵌入式技术的发展可以使任何物品当中嵌入智能系统。物联网中的人也不是单纯的人,而是人和智能设备的结合体。物联网具有以下 3 个方面的作用。

(1)实现计算、通信等终端所具备的功能。

(2)实现信息采集。

(3)提供人体自身不具备的扩展功能。

目前,物联网在国内主要应用于智能农业、智能工业、智能物流和智能医疗及智能安防等领域。

(二)物联网体系结构

物联网体系结构主要分为感知层、网络层和应用层三个层次。

视频 1-4

第一章 计算机网络概论

感知层是物联网的底层,主要负责信息采集和处理。通过使用传感器、条形码、二维码、RFID技术等,感知层能够捕获数据,并利用音视频等多媒体信息进行信息传输。这一层还包括自动识别技术产品和传感器、无线传输技术、自组网技术和中间件技术,确保数据能够高效、准确地传输。感知层相当于物联网的"五官",通过传感网络获取环境信息,是信息采集的关键部分。

网络层利用无线和有线网络对采集到的数据进行编码、认证和传输。它融合了各种私有网络、互联网、有线和无线通信网络,确保信息的顺畅传输。网络层的主要任务是将感知层获取的信息安全可靠地传输到应用层,同时根据不同的应用需求进行信息处理,相当于物联网的"神经系统",负责连接智能对象、网络设备和服务器。

应用层包括编码技术、标识技术、解析技术、安全技术和中间件技术等关键方面。应用层负责对感知层采集的数据进行计算、处理和知识挖掘,实现物理世界的实时控制、精确管理和科学决策。通过云计算平台,应用层助力物联网海量数据的存储和分析,为用户提供各种具体服务,如智能操控、安防、电力抄表、远程医疗和智能农业等。

测试题 1-15

这三个层次的紧密协作,实现了对物理世界的全面感知、可靠传输和智能处理,为人们的生产和生活带来了极大的便利和效率提升。

物联网和云计算有什么联系?

扩 展 阅 读

互联网之父:Vinton Cerf

互联网之父:
Vinton Cerf

本 章 小 结

(1) 计算机网络一般是指利用通信设备和通信链路按不同的网络拓扑结构将地理位置不同的、功能独立的多个计算机系统连接起来,按照网络协议进行数据通信,实现网络资源共享和信息交换的系统。

(2) 计算机网络的主要功能包括数据通信、资源共享(硬件、软件和数据等)、分布处理。

(3) 计算机网络的组成。从组成部分看,一个完整的计算机网络主要由硬件、软件两部分组成;从功能组成看,计算机网络由通信子网和资源子网组成。

(4) 计算机网络可以从不同的角度进行分类,常用的分类方法有按网络覆盖的地理范围分类、按网络拓扑结构分类、按网络协议分类、按传输介质分类、按传输技术

（5）计算机网络拓扑结构有总线型、星形、树形、环形、网状等。每种网络拓扑结构都有其优缺点，适用于不同的网络场景和需求。

（6）影响计算机网络性能的主要指标有速率、带宽、吞吐量、延迟、丢包率、往返时间和利用率等。此外，还有一些计算机网络的非性能特征。

（7）计算机网络协议，简称协议。协议包含语法、语义和时序三个方面的要素。

（8）计算机网络体系结构解决异质性问题采用的是分层方法。不同层具有各自不同的协议，协议是"水平"的。

（9）计算机网络体系结构是计算机网络的各层及其协议的集合。服务是"垂直的"，即服务是由下层向上层通过层间接口提供的。服务、接口和协议的关系。

（10）典型的两种分层模型：一是 OSI 参考模型（国际标准），该模型没有得到市场的认可；二是 TCP/IP 体系结构，其是事实上的国际标准。

（11）本书融合 OSI 参考模型和 TCP/IP 体系结构的优点，采用一种 5 层协议的体系结构，从下至上依次是物理层、数据链路层、网络层、传输层和应用层。

（12）标准化是推动计算机网络发展的重要因素。国际上有影响力的标准化组织。

（13）互联网已成为信息时代的核心基础设施。下一代互联网应用将赋能各行各业。

（14）主动网络、CCN、SDN。

（15）云计算是一种通过互联网提供计算资源和服务的技术，允许用户随时随地访问和使用云平台上的数据、软件和硬件资源。

（16）物联网不需要通过终端，可以直接基于 Internet 实现物与物、物与人，还有人与人之间的交互过程，并在此基础上提供各种服务。

习　题

1. 计算机网络应用广泛，主要有哪些应用领域？
2. 计算机网络的主要功能是什么？简述计算机网络的组成部分。
3. 计算机网络都有哪些类别？各种类别的网络都有哪些特点？
4. 常见的计算机网络拓扑结构有哪些？各有什么特点？
5. 计算机网络有哪些常用的性能指标？
6. 假定网络的利用率达到了 90%，试估算一下现在的网络延迟是它的最小值的多少倍？
7. 计算机网络有哪些非性能特征？非性能特征与性能指标有什么区别？
8. 收发两端之间的传输距离为 1000km，信号在媒体上的传播速率为 2×10^8 m/s。试计算以下两种情况的发送延迟和传播延迟。

（1）数据长度为 10^7 bit，数据发送速率为 100kbit/s。

（2）数据长度为 10^7 bit，数据发送速率为 1Gbit/s。

从以上计算结果可得出什么结论？

9. 假设信号在媒体上的传播速率为 2.3×10^8 m/s。媒体长度 l 分别为：

(1) 10cm。

(2) 100m。

(3) 100km。

(4) 5000km。

试计算当数据率为 1Mbit/s 和 10Gbit/s 时，在以上媒体中正在传播的比特数。

10. 网络体系结构为什么要采用分层结构？试列举一些日常生活中具有分层体系结构的事例。

11. 网络协议的三要素指什么？各有什么含义？

12. 协议和服务有何区别？有何关系？

13. 划分层次的基本原则是什么？

14. OSI 参考模型包括哪几层？用一句话说明各层的主要功能。

15. 解释以下名词：协议栈、实体、对等实体、服务、接口。

16. 具有 5 层协议的网络体系结构包括哪 5 层？各层的主要功能是什么？

17. 互联网标准制定分为哪几个阶段？

18. 试解释 everything over IP 和 IP over everything 的含义。

19. 谈一下你对下一代互联网的理解。

20. 判断以下说法的正误。

(1) 提高链路速率意味着降低了信道的传播延迟。

(2) 在链路上产生的传播延迟与链路的带宽无关。

(3) 跨越网络提供主机到主机的数据通信属于运输层的功能。

(4) 发送延迟是分组的第一个比特从发送方发出到该比特到达接收方所用的时间。

(5) 由于动态分配通信带宽和其他通信资源，分组交换能更好、更高效地共享资源。

(6) 采用分组交换在发送数据前可以不必先建立连接，发送突发数据更迅速，因此不会出现网络拥塞。

21. 在下列每一个空白处填上一个阿拉伯数字（1～6），表示在源节点的一个用户发送一个信息给在目标节点的一个用户所发生的事件的顺序。

_____ 当信息通过源节点时，每一层都给它加上控制信息。

_____ 在源节点的网络用户产生信息。

_____ 在目标节点的网络用户接收信息。

_____ 信息向上通过目标节点的各个网络层次，每一层都除去它的控制信息。

_____ 信息以电信号的形式通过物理链路发送。

_____ 信息传给源节点的最高层。

22. 主动网络的主要特点是什么？它和传统 IP 网络有什么不同？
23. CCN 的应用有哪些？它和传统 IP 网络有什么不同？
24. SDN 的本质是什么？
25. 什么是云计算？
26. 物联网体系结构分为哪几层？物联网和云计算的关系如何？

第二章

物理层

内容导读

物理层是 OSI 参考模型的最底层，实现传输媒体上的比特流传输，使数据链路层可以按协议数据单元（PDU）进行水平传输，而无须关心 PDU 的比特序列如何被传输到数据链路层的另一端。本章首先介绍物理层的概况，然后介绍数据通信的基础知识和主要的传输媒体，再讨论信道复用技术和数字传输系统，最后阐述交换网络和互联网接入技术。

本章的主要内容如下：
(1) 物理层的基本概念。
(2) 数据通信的基础知识。
(3) 常见的信道复用技术。
(4) 各种交换技术的比较。
(5) 常见的互联网接入技术。

第一节 物理层概述

传输媒体（如双绞线、光纤、电磁波、电缆）连接两个或多个物理层实体。物理层实体从通信媒体接收信号或向通信媒体发送信号，实现物理层的比特流传输。一般认为，通信媒体不属于物理层。物理层实体向数据链路层实体提供比特流传输服务，数据链路层实体不需要了解物理层实体如何实现比特流传输，更不需要考虑通信媒体的信号传输特性。可以认为，通信媒体用固有的信号传播能力为物理层实体提供信号传输服务。

物理层实体之间的协议，也称为规程，具体内容与下列因素有关。
(1) 传输媒体的类型，如铜线、光纤、无线电频段等。
(2) 位的表示，即如何用电磁信号表示"1"或"0"。
(3) 数据率，即每秒发送的二进制符号数。
(4) 位同步，即接收方能识别发送方发来信号的基本波形的边界。
(5) 物理连接的类型，即点到点连接或多点连接。点到点连接指两个物理层实体通过一条通信媒体相连，多点连接指多个物理层实体共享一条通信媒体。
(6) 物理拓扑结构，即传输媒体把所有物理层实体互连起来所形成的平面几何形状，如总线型、星形、环形、树形、网状等。
(7) 传输方式，即按位串行传输还是多位并行传输，以及两个物理层实体之间的传输方向等。

（8）传输媒体接口的相关特性，以电信号接口为例，包括：

1）机械特性：指明接口所用接线器的形状和尺寸、引脚数目和排列、固定和锁定装置等。

2）电气特性：指明在接口电缆的各条线上出现的电位范围，以及负载阻抗标称值等。

3）功能特性：指明某条线上出现的某一电平表示何种意义。

4）过程特性：指明对应不同功能的各种可能事件的出现顺序。

上述因素的选择可有多种组合，因而存在多种物理层协议。

测试题 2-1

物理层的功能是什么？物理层协议包含哪些内容？

第二节　数据通信的基础知识

一、数据通信系统的模型

无论过去还是将来，利用已有的传输系统实现计算机之间的数据通信都是值得尝试的，这样可以节省开支，对于远距离计算机通信更是如此。例如，两台计算机经过普通电话线接入公用电话网实现的通信，数据通信系统的模型如图 2-1 所示。

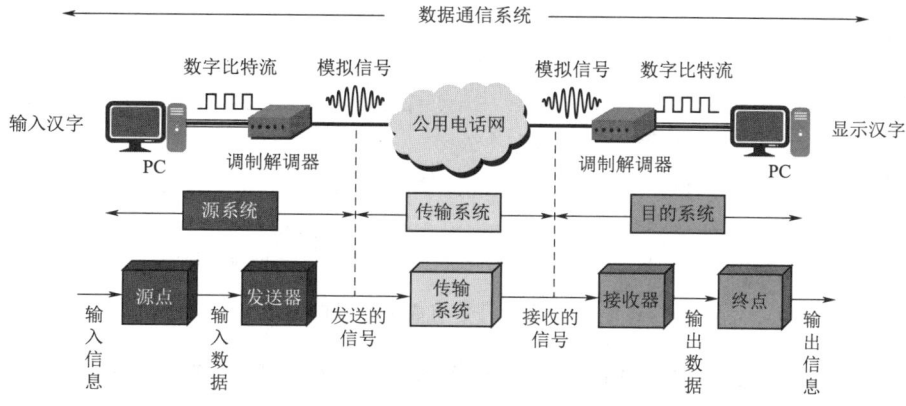

图 2-1　数据通信系统的模型

数据通信系统一般可划分为三个部分，即源系统（或发送端、发送方）、传输系统（或传输网络）和目的系统（或接收端、接收方）。实际中的源系统通常也作为目的系统，既向外发送数据，也从外面接收数据。

源系统一般包括以下两个部分：

（1）源点。源点（设备）有数据要发送时，会将其转为数字信号发送到传输媒体上。在串行传输方式下,数据会被转为二进制符号序列,所谓"数字比特流"指用数字信号传输二进制符号序列。

(2) 发送器。发送器将源点发来的数字信号转换为适合在传输系统中传输的模拟信号,这种转换通常称为调制。

目的系统一般包括以下两个部分:

(1) 接收器。接收器接收传输系统传来的模拟信号,并将其转换为适合终点(设备)的数字信号,这种转换也称为解调。实际中,发送器和接收器实现在一个设备里,称为调制解调器。

(2) 终点。终点(设备)从传输媒体接收数字信号,并将其转为数据。

源系统和目的系统之间的传输系统可以是简单的传输线,也可以是复杂的传输网络,既可以是公用电话网、有线电视网,也可以是计算机通信专用的传输网络。这里使用数据通信系统这个术语,主要是为了方便从通信的角度来介绍系统中的一些要素。

在数据通信中有下列基本概念:

(1) 信息。通信的目的是交换信息,信息的载体可以是数字、文字、语音、图形或图像,而一条具体的信息可以使用多种载体,但无论哪种载体,都用二进制编码的数据来表示和存储。

(2) 数据。数据是信息的二进制编码表示,由数据和编码方案才能得到信息。

(3) 信号。信号是数据的电气或电磁表现,如电平、电位翻转、电脉冲、光强度、光脉冲、载波调制等。从时域的角度看,信号不是连续的就是离散的。

如果信号的强度(电压或电流值)变化是平滑的,则信号就是连续信号,也称模拟信号,如图 2-2 (a) 所示。如果在一段时间里信号强度保持为某个常量值,在下一段时间又变化为另一个常量值,则信号就是离散信号,也称数字信号,如图 2-2 (b) 所示。

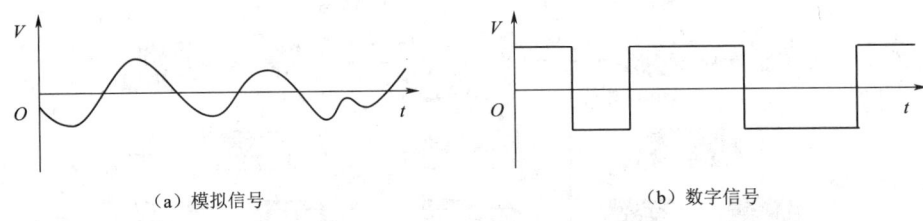

(a) 模拟信号　　　　　　　　　　(b) 数字信号

图 2-2　模拟信号与数字信号的波形

(4) 信道。信道指信源到信宿的信号传输通道。信道有方向,只能用于信源到信宿的信号传输。信道存在于传输媒体上,一条传输媒体可以形成多条信道,例如,公用电话网中的一条传输媒体同时传输多部电话的语音信号。

测试题 2-2

(5) 通信方式。按通信双方之间存在信道的不同情形,通信方式可分为单工、半双工和全双工 3 种。单工通信时,双方之间只有一条信道,一方固定为信源,另一方固定为信宿。半双工通信时,双方之间有两条信道,但这两条信道不能同时存在,双方之间在任意时刻只能完成一个方向的通信。全双工通信时,双方之间的两条信道同时存在,双向通信可以同时进行。

思考　数据通信系统的模型是怎样的？

二、数据编码与调制

源点（即信源）输出数据的数字信号，调制器把数字信号调制为适合在传输系统中传输的模拟信号。数据可以是文字、数字的二进制数据，也可以是语音、图像经采样和量化后得到的字节序列。数字通信是用数字信号作为载体传输信息，或用数字信号对载波进行调制后再传输的通信方式，也就是说，图2-1中计算机之间的通信是一种数字通信。

从二进制数据到数字信号有多种编码方案，根据某种编码方案得到二进制符号序列对应数字信号的过程，称为数据编码。这里的数据编码与文字、数值、语音、图像等的二进制编码表示是不同的概念。数字信号通常是两种周期交变的时域函数，由傅里叶变换可知，可以分解为多种频率的正弦信号分量的叠加。数字信号一般有非零的直流分量，而为了取得陡峭的向上或向下跳变，也一定含有较丰富的高频分量。直流分量的功率衰减与传输距离成正比，而高频分量的传输需要传输媒体有很高的带宽，因此数字信号不适合远距离传输。

传输模拟信号的信道，称为模拟信道；传输数字信号的信道，称为数字信道。在图2-1中，源点到调制器是数字信道，调制器到解调器是模拟信道，解调器到终点又是数字信道。调制器的功能是用数字信号中的基频分量（也称基带信号）控制载波信号的参数变化，例如，让载波信号的振幅、频率、初相其中一个或多个参数随基带信号变化，而解调器完成从载波得到基带信号的转换。

（一）常见的编码方式

用高电平代表符号1，用低电平代表符号0，再规定每个二进制符号的电平持续时间，就得到了二进制符号序列的一种数字信号。这种信号的频率就是二进制数据的传输速率，所以这种信号也称为基本频带信号，简称基带信号。

码元是信号的基本单位，信号传输速率就是单位时间内传输码元的个数，单位为"波特（baud）"，信号传输速率也称波特率或码元速率。在基带信号里，一个码元只有两种状态，如高电平和低电平，波特率等于数据传输速率。

如果基带信号缺少码元同步指示，则接收方就会无法识别码元的时域边界，即每个码元从哪个时刻开始到哪个时刻截止。一个简单的解决办法是设计码元的状态波形，使基带信号本身具有指示码元边界的能力。

数字信号的常见编码方式如图2-3所示。每一种编码方式里码元的两种状态哪个代表1、哪个代表0，不同的编码方式可以不同。

在图2-3的每种编码方式中，两种码元状态对应的数据如下。

不归零码：正脉冲代表逻辑1，负脉冲代表逻辑0，也可以反过来。比如，RS-232通信标准采用负逻辑，信道上电压为-15～-3V时，识别为逻辑1，信道上电压

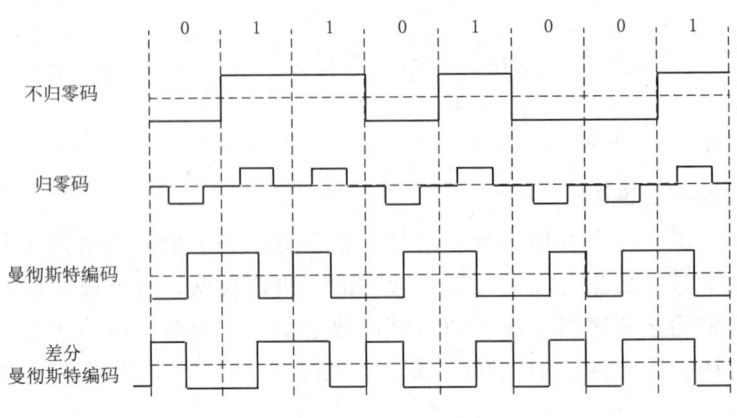

图2-3 数字信号的常见编码方式

为+3～+15V时，识别为逻辑0，信道上电压不会回到0V。

归零码：电压从0V有个跳变，再回到0V，根据跳变方向的不同，识别出0或1。比如，向正电平跳变代表1，向负电平跳变代表0。

曼彻斯特编码：码元周期中心的向上跳变代表0，向下跳变代表1。

差分曼彻斯特编码：在每个码元周期的中心始终有跳变，码元周期开始处有跳变代表0，没有跳变代表1。

从信号波形看，不同编码方式下的信号跳变频率不一样，但它们都有着相同的码元速率。归零制信号的最高跳变频率等于码元速率，不归零制信号的跳变频率等于码元速率的2倍，曼彻斯特和差分曼彻斯特信号的最高跳变频率等于码元速率的2倍。另外，如果从信号波形能提取到码元速率并识别码元边界，则信号本身有自同步能力，这种能力使信宿工作于与信源相同的数据传输速率，并正确识别每个码元。显然，不归零码没有这种能力，而归零码、曼彻斯特编码和差分曼彻斯特编码都具有自同步能力。

(二) 基本的调制方法

载波没有直流分量，适合在模拟信道中传输。基带信号的频率较低，而载波的频率较高，经过载波调制后的信号称为频带信号或带通信号（意思是仅占用传输媒体的一段频率范围），而使用载波的调制也称为带通调制。

基本的带通调制方法（图2-4）有以下三种：

(1) 调幅（amplitude modulation, AM），即载波的振幅随基带信号变化，例如，0和1分别对应无载波和有载波输出。

(2) 调频（frequency modulation, FM），即载波的频率随基带信号变化，例如，0和1分别对应较低和较高频率。

(3) 调相（phase modulation, PM），即载波的初始相位随基带信号变化，例如，0和1分别对应初始相位0和π。

在数据通信中，调幅、调频和调相的调制分别称为幅移键控（amplitude shift keying, ASK）、频移键控（frequency shift keying, FSK）和相移键控（phase shift ke-

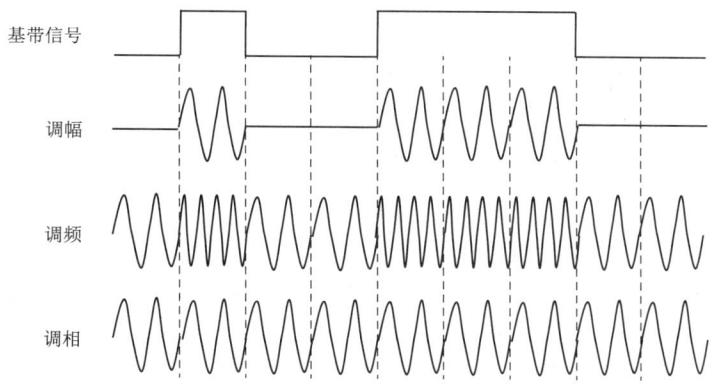

图 2-4 基本的带通调制方法

ying，PSK）。为了达到更高的信息传输速率，还可以采用多参数的混合调制方法，如正交振幅调制（quadrature amplitude modulation，QAM），这里从略。

在数据通信系统中数据编码与调制分别用在什么地方？

视频 2-1

测试题 2-3

三、信道容量

根据傅里叶变换，周期信号可被分解为直流分量、基带信号和任意多倍频分量。如果一个信号的所有频率分量都能完全不变地通过传输媒体到达接收端，那么在接收端由这些频率分量就可以通过叠加而得到与发送端发出的信号完全一样的信号。但现实是，没有传输媒体能毫无损耗地通过信号的所有频率分量。如果所有频率分量的振幅按相同比例衰减，那么接收端收到的信号虽然在振幅上变小了，但波形与发送端发送的信号的波形仍然一样。但实际上，传输媒体对信号不同频率分量的衰减程度是不同的，传输中的信号会随着传播距离增大逐渐发生畸变。每一段传输媒体都存在截止频率（记为 f_c），频率小于 f_c 的信号通过传输媒体时衰减幅度都小于 0.707，即信号功率衰减一半，而频率大于 f_c 的信号通过传输媒体时的衰减幅度都超过该阈值。对应的 f_c 称为该传输媒体的截止频率，截止频率是传输媒体固有的物理特性。

传输媒体只作为一个信道使用时，信道占用媒体的全部传输能力。如果这样获得的传输能力远大于信道的传输能力需求，则可以利用控制技术在传输媒体上建立多条信道，例如，把 $0 \sim f_c$ 划分为多个频段，这时每个信道利用一个频率范围传输信号，这个频率范围的大小称作带宽。可以证明，信道带宽决定信号中从基频开始的多少个低频分量能以功率损失不大于一半的衰减程度通过信道。

单位时间里传输的二进制符号个数，称作数据传输率，单位为 bit/s，简称数据率。信道容量指信道允许的最大数据传输率。数字信号或用数字信号调制的载波信号被划分为码元，码元是承载信息的基本单位。信息量的基本单位也是比特，1比特信息量等于1位二进制符号所代表的信息。信号是码元的序列。

一个二进制符号对应信号中的一个码元，数据率就是波特率，这时码元的基本状态只需要两种，分别代表二进制符号0和1。如果n个连续的二进制符号对应一个码元，则一个码元携带n比特信息，可传输n位二进制数据，这时的码元需要2^n个基本状态。码元信息量越高，信道通信的质量要求也越高。

波特率越高，码元的时间宽度越窄。有限带宽使信号超过截止频率的高频分量被衰减掉，造成数字信号上升沿、下降沿都不那么陡峭。这两个因素使接收端接收的信号中码元边界变得模糊，这种现象称为码间串扰。信道外部的电磁信号会部分进入信道，叠加到数字信号上，形成难以预测的锯齿状波动，而截止频率内的信号分量在信道传输中也会因传输媒体的阻抗或光遇到颗粒时的散射发生功率衰减，可能使接收端无法识别码元状态。数字信号通过实际信道的两种情形如图2-5所示。

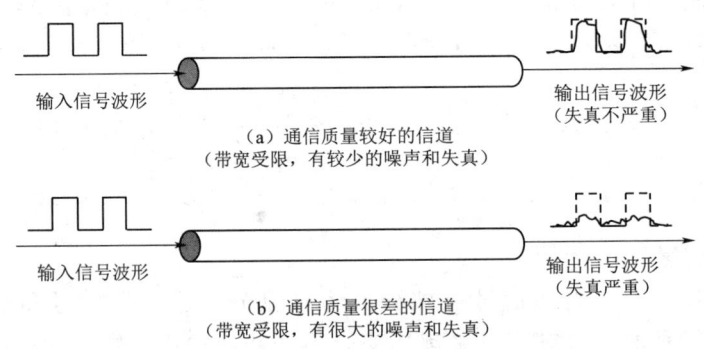

图2-5 数字信号通过实际信道的两种情形

（一）理想信道的容量

1924年，美国物理学家奈奎斯特（Nyquist）证明了一个理想低通信道的最大码元速率是上限频率的2倍，这个结论被称为"奈氏准则"。理想低通信道是指信号的所有低频分量，只要其频率不超过某个上限值，都能够不失真地通过此信道，而频率超过该上限值的所有高频分量都不能通过该信道。若码元速率超过奈氏准则给出的数值，则接收端将发生码间串扰。

对于理想带通信道（带宽为W），即小于某个起始频率或大于某个终止频率的信号都不能通过该信道，在起始频率到终止频率之间的信号都可以无失真地通过信道，奈氏准则就变为：理想带通信道的最大码元速率是W baud，即理想带通信道的最大码元速率是理想低通信道的一半。

信道容量指信道允许的最大数据率，即最大码元速率乘以码元信息量。例如，一个上限频率为3kHz的理想低通信道，根据奈氏准则，其最大码元速率为6000 baud，如果码元携带3bit信息，则该信道的最大数据率为18000bit/s。

（二）有噪声信道的容量

信道中的噪声是指信道外窜入信道的干扰信号，会导致信道中的信号发生外源性失真。给定时间长度的噪声,提高信道码元速率,噪声会影响更多的码元,误码率变大。误码率指码元在传输中被传错的比例,即接收端错误接收的码元个数在发送端发送的码元个数中所占的比例。

对于有噪声的信道,可以通过增加发送端发送信号的强度,避免发送的信号被噪声信号淹没,来使接收端能正确识别码元。发送的信号与噪声信号的强度差异用信噪比衡量。信噪比是需要传输的信号的功率与噪声信号的功率的比值,通常在接收端测量。如果信号功率是 S,噪声功率是 N,则信噪比是 S/N。因为信号功率需要比噪声功率大很多,所以经常把信噪比转为对数来表示大小,即 $10\log_{10}(S/N)$,单位为分贝(dB)。例如,S/N 为 10 时,信噪比为 10dB;S/N 为 100 时,信噪比为 20dB;S/N 为 1000 时,信噪比为 30dB。

1948 年,美国数学家香农(C. E. Shannon)用信息论的理论推导出带宽受限且有高斯白噪声的信道的传输速率上限,被称为香农定理。香农定理给出了信道信息传输速率的上限 C(单位:bit/s)与信道信噪比 S/N 及带宽 W 的关系,见式(2-1)。

$$C = W\log_2(1+S/N) \qquad (2-1)$$

例如,对于一个带宽为 3kHz、信噪比为 999 的信道,无论码元携带多少信息,信道的数据率都不可能超过 30kbit/s。值得注意的是,香农定理仅给出了一个理论极限,实际中信道能够取得的数据传输率要低得多,其中一个原因是香农定理只考虑了高斯白噪声,实际的噪声环境可能要复杂得多。

视频 2-2

思考:信道容量的奈氏准则与香农定理有什么联系与区别?

测试题 2-4

四、数据传输方式

数据传输方式有多种区分角度。按每次传输的数据是一个二进制符号还是一个字符的二进制编码,数据传输可分为并行传输和串行传输。按传输过程的同步方式,数据传输可分为同步传输和异步传输。

(一)并行传输和串行传输

并行传输是指字符编码的各个比特同时传输,每个比特的传输需要 1 个单独的信道,如图 2-6 所示。

并行传输需要多个信道,成本较高;并行铺设的信道之间有电容感应,远距离传输时误码率高,故并行传输的距离不能太长,例如局限在一个计算机系统之内。过去认为,并行传输比串行传输有更高的数据率,现在看来也不一定,因为每次并行传输的多个比特信号需要都准备好才能发送,这会使并行传输的发送周期比串行传输的长。

与并行传输不同,串行传输时,数据是一位一位地在信道里传输。串行传输只需要一个信道,因而适合远距离传输。在串行传输中,发送端把要发送的字符编码转为比特串,接收端把收到的一串比特组成一个字符编码,如图 2-7 所示。

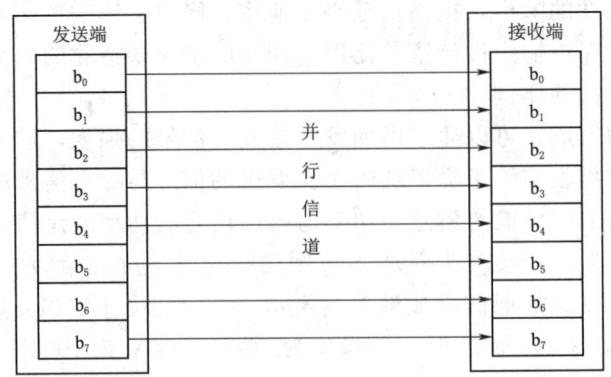

图 2-6 并行传输方式

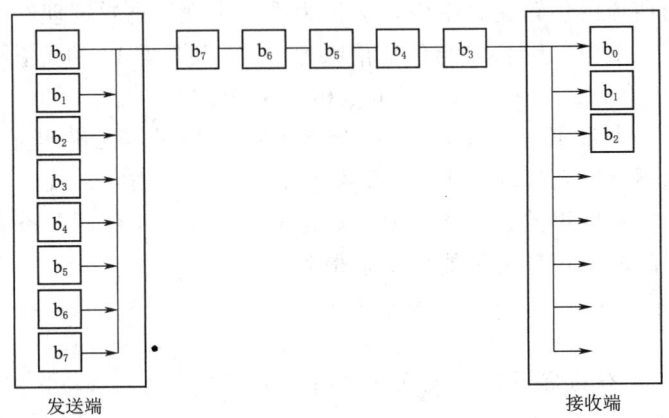

图 2-7 串行传输方式

（二）同步传输和异步传输

当采用串行传输时，通信双方需要保持相同的数据率，接收方按照发送方发送的每个码元的起止时刻来接收码元，这被称为接收方与发送方同步。如果不同步，接收方的码元周期与发送方的有偏差，接收方认为的码元起止时刻与码元真实的起止时刻的误差会随着时间逐步累积，很快会造成接收方读码失败。

码元同步的方法有两种：①发送方在一个信道发送信号的同时，在另一个信道发送用于同步的时钟信号，让接收端根据时钟信号校正时间基准和时钟频率，实现接收方与发送方同步；②从具有自同步能力的信号（如曼彻斯特和差分曼彻斯特信号）中提取码元同步信息，实现接收方与发送方同步。前者称为外同步法，后者称为内同步法。如果码元携带 1 比特信息，则码元同步也称作位同步。

在解决码元同步的基础上，可实现字符同步。如果字符用 1 字节的数据作编码，发送方以字节为单位发送数据，接收方也以字节为单位接收数据，保证双方正确传输字符的过程，则称为字符同步。实现字符同步的方式通常是这样的：在每个字符的起始处对字符内的比特实现同步，但字符之间的时间间隔是任意的，即字符之间是异步的。这种异步方式实现字符同步的原理，是通过在字符前增加 1 个起始位，在字符后增加 1 个、1.5 个或 2 个停止位，接收方和发送方可以约定在停止位前增加 1 个奇偶校验位，如图 2-8 所示，接收方根据起始位和停止位来和发送方进行字符同步。

测试题 2-5

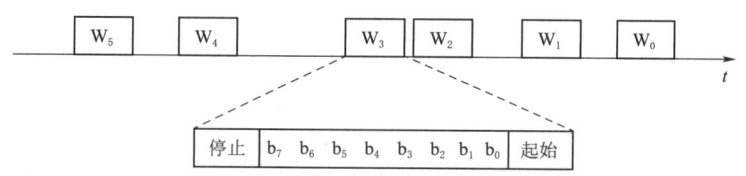

图 2-8 面向字符同步的异步传输

思考：数据传输中位同步与字符同步有什么联系与区别？

第三节 传 输 媒 体

传输媒体也称作传输介质、传输媒介，它是数据传输系统中在发送器和接收器之间的物理通路。传输媒体可分为两大类，即导引型传输媒体和非导引型传输媒体。在导引型传输媒体中，电磁波被导引着沿着固态媒体（铜线或光纤）传播；而非导引型传输媒体就是指天空，在天空中电磁波的传输称作无线传输。图 2-9 是各种传输媒体传输信号的电磁波频率范围，其中频段 LF、MF、HF、VHF、UHF、SHF、EHF 的中文名称分别是低频、中频、高频、甚高频、特高频、超高频、极高频。频段 THF（tremendously high frequency）目前尚无标准译名。在低频 LF 的下面还有更低的频段，如甚低频（VLF）、特低频（ULF）、超低频（SLF）和极低频（ELF）等。

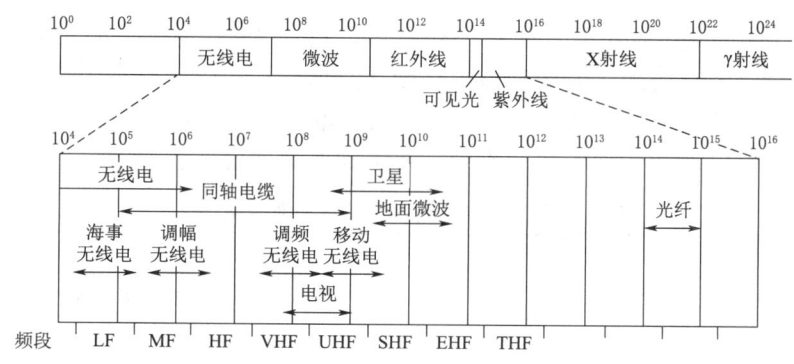

图 2-9 电信领域使用的电磁波频谱（单位：Hz）

一、双绞线

双绞线是由两根绝缘的铜线相互缠绕在一起形成的可传输一路电信号的媒介。两根导线相互缠绕，可以减少导线之间的串扰。串扰是指一个信号在传输线上传输时，因电磁耦合而对相邻的传输线产生不期望的影响,在被干扰信号表现为被注入了一定的耦合电压和耦合电流。单位长度内两根绝缘铜线相互缠绕的次数,称为绞合度。整个长度内双绞线的绞合度均匀,防串扰的效果才能发挥出来。将一对或多对双绞线安置在一个套筒里,便形成了双绞线电缆。

双绞线分为屏蔽双绞线(shielded twisted pair,STP)和非屏蔽双绞线(unshielded twisted pair,UTP)。屏蔽双绞线电缆包含多对双绞线,每对双绞线被包裹在金属箔片里,所有线对又被包裹在一层金属箔片里,最后再包裹一层塑料绝缘外套,如图2-10(a)所示。非屏蔽双绞线电缆也包含多对双绞线,每对双绞线和整个电缆没有金属箔片包裹,如图2-10(b)所示。线对和其中的每根线可通过颜色区分,电缆包含的线对数不固定。

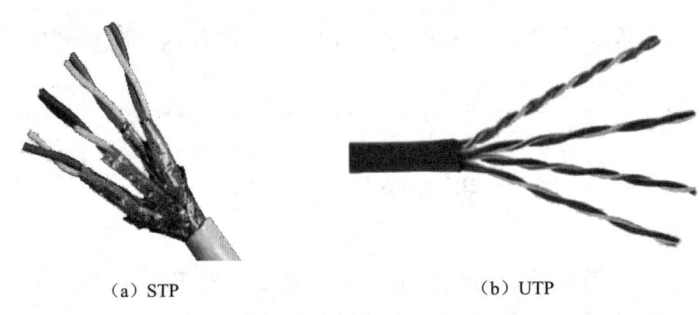

(a) STP　　　　　　　(b) UTP

图2-10　双绞线电缆

屏蔽双绞线的优点是抗电磁干扰效果好,缺点是成本高。安装屏蔽双绞线时,要把其屏蔽层可靠接地,否则屏蔽层相当于一根天线,更容易接收各种噪声信号。非屏蔽双绞线价格低、安装容易,但抗电磁干扰能力有限,不适合远距离传输。

1991年美国电子工业协会(EIA)和电信工业协会(TIA)联合发布了商用建筑物电信布线标准EIA/TIA-568,规定了用于室内传输数据的非屏蔽双绞线和屏蔽双绞线的规格和适用场景,1995年更新标准为568A,2001年更新标准为568B。

在568A中规定了5类非屏蔽双绞线电缆,在568B中规定了第六类非屏蔽双绞线电缆。从一类到六类的主要区别是绞合度逐渐提高,支持越来越高的数据率。近年来,ISO规定了支持万兆位数据传输的七类线标准,但它已不再是非屏蔽双绞线,而是屏蔽双绞线了。常用的双绞线的类别、带宽和典型应用见表2-1。

表2-1　　　　　　　　常用的双绞线的类别、带宽和典型应用

双绞线类别	带宽/MHz	典型应用
三类	16	语音传输、低速网络
四类	20	语音传输、10Mbit/s 以太网
五类	100	快速以太网,最大数据率 100Mbit/s
超五类	125	吉比特以太网,最大数据率 1Gbit/s
六类	250	吉比特以太网,最大数据率 1Gbit/s
七类	600	万兆以太网,最大数据率 10Gbit/s,只使用屏蔽双绞线

无论是哪种类型的双绞线，衰减都会随着频率的升高而增大。使用更粗的导线，可以降低衰减，但也增加了导线重量和价格。信号应该有足够大的振幅，以便在噪声干扰下能够在接收端被检测出来。双绞线的最高数据率还与数字信号的编码方式有关。

测试题 2-6

思考　在网络布线工程中怎么选择双绞线的类别？

二、同轴电缆

同轴电缆中用于传输信号的铜芯和用于屏蔽的外导体是同轴电缆的，同轴电缆因此而得名。同轴电缆的屏蔽导体（外导体）是一个由金属丝编织而成的圆形空管，铜芯（内导体）是圆形的金属芯线，内外导体之间填充绝缘介质，而整个电缆外包一层塑料管，起保护作用，如图 2-11 所示。

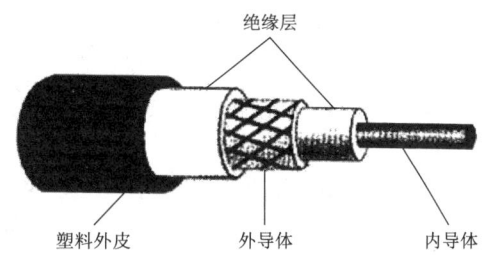
图 2-11　同轴电缆的结构

同轴电缆有两种：一种是阻抗为 50Ω 的基带同轴电缆，另一种是阻抗为 75Ω 的宽带同轴电缆。基带同轴电缆可直接传输数字信号，主要用作 10Mbit/s 以太网的传输媒体。基带同轴电缆又分为粗缆和细缆，两者的区别是最大段距离不同。宽带同轴电缆用于传输模拟信号，"宽带"指比 4kHz 话音（电话语音）信号更宽的频带。宽带同轴电缆目前主要用于有线电视信号的传输，可用的有效带宽大约为 750MHz。

同轴电缆具有频带宽、抗干扰、质量稳定、可靠性高、寿命长、技术成熟、维修便利等优点，曾被广泛用作干线信号传输的媒体。

测试题 2-7

思考　同轴电缆的结构是怎样的？

三、光纤

光作为高频信号如果能在媒体的另一端被接收到，则可实现很高数据率的信息传输。光需要在透明材料中传输，光在透明材料中传输的衰减率不能太高，否则传输距离会很短。华裔物理学家高锟发现导致光强衰减的原因主要是透明材料中的杂质，并在 1966 年提出研制石英基玻璃纤维，两年后美国一家玻璃厂研制出了衰减率为 4dB/km 的光纤，现在光纤在通信领域的使用已十分普遍。高锟因其伟大而富有前瞻性的关于光纤的见解，获得 2009 年诺贝尔物理学奖。

在光纤通信中，常用的 3 个波段的中心分别是 850nm、1300nm 和 1550nm，3 个波段都具有 25000～30000GHz 的带宽，因此光纤的通信容量非常大。发送端光源可以是发光二极管或半导体激光器（又称半导体激光二极管），它们在电脉冲的作用下能产生光脉冲。接收端利用光电二极管做成光检测器，在检测到光脉冲时可还原出电脉冲。半导体激光器用于长距离、大容量的光纤通信，发光二极管用于短距离、低容量的光纤通信。

光纤通常由透明度很高的石英玻璃拉成细丝，形成直径只有 $8\sim100\mu m$ 的纤芯，外加一个折射率比石英玻璃的折射率更低的包层，构成双层圆柱体。光线进入纤芯，其中入射角大于折射角的光线会在纤芯与包层的交界处发生全反射。在光纤足够细的情况下，全反射的光线会一直传输下去。

光纤按传输光线的条数可分为多模光纤和单模光纤。多模光纤指纤芯中可有多条光线的传输，而单模光纤因为纤芯细几乎可以认为只有一条光线在传输。多模光纤中多条光线的传输距离不相等，会导致光脉冲变宽，单模光纤不存在这个问题，如图 2-12 所示。

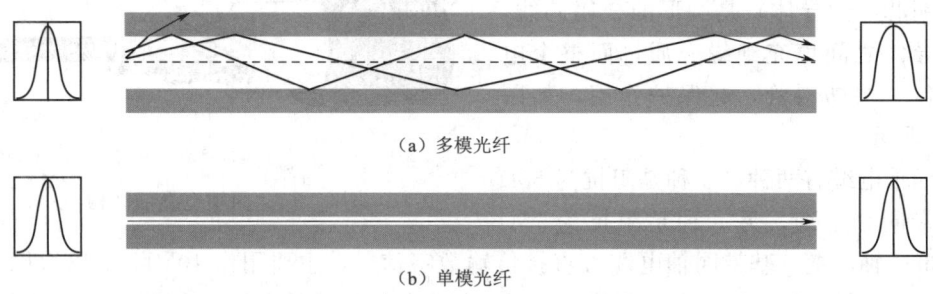

(a) 多模光纤

(b) 单模光纤

图 2-12 多膜光纤和单模光纤的比较

多模光纤只能用于短距离信号传输，而单模光纤可以在不使用中继器情况下传输信号几十千米。单模光纤的纤芯很细，直径与光的波长在一个数量级，制造成本较高，而且单模光纤使用的信号光源必须是昂贵的半导体激光器，所以单模光纤的使用成本较高，一般只用在长距离的干线传输中。

信号在光纤中传输时会随着传输距离不断衰减，在信号不能被识别之前要对信号进行放大，再继续传输。早期的方法是通过光电、电光转换把衰减了的光信号转为未衰减的光信号，再继续下一段距离的传输。现在有一种称为掺铒光纤放大器（EDFA）的光中继器，它可以直接对光信号进行放大，两个掺铒光纤放大器之间的距离可达 120km。

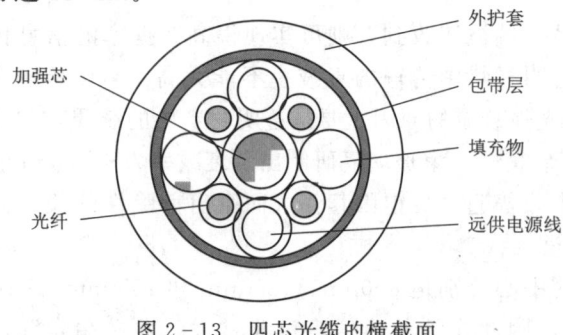

图 2-13 四芯光缆的横截面

光纤很细，容易折断，不能直接在野外环境中铺设，必须把光纤做成能承受施工时牵拉、负重的光缆，才能在实际环境中使用光纤。一根光缆可以只含一根光纤，也可以包含多根光纤，通过使用加强芯和填充物，增加光缆的机械强度。以四芯光缆为例，光缆横截面如图 2-13 所示。

光纤不仅具有很大的通信容量，还具有以下优点。

(1) 传输损耗小，在远距离传输时更经济。

(2) 抗雷电和电磁干扰，能用于强电磁干扰环境下的信息传输。

(3) 无串音干扰，保密性好，不容易被窃听。

(4) 体积小，重量轻。例如，1km 长的 1000 对双绞线电缆的质量约为 8000kg，而同样长度且容量大得多的两芯光缆的质量仅为 100kg。

测试题 2-8

光纤的缺点：一是连接两根光纤需要用专门设备，二是与通信设备的连接需要光电、电光转换接口，目前这些专门设备和接口模块的价格还较高，但价格也在逐年下降。

思考　光纤是多模的与光纤是多色的有什么联系与区别？

四、非导引型传输媒体

当通信距离很远，甚至需要跨越高山峻岭或江河湖泊铺设缆线（既昂贵又费时）时，利用无线电波在自由空间的传播，就可较快实现远距离通信。这种自由空间就是所谓的非导引型传输媒体，在非导引型传输媒体中的信号传输称作无线传输。利用无线传输的移动通信越来越普遍，例如，笔记本电脑、智能手机在移动过程中接入通信网络，利用无线信道进行信息传输。无线传输使用的频率范围很宽，下面介绍无线电波、微波和红外线等无线媒体。

（一）无线电波

无线电波指频率低于 300MHz 的电磁波，包括长波、中波、短波和超短波，基本上就是低频、中频、高频和甚高频。长波（频率范围 30～300kHz）和中波（频率范围 300kHz～3MHz）沿着地球表面传播，如图 2-14（a）所示，能轻易绕过一般障碍物。用中低频率无线电波进行数据通信的主要问题是通信带宽较低。短波（频率范围 3～30MHz）和超短波（频率范围 30～300MHz）将被地球表面吸收，但到达离地大约 100～500km 的电离层时，将被电离层反射回地球表面，如图 2-14（b）所示，因而可以传播更远距离。

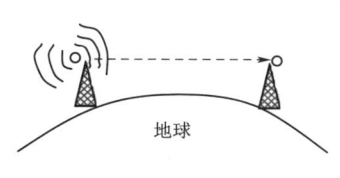

(a) 无线电波沿地球表面传播

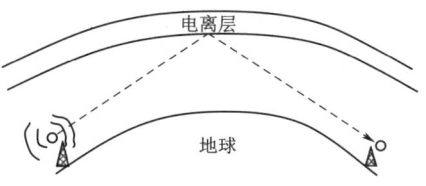

(b) 无线电波被电离层反射

图 2-14　无线电波的传播

无线电波可以通过各种传输天线进行全方位广播发射或定向发射。天线的发射器决定了无线电波的频率和功率,而频率和功率决定了信号传播的距离和支持的数据率。

(二) 微波

微波是无线数据传输主要使用的频段,频率范围是300MHz～300GHz(波长1mm～1m),目前使用最多的是2～40GHz的频率范围。微波的频率很高,其频率范围也很宽,因此其通信信道的容量很大。微波不能被电离层反射,会穿透电离层而进入宇宙空间。要实现远距离的微波通信,主要有两种方式,即地面微波站接力通信和卫星中继通信。

微波在空间里是直线传播的,而地球表面是球面,微波只能传播大约50km。但若采用100m高的发射塔,则传播距离可增大到100km。设立微波中继站,把前一站发来的信号放大、整形后再发往下一站,可以"接力"把微波信号传得很远。微波中继站之间必须能够直线到达,不能有障碍物,另外微波信号也会受到恶劣天气的雷电干扰。

微波中继站除了架设在地面,还可以安装在人造地球卫星上,例如,在地球中继站之间利用位于大约36000km高空的同步卫星作为中继站进行接力通信。卫星通信的特点是传输距离远,且通信费用与通信距离无关。同步卫星发射出的电磁波能覆盖地球表面超18000km的跨度。只要在赤道上空放置3颗同步卫星,两两到地心的夹角均为120°,就能实现全球通信。卫星通信的特点是有较大的时间延迟,地面站到卫星的延迟一般为250～300ms,所以经卫星中继的地面站到地面站的延迟一般为500～600ms。

除了同步卫星,低轨道卫星通信系统已开始使用。低轨道卫星相对于地球表面不是静止的,而是不停地围绕地球移动,因此提供对一个区域的持续覆盖,就需要部署很多颗低轨道卫星。2015年,美国太空探索技术公司SpaceX提出"星链"计划,要在2019—2024年之间发射1.2万颗卫星,组成围绕地球的卫星网络,为地面用户提供接入互联网的服务。2018年,中国航天科技集团开始建设"鸿雁全球卫星星座通信系统",该系统将由300颗低轨道小卫星及地面的全球数据业务处理中心组成,为用户提供全球实时数据通信和综合信息服务。

无线局域网和蜂窝移动通信使用的也是微波频段。在世界上任何国家,使用某个无线频段进行通信,通常需要得到该国政府无线频谱管理机构的许可。有一些无线频段的使用在不干扰他人使用该频段的情况下是可以自由使用的,例如工业、科学与医学(industrial、scientific and medical,ISM)频段。各国的ISM频段略有不同,美国的ISM频段如图2-15所示。现在的无线局域网使用其中的2.4GHz频段和5.8GHz频段(该频段也简称5GHz频段)。

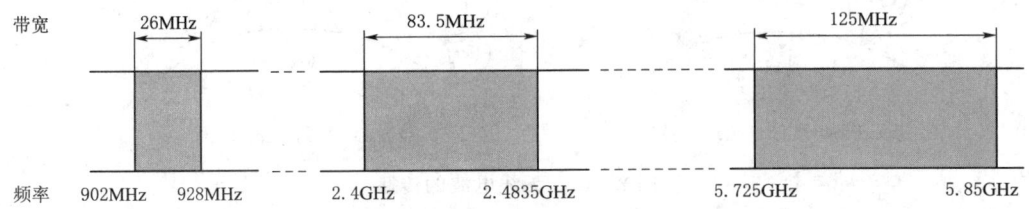

图2-15 美国的ISM频段

(三) 红外线

还有一种无线传输媒体是红外线。红外系统使用发光二极管、半导体激光二极管来进行站与站之间的数据通信。光源产生的光非常纯净，一般只包含特定频率或很窄频段的电磁波。这种电磁波不能穿透墙体，但可被墙面或天花板反射，每经过一次反射，信号功率大约衰减一半。另外，红外线也容易被强光源干扰甚至淹没。红外线的高频特性使其可以支持高速率的数据传输。

红外系统一般有点到点、广播式两种应用场景。点到点红外系统中，一个设备发送红外线信号，另一个设备接收红外线信号，家电遥控器与受控家电就是这种系统。广播式红外系统中，一个设备发送红外线信号，多个设备都可接收到红外线信号。

视频 2-3

测试题 2-9

思考：电磁波频谱中哪些频带被用于传输数据？

第四节 信道复用技术

信道复用技术是指在一条物理链路上形成多个信道进而实现多路信息同时传输的技术。当传输媒体的容量大于一个信道的容量时，信道复用可以充分利用传输媒体的传输能力，并实现多路用户信息的同时传输。常用的信道复用技术有频分多路复用（简称频分复用）、时分多路复用（简称时分复用）、波分多路复用（简称波分复用）和码分多路复用（简称码分复用）。

一、频分复用

频分复用（frequency division multiplexing，FDM）是将传输媒体的可用频率范围划分为多个较窄的子频带，每一个子频带传输一路信号。为减少相邻子频带的信号传输相互干扰，各子频带内部的两边各留有一定的空闲频带。

频分复用最先被使用在链路上传输多路话音。一路话音的频率范围是 300～3400Hz，也即每 3100Hz 的带宽可以传输一路话音。实践中，把传输媒体划分为多个 4kHz 带宽的子频带，每个子频带传输一路话音时两边可有 450Hz 的保护频带，如图 2-16 所示。

当频分复用后的信号到达接收端时，接收端通过带通滤波器将各路信号分开，然后将各路信号解调至原始的频率范围。

测试题 2-10

思考：试举一个频分多路复用的实际例子。

二、时分复用

时分复用（time division multiplexing，TDM）是将一条物理链路的传输时间分

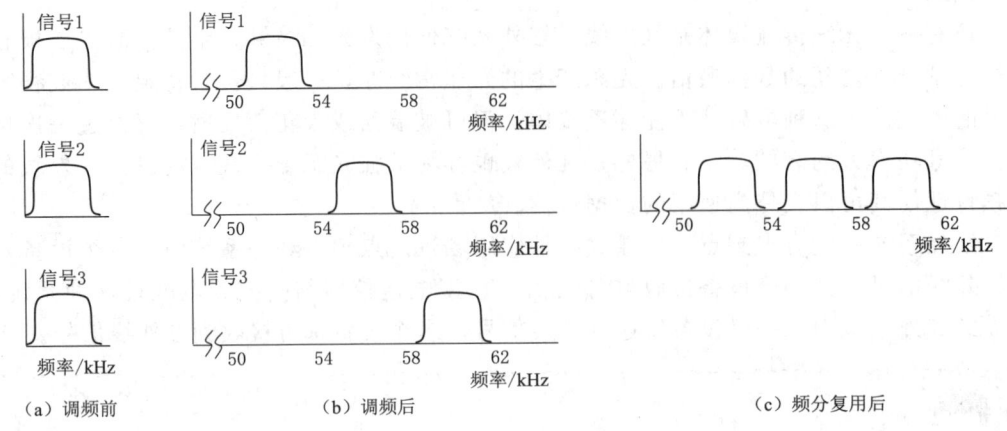

(a) 调频前　　　　　　　　(b) 调频后　　　　　　　　(c) 频分复用后

图 2-16　频分复用的示例

成若干时间片（也称时隙），在不同的时隙传输不同信源的信号。使用时分复用的前提是，物理链路所能得到的最大数据率超过各信源所需数据率的总和，也就是说，时分复用后各信源的数据率需求都可得到满足。

在时分复用中，各信源轮流使用物理链路，每个信源在它占用的时隙里可利用物理链路的全部可用带宽。实践中，各时隙的长度是相等的，不同时隙的数据率也是相等的，时隙的个数是固定的。假设时隙个数是 n，则在 n 个时隙里可传输 n 个信源的信号，如图 2-17 所示，这里的 TDM 帧指 n 个信源在各自时隙里发送的数据所组成的序列，也指这 n 个时隙连成的时间长度。

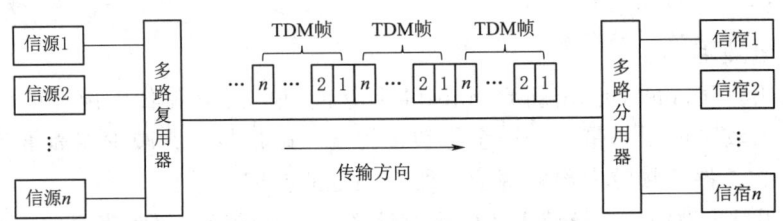

图 2-17　时分复用的原理

如果信源个数等于 TDM 帧里时隙的个数，则为每个信源分配一个固定编号的时隙，即为第 i 信源指派第 i 时隙，在多路分用器中可以按时隙编号把时隙与信宿对应起来，这种时分复用称为同步 TDM。如果信源个数比 TDM 帧里时隙的个数少，并且每个 TDM 帧时间里不是每个信源都有信息要传输，则只为有信息传输的信源分配时隙，信源编号与时隙编号之间没有固定的对应关系，这种时分复用称为异步 TDM（也称统计 TDM）。在异步 TDM 里，一个时隙里传输的信息不仅包括信源要传输的数据，还包括信源编号信息，这是为了能让多路分用器把每个时隙里传来的信源数据正确发给对应的信宿。同步 TDM 是目前电信网络中应用广泛的多路复用技术。

测试题 2-11

在同步 TMD 中时分复用帧与每一路信号的数据率是什么关系？

三、波分复用

波分复用（wavelength division multiplexing，WDM）就是光的频分复用，即在一根光纤中同时传输频率相近的多个光载波信号。大概是因为频率很高，用波长比用频率来指示所使用的光信号更方便，所以人们习惯把光的频分复用称作波分复用。最初，一根光纤上只复用两路光载波信号。随着技术的发展，在一根光纤上复用的光载波的路数越来越多，达到几十路或上百路，这种波分复用被称为密集波分复用（dense WDM，DWDM）。波分复用的原理如图 2-18 所示。

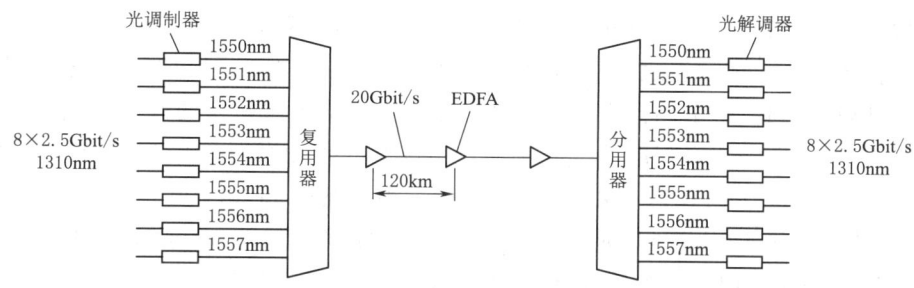

图 2-18　波分复用的原理

图 2-18 中，8 路数据率为 2.5Gbit/s、波长为 1310nm 的光载波，经过光调制器后，转为波长 1550～1557nm 的 8 路光载波，再经光复用器，形成在一根光纤上数据率为 20Gbit/s 的光信号。长距离传输后，光信号衰减到一定程度，就需要用光中继器对光信号重新整形和放大，然后在下一段光纤中传输。掺铒光纤放大器（EDFA）是一种无须光电、电光转换的光中继器，可对 1550nm 波长附近 35nm 波长范围（即 4.2THz 带宽）的光信号提供均匀的、最高可达 40～50dB 的增益。两个光中继器之间的距离可达 120km，用 4 个光中继器就可实现 600km 的光波传输。在光缆中，如果有 100 根数据率为 2.5Gbit/s 的光纤，每根光纤采样 16 路的密集波分复用，则该光缆的总数据率为 100×40Gbit/s，即 4Tbit/s。可见，密集波分复用对提高光纤的通信容量有显著效果。

测试题 2-12

波分多路复用中光调制的频率范围可以有多大？

四、码分复用

频分复用是所有信源在同样的时间里占用传输媒体不同的频带来传输各自的信

号，时分复用是所有信源在不同的时间里占用传输媒体全部的带宽来传输各自的信号，码分复用（code division multiplexing，CDM）是所有信源在同样的时间里占用传输媒体所有的带宽来传输各自的信号。码分复用也称码分多址（code division multiple access，CDMA），最初用于军事通信，因为这种系统传输的信号类似于白噪声，不易被敌方发觉，也不易被窃听和破解，而且有很强的抗干扰能力。随着电子线路集成技术的进步，CDMA 设备的价格和体积都大幅度下降，现在 CDMA 已用于民用移动通信，在提高话音质量和数据传输可靠性、增大通信容量、降低手机平均发射功率等方面比全球移动通信系统（GSM）有一定竞争优势。

CDMA 用于接入广播信道的多个站点之间的通信，要求所有站点有相同的数据率，并同步发送码元信号，即每个码元信号的开始和结束必须相同。一个站点可以不发送数据，但如果发送数据，数据对应的码元序列就会与其他站点所发数据的码元序列形成叠加。为了从广播信道的信号中提取到来自某个站点的码元信号，各站点对应二进制符号"1"和"0"的码元信号必须与其他站点的不同。

在用 CDMA 实现站点之间通信时，先为每个站点指派一个二进制符号向量，该向量称作码片序列。一个站点要发送"1"时，实际发送该站点的码片序列；要发送"0"时，实际发送码片序列的反码。例如，站点 S 的码片序列是 00011011，S 要发送"1"时，实际发送 00011011；要发送"0"时，实际发送 11100100。显然，如果站点 S 发送数据的速率是 b bit/s，则 S 实际发送数据的速率是 mb bit/s，m 是码片序列的长度，这意味着使用 CDMA 需要发送的数据量和需要占用的信道带宽都是不使用 CDMA 时的 m 倍。

使用 CDMA 给站点指派码片序列，要求不同站点的码片序列两两不同而且正交，即码片序列中码片"0"改写为"-1"的前提下，不同站点的码片序列内积（也称点积）为 0。如果站点 S 和站点 T 的码片序列分别是 **S** 和 **T**，**S**$=(S_1, S_2, \cdots, S_m)$，**T**$=(T_1, T_2, \cdots, T_m)$，则 **S** 和 **T** 的内积为 0，即式（2-2）。

$$\frac{1}{m}\sum_{i=1}^{m} S_i T_i = 0 \tag{2-2}$$

不难证明，如果向量 **S** 和 **T** 正交，则站点 S 的码片序列的反码 **S**′ 与 **T** 也正交。另外，任意站点的码片序列与自身的规格化内积是 1，即式（2-3），而码片序列与码片序列反码的规格化内积是 -1，即式（2-4），这里 S'_i 是 S_i 的反码，$S'_i = -S_i$，S_i 没有等于 0 的情况。

$$\frac{1}{m}\sum_{i=1}^{m} S_i S_i = 1 \tag{2-3}$$

$$\frac{1}{m}\sum_{i=1}^{m} S_i S'_i = -1 \tag{2-4}$$

如果站点 X 希望接收站点 S 的数据，则 X 必须知道 S 的码片序列 S，只要用 S 与接收到的信号进行求内积的运算，就可得到 S 发来的数据。各站点同步发送各自 1 比特的码片序列信号，假设这些信号到达站点 X 时按叠加形成复合信号，即码片"$+1$"的信号与码片"$+1$"的信号叠加得到码片"$+2$"的信号，码片"$+1$"的信号与码片"−1"的信号叠加得到码片"0"的信号,码片"−1"的信号与码片"−1"的信号叠加得到码片"−2"的信号。向量 S 与站点 X 收到的复合信号求内积的运算结果是:其他站的信号与向量 S 的规格化内积都是 0;如果站点 S 发送"1",则复合信号与向量 S 的规格化内积是 +1;如果站点 S 发送"0",则复合信号与向量 S 的规格化内积是 −1;如果站点 S 没发送数据,则复合信号与向量 S 的规格化内积是 0。

为了说明 CDMA 的原理,假设 S 站发送数据 110,S 站的码片序列是(−1,−1,−1,+1,+1,−1,+1,+1),S 站发出的信号(也称扩频信号)为 S_x,T 站也发送数据 110,但 T 站的码片序列是(−1,−1,+1,−1,+1,+1,+1,−1),T 站发出的信号为 T_x。因为所有站发送各自的扩频信号时是同步的,所以每个站都可以收到其他所有站发来的扩频信号,对此例而言,就是 $S_x + T_x$,如图 2−19 所示。当接收站打算接收 S 站发送的信号时,就用 S 站的码片序列 S 与收到的信号求规格化内积,即 $S \cdot (S_x + T_x)$,也即 $S \cdot S_x$。

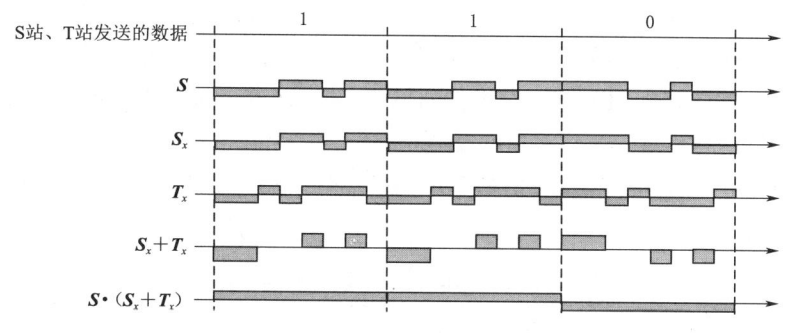

图 2−19 CDMA 的工作原理

测试题 2−13

码分多路复用中为什么不同站点发送的信号不会互相干扰?

第五节 数字传输系统

一、PCM 速率体系

在数字电话系统中,为了高效地利用传输链路,总是把多路话音的脉冲编码调制(pulse code modulation,PCM)信号按同步 TDM 封装成一系列的 TDM 帧,在链路上一帧接一帧地传输。PCM 是一种数字化技术,对随时间连续变化的模拟信号的振幅进行定期采样,对每个样本进行量化,形成数字信号。若电话语音的最高频率是 3400Hz,则根据香农采样定理,采样频率大于或等于 6800Hz 时,采样值就可以包含原始信号的所有信息,就可以不失真地还原成原始信号。国际上已形成 PCM 信号的

第二章 物理层

时分复用标准：先把一定路数的数字电话信号复合成一个标准的数据流，该数据流称为基群，也称为一次群；然后用时分复用技术把多个基群复合成一个二次群；依次可产生三次群、四次群、五次群等。

国际上的 PCM 编码有 A 律和 μ 律两种标准，采样频率都是 8kHz。北美和日本采用 μ 律，基群是对 24 路话音的采样数字信号进行时分复用，即在一个采样周期内首先发送第 1 路话音的 8bit 数字信号，然后发送第 2 路话音的 8bit 数字信号，直至发送第 24 路话音的 8bit 数字信号，最后发送 1bit 信号实现下一个 TDM 帧开始时刻的同步，这种时分复用标准记为 T1。T1 的数据率为 8000 次/s×（24 路×8bit/路＋1bit）＝1.544Mbit/s。中国和欧洲采用 A 律，基群是对 32 路话音的信号进行时分复用，这种时分复用标准记为 E1。E1 的数据率为 8000 次/s×（32 路×8bit/路）＝2.048Mbit/s。E1 标准在用于电话网络中的中继传输时，把一条 E1 数字中继作为 32 个 64kbit/s 的信道来用，其中信道 0 用于传输同步信号，信道 16 用于传输控制信号，所以一条 E1 链路上只能传输 30 路话音信号。

在时分复用后还需要传输一些用于同步的码元，所以复用后的信道数据率比复用前各信道的数据率总和还要高一些。通过逐级复用形成数据率不断变大的信道的做法已演化成国际标准，如准同步数字系列（plesiochronous digital hierarchy，PDH）。PDH 有 A 律和 μ 律两套标准，A 律是以 E1 2.048Mbit/s 为基群的数字系列，μ 律是以 T1 1.544Mbit/s 为基群的数字系列，表 2-2 给出了基群到四次群的话路数和数据率。

表 2-2　　　　　　　　PDH 的基群到四次群的话路数和数据率

系统类型		基群		二次群		三次群		四次群
中国和欧洲的 A 律体制	符号	E1		E2		E3		E4
	话路数	30	×4	120	×4	480	×4	1920
	数据率/(Mbit/s)	2.048	×4	8.448	×4	34.368	×4	139.264
日本的 μ 律体制	符号	T1		T2		T3		T4
	路数	24	×4	96	×5	480	×3	1440
	数据率/(Mbit/s)	1.544	×4	6.312	×5	32.064	×3	97.728
北美的 μ 律体制	符号	T1		T2		T3		T4
	话路数	24	×4	96	×7	672	×6	4032
	数据率（Mbit/s）	1.544	×4	6.312	×7	44.736	×6	274.176

测试题 2-14

思考　　PCM 速率体系是怎么形成的？

二、SONET/SDH

PDH 存在许多缺点，其中最主要的是以下两个。

（1）速率标准不统一。由于历史的原因，多路复用的速率体系有两个互不兼容的国际标准，即 A 律体制和 μ 律体制。即使北美和日本都属于 μ 律体制，但它们在高次群的复用路数上也存在区别。A 律体制的某次群信号不能和 μ 律体制的某次群信号通过 TDM 复用在一条物理链路上，使全球范围的高速数据传输就很难实现。

（2）不是同步传输。在过去相当长的时间里，为了节约经费，各国的数字传输网主要采用准同步方式。在准同步系统中，各路信号的时钟频率有一些偏差，给时分复用、时分分用带来了麻烦。当数据率很高时，收发双方的时钟同步就成为很大的问题。

从现代电信网的传输业务看，原本只有话音传输业务，现在又增加了视频、图像以及其他数据传输业务，这就需要一种能运输各种业务数据的数字传输网络。与此同时，光纤开始成为长途干线最主要的传输媒体。在这样的背景下，美国于 1988 年推出了一个数字传输标准，即同步光纤网（synchronous optical network，SONET），其中各级时钟都来自一个非常精确的主时钟（采用铯原子钟，精度优于 $\pm 1 \times 10^{-11}$）。SONET 为光纤传输系统定义了同步传输的线路速率等级体系，其传输速率以 51.84Mbit/s 为基础，大约相当于 T3/E3 的传输速率，此速率对应的电信号称为第 1 级同步传输信号（synchronous transport signal，STS），对应的光信号称为第 1 级光载波（optical carrier，OC）。现已定义了从 51.84Mbit/s（OC-1）一直到 9953.280Mbit/s（OC-192）的速率体系。

ITU-T 以美国标准 SONET 为基础，制定出国际标准同步数字系列（synchronous digital hierarchy），即 1988 年通过的 G.707～G.709 等 3 个建议书，到 1992 年又增加了十几个建议书。一般认为 SDH 和 SONET 是同义词，主要差别是 SDH 的基础速率是 155.52Mbit/s，被称为第 1 级同步传输模块，相当于 SONET 中的 OC-3 速率。表 2-3 是 SDH 与 SONET 的比较。为方便起见，在谈到 SONET/SDH 的速率时，往往不使用精确数值，而使用表中第二列给出的近似值。

表 2-3　　　　　　　　　　SDH 与 SONET 的比较

线路速率/(Mbit/s)	速率近似值	SONET 符号	SDH 符号	相当的话路数 64bit/(s·路)
51.840	—	OC-1/STS-1	—	810
155.520	155Mbit/s	OC-3/STS-3	STM-1	2430
622.080	622Mbit/s	OC-12/STS-12	STM-4	9720
1244.160	—	OC-24/STS-24	STM-8	19440
2488.320	2.5Gbit/s	OC-48/STS-48	STM-16	38880
4976.640	—	OC-96/STS-96	STM-32	77760
9953.280	10Gbit/s	OC-192/STS-192	STM-64	155520
39813.120	40Gbit/s	OC-768/STS-768	STM-256	622080

SONET/SDH 使用半导体激光源，波长为 1310nm 或 1550nm，定义 TDM 帧结构。SDH 帧结构以 STM-1 为基础，更高的等级是用 N 个 STM-1 复用成 STM-

测试题 2-15

N，如 4 个 STM-1 构成 STM-4。

SONET/SDH 标准的制定，使北美、日本和欧洲的 3 种不同的数字传输体系在 STM-1 等级上获得了统一，各国都同意将这一速率以及在此基础上的更高的数字传输速率作为国际标准，这对世界电信网络的发展具有重要意义。

为什么会出现数字传输标准 SONET/SDH？

第六节 交换网络

最简单的通信网络是只有两个站点和它们之间的一条传输媒体，但多个站点之间的通信就需要交换机在节约传输媒体的同时实现任意两个站点之间的通信，而多个交换机及它们之间的传输媒体所形成的网络就称为交换网络。这里的交换机在不同的传输网络里可有其他名称，例如在互联网里称为路由器。交换网络里实现站点之间通信的方式可分为电路交换、报文交换和分组交换。

一、电路交换

交换网络的概念最早出自电话网。图 2-20 (a) 是最小的电话网，两部电话机通过一条链路连接。如果每两部电话机之间铺设一条链路，如图 2-20 (b) 所示，则 n 部电话机之间共有 $n(n-1)/2$ 条链路。这种电话网中的电话机数目不宜太大，电话机相距的距离也不应太远。

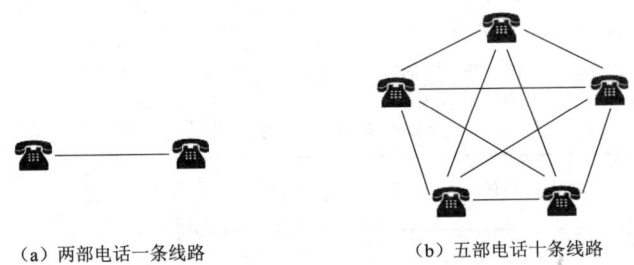

(a) 两部电话一条线路 (b) 五部电话十条线路

图 2-20 不用交换机的电话网

有一种称为交换机的设备，交换机之间的链路称作中继链路，中继链路完成较远距离的传输，一般具有较高带宽，被两个交换机之间的多路话音传输共享，如图 2-21 所示。

在使用电路交换打电话时，主叫方必须先拨号请求建立与被叫方的电路连接。在被叫方听到电话机的铃声并拿起话筒后，在主叫方和被叫方之间就建立连接，这是一条专门用于这两部电话机之间通话的物理通路，如图 2-21 里电话机 A 到电话机 C 的通路和电话机 B 到电话机 D 的通路。该连接建立后，话音传输是可以同时双向的，即全双工通信。通话完毕即任意一方挂机后，物理通路经过的每个交换机会拆除属于

第六节 交 换 网 络

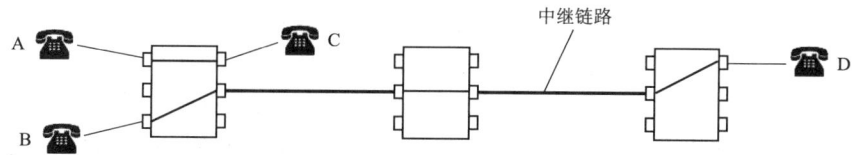

图 2-21 使用交换机的电话网

该通路的内部连接。

交换机的内部连接是临时的,电话机与交换机、交换机与交换机的连线是固定的。通过建立交换机的内部连接,形成两部电话机的一条电路。在两部电话机的通话结束后,为这两部电话机通话而建立的交换机内部连接也随之拆除,当然两部电话机之间的电路也就不存在了。这种通信前建立站点之间的连接、通信后拆除站点之间的连接的通信方式,称为电路交换。电路交换一般有3个步骤,即建立连接、通话、拆除连接。

测试题 2-16

电路交换的特点有哪些?

二、报文交换

报文交换是指以"存储-转发"方式传输报文,这种断续分配传输带宽的传输方式并非全新的概念。从本质上看,自古就有的邮政系统就是按"存储-转发"原理构建的。发信人把一封信送到一个驿站,驿站按信封的目的地址确定送往哪个驿站,这封信不断地从一个驿站被传送到下一个驿站,直到驿站直接送给收信人。20 世纪 40 年代,电报传输也采取了这种传输方式。在每个报文交换中心,一份份电报被接收,并穿成纸带。操作员以每份报文为单位,撕下纸带,然后根据报文的目的地址,使用相应的发报机转发出去。与电路交换相比,报文交换即存储转发的传输方式能够提高每一段通信链路的利用率,因为相邻交换中心之间的通信链路不是被一对信源、信宿之间的通信独占,而是为多对信源、信宿之间的通信所共享。

测试题 2-17

报文交换的特点有哪些?

三、分组交换

电报按长度计费,因此电报长度都很短,每个报文交换中心里等待穿的纸带不需要准备太长,就能满足下一个报文的接收要求。如果报文是数据,数据可以是一句话的数据,也可以是一部长篇小说的数据,那么报文长度的差别就会很大,报文交换中心需预留很大的存储空间才能确保能收下即将到来的报文,这会造成大多数时间里的存储空间浪费,因此出现了分组交换。

在报文交换基础上,引入分组的概念,就得到了分组交换。分组(packet)是动词也是名词,作动词时指对一个报文进行分割,作名词时指分割后产生的一个个片段。分割前的报文含有控制信息,如报文的目的地址,这些控制信息被复制到分割产生的每个分组里,使收到分组的交换中心能够根据控制信息转发这个分组。分组的最大长度是按接收分组的交换中心的要求来确定的,使交换中心可以根据分组的最大长度以及分组的到达速率来确定缓冲存储空间。来自同一报文的不同分组在分组交换网络中走过的路径可以不一样。

一般认为,Internet 的原型系统 ARPANET 是世界上第一个分组交换网。ARPANET 的结构如图 2-22 所示,H 代表主机(host),IMP 代表接口报文处理机(interface message processor),所有 IMP 及 IMP 之间的连接形成通信子网,每个主机都要连接到一个 IMP。在 ARPANET

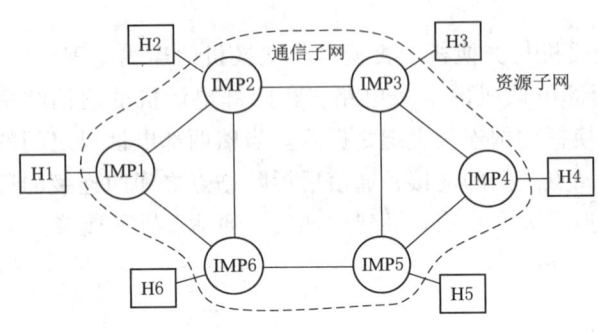

图 2-22 ARPANET 的结构

中,IMP 及其之间的连接形成通信子网,所有主机形成资源子网,这种划分屏蔽了通信子网的内部结构,使主机之间的通信不必考虑主机间通信的过程细节。

如果主机 H1 要发送数据给主机 H4,则先把数据封装为报文发给 IMP1;IMP1 接收报文后,根据报文中目的地址转发给下一个 IMP,例如转发给 IMP2;IMP2 接收 IMP1 发来的报文后,也选择下一站并转发;最后,IMP4 把收到的报文转发给 H4。这显然是一个报文的存储转发过程。

ARPANET 中存储转发的基本信息单位是分组(也称包)。以存储转发的方式传输分组的传输机制称作分组交换或包交换,以分组交换方式进行通信的子网称为分组交换网。从 ARPANET 到后来的 Internet,一直是分组交换网。进行分组交换的接口报文处理机 IMP 只是在 ARPANET 里使用的名称,它在分组交换网里通称为分组交换节点(packet switch node)。分组交换节点可以由通用计算机允许特定程序来实现,也可以是硬件上专门定制的嵌入式计算机,在 Internet 里主要是指路由器。

图 2-23 给出了电路交换、报文交换、分组交换的主要区别。

在电路交换中,源点到终点的连接建立后,报文的比特流不在经过的中间节点停留,而是从源点直达终点。在报文交换中,不建立源点到终点的连接,报文被一站一站地传输,每一站都要接收完整个报文,再转发给下一站。在分组交换中,报文被分割为分组,每个分组按报文交换进行传输,不同分组在不同的站间同时传输。

视频 2-4

测试题 2-18

思考

三种交换方式分别适用于哪种场合?

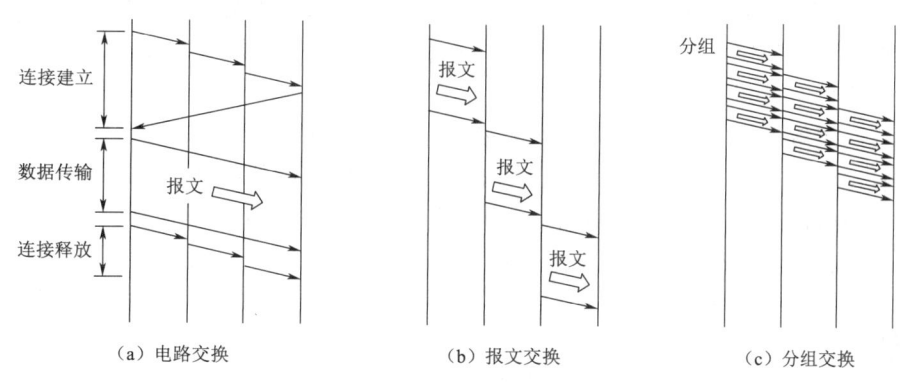

图 2-23 电路交换、报文交换、分组交换的主要区别

第七节 互联网接入技术

一、接入网概述

接入网（access network）是指用户主机所在的网络，这个网络通过路由器与互联网相连，因此接入网实现了主机接入互联网，这也是"接入网"这个名称的由来。在居民小区，接入网一般是由通信运营商（如联通、电信、移动）建设的，链路进入居民家庭，用户只要办理开通手续，用户主机就成为接入网里的一台主机。由运营商投资兴建的接入网，称为因特网服务提供者（internet service provider，ISP）。在建有内部网络的企事业单位，用户主机接入局域网（LAN），单位内部网络与外部互联网相连，这时的用户是通过局域网获得互联网服务的，所以局域网也是一种接入网。

在分组交换网中，接入网联系通信子网和资源子网，位于通信子网与资源子网的交界处，所有用户主机都要通过接入网进入通信子网，而用户主机的位置、接入方式各式各样，使接入网技术呈现多样化。目前的接入网技术主要有电话网拨号接入、数字用户线接入、混合光纤同轴电缆接入、光纤接入、以太网接入和无线接入。

测试题 2-19

接入网的作用是什么？

二、电话网拨号接入

公用有线电话网是国家通信基础设施，覆盖千家万户。当互联网刚出现的时候，家庭计算机没有接入互联网的专用链路，只能利用家庭电话到电话局的链路，使用电话局提供的上网服务。

虽然电话网的中继链路早已数字化，但住宅用户的电话到本地电话交换中心的链路一般仍是模拟链路。电话网将标准语音的带宽限制为 0~4kHz，电话线都能够通过

0~4kHz 的模拟信号。在住宅一侧安装一种叫作拨号调制解调器的设备,该设备可将住宅主机发出的数字信号转为模拟信号,也能将电话局一侧发来的模拟信号转为数字信号后发给住宅主机。

拨号调制解调器与电话局调制解调器之间的模拟信号只利用电话线的 0~4kHz 带宽传输,数据率能达到的最大值是 56kbit/s。对于电话网来说,通过拨号上网就等同于用这个号码在打电话,上网需要按时间交付电话费,并且不能同时打电话和上网。现在已很少有人使用这种方式上网。

测试题 2-20

思考

电话网拨号接入时为什么不能同时打电话?

三、数字用户线接入

为了提高主机上网速率,现在有一些宽带接入技术。实际上,目前"宽带"尚无明确的定义,主要是一种商业用语,表示较高的上网速率。历史上,也曾经把数据率超过 56kbit/s 的信道称作宽带。美国联邦通信委员会(Federal Communications Commission,FCC)认为只要双向数据率之和超过 200kbit/s 就是宽带。随着信号传输技术的不断发展,现在也有人认为数据率要达到 1Mbit/s 才能算宽带。数字用户线(digital subscriber line,DSL)是电话运营商提供的一种宽带接入业务,是目前中国用户接入互联网的主要方式。

电话局的交换机设置的标准话音频带是 300~3400Hz,电话线只要能通过这个频带就符合电话网的要求,但实际上电话线的截止频率一般都会超过 1MHz。DSL 技术是在电话线的两端设置频分多路复用/分用器,把 0~4kHz 频带留给话音传输,把较高频带留给用户上网使用。

数字用户线有多种实现方案,如非对称数字用户线(asymmetric DSL,ADSL)、高速数字用户线(high speed DSL,HDSL)、甚高速数字用户线(very high speed DSL,VDSL)等,人们通常用 x 代表这些不同的 DSL 技术,统称为 xDSL。

ADSL 是目前住宅用户使用最多的一种 DSL 技术。用户上网时向互联网发送的信息主要是 URL(统一资源定位符)链接、表单内容,从互联网接收的信息主要是 Web 文档,前者称为上行(即上传)信息,后者称为下行(即下载)信息。在个人用户上网时,下行的信息量一般远大于上行的信息量。ADSL 技术就是下行数据率大于上行数据率的一种 DSL 技术。

ADSL 的传输距离取决于数据率和用户线的直径。直径越小,单位长度的铜线电阻越大,信号功率衰减幅度越大。例如,0.5mm 直径的用户线,在数据率为 1.5~2.0Mbit/s 时,可传输 5.5km;当数据率提高到 6.1Mbit/s 时,传输距离缩短至 3.7km;如果把直径减少到 0.4mm,保持数据率 6.1Mbit/s 不变,传输距离降到 2.7km。实际中,ADSL 所能取得的最大数据率还跟用户线中的信噪比密切相关。

ADSL 用调制解调器在链路的 40kHz~1.1MHz 之间形成多个频带,每个频带是一个信道，其中 25 个信道用于上行传输信号，另外 249 个信道用于下行传输信号。用户到电话局的链路质量参差不齐，距离、直径、噪声等都可能不一样，因此 ADSL 采用自适应技术确定用户线可以使用的数据率。当 ADSL 启动时，链路两端的调制解调器测试每个频带、各信道的噪声，以及每个信道信号的传输质量，然后 ADSL 确定一个合适的调制解调方案。可见，ADSL 没有固定的工作速率，质量好和质量差的用户线使用时的数据率可能差异很大。

基于 ADSL 的接入网由数字用户线接入复用器（DSL access multiplexer，DSLAM）、用户线及两端的电话分离器、调制解调器三部分组成，如图 2-24 所示。

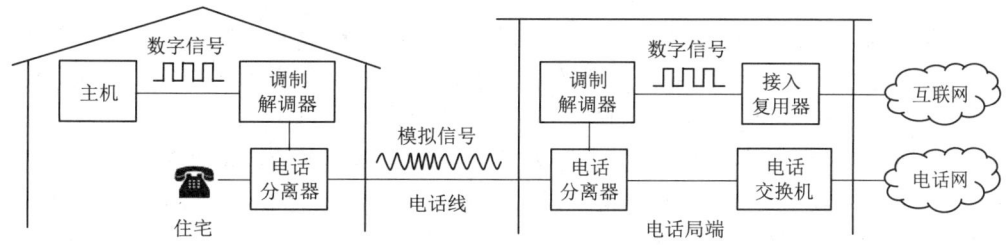

图 2-24　数字用户线接入网的基本组成

主机数据的模拟信号在 40kHz 以上的频段传输，话音的模拟信号在 0～4kHz 频率范围内传输，电话分离器能将这两种模拟信号混合和分离，使主机数据传输与话音传输互不干扰。DSLAM 是一种类似于路由器的网络设备，所有连接到同一台 DSLAM 的住宅主机组成一个网络，通过 DSLAM 访问外部互联网。ADSL 的最大好处是利用建筑物里现有的电话线，不需要专门为主机上网铺设新线路，而且带宽足够满足用户的一般要求。

最后要指出的是，在电话线两端使用调制解调器，电话线上传输的是调制后的模拟信号，但在主机和 DSLAM 看来，它们发出和接收的都是数字信号，调制解调器为它们建立了数字信道。原来的模拟用户线加上两端的调制解调器就变成了可以传输数字信号的数字用户线，这是 xDSL 命名的由来。

测试题 2-21

数字用户线接入是怎么利用电话线的频带的？

思考

四、混合光纤同轴电缆接入

混合光纤同轴电缆（hybrid fiber coax，HFC）接入网是在目前覆盖面很广的有线电视（CATV）网的基础上开发的一种宽带接入网，这种网除了传输电视信号，还能提供电话、数据和其他宽带交互型业务。原来的有线电视网是树形拓扑结构的同轴电缆网络，利用频分复用技术对多套电视节目进行单向广播传输，把主干的同轴线路替换为光纤线路，以提高传输带宽，把每一段的单向传输修改为双向传输，解决主机数据上行问题，就得到了 HFC 接入网，如图 2-25 所示。

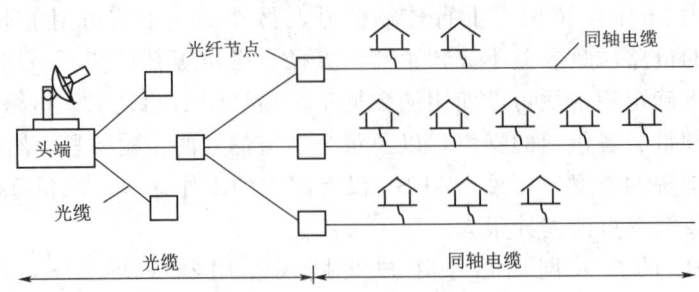

图 2-25 HFC 接入网的结构

光缆从头端连接到光纤节点，光信号在光纤节点被转为电信号，然后在同轴电缆中传输到每个住宅。在采用单模光纤的情况下，从头端到住宅的光纤节点可减少到 4 个或 5 个。连接到一个光纤节点的住宅用户数典型值是 500 左右，最多不超过 2000。头端除了从卫星接收电视信号，还有接入互联网的功能。头端还可增加计费和安全管理。光纤节点到头端的典型距离是 25km，而光纤节点到住宅用户的距离一般不超过 3km。

原来的有线电视网的截止频率是 450MHz，只用于头端到住宅用户的电视信号传输。现在的 HFC 接入网具有双向传输功能，而且扩展了传输频带。根据《有线电视频率配置》(GB/T 17786—1999)，中国 HFC 接入网的频谱划分如图 2-26 所示。

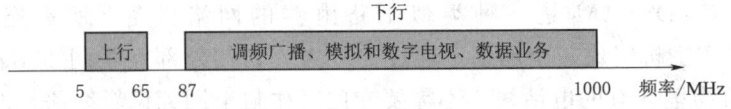

图 2-26 中国 HFC 接入网的频谱划分

住宅电视经过一个机顶盒 (set-top box) 与同轴电缆连接。机顶盒的基本作用是把同轴电缆传来的数字电视信号转换为模拟电视信号并送入电视机，使电视机能够收看电视台广播发送的数字电视节目。机顶盒还可以接收信息，包括电子节目指南、信息广播（如股市行情、灾害预报等）。新一代机顶盒可以接入互联网、收发电子邮件、进行视频点播，具有可视电话、电子游戏等功能。电视机接入互联网或上传点播指令信息都需要使用上行信道，这时需要安装一个 HFC 接入网专用的调制解调器，该设备称作电缆调制解调器 (cable modem, CM)。CM 可以是独立设备，也可以内置于电视机机顶盒。用户 PC 通过 CM 可以接入互联网，但这种上网方式目前还不普及。

测试题 2-22

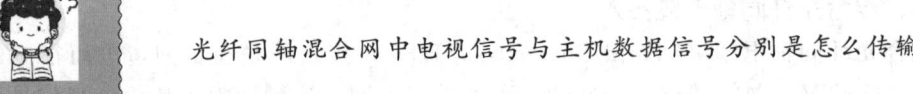

光纤同轴混合网中电视信号与主机数据信号分别是怎么传输的？

五、光纤接入

光纤是目前带宽最大的一种传输媒体，光纤的制造成本在不断下降。新建的长距离传输线路一般都采用光缆，老线路有的也更换为光缆，目的都是支持很高数据率的信号传输。

为了降低成本和有效利用传输媒体的带宽,有多种光纤宽带接入的方案,称为 FTTx (fiber to the x)。这里,字母 x 代表不同的位置,如光纤到路边 (FTTC,C 表示 curb)、光纤到社区 (FTTZ,Z 表示 zone)、光纤到楼 (FTTB,B 表示 building)、光纤到楼层 (FTTF,F 表示 floor)、光纤到家 (FTTH,H 表示 home)、光纤到桌面 (FTTD,D 表示 desk) 等。目前 FTTH 的互联网接入正越来越普遍。从 x 表示的位置到用户主机的传输媒体一般采用铜介质,如非屏蔽双绞线或同轴电缆,因此位置 x 要安放一个光电/电光转换设备,该设备称作光网络单元 (optical network unit,ONU),简称光节点。光纤的带宽非常高,用户上互联网、打电话、收看电视所需的信号传输用一对光纤就足够了。光纤在局端的连接器称为光线路终端 (optical line terminal,OLT),局端是提供互联网、电话网、有线电视网接入服务的一方,OLT 到 ONU 是光纤连接,光纤接入的示意图如图 2-27 所示。

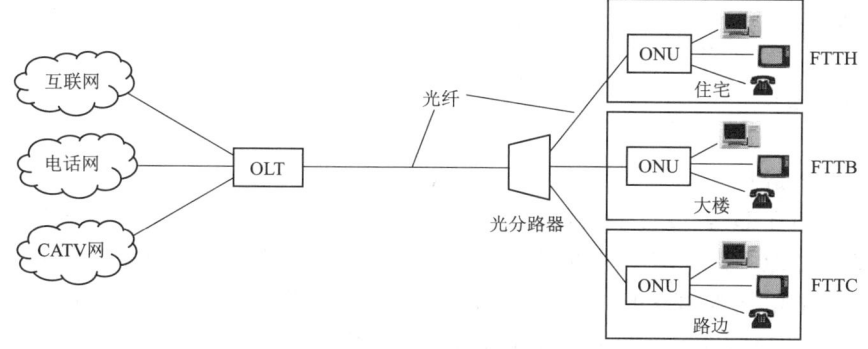

图 2-27 光纤接入的示意图

FTTx 有两种实现方案,即有源光网络和无源光网络。有源光网络具有传输距离远的优点,但是设备专用程度高,比较昂贵,不适合用户密度大的区域。另外,有源光网络易受到周围环境中的电磁干扰影响。无源光网络采用无源光分路器 (passive optical splitter,POS) 与 ONU 连接,是纯光纤网络。POS 是一种能把光信号从一条光纤中分至多条光纤中的无源光器件。无源光网络抗电磁干扰,系统可靠性高,维护成本较低,是目前 FTTx 的主流实现方案。

测试题 2-23

光纤接入有哪几种实施方案?

六、以太网接入

在电话拨号或数字用户线接入里,用户主机到局端服务器的线路是一条线路,无论该线路是否通过多路复用产生多个信道,它也只用于一台主机到一台服务器的通信。如果一个信道只用于两个站点之间的通信,则该信道称作点到点信道。

如果有 n 个主机通过拨号或数字用户线接到局端服务器,就需要 n 条线路,这当然是不经济的。在企事业单位或家里有多台主机要访问互联网,可以使用广播信道实现上网。历史上出现过多种广播信道,目前只有以太网得到普遍应用。

在以太网中,所有站点都接到一个信道上,任意一个站点发送信号,其他站点都可以收到,因此这种信道被称为广播信道。广播信道上,也可以实现点到点通信,只要在传输的数据里包含站点的标识,用以表示此数据的发出者和接收者。

在以太网里放置一台路由器,由它把以太网与外部的互联网联系起来,以太网里的用户主机就可以通过这个路由器访问外部的互联网。所以,以太网是一种接入网,能够把多个用户主机一次性接入互联网。

测试题 2-24

以太网的功能比较简单,没有鉴别主机身份、对主机上网进行计费等接入网特有的功能,但这些接入网功能可以通过在以太网基础上再运行其他有关协议(比如 PPP)来实现。

以太网接入适用哪些场合?

七、无线接入

以上介绍的都是有线接入。随着生活和工作节奏的加快,人们希望随身携带的计算机能随时随地上网,但不是所有地方都有条件通过有线接入的方式访问互联网。随着移动无线通信技术的发展,现在用户通过无线传输媒体接入互联网已成为可能。

常用的无线接入技术有两种:一是无线局域网接入,二是蜂窝移动通信系统接入。

(一)无线局域网接入

无线局域网就是使用无线电波传输数字信号的局域网,覆盖面积通常只有几十米。在无线局域网中,有一个无线接入点。无线接入点通过有线媒体接入网络,无线接入点的无线通信范围就是该无线局域网覆盖的范围。如果有多个无线接入点,则它们的覆盖范围可以重叠,这时用户主机的无线网卡可搜索到多个无线接入点,但主机任何时刻只能通过一个无线接入点进入一个无线局域网。

基于 IEEE 802.11 技术的无线局域网(俗称 Wi-Fi)已广泛部署在个人家庭和工作场所,可以接入无线局域网的用户主机包括便携式笔记本电脑、平板电脑、智能手机,以及安装无线网卡的台式计算机。

无线局域网的工作频率为 2.4GHz 或 5.8GHz,属于只能直线传播的微波频段,不能穿透砖墙,但遇到墙体可以折射。折射会使微波信号功率衰减,因此主机尽量与无线接入点直线可见,并且不要相距太远。

(二)蜂窝移动通信系统接入

蜂窝移动通信系统就是手机通信系统,至今已产生 5 代。第一代(1G)移动通信系统只能传输模拟话音信号,手机接收和发送的都是模拟信号,而当时的电池技术也没有现在这么好,手机体积很大,俗称"大哥大"。第二代(2G)采用时分多址接入(time division multiple access,TDMA)或者 CDMA 的数字调制技术,使系统容

第七节 互联网接入技术

量、保密性和话音质量大幅提升，而且可低速率传输数据。随着用户对数据传输业务的要求提高，2001年，以数字多媒体通信为目的的第三代（3G）移动通信系统进入商用阶段。3G系统使用更先进的宽带码分多址技术，数据率进一步提升，下行速率最高可达42Mbit/s，上行速率最高可达22Mbit/s。2011年，第四代（4G）移动通信系统即宽带移动互联网通信技术开始商用，上行、下行峰值速率达到500Mbit/s、1Gbit/s。最新一代移动通信系统是第五代（5G），2019年，中国三大运营商推出5G套餐。

手机体积小、易于携带，除了接打电话，更多的是作为一台互联网主机在使用。根据中国互联网络信息中心（CNNIC）发布的第55次《中国互联网络发展状况统计报告》，截至2024年12月，中国手机网民规模达11.05亿人。通过蜂窝移动通信系统上网已成为中国网民上网的主要方式。蜂窝移动通信系统不但支持手机上网，也可以让PC入网。PC通过USB接口外接一个移动无线上网卡（universal subscriber identity module，USIM），就可以接入蜂窝移动通信系统，进而成为互联网中的一台主机。设置手机，使其成为一个共享热点（即接入点，access point，AP），PC通过这个AP也能上网。

测试题2-25

无线局域网接入和蜂窝移动通信系统接入有什么区别？

八、中国主要的互联网骨干网

中国的互联网骨干网主要有4个，包括中国科技网（CSTNET）、中国公用计算机互联网（CHINANET）、中国教育和科研计算机网（CERNET，简称中国教育科研网）、中国金桥信息网（CHINAGBN）。其中，中国科技网和中国教育科研网主要为科研、教育提供非营利性互联网服务，而中国公用计算机互联网和中国金桥信息网则对公众提供经营性互联网服务。

中国科技网的前身是中国科学院于1989年8月建立的中关村教育与科研示范网络（NCFC）。1994年4月，NCFC与美国NSFNET（国家科学基金会网络）直接互联，实现了中国与Internet全功能网络连接。1996年2月，以NCFC为基础发展起来的中国科学院院网（CASNET）更名为中国科技网。

中国公用计算机互联网，又称中国宽带互联网，是原中国邮电部经营管理的电子信息网，始建于1994年。1995年初与国际互联网联通，同年5月，中国公用计算机互联网上海节点正式向社会开放业务。邮电部撤销后，中国公用计算机互联网改由中国电信经营管理。

中国教育科研网始建于1994年，由中国教育部投资并管理，是中国最大的公益性、学术性计算机互联网络。

中国金桥信息网，又称国家公用经济信息通信网，"三金工程"项目之一，是由中华人民共和国信息产业部（原电子工业部）负责管理的公用计算机信息网。中国金桥信息网于1994年开始建设，1996年9月正式开通。

测试题2-26

77

思考: 国内的互联网主干网有哪几个?

实践应用案例

双绞线与水晶头的连接

一、实践目的

了解双绞线标准 568A 和 568B，掌握双绞线与连接器 RJ-45（俗称水晶头）的连接方法。

二、实践资源

EIA 和 TIA 共同制定了 4 对双绞线电缆在连接器 RJ-45 中平铺时的线序标准，该标准有 568A 和 568B 两个版本。568A 的线序依次是绿白、绿、橙白、蓝、蓝白、橙、棕白、棕，编号为 1~8，见表 2-4。

表 2-4　　　　　　　　　　标准 568A 中的线序

颜色	绿白	绿	橙白	蓝	蓝白	橙	棕白	棕
编号	1	2	3	4	5	6	7	8

568B 的线序依次是橙白、橙、绿白、蓝、蓝白、绿、棕白、棕，编号为 1~8，见表 2-5。

表 2-5　　　　　　　　　　标准 568B 中的线序

颜色	橙白	橙	绿白	蓝	蓝白	绿	棕白	棕
编号	1	2	3	4	5	6	7	8

两版本中各序号线的作用是一样的：1、2 用于发送，3、6 用于接收，4、5、7、8 是双向线。为降低相互干扰，1、2 必须是交缠的一对线，3、6 也必须是交缠的一对线；4、5 相互交缠，7、8 相互交缠。可见，两版本都符合要求，实际施工中较多采用 568B 线序。

三、实践过程

步骤 1：准备一段五类（或超五类）双绞线，用网线钳（也称压线钳）把双绞线的一端剪齐，然后把剪齐的一端插入网线钳用于剥线的缺口中，注意网线不能弯。

步骤 2：稍微握紧网线钳，让网线钳刀片刚好割破双绞线套管，然后慢慢旋转一圈，拔下切掉的套管。注意：被切掉的套管的长度应恰好为水晶头长度，不要过长或过短。

步骤 3：把每对相互缠绕在一起的双绞线解开、捋直，然后按 568B 的线序把 8 根线排列好并理顺，排列时避免线之间过多地缠绕和重叠。

步骤 4：把并排平铺的 8 根线，用网线钳的剪线刀口把线缆顶部裁剪整齐。

步骤 5：把整理好的线缆插入水晶头内。注意，插入时保持水晶头有塑料弹片的一面朝下,有针脚的一面朝上,此时最左边的是第 1 脚,最右边的是第 8 脚。插入时缓缓用力,把 8 根线一直插到线槽尽头。

步骤 6:压线。压线前,检查水晶头的顶部,确认每一根线都顶在水晶头的末端。把水晶头插入网线钳的一个合适大小的槽内,然后用力握紧网线钳,可用双手一起握紧以增大握力,使水晶头凸出在外面的针脚全部压入水晶头内,施力后听到一声轻微的"啪"即可。

步骤 7:压线后水晶头凸出在外面的针脚全部压入水晶头内,而且水晶头下部的塑料扣位也压紧在双绞线的灰色保护层之上。到此,双绞线与一个水晶头的连接就完成了。

四、实践结果

一段双绞线的两端都按标准 568B 连接到水晶头,用测线仪检验端到端的直通性。如果测试仪上 8 个指示灯依次发绿光,则说明网线制作成功。如果一个或多个指示灯发红光或黄光,则说明存在断路或接触不良现象。

卫星通信在智慧水利中的应用

"华水一号"卫星

视频 2-5

2023 年 1 月 15 日 11 时 14 分,在中国太原卫星发射中心,长征二号丁运载火箭以"一箭十四星"发射方式,成功将 14 颗卫星发射升空,卫星顺利进入预定轨道,"华水一号"卫星位列其中。

"华水一号"卫星是华北水利水电大学与长光卫星技术股份有限公司联合研制的面向智慧水利的轻小型高分辨多模式光学遥感卫星,是全国首颗内陆水遥感卫星,也是"华水星座"的首颗光学卫星。该卫星可获取亚米级 (0.75m) 高分辨率遥感影像,具有推扫、视频、夜光、立体等多模式成像能力,可用来给江河湖等内陆水体察"颜"观"色",把"脉"问"诊"。从太空的视角,为全球的河湖水体进行扫描,提供全球范围内高分辨的水质和水量数据,为中国内陆水资源、水环境、水生态、水灾害等问题的解决提供高效的智能感知手段。图为"华水一号"卫星传送出来的华北水利水电大学龙子湖校区的卫星影像。

龙子湖校区的卫星影像

"华水一号"卫星的成功发射,为加快国家智慧水利建设步伐、保障国家水安全、推进黄河流域生态保护和高质量发展等方面贡献了华北水利水电大学的智慧和力量!

展望未来，相信水科技创新将会引领支撑新时代水利高质量发展，为推动构建人类命运共同体贡献中国水智慧和解决方案。

光纤之父：
高锟的故事

扩 展 阅 读

光纤之父：高锟的故事

本 章 小 结

（1）物理层考虑的是怎样在计算机之间传输二进制符号串（即比特流）。物理层从数据链路层接收要传输的二进制符号串，然后把二进制符号串转换为数字信号，发送在传输媒体上；物理层从传输媒体接收数字信号，并识别为二进制符号串，将其上交给数据链路层。

（2）物理层协议是物理层实体之间的约定，包括二进制符号串到数字信号的编码、数字信号到二进制符号串的解码、数字信号到模拟信号的调制、模拟信号到数字信号的解调，以及物理层实体与传输媒体的接口等。与中继链路连接时，物理层实体还需要有多路复用、多路分用的功能。

（3）一个数据通信系统由源系统、传输系统、目的系统 3 部分组成。源系统包括源点（或源站、信源）和发送器，目的系统包括接收器和终点（或目的站、信宿）。

（4）通信的目的是传输信息，话音、文字、图像等是信息的载体，数据是信息的编码，信号是数据的电气或电磁表现。消息（也称报文）是数据传输的基本单位。

（5）信号可分为模拟（或连续）信号和离散（或数字）信号。代表数字信号不同离散数值的基本波形称为码元。

（6）通信双方的交互方式可分为单向（或单工）通信、双向交替（或半双工）通信、双向同时（或全双工）通信。

（7）通常把数据转为数字信号的过程称为编码，把数字信号转为模拟信号的过程称为调制。

（8）来自信源的数字信号称为基带信号，数字信道上的基带信号传输称为基带传输；用数字信号对载波进行调制，调制后的信号称为频带信号（或带通信号），频带信号在模拟信道上的传输称为频带传输。

（9）基本的带通调制方法有调幅、调频和调相。具有调制和解调功能的设备称为调制解调器。

（10）信道的带宽或信噪比越大，信道的极限传输速率越高。

（11）传输媒体可分为导引型（或有线）和非导引型（或无线）两类，导引型传输媒体有同轴电缆、双绞线和光纤，非导引型传输媒体是无线电波。

（12）基本的信道复用技术有频分复用、时分复用和码分复用，波分复用是频分复用的一种。

（13）数字传输系统的早期标准是 PCM 速率体系，目前标准是同步光纤网（SONET，美国标准）或同步数字系列（SDH，国际标准）。

（14）交换网络里实现站点之间通信的方式，可分为电路交换、报文交换和分组交换。

（15）用户到互联网的宽带接入方法，有数字用户线（xDSL）、混合光纤同轴电缆（HFC）接入、光纤接入（FTTx）、无线局域网接入、蜂窝移动通信系统接入等。

习　题

1. 物理层的功能是什么？
2. 物理层协议包含哪些内容？
3. 简述数据通信系统的模型。
4. 请画出 10100110 的不归零、归零、曼彻斯特、差分曼彻斯特编码的波形（从低电平开始）。
5. "比特/秒"和"码元/秒"有何区别？
6. 在调幅、调频、调相 3 种基本调制方法的基础上，试给出码元携带 4 比特信息的两种调制方案。
7. 如果某信道的截止频率为 2MHz，按奈氏准则，该信道的容量是多大？如果采用频移键控，码元有 16 个不同的频率，则奈氏准则下该信道的最大数据率是多少？
8. 要让 3.2kHz 带宽的信道获得 64kbit/s 的数据率，该信道的信噪比至少是多少？
9. 请解释以下名词：数据、信号、码元、数字信号、模拟信号、基带信号、带通信号、串行传输、并行传输、单工通信、半双工通信、全双工通信。
10. 请解释传输媒体与信道的关系。
11. 为什么要使用信道复用技术？常用的信道复用技术有哪些？
12. 什么是 PCM？它分为哪几个步骤？
13. 请写出下列英文缩写词的中文全称：FDM、TDM、STDM、WDM、DWDM、CDMA、PCM、SONET、SDH、STM-1、OC-48。
14. 请解释 CDMA 的工作原理。
15. 有 4 个站点使用 CDMA，它们的码片序列如下：
A：$(-1, -1, -1, +1, +1, -1, +1, +1)$
B：$(-1, -1, +1, -1, +1, +1, +1, -1)$
C：$(-1, +1, -1, +1, +1, +1, -1, -1)$
D：$(-1, +1, -1, -1, -1, -1, +1, -1)$

现收到码片序列 $(-1, +1, -3, +1, -1, -3, +1, +1)$，请问哪些站点发送了数据？发送的是 1 还是 0？

16. 试比较电路交换、报文交换和分组交换的特点。
17. 假设从源点到终点需要经过 k 段链路，每段链路的信号传播延迟都是 d s，源点和中间交换节点发送数据的速率都是 v bit/s，源点要发送一个报文到终点，报文长度为 x bit。在电路交换下传输时，忽略连接请求、连接响应的消息长度，忽略终点收到连接请求后的处理延迟，忽略源点收到连接响应后的处理延迟。在报文交换下传输时，忽略中间节点收到报文后的处理延迟。在分组交换下传输时，报文分组大

小为 p bit。请写出电路交换、报文交换和分组交换三种传输方式下源点发送该报文到终点所需的总时间的表达式。

18. 试比较电话拨号和数字用户线的特点。

19. 试比较 HFC 接入与 FTTx 的特点。

20. 为什么 ADSL 可以在 1MHz 带宽中获得每秒几兆比特的数据率？

第三章

数据链路层

内容导读

物理层提供了不同物理介质的物理连接,数据链路层就是基于物理层提供的物理连接服务,将物理连接变为逻辑链路,从而向网络层透明地提供逻辑上的数据链接服务。

本章的主要内容如下:
(1) 数据链路层的功能。
(2) PPP 和以太网协议。
(3) 网桥和交换机。

第一节 数据链路层的基本概念

一、数据链路层介绍

(一) 数据链路层提供的服务

物理层完成通信功能,负责实现传输携带着数据信息(比特流的形式)的物理信号,根据数据链路层的协议,数据链路层从比特流提取出帧,而帧内就可以封装网络层的报文,将网络层的报文解封装后,就可以投递到网络层,从而实现网络层接收数据。如果网络层发送数据,则数据链路层可以将网络层报文封装到帧中,将帧发往同一链路(局域网)中对等实体的数据链路层。发送方的数据逐段链路地被送往接收主机。可见,数据链路层为网络层提供网络层报文的接收和发送服务,数据链路层的协议数据单元(protocol data unit,PDU)是帧。

同一链路中的通信双方,可以采用不同的数据链路层协议,为网络层提供不同的服务,服务主要有以下四种:

(1) 无确认无连接服务。发送方主机和接收方主机不需要提前进行任何的链路控制帧的交互,就直接发送数据帧,接收方无须回复确认信息,对于帧丢失或乱序等异常,数据链路层不予处理。这种服务适用于误码率较低的信道,如以太网。

(2) 有确认无连接服务。发送方主机和接收方主机不需要提前进行链路的建立,但是接收方主机收到请求帧或数据帧时,必须回复确认,而发送方主机若长时间收不到确认,则会自动重传未被确认的帧,以提高信道的可靠性。这种服务适用于通信误码率较高的信道,如 Wi-Fi 网络。

(3) 有确认面向连接服务。发送方主机和接收方主机要提前进行链路的建立,接收方主机收到请求帧或数据帧时,必须回复确认,而发送方主机若长时间收不到确认,则会自动重传未被确认的帧,收到确认才能继续发送新的帧。这种服务适用于信道质量有限而有高可靠性需求的场合,如采用 HDLC(高级数据链路控制)协议、ISDN(综合业务数字网)和帧中继网。

(4) 无确认有连接服务。发送方主机和接收方主机要提前进行链路的建立,接收方收到数据帧,无须回复确认信息,对于帧丢失或乱序等异常,数据链路层不予处理,数据传输完毕,连接释放。这种服务适用于需要身份验证的点到点信道,比如宽带上网时,PPP 就提供此种服务。

(二) 数据链路层协议概述

数据链路层根据终端、链路内节点之间运行的二层协议不同,构成不同类型的链路,主要有点到点链路、广播链路两种类型。点到点链路的典型协议有 PPP 和 HDLC 协议,广播链路的典型协议有 Ethernet(以太网)协议。不同链路上运行的协议不同。

测试题 3-1

数据链路层的基本功能有封装成帧、差错控制、透明传输。

数据链路层中的链路指的是什么意思?广播链路和点到点链路的本质区别在哪里?

二、封装成帧

链路中的通信双方可以采用不同的链路通信协议,不同协议的帧格式不同。若协议允许连续发送多帧,则会约定帧与帧之间必须有明确的界定标志,比如 PPP、HDLC 协议均使用 0x7E,即 01111110 作为帧定界字段值,检测到 0x7E 即是一帧的开始或结束。如果帧的内部信息中出现 01111110 数据,就需要转义处理后再发送出去,以防止被接收方误判为帧的定界符,这里的转义处理被称为数据链路层的透明传输。

以太网发送帧时,需要帧开始定界符 10101011,告诉接收方一帧来了,帧与帧之间必须要有一定的时间间隙,不需要帧结束定界符,也就不存在透明传输的问题。

测试题 3-2

帧为什么需要边界符这个字段?

三、差错控制和流量控制

由于信道噪声的干扰、传输信号的衰减等各种原因,帧会在传输的过程中出现丢失、重复、乱序、位错等差错,差错是不可避免的,所以差错检测是必要的。

接收方收到一帧后,必须进行差错检测,如果出现差错,则可以采取海明码等方式对错误进行自纠正;也可以采取循环冗余码、奇偶校验等方式仅仅检测确定有错但不纠正,且丢弃,如果无错就会接收该帧。

有些数据链路层的协议,比如 HDLC 协议、Wi-Fi 网络等要求可靠传输,发送方必须要知道接收方是否已经正确接收了自己已经发送的帧。发送方会开启定时器，且帧中约定有序号和确认号，如果接收方正确接收，则必定会给发送方回复确认帧，如果发送方收到确认帧，就明确了接收方已正确接收，如果发送方定时器超时尚未收到确认帧，便自动重传已发送的帧，从而实现差错控制。

差错检测的基本原理：在被传输的信息中附加一些冗余信息，使信息传输码元和冗余传输码元两者之间建立某种校验监督关系，在接收端利用监督关系进行检测并予以纠正。检纠错的能力是用信息量的冗余度来换取的。

视频 3-1

由于数据链路层的有些协议支持连续发送多帧，接收方可能不能及时处理多帧，此时，接收方必须尽快反馈给发送方，让发送方暂停或慢速发送，从而实现接收方控制发送方的流量。数据链路层的个别协议支持流量控制，比如 HDLC 协议，大部分协议不支持流量控制。

测试题 3-3

数据链路层的差错控制，能保证链路上数据传输的可靠性吗？

第二节 点到点协议

点到点协议（point-to-point protocol，PPP）是数据链路层广泛应用的协议之一，是连接各类型主机、网桥和路由器任意两个网络节点时遵守的协议，应用于拨号或专线方式接入上网。PPP 可以分解成以下三个主要组件。

（1）PPP 封装。PPP 封装提供了不同网络层协议同时在同一链路传输的多路复用技术。

（2）链路控制协议（link control protocol，LCP）。LCP 是一种扩展链路控制协议，负责链路的建立、配置、维护和终止。例如，LCP 的扩展协议挑战握手鉴别协议（challenge handshake authentication protocol，CHAP）和口令鉴别协议（password authentication protocol，PAP）等身份认证协议，它们可以在可选鉴别过程中被 LCP 使用。另外，LCP 可选特性协议，用于增强链路上的数据传输，例如，压缩控制协议、加密控制协议等。

（3）网络控制协议（NCP）。PPP 支持多种网络层协议，这些协议可能要求在链路激活前进行一些配置。一旦 LCP 完成了链路的创建，就可以通过 NCP 对具体的网络进行配置。例如，IP 运行在 PPP 链路上时使用的 NCP 是因特网协议控制协议（internet protocol control protocol，IPCP）。

一、帧格式

PPP 帧的格式如图 3-1 所示。

各个字段的含义如下：

（1）标志字段（F）。标志字段用来标志 PPP 帧的边界，取值为 01111110。

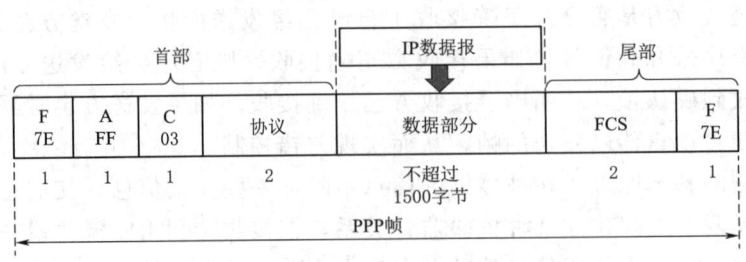

图 3-1 PPP 帧的格式

(2) 地址字段（A）。因为 PPP 专用于点到点连接，接收方式是明确的，所以该字段无用，设为绝大多数局域网中使用的广播地址 11111111。

(3) 控制字段（C）。控制字段的值是 00000011，表示在帧中不使用序号，PPP 帧是无编号帧。

(4) 协议字段。协议字段用来定义在数据字段中携带的数据类型。例如，0x0021 表示数据是 IP 数据报（IP datagram），0xC021 表示数据是 LCP 报文，0x8021 表示数据是 NCP 报文，0xC023 表示数据是 PAP 报文等。

(5) 数据字段。数据字段用来存放实际传输的数据，其长度是可变的，需要通过协商确定，一般默认值为 1500 字节。

(6) 帧校验序列字段（FCS）。帧校验序列字段是 2 字节或 4 字节的循环冗余校验（CRC），用来进行差错检测。

二、透明传输

PPP 可以连续发送多帧，为了防止信息部分恰恰含有帧定界符 0x7E，导致接收方误认为是帧定界符，发送方发送 PPP 帧之前，会进行透明传输处理。在同步链路和异步链路中，透明传输的处理方式不同。

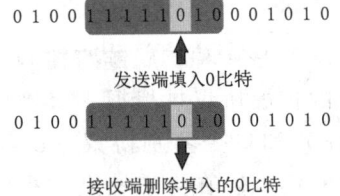

图 3-2 零比特填充法

在同步链路中，采用零比特填充法，即发送时每 5 个连续 1 后填入一个 0，接收时每 5 个连续 1 后删除一个 0，如图 3-2 所示。这样，信息部分就不会出现连续的 6 个 1。

在异步链路中，透明传输的处理过程：PPP 插入转义字符 0x7D，如果信息位出现 0x7E，则转成 0x7D 和 0x5E，如果信息位出现 0x7D，则转成 0x7D 和 0x5D，如果信息位出现的字节小于 0x20，则加上 0x20，并在前面插入 0x7D。举例如下：

发送原始数据：

7E FE 07 7D 7D 65 7E

透明传输处理后：

7D 5E FE 7D 27 7D 5D 7D 5D 65 7D 5E

透明传输处理后发送，接收方收到后，发现转义字符 0x7D，就进行逆向的还原，并删掉转义字符。从而解决了信息中出现帧定界符 0x7E 的问题。

三、循环冗余码差错检验

PPP 对帧采用 CRC 检错技术，实现链路层的差错控制。

PPP 通信的双方首先商定一个生成多项式 $G(x)$，若生成多项式 $G(x)$ 的最高阶是 r，则发送方将信息位左移 r 位，作模 2 除法，求余数 $r(x)$，得到 r 位的二进制数，即 CRC 码，将信息位和 CRC 码装入帧发送。CRC 码一般在帧的尾部，作为一个附加的帧检验序列。接收方取出信息位和附加的检验序列，去整除 $G(x)$ 对应的二进制码，如果余数为 0，则说明没有发现错误，CRC 检验通过，留下该帧，若余数不是 0，则说明检测出错误，丢弃该帧。

【例】假定 PPP 通信双方约定的生成式为 $G(x)=x^3+x+1$，发送方需要发送的数据为 a，即 1100001。CRC 码检验过程如下：

$G(x)=x^3+x+1$ 对应的二进制码为 1011，$r=3$，作模 2 除法，求余数，如图 3-3 所示。

最终计算得到余数为 101，恰好是 r 位，如果余数不足 r 位，则需要在左边补 0。发送方将数据位和 CRC 码构成的帧检验序列封装入帧发送，接收方将收到的信息位和 CRC 码提取出来，再次对 $G(x)=x^3+x+1$ 对应的二进制码 1011 进行模 2 求余，若余数为 0，就是没有检测出错误，若余数不是 0，就是检测出了错误，丢弃该帧。

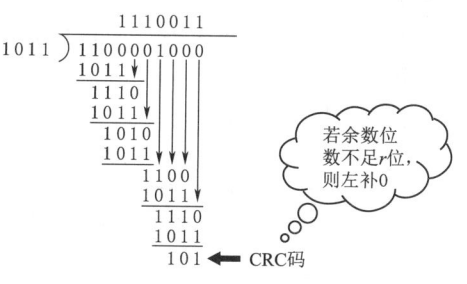

图 3-3 CRC 码竖式计算

视频 3-2

注意：尽管 CRC 差错检验具有高效的检错能力，但在某些特定条件下，仍有可能出现漏检，即有些错误无法检出。

四、面向连接

PPP 是一个链路层协议，链路的建立、维护和管理是通过 LCP 和 NCP 来完成的。PPP 链路的建立过程分为创建阶段、身份认证阶段和网络协商阶段三个阶段。

在创建阶段，PPP 链路的两端通过 LCP 向对方发送配置选项报文，协商的选项包括链路最大帧长度、身份认证方法、通信方式（加密、压缩等）和 NCP 等，配置成功后，就完成了链路的创建。

在身份认证阶段，双方将表明自身身份的信息发送给对方进行认证。如果认证失败，则进入链接终止阶段；如果认证成功，则进入下一阶段。

在网络协商阶段，PPP 调用创建阶段协商好的 NCP 来配置不同的网络层协议。例如，通过调用 IPCP 来为用户动态分配 IP 地址、子网掩码、网关和 DNS 服务器地址等信息。

经过上面三个阶段后，一条 PPP 链路就建立起来了，用户即可在 PPP 链路上发送网络层报文。在用户通信完毕后，链路的一端发送 LCP 请求终止帧，另一端发送 LCP 终止确认帧，链路进入终止状态。

第三章 数据链路层

五、PPP 应用

PPP 是目前广域网上应用广泛的数据链路层协议之一，适用于调制解调器、HDLC 序列线路、SONET 和其他物理层上的点到点链路，它具有协议简单、能够认证和动态网络配置等优点。

早期的电话拨号上网就是使用 PPP 在用户端和因特网服务器商之间建立通信链路。随着宽带 ADSL、电缆调制解调器技术、VPN（虚拟专用网）技术的发展，PPP 衍生出了许多相关的新协议，例如，PPPoE（PPP over Internet，以太网上的点到点协议）常用于宽带拨号上网，使连接在以太网中的许多主机通过共享一条物理链路接入 Internet。点到点隧道协议（point to point tunneling protocol，PPTP）和第二层隧道协议（layer 2 tunneling protocol，L2TP）都是在 PPP 基础上进行扩展的，用于实现远程 VPN 连接。

视频 3-3

视频 3-4

测试题 3-4

思考　面向连接的传输就是可靠传输吗？

第三节　使用广播信道的数据链路层

一、信道分配

同在一个广播域的广播信道上，各个节点该如何分配使用信道呢？因为计算机发送信息的发送时机具有很大的随机性，多个计算机随时发送的信号如果不受控制，则多路信号必然会在信道上发生碰撞。数据链路层对多个节点发送信号，也就是访问信道采取了控制措施，称为介质访问控制（medium access control，MAC），通过合理的 MAC 方式，实现节点间通信时尽量少的干扰，换而言之，就是信道以不同的方式分配给了不同的节点。

常见的 MAC 方式有以下两类：

（1）静态分配（信道复用技术），包括频分复用、时分复用、波分复用、码分复用等。

（2）动态分配，包括随机访问、轮询访问等。

数据链路层中采用随机 MAC 方式的协议有 ALOHA 协议、CSMA（载波监听多路访问）协议、CSMA/CD（带冲突检测的载波监听多路访问）协议、CSMA/CA（带冲突避免的载波监听多路访问）协议（无线局域网协议）等。这些协议共同的核心思想是，所有节点需要竞争接入信道，胜者获得信道，才可以发送帧。

轮询访问 MAC 方式的典型应用是令牌传递协议，其适用于负载很高的广播信道。该 MAC 方式通过一个监控站，使一个令牌在由信道需要发帧的节点组成的逻辑环上循环传递，得到令牌者才能发帧，环上所有节点收到帧即转发，接收者收到帧后,加入响应比特并转发,因为环路,所以最终发送者得以知晓已经成功发送一帧,释放令牌。

 广播信道为什么需要 MAC,而点到点信道不需要 MAC?

测试题 3-5

二、ALOHA 协议和 CSMA 协议

ALOHA(additive link on-line Hawaii system)协议是夏威夷大学研制的无线站点随机接入系统使用的主要协议。最初的 ALOHA 协议,任何一个站点随机发送数据,若收不到接收方对该数据的确认回复,就等待一段时间,重复发送数据,如果站点少,则无线发送速率高,很少产生碰撞,但是如果站点和数据发送密集,就会有极高的碰撞率。后来 ALOHA 协议中引入时隙,各站点只能在时隙开始时发帧,并且在一个时隙内发送完毕,减少了数据冲突的可能性。

ALOHA 协议虽然引入了确认机制、时隙等待、碰撞等待重传等,但是由于站点发送的随机性,碰撞的概率依然很大。在 ALOHA 协议的基础上,如果在发送前监听信道是否空闲,空闲再发送,否则就等待一段时间后再次监听信道是否空闲,就会再次降低碰撞的概率,CSMA 协议的原理正是如此。

根据多路监听的方式和冲突处理方式的不同,CSMA 协议有以下三种算法。

(一) 1-坚持算法

当一个节点有数据要发送时,监听信道,如果信道空闲,当即就发送数据,即发送帧的概率为 1;如果信道忙,则等待,且继续监听信道直到空闲;如果帧还没有发送完毕,就监听到碰撞,则随机等待一段时间,重新监听信道。该算法监听到信道空闲就发帧,减少了随机等待的时间。

(二) 非-坚持算法

非-坚持算法,如果节点有数据要发送,就监听信道是否有载波,如果无载波,则说明信道空闲,立马发送一帧;如果有载波,则说明信道忙,放弃监听,等待一段随机长度的时间后重复上面的过程。

相比 1-坚持算法,非-坚持算法减少了多个节点等待信道空闲后同时发帧而碰撞的概率,但是由于多个节点均要随机等待,而增加了数据在网络中的延迟时间。

(三) p-坚持算法

p-坚持算法主要用于时分复用信道,算法思路:节点发送数据前,监听信道,如果信道忙,则等到下一个时隙再监听信道;如果信道空闲,则以概率 p 发送数据,以概率 $1-p$ 不发送数据而等到下一个时隙,若下一个时隙的信道仍然空闲,则继续以概率 p 发送数据,以概率 $1-p$ 不发送数据而等到下一个时隙,重复该过程直至数据发送成功或者信道忙为止,若信道忙,则随机等待后重新开始监听信道。

相比 1-坚持算法的少等待、多碰撞,非-坚持算法的多等待、少碰撞,p-坚持算法折中了前面两种算法的效率。

测试题 3-6

思考

ALOHA 协议的优点有哪些？

三、CSMA/CD 协议

在传统的总线式以太网中，每台主机均随机接入，对于某台主机发送的数据，其他主机均能收到，这就是广播式通信。如果多台主机同时发送数据，则必然会产生碰撞，如图 3-4 所示。如果采用 CSMA/CD 协议，则可以减少这种碰撞。

CSMA/CD 协议大体上可以概括为先听后发、边发边听、冲突停发、随机重发。CSMA/CD 的工作流程如图 3-5 所示。

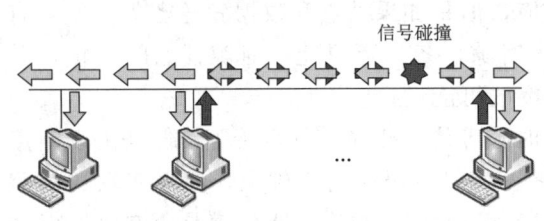

图 3-4 广播碰撞示意图

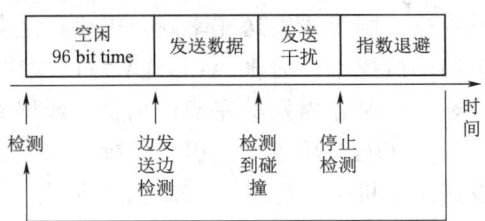

图 3-5 CSMA/CD 的工作流程

步骤 1：发送帧的主机检测信道，直到其空闲了一段时间。图 3-5 是以太网采取的空闲 96 比特时间（bit time）。比特时间，是一个时间单位，指的是发送一个比特的发送延迟，即数据率的倒数。

步骤 2：边发送边检测。

步骤 3：若检测到碰撞，则停发数据、改发干扰，然后执行二进制指数退避算法。等待时间到，转步骤 1。若未检测到碰撞，则必定成功发送此帧。开启下一轮的争用期碰撞检测，转步骤 1。

二进制指数退避算法，就是发生碰撞的站点停止发送数据，推迟（退避）一个随机时间才能再发送数据。如果是第 k 次与其他站发生冲突，则从 $[0,1,\cdots,(2^k-1)]$ 中随机取一个数，记为 r，其中的参数 $k=\min(重发次数,10)$，如果冲突次数超过 10 次，k 就不增加了，如果冲突次数大于 16，则丢弃该帧并向高层报告。随机退避时间取 r 倍的争用期。争用期一般取 2 倍的传播延迟。

下面简单证明一下 CSMA/CD 协议是如何做到边发送边监听的，如图 3-6 所示。

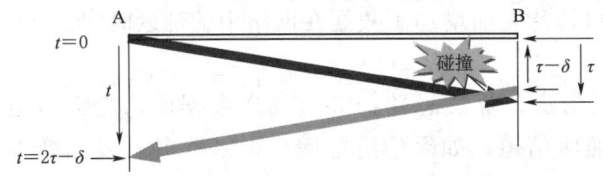

图 3-6 发送期间能监听到碰撞的示意图

假定在 $t=0$ 时刻，主机 A 向总线上的主机 B 发送了一帧，端到端传播延迟记为 τ，则 B 在 τ 时刻才能检测出 A 在发送数据，如果 B 在 τ 时刻到来之前的 $\tau-\delta$ 时刻，已经一直检测到信道是空闲的，则向 A 发送一帧，B 在 τ 时刻发现了自己与 A 发生了冲突，立刻停发数据，运行二进制指数退避算法，而 A 会在 $\tau-\delta+\tau$ 时刻知道和 B 发生了碰撞。可见，如果 A 在 $t=0$ 时刻边发帧，边监听信道，连续监听 2τ 时间都没有发生碰撞，则说明期间其他主机都没有发送帧，A 自己的帧一定会无碰撞发送成功，正因为如此，将单程传播延迟的 2 倍定为争用期。

视频 3-5

思考

假定站点 A 和站点 B 在同一个 100Mbit/s 的以太网广播信道上，两站点之间的传播时延为 250bit 时间。现假定 A 发送一个最短帧，在 A 发送该帧结束之前 B 也发送了一帧，在 A 发送结束之前能检测到和 B 发送的帧碰撞了吗？

测试题 3-7

第四节 以 太 网

美国施乐 Xerox 公司的 PARC 于 1975 年研制成功了一款总线式局域网，总线采用无源电缆，数据率为 2.94Mbit/s。该局域网以古希腊哲学家亚里士多德设想的一种物质 Ether（以太）来命名，命名为 Ethernet，即以太网，因为 19 世纪的物理学家，认为以太是一种电磁波的传播媒质。1980 年 9 月，DEC 公司、Intel 公司和施乐公司联合提出了 10Mbit/s 以太网的第一个规范（协议）版本 DIX V1，1982 年修订为 DIX Ethernet V2，成为世界上第一个局域网产品的规范。

IEEE 802 委员会 802.3 工作组在 DIX Ethernet V2 规范的基础上，制定了 IEEE 的第一个以太网标准 IEEE 802.3，同时，制定 IEEE 802.4（令牌总线网标准）、IEEE 802.5（令牌总线网标准）。为了使数据链路层能更好地适应多种局域网标准，IEEE 802 委员会将数据链路层拆分成逻辑链路控制（logical link control，LLC）和介质访问控制（media access control，MAC）两个子层。

目前，以太网在局域网市场占据垄断地位，且很多数据链路层设备只关注 MAC 协议，因此，LLC 的作用已不大。

一、经典以太网的物理层

以太网最初使用无源电缆，由于接入主机不方便，开始使用粗铜轴电缆，又由于粗铜轴电缆昂贵且不易长距离接入主机，使用比较便宜的细铜轴电缆，依然存在用户接入不方便的问题，最后以太网采用更便宜且灵活接入的双绞线介质。

1990 年，IEEE 802 委员会制定出星形以太网 10BASE-T 的标准 802.3i，其中 BASE 代表基带传输，10 就代表 10Mbit/s，T 代表双绞线。经典的以太网采用星形拓扑，如图 3-7 所示。

集线器（hub）的工作原理如图 3-8 所示，箭头表示数据的发送方向。集线器相当于多接口的连接器，只是简单地转发，没有碰撞检测，逻辑上依然是总线信道。如果接口 H1 收到工作站 1 发来的数据，同时又收到其他接口 H2 或 H3 发来的数据，则在 H1 口发生碰撞，所以集线器是物理层设备，且图 3-8 中的 3 个工作站处于一个碰撞域内，每次只能有一个站发送数据，否则就会发生碰撞。

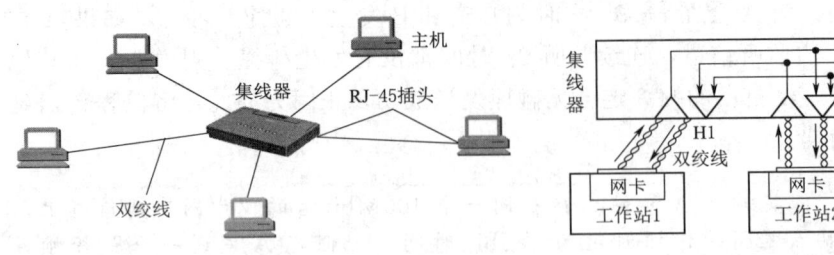

图 3-7 集线器为中心的以太网　　图 3-8 集线器的工作原理

单根双绞线的连接长度不能超过 100m，若距离太长，则需要中继器进行串联，集线器之间也可以使用光纤进行远距离互联，IEEE 802.3 标准定义光纤作为传输媒体，对应标准是 10BASE-F。

以太网中，不论是铜轴电缆、双绞线，还是光纤，均采用曼彻斯特编码方式实现数据转换为数字信号，进行比特传输。

测试题 3-8

思考

集线器与交换机的区别有哪些？

二、经典以太网的 MAC 子层协议

以太网协议是一种总线式的局域网协议，以太网数据链路层的设备只配备 MAC 子层协议，没有 LLC 子层协议，所以以太网的数据链路层协议，或者 MAC 协议，主要指的就是以太网协议，即 Ethernet 协议，主要包括帧格式、MAC 方式、信号编码方式等。

（一）MAC 地址

IEEE 802 标准规定 MAC 地址字段可采用 6 字节（48 位）或 2 字节（16 位）这两种中的一种。MAC 地址又称为物理地址或硬件地址。具有二层及以上层功能的网络设备至少需要拥有一个 MAC 地址，常见的 MAC 地址是 48 位地址，用于标识设备的一个数据链路层接口。

IEEE 的注册管理机构负责向厂家分配地址字段 6 个字节中的前 3 个字节（即高位 24 位），称为组织唯一标识符。地址字段 6 个字节中的后 3 个字节（即低位 24 位）由厂家自行指派，称为扩展唯一标识符，必须保证生产出的网络适配器（即网卡）没有重复地址。地址字段的第一字节的最低位为 I/G 位，表示 Individual/Group，I/G 位为 0，表示一个单站地址；I/G 位为 1 时，表示组播或多播地址。如果 48 位均为 1，则 MAC 地址为广播地址，只能作为目的地址。

（二）网络适配器

由于早期台式计算机普及，网络适配器被制作成网络接口卡（network interface card，NIC）的形式插在主板上，又叫网卡。网卡从厂商生产出来时，已经固化有一个 MAC 地址，负责网络数据的发送和接收。

网卡工作在数据链路层,实现网络数据的串行/并行转换,需要对应的设备驱动程序,实现相应的数据链路层协议。

(三) 以太网协议

以太网内的节点和交换机需要遵守以太网协议,进行以太网帧的封装、发送和解封装,以太网协议帧的格式如图3-9所示。

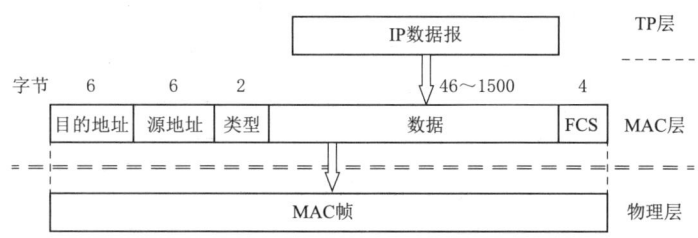

图3-9 以太网协议帧的格式

以太网协议帧的字段如下:

(1) 目的地址:6字节,用于标识目的站点。目的地址可以是单播地址、多播地址和广播地址。单播地址中,第一个字节的最低位是0;多播地址中,第一个字节的最低位是1;广播地址的48位都为1。

(2) 源地址:6字节,用于表示源站点。源地址必须是单播地址。

(3) 类型/长度:2字节,以太网中类型字段的值都大于1500,如果类型字段是0x0800,则是IP数据报;如果是0x0806,则是ARP报文;如果是0x8864,则是PPPoE报文;如果是0x8100,则是802.1Q tag报文;如果是0x86DD,则是IPv6报文。如果类型字段值小于0x0600,则表示数据长度,单位为字节。

(4) 数据:以太网中承载的上层协议数据,可以通过判断类型字段值来区分数据属于哪个上层协议。以太网对帧的最大长度和最小长度都有限制。IEEE 802.3帧的最大传输长度(maximum transmission unit,MTU)是1492字节,Ethernet II帧的MTU是1500字节。当封装的数据长度小于46字节时,需要进行填充,比如封装ARP报文时,以太网帧需要填充。

(5) 帧校验序列(frame check sequence,FCS):4字节,是以太网帧格式中的最后一个字段,用于对整个帧进行校验。

(四) 以太网的特点

以太网主机之间的通信采用无连接的方式。帧内无编号和标志字段,但是主机在发送帧时,会填入帧前定界符,不能连续发帧,帧之间要有帧间间隔,无须透明传输处理。信道采用曼彻斯特编码或差分曼彻斯特编码,具有CRC差错检验功能,但不采用可靠传输协议。以太网在半双工通信模式时,采用CSMA/CD协议作为MAC方式,降低碰撞概率。

由于以太网帧内数据最短为46字节,最短帧长度为64字节,即512bit,所以运行CSMA/CD协议时,将512bit时间作为争用期,同时,将96bit时间作为最短帧间间隔。比特时间只与信道带宽有关,不论以太网是什么带宽的信道,只要支持半双工通信，就可以运行 CSMA/CD 协议。

（五）以太网的性能

因为以太网的 MAC 方式是 CSMA/CD 协议，工作站发送帧时，会存在与其他站发生碰撞的情况，一旦发现碰撞，就要随机等待若干个争用期，所以以太网的信道利用率达不到 100%。

下面根据图 3-10，简单分析一下以太网的性能。

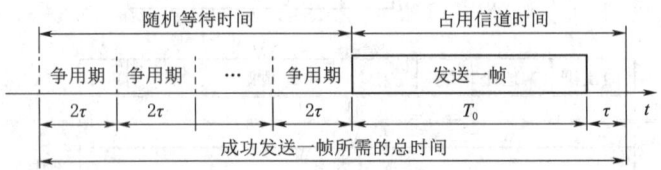

图 3-10 以太网信道利用率分析

图 3-10 中发送一帧的发送延迟为 T_0，发送出的最后一个比特需要一个传播延迟 τ 才能到达目的节点，占用信道时间为 $T_0+\tau$，若发生碰撞，则还需要等待若干个争用期 2τ，才能将一帧成功发送到目的节点。

视频 3-6

测试题 3-9

根据 CSMA/CD 协议，T_0 不能太小，否则就无法实现"边发边听"，于是以太网帧不能短于 512bit；τ 不能太大，否则争用期太长，于是以太网的传输距离有了限制。

理想情况下，若无碰撞，不需要随机等待延迟，则以太网的信道利用率为 $T_0/(T_0+\tau)$，τ 相对 T_0 极小时，信道利用率才能很高。但是，实际上，广播信道上的碰撞是不可避免的，信道上负载越多，以太网的带宽被碰撞消耗得越严重。

思考

如图 3-11 所示，H1 发送报文给 H2 时，封装的以太网帧中，目的地址和源地址分别是什么？

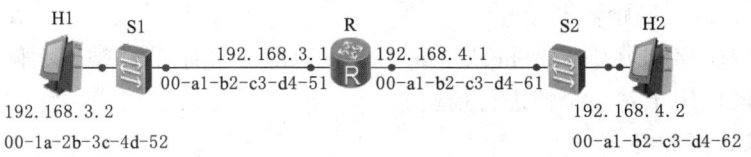

图 3-11 两段链路的网络拓扑图

三、以太网的演进

（一）快速以太网

1995 年，IEEE 把在双绞线上传输 100Mbit/s 基带信号的星形拓扑以太网 100BASE-T 称为快速以太网，代号为 IEEE 802.3u。若其采用全双工工作模式，则不使用 IEEE 802.3 的 CSMA/CD 协议；如果其采用半双工工作模式，则仍使用 CSMA/CD 协议。

快速以太网的 MAC 帧格式仍然是 802.3 标准，最短帧长依然是 512bit，但帧间间隔从传统以太网的 9.6μs 改为 0.96μs。

物理层除 100BASE-T 的约定外，还规定了 100BASE-TX（使用 2 对 UTP 五类线或屏蔽双绞线 STP），以及 100BASE-T4（使用 4 对 UTP 三类线或五类线），所有双绞线单段最长为 100m。另外，快速以太网也可以使用 100Mbit/s 的光纤，2 对光纤的 100BASE-FX，单段最长为 2000m。

（二）千兆以太网

千兆以太网的传输速率为 1000Mbit/s，即 1Gbit/s，它与 10BASE-T 和 100BASE-T 技术兼容，帧格式不变，有半双工和全双工两种工作模式。

物理层不仅定义了短距离可以使用的 4 对 UTP 五类线的 1000BASE-T 和 2 对屏蔽双绞线的 1000BASE-CX，而且定义了远距离单模光纤、多模光纤的 1000BASE-LX，以及多模光纤的 1000BASE-SX 标准。

为了能向下兼容十兆/百兆以太网，运行 CSMA/CD 协议，千兆以太网增加了载波延伸（carrier extension）和分组突发（packet bursting）两个功能。

载波延伸指的是千兆以太网可以发送最短帧 512bit，但是争用期增大为 512×8 比特时间。如果帧长实际长度不足 512 字节，就填充特殊字符，使 MAC 帧的长度增加到 4096bit。接收端在收到以太网的 MAC 帧后，删除填充的特殊字符。

分组突发指的是有多个少于 512 字节的短帧要发送时，第一个短帧采用载波延伸，其后短帧间留有帧间最小间隔，形成一串分组的突发，突发字节数一般是 1500 字节或稍多一些。

千兆以太网如果采用全双工工作模式，就不用遵守 CSMA/CD 协议，也就无须载波延伸和分组突发功能。

（三）万兆以太网

万兆以太网，即 10Gbit 以太网（10GE），其帧格式与 10Mbit/s、100Mbit/s 和 1Gbit/s 以太网的帧格式完全相同，短距离使用 4 对双芯铜轴电缆，或 4 对超六类 UTP 作为传输媒体，长距离采用多模光纤，更远距离采用单模光缆。10Gbit 以太网只有全双工工作模式，不支持 CSMA/CD 协议。

测试题 3-10

思考　以太网为什么会在中国得到广泛应用？

四、以太网宽带接入

2001 年，IEEE 成立了 802.3 EFM 工作组，专门研究高速以太网的宽带接入问题。以太网宽带接入适用于用户密集、网络性能要求不是特别高的场合，如校园、小区等。

以太网宽带接入可以向网络用户提供双向的宽带通信，可以根据用户需求灵活地提供不同带宽服务，无须帧格式的转换，但是以太网协议帧格式中无身份验证的字段,如何让合法用户接入的身份验证问题由网络服务运营商解决。

由于 PPP 具有身份验证功能,先通过 PPP 帧认证后,再将 PPP 帧封装到以太网中传输,即 PPPoE(PPP over Ethernet),就可以解决以太网宽带接入用户的身份验证问题。现在流行的光纤宽带接入依然在使用 PPPoE 的方式。

用户首次使用光纤宽带接入 FTTx 时,会遇到 PPPoE 弹窗,需要输入宽带用户名和密码,PPP 身份验证通过,就会获得临时 IP 地址等信息,用户主机就可以利用以太网交换机宽带上网了,无须任何调制解调器。

测试题 3-11

请描述一个简单的以太网宽带接入方案。

第五节 数据链路层的交换设备

一、网桥

当多台主机都用集线器互连起来时,主机越多,碰撞域就越大,因为集线器构成的信道是总线式的信道,为了让不同的主机隔离在不同的碰撞域内,就必须有选择地从网络连接设备的不同出口转发帧或不予转发帧。网桥具有自学习功能,根据 MAC 帧的目的地址对收到的帧进行转发或过滤丢弃,并不是向所有的接口转发此帧,具有隔离碰撞域的功能。之所以称为网桥,是因为该设备只有两个接口,互连两个不同的小局域网或网段。

网桥具有存储转发功能,工作在数据链路层,能实现简单的协议转换,互连不同物理层的介质。根据如何转发帧,网桥可分为透明网桥和源路由网桥两种。

由于网桥只有两个接口,所以同时只能处理收到的一帧数据。

测试题 3-12

网桥和交换机的区别是什么?

二、交换机

1990 年问世的交换式集线器(switching hub),是一种多接口的网桥,又被称为以太网交换机(switch)或第二层交换机(L2 switch),能并行处理多帧数据。此时的以太网采用无源的总线结构,总线以太网使用 CSMA/CD 协议,以半双工方式工作,一个接口对应一个碰撞域,起到隔离碰撞域的作用。以太网交换机使用了专用的交换结构芯片,使用硬件转发,其转发速率要比使用软件转发的网桥快很多。

现在,采用以太网交换机的星形拓扑结构依然很流行,如图 3-12 所示。但是,以太网交换机不再共享总线,以全双工方式工作,没有碰撞问题,不使用 CSMA/CD

协议,仍然采用以太网的帧结构。这种交换机不仅能隔离多个碰撞域,并且各接口上连接的通信主机独占传输媒体,无碰撞地传输数据。对于拥有 N 个接口的交换机,其总容量是交换机基本带宽的 N 倍,总容量增加。

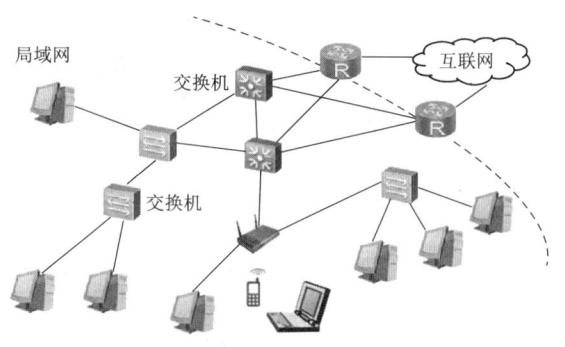

图 3-12 交换机的应用

以太网交换机采用的交换方式有两种:一种是存储转发,把整个数据帧先缓存后再依据交换表进行处理。当需要进行链路速率匹配、协议转换或差错检测时,交换机需要采用基于软件的存储转发方式进行交换。另一种是直通(cut-through)方式,接收数据帧的同时就立即按数据帧的目的 MAC 地址直接将该帧转发出去,传输延迟只是目的 MAC 地址的发送延迟,即 6 字节的数据发送时间。帧的转发速度很高,但是有可能将一些无效帧转发给其他的站点。

以太网交换机是一种即插即用设备,其内部的交换表(又称为地址表)是通过自学习算法自动地逐渐建立起来的。下面举例说明以太网交换机运行自学习算法自动维护交换表的过程,帧的转发过程类似于透明网桥的帧转发路由策略。

假定现在主机 A 需要向主机 C 发送第一帧,如图 3-13 所示,以太网交换机里面的交换表是空的。

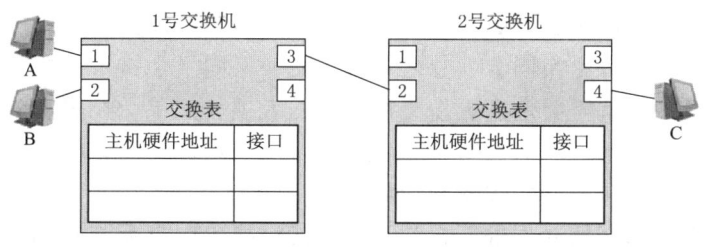

图 3-13 交换机自学习举例

A 向 C 发送的一帧,从 1 号交换机的接口 1 进入 1 号交换机。1 号交换机收到帧后,先查找交换表,没有查到应从哪个接口转发这个帧。1 号交换机把这个帧的源地址 A 和接口 1 写入交换表中,并向除接口 1 以外的所有接口广播这个帧,此种技术叫泛洪。B 收到此帧后,发现目的地址不是自己,丢弃这个帧。2 号交换机的接口 2 收到此帧后,将这个帧的源地址 A 和接口 2 写入交换表,没有查到应从哪个接口转发这个帧,向除接口 2 以外的其他接口泛洪此帧,连接在接口 4 的主机 C 收下这个目的地址正好是自己的帧。此时,交换表内容如图 3-14 所示。

C 收到帧后,如果向 A 回复一帧,2 号交换机将这个帧的源地址 C 和接口 4 写入交换表中,查到应从接口 2 转发这个帧,因为此帧的目的地址是 A。1 号交换机的接口 3 收到此帧,将这个帧的源地址 C 和接口 3 写入交换表中,通过接口 1 向 A 发送

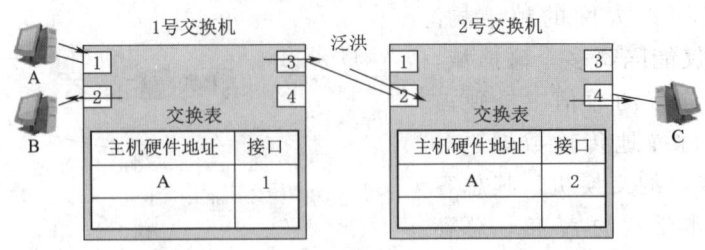

图 3-14 交换机自学习更新交换表

一帧，因为 1 号交换机查找交换表，发现交换表中有目的地址为 A 的表项，该表项表明要发送给 A 的帧应从接口 1 转发。此时，交换表内容如图 3-15 所示。

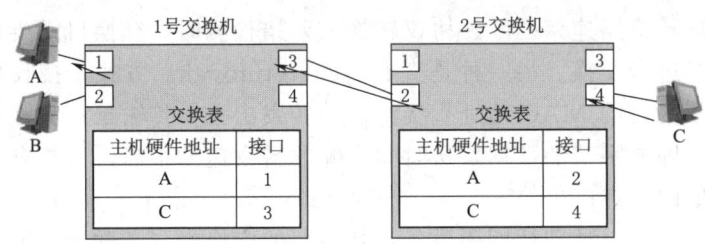

图 3-15 交换表自动更新

在交换表中已经存储 A 和 C 之间数据交换的路径，如果 A 和 C 之间继续有数据帧的传输，则可以直接查询交换表，不用发送任何广播帧。

以太网交换机的这种自学习方法使以太网交换机能够即插即用。交换机的接口与计算机之间的连接可以是临时的，一台计算机移除后，可以接入另外一台计算机，或者同一台计算机接入后更换网卡。总之，接入交换机同一个接口的主机硬件地址可能会不断发生变换，这就需要定期更新交换表中的表项，如果交换表有效时间字段显示过期，则该表项会自动被删除。

交换机自学习和转发帧的步骤归纳如下：

（1）交换机收到一帧后先进行自学习。查找交换表中有无与收到帧的源地址相匹配的项目。如果没有，就在交换表中增加一个项目（源地址、进入的接口和有效时间）；如果有，则把原有的项目进行更新（进入的接口或有效时间）。

（2）转发帧。查找交换表中有无与收到帧的目的地址相匹配的项目。如果没有，则向所有其他接口（进入的接口除外）转发，即泛洪；如果有，则按交换表中给出的接口进行转发。

（3）若交换表中给出的接口就是该帧进入交换机的接口，则应丢弃这个帧（因为这时不需要经过交换机进行转发）。

为了维持链路流量均衡，防止单点链路故障，或者需要多个交换机扩容局域网等情况下，可能会出现如图 3-16 所示的情况：LSW3 交换机和 LSW4 交换机之间形成了两点环路，LSW1 交换机、LSW3 交换机和 LSW4 交换机之间形成了环路，同理，LSW2 交换机、LSW3 交换机和 LSW4 交换机之间也存在环路。

交换机自学习的过程，可能会导致帧在网络的某个环路中无限制地兜圈子。针对这种问题，IEEE 802.1d 标准制定了一个生成树协议（spanning tree protocol，STP）。STP 的作用就是不改变网络的实际拓扑，但在逻辑上阻塞某些链路，实时将环状拓扑修剪为树形拓扑，使从一台主机到所有其他主机的路径是无环路的树状结构，从而消除兜圈子现象，减少广播包。

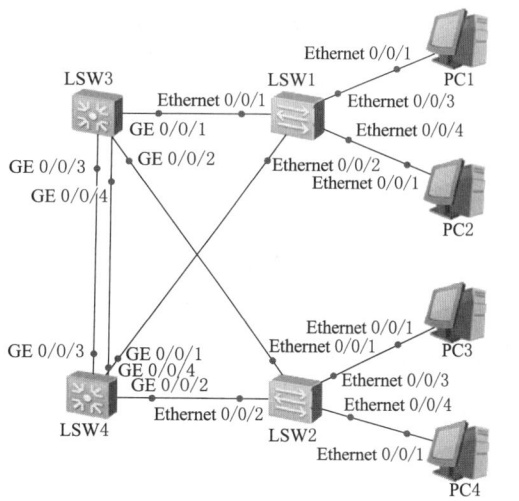

图 3-16 交换机之间有物理环路

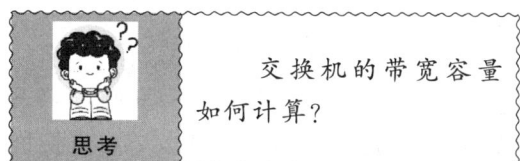

交换机的带宽容量如何计算？

视频 3-7

视频 3-8

测试题 3-13

第六节　虚 拟 局 域 网

一、VLAN 的概念

局域网通常使用集线器和交换机来连接，局域网内的每一个主机发送一帧，其他主机均能收到，不过收到后发现目的主机不是自己，就丢弃该帧。一个局域网内的所有设备（包括主机），构成一个广播域。由于交换机的自学习功能，交换机可将多个小局域网互连为更大的局域网，而局域网的边界在路由器或者类似的三层设备。交换机并不能隔离广播域，随着主机的增多，会造成巨大的广播风暴，浪费信道带宽。如果在以太网交换机上实现虚拟局域网 VLAN（virtual LAN）的划分，就可以将一个广播域隔离为多个小的广播域。

二、VLAN 的应用

如图 3-17 所示，VLAN 技术可以将 2 楼、3 楼、4 楼的主机隔离为两个广播域，主机 PC1 发送到 S4 的帧，不会被广播到主机 PC2，因为 PC1 和 PC2 分别在不同的广播域。

从图 3-17 可以看出 VLAN 是一个与物理位置无关的逻辑组，每一个 VLAN 的帧都有一个明确的标识符，指明发送这个帧的计算机是属于哪一个 VLAN。一个带有 VLAN 功能的交换机能够同时处于多个虚拟的局域网中。

WLAN 其实只是局域网给用户提供的一种服务，而并不是一种新型局域网。IEEE 批准了 802.3ac 标准，该标准定义了以太网帧的格式扩展，以支持 VLAN。VLAN 协议允许在以太网帧的格式中插入一个 4 字节的标识符，称为 VLAN 标记（tag），用来指明发送该帧的计算机属于哪一个 VLAN。插入 VLAN 标记得到的帧称为 802.1Q 帧或带标记的以太网帧。802.1Q 帧格式如图 3-18 所示。

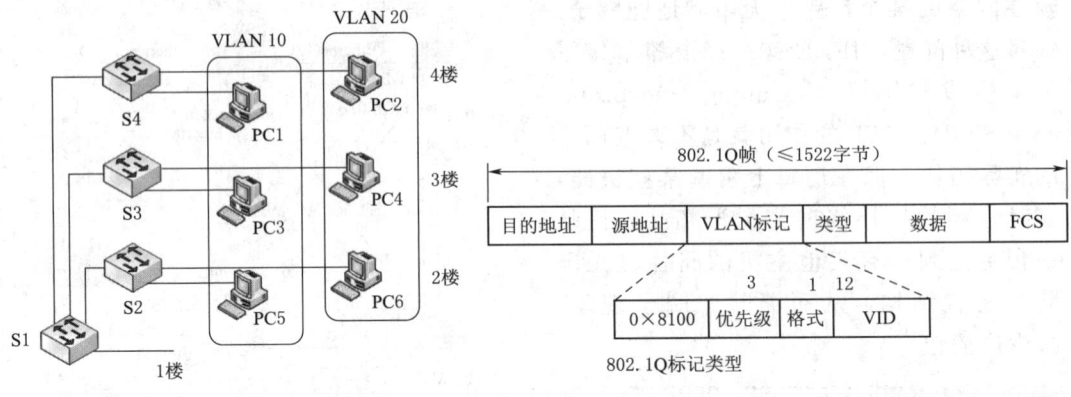

图 3-17　VLAN 划分举例　　　　　图 3-18　802.1Q 帧格式

VID 是 VLAN ID，有 12 位，最大值是 4096，有效值范围是 1～4094，一个 VLAN 对应一个 VLAN ID。配置 VLAN 的交换机之间执行 802.1Q 协议，在交换机上保持一个最新的数据库，数据库中包括 VLAN ID 和所使用的标记数据的映射，实现 VLAN 标记的插入和替换，从而实现相同 VLAN 主机之间、不同 VLAN 主机之间的通信。标记数据可以是端口、源 MAC 地址、源网络地址、其他一些字段或字段的组合。

构建 VLAN 的方法有三种：一是根据交换机的端口设置不同的 VLAN，二是根据 MAC 地址设置不同的 VLAN，三是根据网络层协议类型或者 IP 地址设置不同的 VLAN。

下面举例分析根据交换机的端口设置 VLAN 后，跨交换机的相同 VLAN 的主机之间的通信原理。

以太网交换机端口可以配置以下三种链路类型：

(1) Access。只能属于一个 VLAN，一般用于连接计算机。

(2) Trunk。可以属于多个 VLAN，可以接收和发送多个不同 VLAN 的报文，一般用于交换机之间的连接。

(3) Hybrid。属于多个 VLAN，可以接收和发送多个 VLAN 报文，既可以用于交换机之间的连接，也可以用于连接用户的计算机。Hybrid 端口和 Trunk 端口的不同之处在于，Hybrid 端口可以允许多个 VLAN 的报文发送时不做标记，而 Trunk 端口只允许默认 VLAN 的报文发送时不做标记，默认 VLAN 指的是 1 号 VLAN ID。

如图 3-19 所示，PC2 和 PC6 分别连接在不同的交换机上，属于同一个 VLAN 20。当交换机 S4 从接口 2 连接的主机 PC2 接收到以太网帧后，既可以直接向本交换机的同一 VLAN 的 Access 端口进行广播，又可以插入一个 VLAN 20 的 VLAN 标记，构成 802.1Q 帧，经 Trunk 端口泛洪出去。交换机 S1 的接口 3 类型是 Trunk，收到 802.1Q 帧，根据该帧中的 VLAN ID，将帧转发给允许 VLAN ID 经过的其他 Trunk 端口，该帧来到交换机 S3 后，S3 发现自己的接口 2 属于该 VLAN ID 的 Access 端口，于是拿掉 VLAN 标记，将该帧转成以太网帧，转发到接口 2，于是 PC6 就收到了 PC2 发来的以太网帧。

如果是不同 VLAN 之间的主机需要通信，就需要在三层交换机上配置 VLAN，VLAN ID 必须和二层交换机上的 VLAN ID 一致，在三层交换机上实现 VLAN 标记的替换。

基于端口的 VLAN 配置，详见第九章网络操作与实践第三节 VLAN 配置。

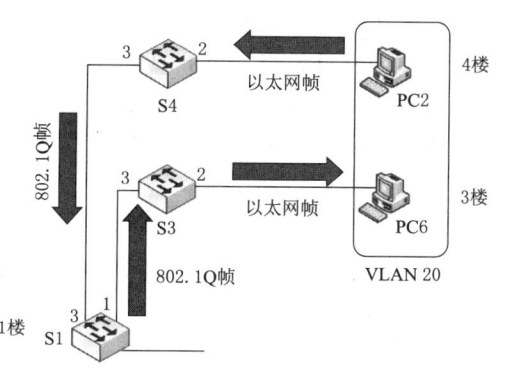

图 3-19 VLAN 标记的插入和去除

视频 3-9

测试题 3-14

思考：如果现在不同 VLAN 的主机之间需要通信，请思考以太网的帧何时会加入 VLAN 标签，如何从一个 VLAN 到达另外一个 VLAN？

扩 展 阅 读

全光以太网络和 Wi-Fi6

全光以太网络和 Wi-Fi6

本 章 小 结

（1）数据链路层可以为网络层提供的服务，分为可靠的服务和不可靠的服务。

（2）数据链路层的基本功能有三个：发送时将网络层的报文封装成帧，接收时将 IP 报文去掉帧头和帧尾；帧有边界，但是帧的数据部分恰好也包含了边界字符，如果接收方不能区别是否是边界时，需要透明传输处理；通信双方采用 CRC 进行差错检验，起到差错控制作用。

（3）点到点协议 PPP 包括 PPP 协议数据单元——帧的格式、链路控制协议 LCP、网络控制协议 NCP 三部分内容。

（4）PPP 的帧格式，包括首部、数据部分和尾部；PPP 有两种透明传输的方式，分别应用于同步链路和异步链路；PPP 采用 CRC 进行差错控制。

（5）数据链路层的信道主要有点到点信道和广播信道两种。PPP 是运行在点到点信道的典型代表协议之一。广播信道会出现信号碰撞的情况，需要介质访问控制 MAC。MAC 方式分为静态分配和动态分配两种。静态分配即信道复用技术，包括频分复用、时分复用、波分复用、码分复用等。动态分配包括随机访问、轮询访问等。采用随机访问 MAC 方式的协议有 ALOHA 协议、CSMA 协议、CSMA/CD 协议、CSMA/CA 协议等。

(6) 广播信道数据链路层协议的典型代表就是以太网协议。数据链路层采用以太网协议的局域网就是以太网,传统以太网采用集线器构成星形拓扑,只能单工通信,快速以太网采用交换机构成交换式以太网,支持半双工和全双工通信。集线器属于物理层设备,而网卡、网桥和交换机属于数据链路层设备。

(7) 以太网协议即 Ethernet 协议,主要包括帧格式、CSMA/CD 的 MAC 方式、信号编码方式(曼彻斯特编码)等。

(8) 以太网的演进。以太网从早期的 10Mbit/s,拓展到 100Mbit/s 等。千兆以太网与 10BASE-T 和 100BASE-T 技术兼容,帧格式不变。物理层不仅定义了短距离可以使用的双绞线标准,而且定义了远距离单模光纤、多模光纤的 1000BASE-LX 以及多模光纤的 1000BASE-SX 标准。千兆以太网为了兼容运行 CSMA/CD 协议,增加了载波延伸和分组突发两个功能。万兆以太网的以太网帧格式不变,只有全双工工作方式,不支持 CSMA/CD 协议。

(9) 以太网的二层扩容,需要借助网络设备网桥或交换机,网桥的帧交换方式有透明网桥和源路由网桥两种方式,交换机的帧交换方式有存储转发和直通转发两种方式。交换机的自学习功能,使其不断更新交换表,根据交换表发送帧,这类似于网桥的透明网桥方式。

(10) 局域网内主机增多,广播包就大增,为了减少广播包,采用 VLAN 的方式,将一个广播域隔离为多个子广播域。VLAN 划分的方式有多种,其中基于端口的划分容易实现且可行。

习 题

1. 数据链路(即逻辑链路)与链路(即物理链路)有何区别?
2. 数据链路层包括哪些主要功能?
3. 网卡的作用是什么?网卡工作在哪一层?
4. 要发送的数据为 1101011011,采用 CRC 的生成多项式是 $P(x)=x^4+x+1$,试求应添加在数据后面的余数。
5. PPP 的主要特点是什么?
6. 当 PPP 使用面向字符的异步传输方式时,若一个 PPP 帧的数据部分(用十六进制写出)是 7D 5E FE 27 7D 5D 7D 5D 65 7D 5E,则真正的数据是什么(用十六进制写出)?
7. 若 PPP 使用同步传输技术传输比特串 0110111111111100,则经过零比特填充后,比特串变成什么样?若接收端收到的 PPP 帧的数据部分是 0001110111110111110110,则删除发送端加入的零比特后,比特串变成什么样?
8. 试说明 10BASE-T 中的 "10" "BASE" 和 "T" 所代表的意思。
9. 请说明以太网使用的 CSMA/CD 协议是如何做到边发边听的。
10. 假定总线长度为 1km,数据率为 1Gbit/s,信号在总线上的传播速率为

200000km/s，求能够使用 CSMA/CD 协议的最短帧长。

11. 有 10 个站连接到以太网上，试计算以下 3 种情况下每一个站所能得到的带宽。

(1) 10 个站都连接到一个 10Mbit/s 以太网集线器。

(2) 10 个站都连接到一个 100Mbit/s 以太网集线器。

(3) 10 个站都连接到一个 10Mbit/s 以太网交换机。

12. 简述局域网交换机与集线器的区别。

13. 网桥的工作原理和特点是什么？

14. 以太网交换机是如何通过自学习，建立并维护自己的交换表的？

15. 在内网设置 VLAN 有什么好处？

第四章

网络层

内容导读

数据链路层主要在局域网内部工作，而网络层的主要工作就是利用路由器将不同的局域网互联起来，将从路由器一个端口收到的网络层报文，转发到路由器的其他端口对应的链路上去，为端到端通信的传输层提供数据包的接收和搬运服务。

本章的主要内容如下：
（1）异构网络的互联。
（2）因特网骨干协议 IPv4、IPv6。
（3）地址解析协议 ARP。
（4）互联网控制报文协议 ICMP。
（5）路由器和路由协议。
（6）网络地址转换 NAT 和虚拟专用网 VPN。
（7）移动 IP。
（8）软件定义网络 SDN。

第一节　网络层的设计

一、异构网络互联

高速以太网价格低廉，但会受到地理范围的限制；同步光纤网能够提供较高的带宽，适合骨干网使用，但价格相对较高；卫星通信网适合远距离、大容量的网络通信，但网络延迟较大；点到点网络使用户得以远距离接入网络；无线局域网适合移动用户在固定的区域内访问网络；蜂窝式无线网允许用户在高速移动中访问网络，但是费用不低。每一种网络技术各有各的特点，硬件组成和软件构件各不相同，信道访问方式和数据传输方式也都存在差异，但是现在采用不同网络接入技术的用户之间完全能够相互传递数据和共享资源，异构网络的互联形成了一个更大的网络。

信道访问方式和数据传输方式不同、帧格式和物理地址形式各不相同的异构网络是如何互联在一起的呢？

在底层网络（局域网）和网络应用之间添加了一个 IP 层（网络层），该层定义 IP 数据报格式以及 IP 地址格式，向下屏蔽底层物理网络的差异，向上提供统一的访问接口，各种网络应用通过将数据封装在统一的 IP 数据报中进行数据传输，通过统一的 IP 地址进行寻址，于是解决了异构网络的互联问题。图 4-1 是利用 IP 实现异构网络互联的示意图。

第一节 网络层的设计

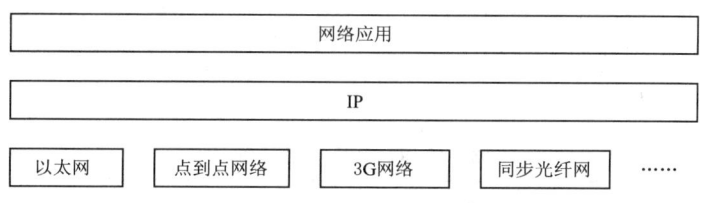

测试题 4-1

图 4-1 利用 IP 实现异构网络互联的示意图

 网络层是如何屏蔽不同链路层的差异，成功地将源端主机的数据穿越不同的链路交换到目的主机的？

二、网络层提供的服务

网络层是为运输层提供服务的，运输层是端到端的通信，那么网络层需要为运输层提供什么样的服务呢？最多的服务形式就是将运输层报文打包到分组中，采用分组交换的方式实现端到端通信。分组交换又分为虚电路交换和数据报交换两种。前者是面向连接的可靠传输，被称为虚电路服务，后者是面向无连接的不可靠传输，即数据报服务。

（一）虚电路

虚电路，实际上是模仿采用电路交换的电信网的传输模式。数据传输之前，源节点和目的节点之间先要建立一条逻辑通路，称为"虚"电路，全双工通信后，再将虚电路拆除。

下面简单举例说明虚电路的工作原理，如图 4-2 所示。

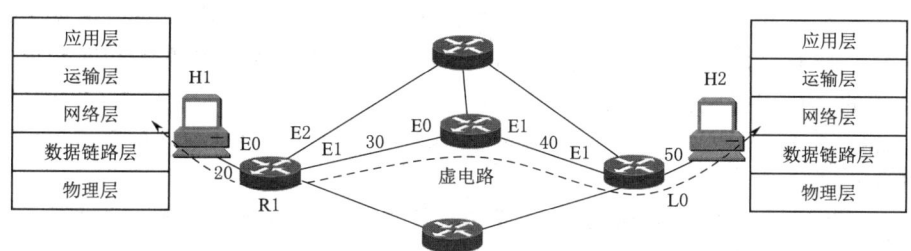

图 4-2 虚电路的工作原理

主机 H1 在网络层呼叫连接主机 H2，实际上就是根据信令协议，发送以主机 H2 的 IP 地址为目的地址的网络层报文，主机 H2 回复响应报文，虚电路上的所有节点都会保存此条连接的信息，各自选择路由，给自己连接的每段链路生成一个本机还未使用的虚电路号，将此虚电路号和路径上上一个节点的虚电路号写入虚电路转发表，虚电路建立完成。

假定路由器 R1 的虚电路转发表见表 4-1。

从表 4-1 中可以看出，每个节点的虚电路转发表的每个表项中要记录两个逻辑信道，即前一个节点所选取的逻辑信道号和本节点所选取的逻辑信道号。虚电路建立后，各个节点均按照分组首部的虚电路号，查询虚电路转发表就可以快速转发，无须再查询路由表，源端的所有分组均按照先后顺序以固定路径到达目的端。每个节点的虚电路转发表可以保存多条虚电路信息。

表 4-1　　　　　　　　　　路由器 R1 的虚电路转发表

入接口	入虚电路号	出接口	出虚电路号
E0	20	E1	30
E2	5	E0	15
E0	7	E1	17

虚电路建立后，主机 H1 和主机 H2 之间就可以进行流式数据传输，任何一方均可以发起虚电路拆除信令，虚电路上所有节点收到信令后，就可以删除虚电路转发表的对应表项。

虚电路可以是永久虚电路（permanent virtual circuit，PVC），运营商提前配置好节点间的逻辑连接通路，各节点间的虚电路长期固定不变，使用此虚电路时，省去虚电路的建立时间，源端和目的端可以直接通信。还有一种虚电路建立方式，是交换虚电路（switched virtual circuit，SVC），节点之间的虚电路临时性连接，动态生成，需要花费较长的连接建立时间。

（二）数据报

数据报服务，就是第一章讲的面向无连接的分组交换方式。源端主机或中间节点将发送报文拆分为多个数据报或分组，每个分组需要携带完整的目的地址，每个节点要为每个数据报依据路由表进行路由选择，可以选择不同的路径，数据报到达的顺序与发送的顺序可能不同，所有数据报到达目的终端后，由目的终端完成原始报文的重组。

由于虚电路额外开销大，用户端轻而通信网重，不能满足广大网络用户实时性交互的需求，所以目前 Internet 不采用虚电路服务，而采用数据报服务，后续章节的分组交换指的是数据报服务方式。

测试题 4-2

虚电路和数据报都是分组交换，两者的本质区别在哪里？

思考

三、路由与转发

网络层的主要任务就是将源端主机的网络层协议报文交换到目的端主机，报文的传输显然是有方向性的，从源端到目的端的路径该如何选择，根据选择的路由将报文交换到出口链路，实际上正好对应了路由和转发两个功能。

在目前的互联网中，绝大多数的路由器，作为网络层的核心设备，用来实现网络层协议报文的路由选择和转发，而在本章第十二节软件定义网络 SDN 中，路由选择和报文转发由不同的设备完成，此处以图 4-3 为例，只讲传统网络中路由器的路由和转发原理。

图 4-3 中有 3 个路由器：R1、R2 和 ISP。主机 A 的网络层报文首先到达自己的网关，即路由器 R1 的 E0 接口，R1 会查询自己的转发表，将该报文从 E1 接口转发出去。同理，R2 从自己的 E0 接口收到报文后，查询自己的转发表后，将该报文从 E1 接口发送出去，最终源端报文到达了目的主机。图 4-3 中，路由器 R1 和 R2 之间的链路的网络地址为 100.7.2.0/24。

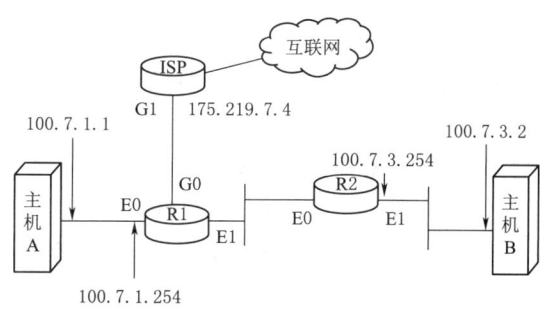

图 4-3 源端主机 A 和目的端主机 B 所在的网络

路由器的路由表是根据路由器管理员配置的静态路由或动态路由协议写入的，路由表中的路由信息会被实时更新，而转发表是从自身的路由表中获取基本路由信息，供路由器快速查询以实现转发功能。

表 4-2 是路由器 R1 的路由表，表 4-3 是路由器 R1 的转发表，讨论路由器的路由时，一般不说转发表，仅仅说路由表，因为路由器是台高性能的计算机，大部分时间都在运行路由算法（路由协议依据路由算法实现）、更新和维护路由表，并且转发表由路由表直接得出，两者内容相似。

表 4-2   路由器 R1 的路由表

目的网络地址	掩码	下一跳	代价	出口
100.7.1.0	255.255.255.0	直连	1	E0
100.7.2.0	255.255.255.0	直连	1	E1
100.7.3.0	255.255.255.0	100.7.2.1	2	E1
0.0.0.0	0.0.0.0	175.219.7.4	2	G0

表 4-3   路由器 R1 的转发表

目的网络地址	掩码	下一跳	出口
100.7.1.0	255.255.255.0	直连	E0
100.7.2.0	255.255.255.0	直连	E1
100.7.3.0	255.255.255.0	100.7.2.1	E1
0.0.0.0	0.0.0.0	175.219.7.4	G0

注意：路由器转发的依据是转发表，转发表仅供路由器自身转发使用，而路由的依据是路由表，路由表根据路由器之间的路由协议产生并更新，路由表内的路由信息或许需要在网络区域内共享，以便路由算法运行出更优路径后，各个路由器再次实时更新自己的路由表。

测试题 4-3

思考   路由器的路由表和转发表是同一个吗？

四、拥塞控制

如果大量的网络层报文长时间不能到达目的主机，就会造成信道的拥堵，如果源端主机收不到目的主机的确认重传报文，则信道会更加拥堵，所有报文从源端到目的端的平均延迟都会变得很大，严重拥堵时甚至会出现吞吐量为零的死锁状态。网络中流入过量分组而导致的网络性能下降的现象就称为拥塞。

拥塞现象的形成，涉及信道容量、通信的主机、交换设备等，是个全局性的问题。为了尽可能地降低拥塞的程度，网络层的拥塞控制是很有必要的。拥塞控制方法有以下两种。

（一）开环控制

开环控制就是提前考虑可能造成拥塞的因素，进行静态预防，不论当前网络处于何种状态，统一根据开环控制策略进行网络报文的交换控制。

（二）闭环控制

闭环控制主要通过监测网络状态实现，发现拥塞时，产生源点抑制报文，所有转发该抑制报文的路由器或者收到抑制报文的源端主机，均要动态实时地发挥作用，向所有的报文发送者传递网络拥塞的信号，降低网络流量的注入，将拥塞消灭在萌芽状态，而不会丢失任何数据包。

如果预防策略（开环控制）和反馈策略（闭环控制）没有及时消除拥塞现象，则路由器会采取丢包策略，即路由器的分组丢弃策略。进入路由器的分组，根据先进先出规则被交换出去，若路由器接口队列已满，则采取尾部丢弃策略，丢弃没有被交换出去的分组；或者采取随机早期检测策略（random early detection，RED）、根据优先级别的智能丢弃策略（旧酒优于新酒、新牛奶优于旧牛奶）等，当某条链路上的平均队列长度超过某个阈值时，路由器就丢弃部分数据包。发送方根本就收不到目的主机对被丢弃分组的确认，超时重传之时，就开始降低自己的发送量，让网络全局上慢慢消耗分组，直至拥塞现象得到缓解。

测试题 4-4

思考　网络层是如何处理分组拥塞的？

第二节　网际协议 IPv4

IP 是整个 TCP/IP 协议栈的中心环节，它可以接收来自外部网络的报文，将其交付给上层协议或转发到其他网络，也可以接收来自上层协议的报文并将其发送到外部网络。IP 放弃了差错检验、重传和确认等复杂的操作，通过建立基于报文交换的无连接网络，完成了底层异构物理网络之间的互联。

IP 的主要功能在于网络报文的转发。当一个报文到达网络层时，网络层协议会根据报文中的目的 IP 地址在路由表中查找相关的路由表项，并根据路由表项中的出

第二节 网际协议 IPv4

接口，将报文转发出去，若报文到达了目的主机，则目的主机会重组所有分组，将其交付给传输层协议。IP 中使用的数据包被称为 IP 数据报或者 IP 分组。

由于网络层协议负责报文从源端主机到目的端主机的交付，所以该层的协议至少应该解决以下问题。

（1）如何在 IP 网络中确定唯一一台主机，即 IP 编址。

（2）IP 数据报以什么样的形式来承载上层协议报文，即 IP 数据报格式。

（3）IP 数据报如何穿越数据链路，即地址解析协议。

（4）报文在 IP 网络中是如何从源主机逐跳式，最终跳跃到达目的主机的，即 IP 数据报转发机制。

（5）如何处理 IP 数据报在无连接通道上转发时出现的异常，即差错检验机制（ICMP）。

（6）IP 数据报转发路径是如何建立的，即 IP 路由选择机制。

（7）如何处理 IP 网络中的多播报文，即 IP 多播。

本节仅介绍前四个问题，本章第三节介绍第五个问题，本章第五节介绍第六个问题，本章第八节介绍第七个问题。

一、IP 地址

IP 地址是一个 32 位的标识符用于标识互联网上的主机或路由器等。IP 地址由互联网名称和数字地址分配机构（internet corporation for assigned names and numbers，ICANN）统一分配。32 位的标识符由网络号和主机号组成，实际上，网络服务提供商被分配到的是网络号，再自行分配主机号给用户。

32 位的二进制，不便记忆，常用点分十进制记法。比如，110.242.68.3 就是百度官网服务器之一的 IP 地址，从左到右每 8 位用点分开，正好 4 字节。

最基本的编址方法是分类 IP 地址，32 位 IP 地址分为 5 类，如图 4-4 所示。

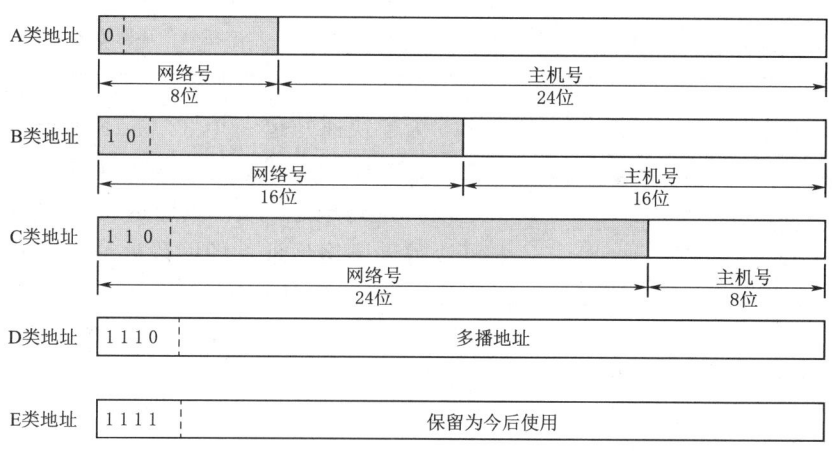

图 4-4 IP 地址的分类

A 类地址：最左边一位为 0，网络号占 1 字节，主机号占 3 字节，每个网络号可以对应 $2^{24}-2$ 个主机号。B 类地址：最左边两位为 10，网络号占 2 字节，主机号占 2

第四章 网络层

字节,每个网络号可以对应 $2^{16}-2$ 个主机号。C 类地址:最左边三位为 110,网络号占 3 字节,主机号占 1 字节,每个网络号可以对应 2^8-2 个主机号。D 类地址:最左边四位为 1110,比如,224.0.0.5 就是个常见的多播地址。E 类地址保留未用。表 4-4 是分类 IP 地址的指派范围。

表 4-4　　　　　　　　　　　分类 IP 地址的指派范围

网络类别	最大可指派的网络数	第一个可指派的网络号	最后一个可指派的网络号	每个网络中的最大主机数
A	126（2^7-2）	1	126	$2^{24}-2$
B	16383（$2^{14}-1$）	128.1	191.255	$2^{16}-2$
C	2097151（$2^{21}-1$）	192.0.1	223.255.255	2^8-2

还有些特殊的 IP 地址有着特殊的用法,见表 4-5。如果一个 IP 地址的主机号部分全为 0,则该 IP 地址代表一个网络地址,比如,110.0.0.0 代表一个网段,是个网络地址。如果一个 IP 地址的主机号部分全为 1,则该 IP 地址代表本网络内所有主机,是个网络内广播地址,比如,111.255.255.255 代表 111.0.0.0 网络内的所有主机。所以,主机号为全 0 和全 1 的 IP 地址不能分配给单台主机,不能作为主机 IP 地址。

表 4-5　　　　　　　　　　　特殊的 IP 地址

网络号	主机号	源地址	目的地址	含　义
0	0	可以	不可以	本网段内的本主机(详见本书第六章第六节)
0	主机号	可以	不可以	本网段内的某台主机
全 1	全 1	不可以	可以	只在本网段内进行广播(各路由器均不转发)
网络号	全 1	不可以	可以	对网段内的所有主机进行广播
127	非全 0 或非全 1 的任何数	可以	可以	本机软件环回测试

表 4-6　　默认掩码地址

网络类别	默认掩码地址
A	255.0.0.0
B	255.255.0.0
C	255.255.255.0

测试题 4-5

为了快速知道一个 32 位 IP 地址位于哪个网段内,方便路由器进行路径的选择,可使用掩码地址。掩码地址与 IP 地址进行按位与运算正好可以得到网络地址,即网段地址。表 4-6 就是 3 类 IP 地址的默认掩码地址。

从表 4-6 中,可以发现掩码地址也是 32 位,和网络号对应的是连续的 1,和主机号对应的是连续的 0。

思考　　如何根据 IP 地址得到网络地址?

二、划分子网与无分类编址

(一) 分类 IP 地址的子网划分

IP 地址分类的编址方法,让 A 类网络和 B 类网络的每个网络号,对应着庞大的主机群,这些主机同在一个广播域,既不便于管理,也会因为广播造成带宽的浪费,更加可能会存在网络内部遭到攻击的安全隐患。子网划分的标准(RFC 950)在 1985 年被正式通过。

系统管理员按照自己的需要划分网络地址空间。将一个网络地址划分为多个子网地址,子网在不同的广播域,子网之间用路由器互联,而在网络之外子网是不可见的,发给该网络上任何主机的数据报总会到达同一个路由器,再由这个路由器送往网络内的内部路由器。整个 IP 地址空间按等级组织,外部选路基于网络地址的第一部分进行,内部选路寻址到子网和主机。

【例】将一个 B 类网络 190.168.0.0 划分为两个子网,两个子网内的可分配 IP 地址个数相同。

划分思路:如果把默认掩码地址中的 1 继续增多,让掩码地址变成子网的掩码地址,简称为子网掩码,把增多的 1 对应到子网号部分,就可以把原来的主机号分散到不同的子网中,实现子网划分。

图 4-5 是网络地址 190.168.0.0 和其默认掩码地址 255.255.0.0,图 4-6 是借用主机号位置上的 1 位,得到子网掩码 255.255.128.0,利用子网掩码可以得到两个子网地址 190.168.0.0 和 190.168.128.0,得到了两个子网号 0 和 1,但是两个子网的主机号都缩短 1 位而变成 15 位。两个子网的主机号部分的取值范围是 15 个 0 至 15 个 1,逐一写成 IP 地址,子网地址 190.168.0.0 内 IP 地址范围是 190.168.0.0~190.168.127.255,子网地址 190.168.128.0 内 IP 地址范围是 190.168.128.0~190.168.255.255。能分配给主机的 IP 地址,主机号部分不能取 15 个 0 或 15 个 1,因为 15 个 0 已经是网络地址,15 个 1 是子网的广播地址,代表着子网内每台主机。

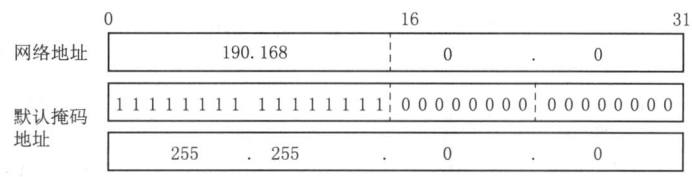

图 4-5 掩码地址的作用

下面来看一下,子网划分前后,广播域是否发生了变化呢?

从图 4-7 可以看出,所有到达 190.168.0.0 的 IP 分组,均通过路由器 R1 的 E0 接口转发,都处于一个广播域内,图 4-7(a)为网络示意图,图 4-7(b)为转发路由。

子网划分后的路由如图 4-8 所示。

将到达不同子网的分组,取出目的 IP 地址,将其与子网掩码进行按位与运算后,采用最长掩码匹配原则,分别从 E0 接口和 E1 接口转发到不同的子网,如图 4-9 和图 4-10 所示,形成了两个广播域。

视频 4-1

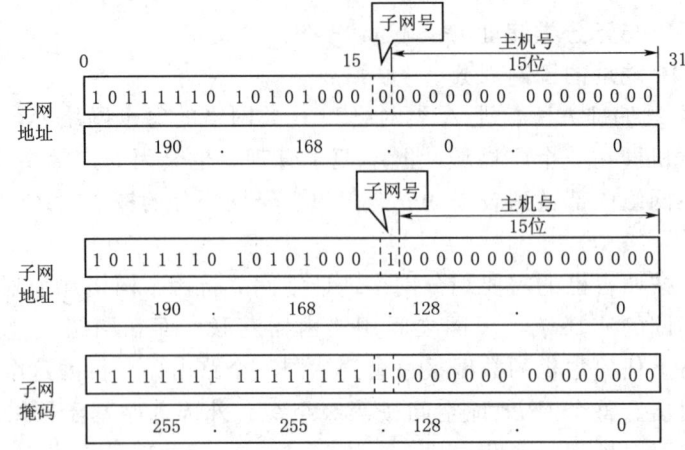

图 4-6 延长掩码地址中 1 的位数作为子网号

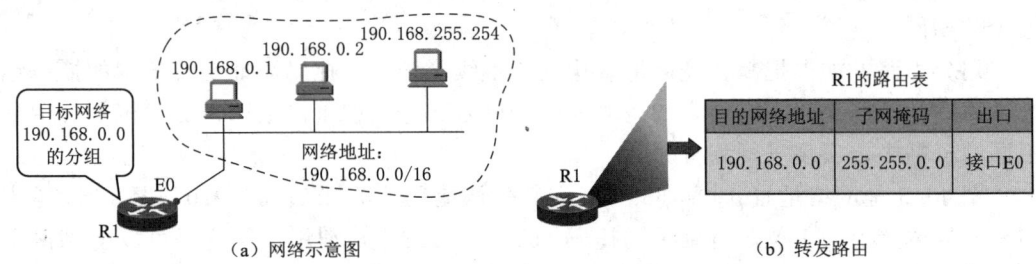

图 4-7 子网划分前

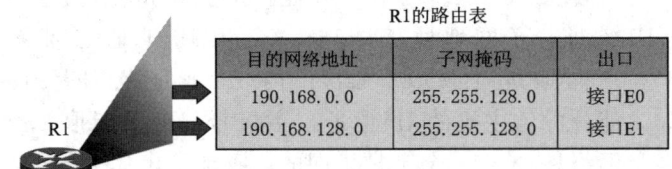

图 4-8 子网划分后的路由

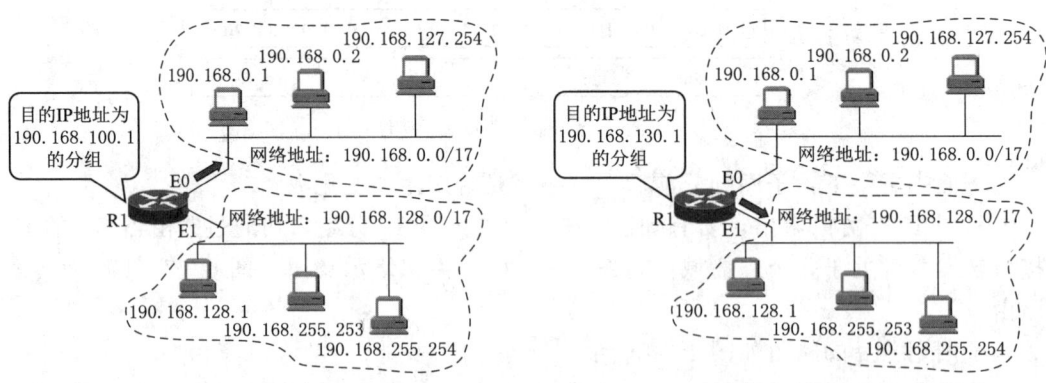

图 4-9 分组被转发到子网 190.168.0.0/17　　图 4-10 分组被转发到子网 190.168.128.0/17

请根据图 4-9 和图 4-10 分析目标 IP 地址、子网掩码和网络地址之间的关系。如何将 190.168.0.0 划分为四个等大的子网络地址，并写出掩码地址。

（二）无分类编址

固定长度子网的限制，就是用一个子网掩码来等分网络空间，如果主机台数悬殊，但是占用同等大小的网络空间，则会造成 IP 地址的浪费或不够用。1993 年，无分类编址方法被提出并快速得到了推广应用。无分类编址就是使用变长子网掩码（variable length subnet mask，VLSM）来标记一个网络地址，让路由器在这些网络地址间进行无类别域间路由选择（classless inter-domain routing，CIDR）。

无分类编址使用斜线记法（CIDR 记法）表示一个 IP 地址，即"IP 地址/网络前缀位数"，例如，190.168.0.1/17 表示该 IP 地址从左边起连续 17 位是网络号部分，后面的 15 位是主机号部分，不再有默认掩码和子网号的说法，但是仍然使用掩码，因为前缀就是掩码中连续 1 的个数。网络前缀相同的 IP 地址组成一个 CIDR 地址块，IP 地址的个数称为地址块大小。

若主网络的容量小，且所需子网中主机数目相差较大，则可以使用 VLSM 进行子网划分。VLSM 子网划分的思路如下：

第一步，给最大需求的子网先分配地址块，找到满足其需求的最近的 2 的 n 次幂，$32-n$ 即为网络前缀，把对等的另一块地址块用更大的前缀子网化。

第二步，每个子网地址块之间不能重叠，若有地址块剩下，则留作扩容。

【例】某组织 X 从 ISP 获得一个地址块 172.15.72.0/21，部门 1 有 500 多台主机，另外两个部门的主机台数不超过 60，如图 4-11 所示。如何利用 VLSM 划分子网？

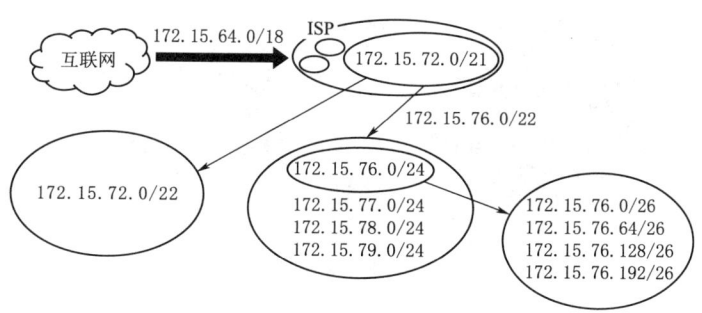

图 4-11 VLSM 划分子网举例

先给部门 1 分配地址块，距离 500 最近的 2 的 9 次幂是 512，考虑到部门 1 的主机台数也许已经超过 512，给予分配 1024 个 IP 地址比较合理，主机号部分需要 10 位，所以网络前缀是 22 位。如图 4-11 所示，将 172.15.72.0/21 拆分为两个等大的地址块 172.15.72.0/22 和 172.15.76.0/22，将这两个中的任何一个分配给部门 1，均满足其需求，比如将 172.15.72.0/22 分配给部门 1，就需要继续划分 172.15.76.0/22 地址块。而另外两个部门只需地址块大小为 64 即可，则 6 位作主机号即可，网络前缀为 26 位。此时，可把 172.15.76.0/22 地址块划分为 16 个网络前缀为 26 位的、大小相等的地址块，任选两个分配给部门 2 和部门 3，其他 14 个地址块留待网络扩容。也可以把 172.15.76.0/22 地址块划分为 4 个网络前缀为 24 位的地址块，如图 4-11 所示，从 4 块中任选一块，如 172.15.76.0/24，继续延长前缀，划分为 4 个网络前缀为 26 位的地址块，从网络前缀为 26 位的地址块中，任选两个分配给部门 2 和部门 3 即可。

视频 4-2

测试题 4-6

从上面这个例子可以看出，VLSM 子网划分一直基于延长前缀、缩小地址块的方式，不断划分，大地址块分配给主机多的子网，小地址块分配给主机少的子网，从而实现掩码不定长的子网划分。不论组织 X 内部如何进行子网划分，从外网看来，只需要将 IP 分组中目的地址是 172.15.72.0/21 的发送过来即可，这时就需要将多个能连续地聚合为一个大地址块的所有小地址块合并，减小前缀，本质上是子网划分的逆过程，对外网和组织 X 的边界路由器来说，称为路由聚合，又称为构造超网，实际上就是将路由表中的多条路由合并为一条路由，减少路由器之间交换的信息，减轻边界路由器的负担。

 如图 4-12 所示，某公司被分配了一个网络地址 125.219.64.0/24，请给总部和四个分部的网络进行规划，并说说应该使用什么样的子网掩码，各地区子网的 IP 编址范围是什么？

所需子网中主机数目相差较大，则使用变长子网掩码。VLSM 子网划分的思路：先按最多主机数选择符合要求的子网位，剩下的地址块继续按最多主机数选择符合要求的子网位，每个子网的地址块不能有重叠。若有剩下的地址块，留作网络的扩容。

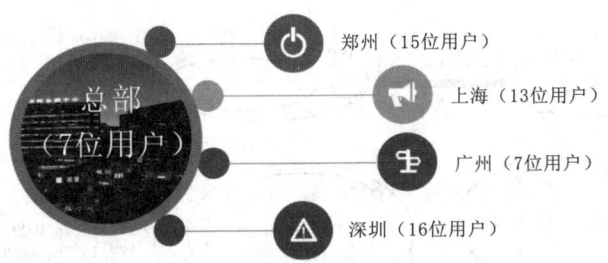

图 4-12 某公司网络地址规划示意图

三、IP 数据报

一个完整的 IP 数据报由数据和首部两部分组成，如图 4-13 所示。数据部分用于保存 IP 数据报要传输的数据，即上层协议报文。

IP 数据报的首部有多个字段，为了便于记忆，每 32 位为一行，如图 4-14 所示。首部各字段的含义如下：

（1）版本。4 位字段，表示使用的协议版本，如果是 0100，则表示 IPv4，如果是

0110，则表示 IPv6。

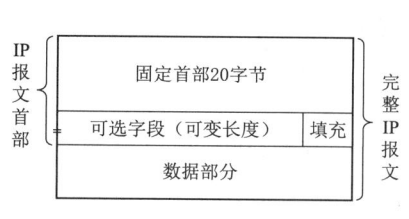

图 4-13 IP 报文

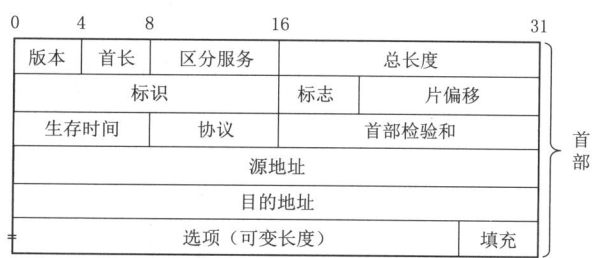

图 4-14 IP 数据报的首部格式

（2）首长（首部长度）。4 位字段，以 4 字节为单位记录报文的首部长度，最长为 15 行（60 字节），如果值为 0101，则说明是 5 行，即 20 字节，只有固定首部，无选项字段，无须填充。

（3）服务类型/区分服务。8 位字段，在提供 QoS（服务质量）服务的路由器中根据这个字段为当前报文提供相应的 QoS 服务。该字段即服务类型。

（4）总长度。16 位字段，以字节为单位记录 IP 数据报的总长度。

（5）标识。16 位字段，这个字段和源 IP 地址唯一确定一个 IP 数据报，当这个报文被分片时，所有分片的标识字段都要复制这个值。

（6）标志。3 位字段，用于记录分片数据报的分片信息。

（7）片偏移。13 位字段，以 8 字节为单位记录当前 IP 分片数据报的起始数据相对于整个（未分片的）报文中的第一字节数据的偏移。

（8）生存时间。8 位字段，常记为 TTL，记录报文允许通过的最大路由器跳数，每经过一个路由器，TTL 值减 1，减至零时还不能到达目的主机，该报文就会被丢弃，预防一个 IP 报文被环路不断转发。

（9）协议。8 位字段，记录 IP 数据报封装的是何种上层协议数据单元。IP 数据报首部协议字段值与数据部分中上层协议的对应关系：1 对应 ICMP，2 对应 IGMP，4 对应特殊的 IP 数据报，6 对应 TCP，8 对应 EGP，9 对应 IGP，17 对应 UDP，41 对应 IPv6，50 对应 ESP，89 对应 OSPF，等等。

（10）首部检验和。16 位字段，存放 IP 数据报检验和，起到差错控制的作用。

（11）源地址。32 位字段，记录发送 IP 数据报的主机的 IP 地址。

（12）目的地址。32 位字段，记录当前 IP 数据报要交付的目的地址。

（13）选项和填充。选项字段的长度从 0 到 40 字节不等，用于提供一些额外的服务，填充是为了让选项字段是 16 位的整数倍，以便计算首部检验和。

【例】假如互联网上有如图 4-15 所示的网络，网络层均运行 IPv4 协议，让主机 H1 作为源端主机产生一个 IP 数据报，该数据报被 5 次间接转发，穿越 5 条链路后，到达目的主机 H2，分析 IP 数据报关键字段的意义。

该例中主机 H1 封装的 IP 报文，首部的源 IP 地址字段为 12.168.1.1，掩码地址不在 IP 报文首部体现，为 255.255.255.0，可以简写为前缀 24，首部的目的 IP 地址字段为 13.168.1.1，首部的生存时间被封装为 255，每经过一个路由器，生存时间字

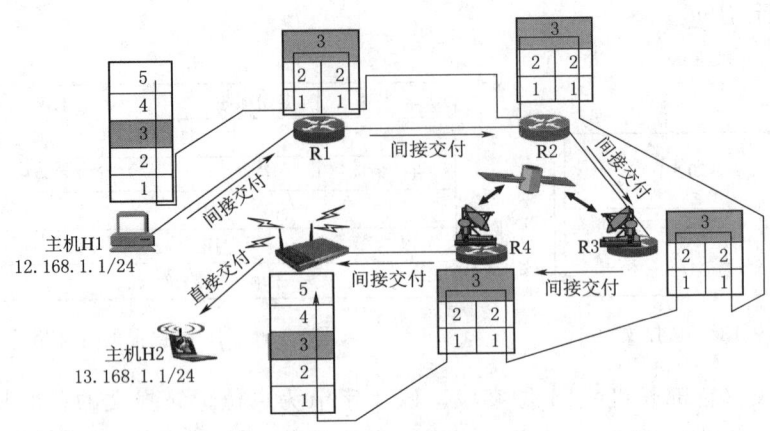

图 4-15 计算机网络举例

段会被减掉 1。IP 数据报被 5 次转发后到达目的主机 H2。

下面假设主机 H1 封装的 IP 报文为 2320 字节,其中 20 字节为首部,2300 字节为数据部分,如图 4-16 所示。

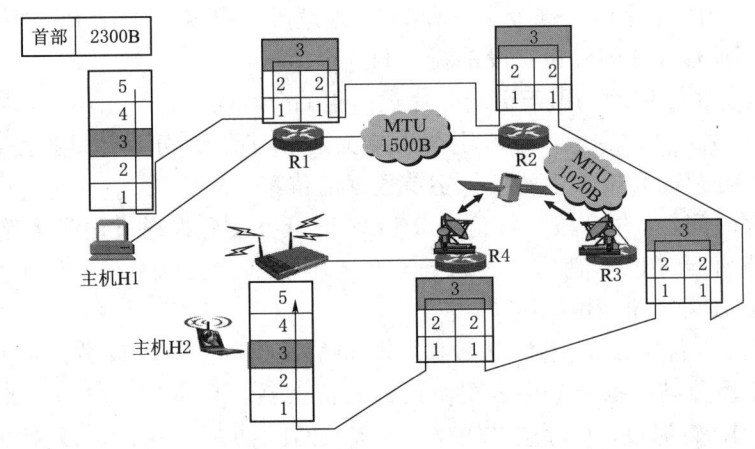

图 4-16 分片发生举例

图 4-16 中,路由器 R1 和路由器 R2 之间的这段链路,要求数据链路层帧的数据部分最大值 MTU 为 1500 字节,路由器 R2 和路由器 R3 之间的这段链路的 MTU 为 1020 字节,而原始数据报长度为 2320 字节,路由器 R1 和路由器 R2 都必须进行网络层的分片,才能让 IP 报文穿越对应的链路。

当一个原始报文太长而不能穿越一个链路时,原始报文需要被中间节点拆分为多个独立的 IP 数据报,这就称为分片。IP 数据报首部对应分片操作的重要字段标志和片偏移字段,如图 4-17 所示。

第 16 位未用。第 17 位是 DF(don't fragment,不能分片)标志,如果分组不允许被分片,则 DF 位为 1,如果 DF 位为 0,则说明此分组可以被分片。第 18 位为 MF(more fragment)标志,如果此位为 1,则说明此分组不是最后一个分片,如果 MF 标志位为 0,则说明此分组是最后一片。片偏移是指,该分组的数据部分的第一字

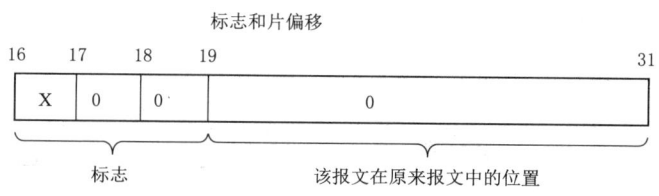

图 4-17 分片相关字段

节，在原始数据报中的位置编号（从 0 开始）除以 8。言外之意，分片时，请保证每个分片的数据部分的首个字节在原始报文中的编号是 8 的整数倍。

图 4-16 中路由器 R1 的最大化分片示意如图 4-18 所示。

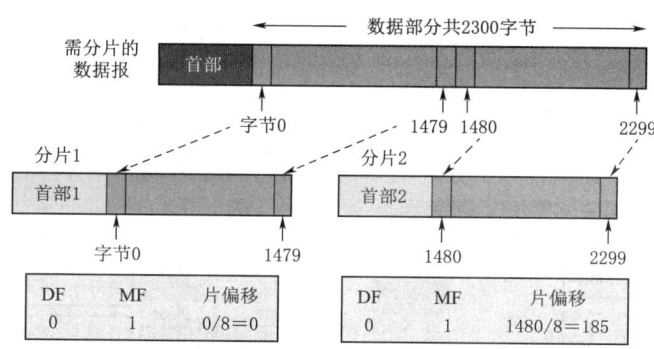

图 4-18 图 4-16 中路由器 R1 的最大化分片示意

分片后，长度为 2320 字节的一个分组，变成了一个 1500 字节的分片 1 和一个 840 字节的分片 2。分片 1 的数据部分的首个字节编号是 0，最后一个字节编号是 1479，正好 1480 字节。分片 2 的数据部分的首个字节编号是 1480，最后一个字节编号是 2299。注意：如果 MTU 减掉 IP 报文首部长度后不是 8 的整数倍，则可以向下取 8 的整数倍的最大值。两个分片就是两个独立的 IP 数据报，如图 4-19 所示。

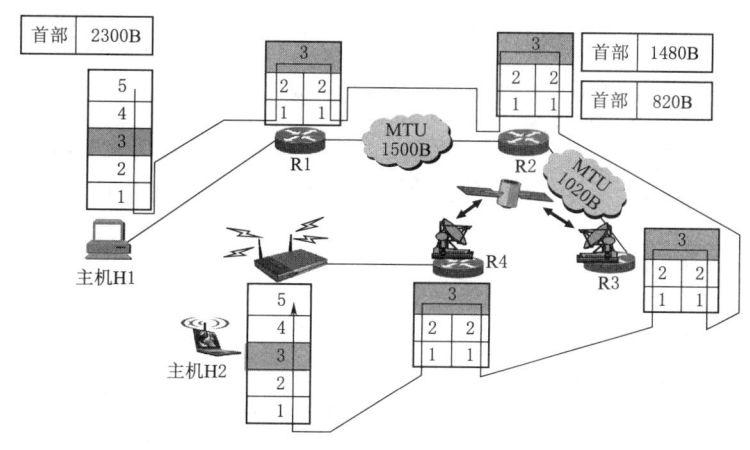

图 4-19 分片为两个分组

图 4-16 中路由器 R2 和路由器 R3 之间的网络 MTU 是 1020 字节，图 4-18 中

长度为 1500 字节的分片 1 报文被 R2 分成两个小于 1020 字节的报文，如图 4-20 所示的分片 11 和分片 12。

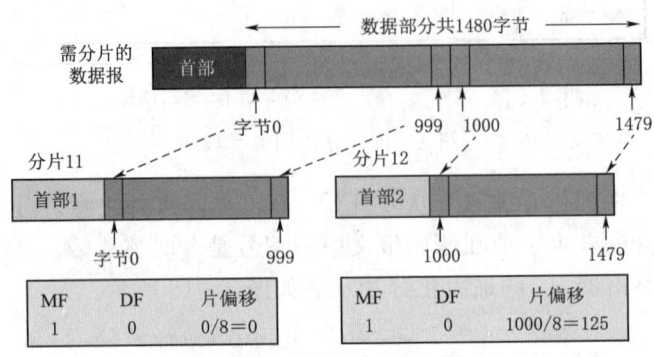

图 4-20 分片被再次分片

从图 4-18 和图 4-20 中不难发现，不论如何分片，数据部分每个字节保持在原始数据报中的编号。路由器 R2 分片后，3 个独立的分组均可顺利到达路由器 R3，如图 4-21 所示。

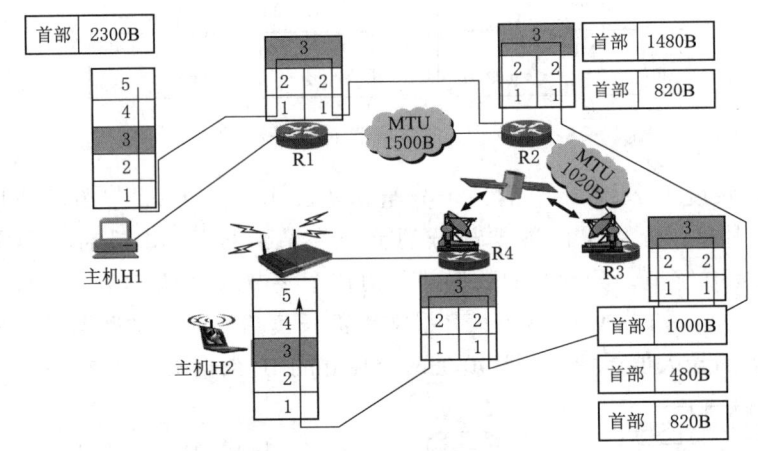

图 4-21 分片独立被交换

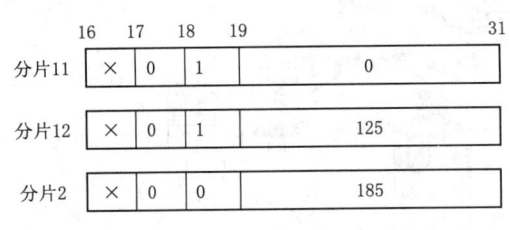

图 4-22 3 个分组的分片关键字段值

主机 H2 最后收到 3 个分组，根据 3 个分组首部有关分片的关键字段值，如图 4-22 所示，就可以重组出原始数据报的 2300 字节的数据，并将数据上传给 IP 的上层进行处理。

将片偏移的值乘以 8，恰是该分组在原始报文中的位置，第一个分片不论怎么被再次分片，片偏移总是 0。如果不是最后一个分片，则不论是否再次被分片，MF 位保持为 1，只有真正的最后一个分片的 MF 位为 0，说明其真是最后一片。如果原始 IP 数据报被第一个分片，则最后一个分片的 MF 位为 0，如果被中间节点再次分片，则唯有最后一个分片 MF 位保持为 0，其他分片 MF 位依然为 1。

IP 首部有个首部检验和字段，被最后封装。主机 H1 将首部检验和字段先置为 0，将首部每 16 位为一个字，进行二进制求和，如果和超过 16 位，则将超过部分截掉右对齐再次求和，将和取反码后，封装到首部检验和字段。每个收到 IP 分组的三层设备或主机，首先就是进行首部检

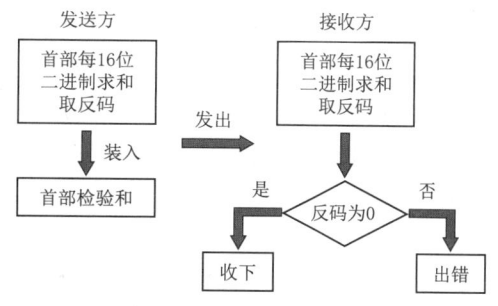

图 4-23 首部检验和过程

验和，首部每 16 位进行二进制求和，再求反码，如果反码为 0，则首部检验和通过，否则首部检验和没有通过，进行出错处理。首部检验和过程如图 4-23 所示。

虽然 IP 是个无连接的不可靠协议，但是也有差错控制。首部检验和只检验首部，不理会数据部分，如果首部检验和不通过，就由 ICMP（详见本章第三节）进行处理，IP 对于异常不作处置，只专注于交换分组。

思考 接收方收到几个 IP 报文首部标识一样的几个分片后，如何重组出发送方的原始 IP 报文？

四、地址解析协议

IP 地址是网络层的地址，但是网络层之间无法直接通信，需要借助数据链路层提供的链路传输服务，两层的关联可以从图 4-24 中看出，IP 数据报需要借助帧，从源端出发，经过不同的链路，最终到达目的端的数据链路层，解封装，即去掉帧的首部和尾部，再送往网络层。

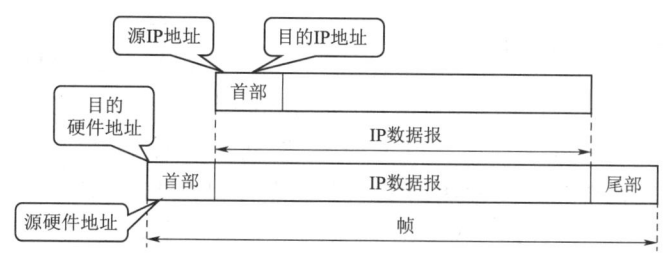

图 4-24 IP 数据报与帧

图 4-24 中，帧首部的源硬件地址，就是即将发送 IP 数据报的网络接口的 MAC 地址，而目的硬件地址如何获得呢？ARP 恰恰是为了获得 IP 地址对应的网络接口的硬件地址的协议，此处的 IP 地址指的是发送者二层链路的相邻节点的接口的 IP 地址。

下面举例分析 IP 报文、IP 地址与硬件地址之间的关联，这里将硬件地址表示为 HA（hardware address）。在图 4-25 中，主机 H1 向主机 H2 发送一个 IP 数据报。

图 4-26 中，主机 H1 的 IP 报文需要被封装到目的 MAC 地址为 HA2 的帧中，从主机 H1 的二层接口，即网卡的硬件地址 HA1 对应的网络接口，送往主机 H1 的网关，即直连路由器 R1 的 HA2 对应的网络接口，主机 H1 和路由器 R1 这段链路在一个局域网内。路由器 R1 收到 IP 报文后，查看首部的目的 IP 地址 IP2，查路由表得知，需要将此 IP 报文继续转发给自己的邻居路由器 R2，此时将 IP 报文封装到目的 MAC 地址为 HA4、源 MAC 地址为 HA3 的帧中，发送给路由器 R2。路由器 R2 发现 IP2 正好是直连网络内的 IP 地址，将 IP 报文封装到目的 MAC 地址为 HA6、源 MAC 地址为 HA5 的帧中，发给主机 H2。

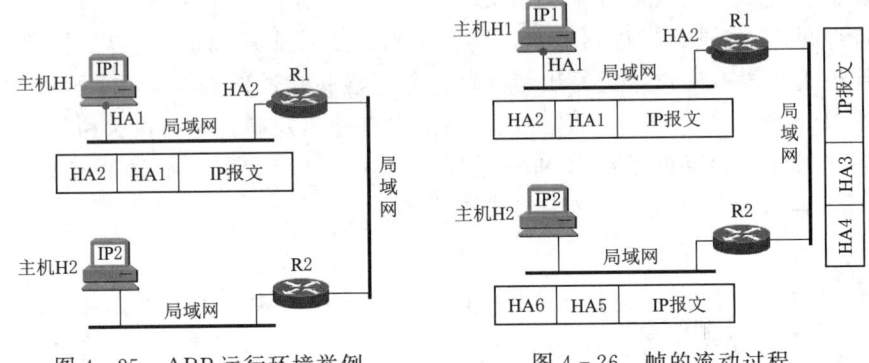

图 4-25　ARP 运行环境举例　　　　图 4-26　帧的流动过程

	帧			
	IP 报文			
	源地址	目的地址	源地址	目的地址
从 H1 到 R1	IP1	IP2	HA1	HA2
从 R1 到 R2	IP1	IP2	HA3	HA4
从 R2 到 H2	IP1	IP2	HA5	HA6

图 4-27　物理地址变化

从图 4-26 中可以看出，主机 H1 发送出来的一个 IP 报文穿越了 3 个不同的局域网，在 3 段不同的链路上，IP 报文中的 IP 地址保持不变，而二层物理地址在不断发生变化，如图 4-27 所示。

在图 4-26 中，IP 运行时，需要把发送的数据封装后，交给数据链路层发送，二层节点的每个接口，都需要一个 6 字节的 MAC 地址，MAC 地址在设备出厂时已经写入，和该接口上的 IP 地址没有对应的关系，除非人为绑定。网络层查询路由表就会知道要发送的下一个节点接口的 IP 地址，那么数据链路层如何决定下一个接口的 MAC 地址呢？在以太网等局域网上，使用 ARP，来实现 IP 地址到 MAC 地址的动态转换。

ARP 的工作原理是，主机或路由器在局域网内发帧前，查询本机的 ARP 高速缓存（ARP cache）内的 ARP 缓存表，若找到下一跳网口的 IP 地址与 MAC 地址的映射表项，则取出 MAC 地址，将其作为目的 MAC 地址直接封装成帧；若在 ARP 缓存表中没有找到目标网口的 MAC 地址，则在局域网内发送 ARP 广播请求，求下一跳 IP 地址对应的 MAC 地址，收到请求的目标主机或路由器发送 ARP 响应报文，响应报文包含着自己的 MAC 地址，请求者收到 ARP 响应报文后，就得到了所求的 MAC 地址，保存收到的 MAC 地址与 IP 地址的映射关系，更新 ARP 缓存表。

第二节 网际协议 IPv4

每台主机都要维护的 ARP 缓存表，存放最近和它通信的同一局域网内的计算机的 IP 地址与 MAC 地址的映射，表中每一表项的生存时间一般为 20min。

操作 ARP 高速缓存的常用 arp 命令如下：

arp：显示当前的 ARP 缓存表。

arp-s ip mac：添加静态 ARP 记录，如果需要永久保存，则应该编辑/etc/ethers 文件。

arp-f：使/etc/ethers 中的静态 ARP 记录生效。

下面简单介绍 ARP 报文的格式，如图 4-28 所示。

如果在以太网中运行 ARP，则 ARP 报文需要封装在以太网帧中，以太网首部协议字段的值为 0x0806，硬件类型为 1 表示以太网地址，协议类型为 0x0800 表示 IP，MAC 地址长度值为 6，协议地址长度值为 4，操作字段：1 为 ARP 请求，2 为 ARP 响应。

0		31
硬件类型		协议类型
MAC地址长度	协议地址长度	操作
发方MAC地址		
发方协议地址		
收方MAC地址		
收方协议地址		

图 4-28 ARP 报文的格式

如果是 ARP 请求报文，则发送方的 MAC 地址和 IP 地址由请求者填充，接收方的 MAC 地址在请求包中设置为 0，接收方的 IP 地址是希望知道的主机的 IP 地址。

如果是 ARP 响应报文，则发送方的 MAC 地址和 IP 地址是被请求者的主机给出的响应，唯有 IP 地址匹配者回复此报文，接收方的 MAC 地址和 IP 地址是广播请求方的，响应方直接复制请求方的两个地址。

由于 ARP，IP 报文才得以被逐跳式转发。

思考 为什么要运行 ARP 协议？

五、IP 分组转发

下面结合数据链路层协议、ARP 和 IP，来分析一下 IP 分组的转发过程。

发送端主机如果有 IP 分组需要发送给目的主机，首先就是查询主机的路由表，根据目的主机所在网络地址去匹配路由表的表项，按照最长子网掩码匹配原则，若不匹配，就丢弃分组，若匹配，就可以得到转发的出接口，若不是直连，则还可以得到相邻的下一个接口地址，就是下一跳。

转发路由确定后，IP 分组需要被封装到数据链路层的帧中，帧首部需要的源 MAC 地址就是路由器出接口的 MAC 地址，帧首部需要的目的 MAC 地址，就是即将接收该帧的下一个接口的 MAC 地址，发送方主机从路由表知道下一个接口的 IP 地址，于是就查阅 ARP 缓存表，如果存在下一个接口的 IP 地址和 MAC 地址的有效映射，就从 ARP 缓存表中取出下一个接口的 MAC 地址，封装成帧，但是如果 ARP 缓存表中无有效映射表项，则发送方主机需要在出接口与下一个接口之间的局域网内运行 ARP，下一个接口在局域网内根据 ARP 响应自己的 MAC 地址，发送方主机获得下一个接口的 MAC 地址，帧得以封装成功。

数据链路层将装载着 IP 报文的帧，不断地从一条链路交换到另一条链路，直至到达目的主机。

互联不同链路的每个路由器，除了为收到的分组寻找路径，还要进行首部检验和、修改分组首部的生存期、发现异常丢弃分组并发送 ICMP 报文给源主机等。

测试题 4-9

思考　源端主机的 IP 报文，是如何穿越不同的链路，到达目的主机的网络层？

第三节　网际控制报文协议

IP 不能提供可靠的服务，运行 IP 的主机如果发现异常，则可以借助 ICMP 来报告错误，ICMP 也可以用来实现特定的查询和控制功能。

一、ICMP 报文的格式

ICMP 报文的格式如图 4-29 所示。ICMP 将信息封装在 IP 分组中，此时 IP 报头的协议字段为 1。各字段的含义说明如下：

（1）类型。8 位字段，ICMP 报文类型。

（2）代码。8 位字段，和类型对应，表示子类型。

（3）检验和。16 位字段，整个 ICMP 报文的检验和，和 IP 数据报首部检验和过程类似，区别是将数据部分也以 16 位为单位，参与二进制反码求和。

（4）首部的其余部分。32 位字段，具体内容由不同类型的报文决定。

（5）数据部分。根据差错报文的数据部分携带的信息，可以找出引起差错的原始报文，如图 4-30 所示，查询报文的数据部分携带了基于查询类型的额外信息。

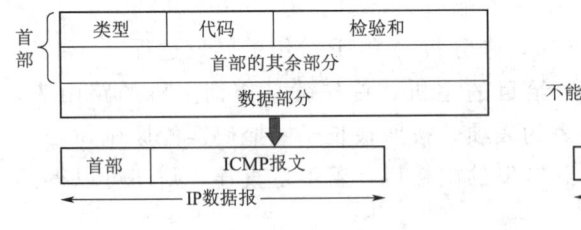
图 4-29　ICMP 报文的格式

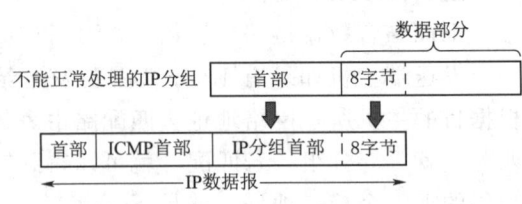
图 4-30　差错报文

图 4-30 中，如果主机收到一个待处理的 IP 分组，不能正常处理，就将该分组的首部和 8 字节的数据部分取出，封装入一个 ICMP 报文中，ICMP 报文的首部字段体现出错的原因，再将这个 ICMP 报文封装入一个 IP 数据报中，IP 数据报首部的目的 IP 地址就是不能处理的 IP 分组的生产者的 IP 地址，告诉源端网络出现了差错。

下面各种情况不再产生 ICMP 差错报文。
(1) ICMP 差错报文传送出错（ICMP 查询报文出错会产生 ICMP 差错报文）。
(2) 目的地址是广播地址或多播地址的 IP 数据报传送出错。
(3) 不是 IP 分片的第一片传送出错。
(4) 源地址为零地址、环回地址、广播地址或多播地址的 IP 分组传送出错，为了防止 ICMP 差错报文对广播分组响应所带来的广播风暴。

二、ICMP 报文的类型

ICMP 报文首部的类型字段为 8 位，支持多种类型，表 4-7 仅仅列出常见的类型。

表 4-7　　　　　　　　　　常见的 ICMP 类型

类型的值	ICMP 报文的类型	类型的值	ICMP 报文的类型
0	回送（Echo）响应	11	超时
3	终点不可达	12	参数问题
5	重定向	13	时间戳请求
8	回送（Echo）请求	14	时间戳响应

表 4-7 中，类型 0、8、13 和 14 属于查询类，其他类型属于差错类。

对于类型为 3 或 11 的情况，又可能是不同的原因，表 4-8 就是类型为 3 或 11 时，不同的代码字段值表示的具体原因。

表 4-8　　　　　　　　　　ICMP 报文的代码

类型	代码的值	ICMP 报文的类型	类型	代码的值	ICMP 报文的类型
3	0	网络不可达	3	4	不准分片，无法送达
	1	主机不可达		5	源端路由失败
	2	协议不可达	11	0	TTL 为 0 超时
	3	端口不可达		1	分片重组超时

三、ICMP 报文的应用

ICMP 在 IPv4 网络中应用广泛，ping 和 tracert（路径跟踪）应用简单且常见。

（一）ping（packet internet groper）

ping 用来测试两个主机之间的连通性，使用了 ICMP 回送请求与回送响应报文，是应用层直接使用网络层 ICMP 的例子，它没有通过运输层的 TCP 或 UDP。用户可以在命令窗口内，直接使用 ping 命令，最简单的使用格式为"ping 目标主机的 IP 地址或域名"，如图 4-31 所示。

ping 应用程序是网络编程中常见的"客户端/服务器"模型，发送回送请求的主机为客户端，接收回送请求并发送回送响应的主机为服务器。客户端程序构造一个 ICMP 回送请求报文，填写基本首部，类型字段值为 8，将报文中的标识符字段设置为发送进程的进程号（这样可以在同一台主机上运行多个 ping 程序），在数据部分加上时间戳，然后调用原始套接字接口发送请求报文。发送结束后，程序会等待并试图

```
C:\Users\Administrator>ping 127.0.0.1
正在 Ping 127.0.0.1 具有 32 字节的数据:
来自 127.0.0.1 的回复: 字节=32 时间<1ms TTL=64
来自 127.0.0.1 的回复: 字节=32 时间<1ms TTL=64
来自 127.0.0.1 的回复: 字节=32 时间<1ms TTL=64
来自 127.0.0.1 的回复: 字节=32 时间<1ms TTL=64

127.0.0.1 的 Ping 统计信息:
    数据包: 已发送 = 4, 已接收 = 4, 丢失 = 0 (0% 丢失),
往返行程的估计时间(以毫秒为单位):
    最短 = 0ms, 最长 = 0ms, 平均 = 0ms
```

图 4-31 ping 应用

接收来自远端主机的回送响应报文，该 ICMP 报文首部的类型字段值为 0。如果网络传输出现异常，则中间节点就会向 ping 的请求方回复 ICMP 差错报告，客户端程序根据差错报告打印出错信息，否则程序将打印报文信息并估算往返时间。

（二）路径跟踪应用

可以利用 ICMP 进行网络路径的跟踪，不同的操作系统，实现原理略有不同。

在 Windows 操作系统中，tracert 利用中间路由器 ICMP 的超时差错报告，可以跟踪 IP 分组从源端到目标主机的路径，如图 4-32 所示。

```
C:\Users\Administrator>tracert www.baidu.com

通过最多 30 个跃点跟踪
到 www.baidu.com [110.242.68.3] 的路由:

  1    <1 毫秒    <1 毫秒    <1 毫秒  192.168.1.1 [192.168.1.1]
  2     3 ms      3 ms      3 ms   100.64.0.1
  3     6 ms      4 ms      5 ms   hn.kd.ny.adsl [125.45.254.97]
  4     *         *         *      请求超时。
  5     *         *         *      请求超时。
  6     *         *        18 ms   110.242.66.162
  7     *         *         *      请求超时。
  8     *         *         *      请求超时。
  9     *         *         *      请求超时。
 10     *         *         *      请求超时。
 11     *         *         *      请求超时。
 12    21 ms     22 ms     21 ms   110.242.68.3

跟踪完成。
```

图 4-32 tracert 应用

tracert 的原理是，源端主机不断地发送 ICMP 回送请求报文，将该报文打包到 IP 分组时，报头中 TTL 取 1 发送，如果不能到达目的主机，则第一个路由器就会回复 ICMP 的超时差错报告，于是源端主机再次发送 ICMP 回送请求报文，将该报文打包到 IP 分组时，报头中 TTL 取 2 发送，如果不能到达目的主机，就会又收到路径上其他路由器回复的 ICMP 的超时差错报告，直至增大 TTL 到足以让目的主机收到，目的主机收到 ICMP 回送请求报文，就回复 ICMP 回送响应报文，此时源端主机若收到 ICMP 回送响应报文，则跟踪结束。

tracert 有一个固定的时间等待 ICMP TTL 到期消息的响应。如果这个时间过了，则它将打印出一系列的 * 号，表明在这个路径上，这个路由器不能在给定的时间内发出 ICMP TTL 到期消息的响应。

UNIX/Linux 操作系统，可以使用 traceroute 跟踪路由，利用 ICMP 的超时差错报告和端口不可达报告,逐步获取两个主机之间的路径。使用 traceroute,源端主机不断发送目标端口是 30000 以上的随机端口的 UDP 报文,将 UDP 报文打包到 IP 分组中,分组中的 TTL 也从 1 开始,类似于 tracert 的办法,不断获取中间路由器的超时差错报告,直至到达目的主机,目的主机发现该 UDP 报文首部的目的端口不存在,给源端主机回复目的端口不可达的 ICMP 报文,源端主机收到此端口不可达的 ICMP 报文,跟踪结束。

视频 4-6

测试题 4-10

简述 ICMP 与 IP 的关系。

第四节 网络层设备

网络层设备,就是具有路由与转发功能,可以处理网络层报文的设备,主要有三层交换机、路由器、防火墙、负载均衡设备等。

一、三层交换机

考虑到内部网络安全、便于管理、减小广播风暴的危害等原因,大型局域网均采用了 VLAN 技术,按功能或地域将同一网段的局域网划成一个个小的局域网,而各个不同 VLAN 间的通信都要经过路由器来完成转发,而路由器本身端口有限、价格较高,从而限制了网络的规模和访问速度。基于这种情况,三层交换机便应运而生。三层交换机就是同时具有二层交换和三层路由转发功能的交换机,工作在 OSI 参考模型的第三层——网络层。三层交换机主要是用来加快大型局域网内部的数据交换,配置的路由功能是为了能够做到一次路由、多次转发。对于数据包转发等规则性的动作由硬件高速实现,而像路由信息更新、路由表维护、路由计算、确定路径等功能,由软件实现。

(一) 三层交换机的硬件结构

由于三层交换机的功能丰富,不同厂家的三层交换机内部结构不同,同一厂家也会有不同硬件性能的系列三层交换机。大致上,三层交换机的硬件结构包括控制平面、数据平面、背板和物理接口,如图 4-33 所示。

1. 控制平面

控制平面通过基于 CPU 的软件进行硬件整体控制,以路由选择、管理功能为主。

2. 数据平面

数据平面基于 ASIC (application specific integrated circuit,专用集成电路)、网卡等硬件,以数据转发功能为主。将从

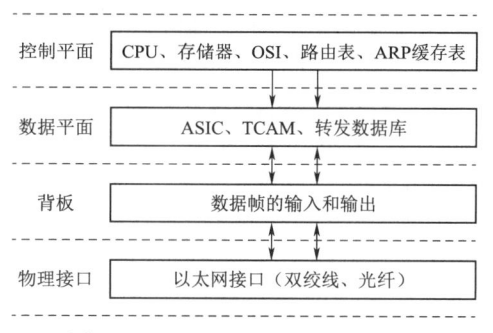

图 4-33 三层交换机的硬件结构

控制平面的路由表中获取的转发信息和从 ARP 缓存表中获取的 MAC 地址表（又叫邻接表）合并成一个表，这个表被称作 FDB（forwarding database，转发数据库），注册在交换机的内存中，通过 ASIC 硬件处理完成高速检索。高性能的三层交换机采用 TCAM（ternary content addressable memory，三态内容寻址存储器）存储技术，快速查找 ACL（访问控制列表）、路由等表项。

3. 背板

背板用于完成物理接口之间的数据传输。背板有共享存储器方式、共享总线方式、纵横通路方式三种常见的设计方式。

（1）共享存储器方式。如图 4-34 所示，交换机从某个入接口收到一个分组时，就将分组搬运到存储器中，中断通知 CPU，需要路由选择处理，路由软件根据分组首部的目的地址，查找路由表，再将分组复制到出接口的缓存中。每个分组需要访问存储器两次，一次写入，一次读出，所以交换速率最多是存储器带宽的一半。

（2）共享总线方式。如图 4-35 所示，数据报在路由选择后，从入接口通过共享的总线直接传送到匹配路由的出接口，每一个要转发的分组都要通过这一条总线，因此交换机的转发带宽受总线速率的限制。

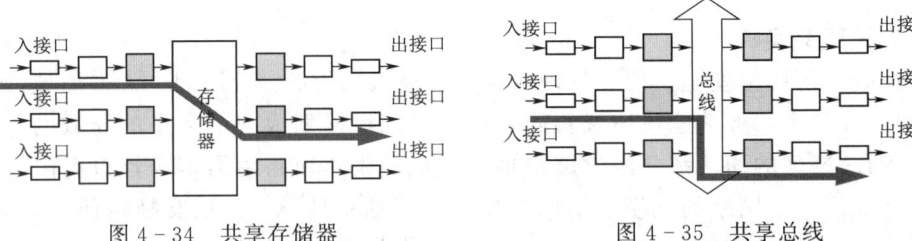

图 4-34 共享存储器　　　　　图 4-35 共享总线

（3）纵横通路方式。纵横通路交换结构又称为互连网络，使每个入接口和每个出接口通过总线相连接。当入接口收到一个分组时，就将它发送到与该入接口相连的水平总线上，查询路由表得出路由出接口，若通向所要转发的出接口的垂直总线是空闲的，则将垂直总线与水平总线相交点接通，分组被转发到出接口；若该垂直总线已被占用（有另一个分组正在被转发到同一个出接口），则后到达的分组就被阻塞，继续在入接口队列中等待。从图 4-36 中可以看出，此时正好有两个分组被并发交换出去，一个走实线通路，一个走虚线通路。

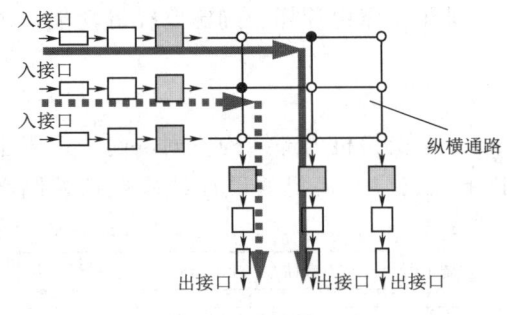

图 4-36 纵横通路

4. 物理接口

物理接口是指三层交换机与其他硬件之间的帧转发接口，比如常见的 RJ-45 接口或光收发器 SFP 接口。

(二) 三层交换原理

根据三层交换机的背板容量,三层交换机可分为高端交换机、中端交换机和低端交换机。高端三层交换机一般采用框式结构,由路由引擎、交换结构、线卡模块、风扇模块和电源模块组成,一般作为企业的核心交换机用在数据中心。除了线卡模块,其余模块都提供了冗余结构。三层交换机一般通过多台设备堆叠构成三层冗余结构,来提高整个系统的可用性。中端三层交换机一般是箱式交换机或最大插槽数为 4 的框式交换机,一般作为企业的核心交换机和接入交换机进行汇聚交换。低端三层交换机一般为箱式交换机或桌面式交换机,作为企业的接入交换机使用,该类设备通常有 24 个端口或 48 个端口。

一个入接口的网卡接收到包含分组的帧后,取出分组,网络层软件开始处理,查询路由表检索出路由,得到出接口和下一跳的 IP 地址,查询 ARP 缓存表找到下一跳 IP 地址对应的 MAC 地址,得到快速转发信息后,修改相应的 IP 包头和帧头后,通过 ASIC 快速送往背板交换到出接口。

(三) 三层交换机的典型应用

图 4-37 是一个三层交换机实际应用的例子,图中的三层交换机是 LSW3 和 LSW4。此处用华为模拟软件 eNSP 进行网络的模拟,处于同一个局域网中的各个子网的互联以及局域网中 VLAN 间的路由,用三层交换机来代替路由器,三层交换机的下行一般是二层的汇聚交换机,三层交换机和内部路由器构成内网的核心部分,而只有局域网与公网互联,也就是内网与外网互联,要实现跨地域的网络访问时,才通过路由器。

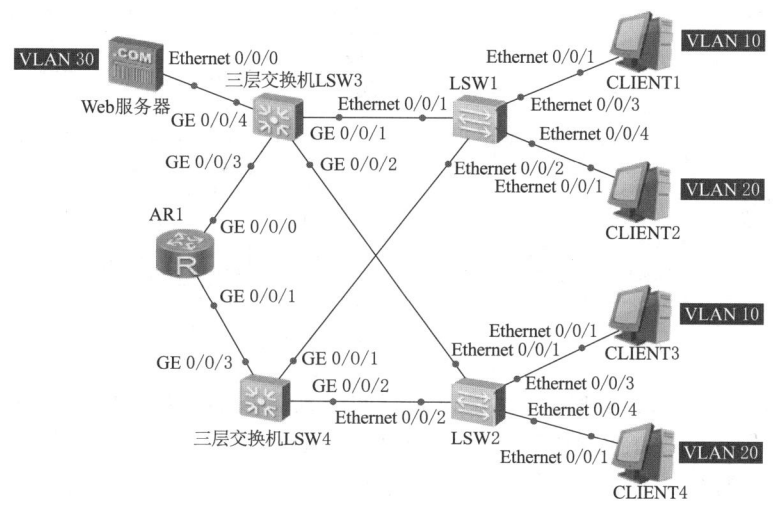

图 4-37 三层交换机的应用

三层交换机除了实现最基本的路由和快速转发功能,还可以实现不同 VLAN 间的通信,具有访问控制列表(access control list, ACL)的功能(防火墙的作用),具有服务质量的控制功能,可以给不同的应用程序分配不同的带宽,具有组播功能,可以实现以组播的形式跨网段传输的网络应用,比如视频点播(video on demand,

VOD）。另外，三层交换机可以识别数据包中的 IP 地址信息，可以统计网络流量和在线时间，实现计费功能。

简述三层交换机和二层交换机的区别。

二、路由器

网络层的核心设备就是路由器，互联异构网络，将不同的链路互联起来，大大小小的局域网因为路由器才得以构成如今的全球互联网。

路由器是一种具有多个输入接口和多个输出接口的专用计算机，任意两个接口对应不同的网络地址，其任务是路由选择和转发 IP 报文。路由器的某个输入接口收到报文后，按照 IP 报文首部中的目的地（即目的网络），把该 IP 报文从路由器路由表匹配表项的输出接口转发给下一跳路由器。同理，下一跳路由器也如此处理报文，直到该报文被转发到目的网络为止。

路由器的结构根据功能被划分为路由选择和报文转发两大部分，如图 4-38 所示。

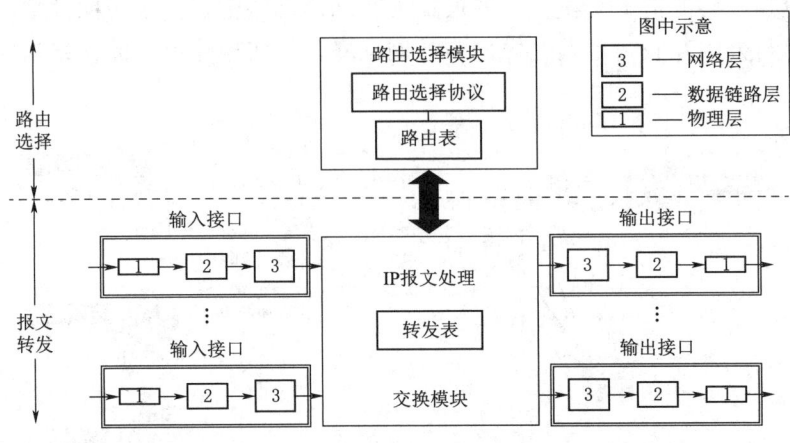

图 4-38 路由器的结构

图 4-38 中的路由选择部分就是控制层面，其核心部件是路由选择模块，其根据路由器软件设定的路由选择协议，运行协议，构造出路由表，不断和相邻路由器交换路由信息，根据协议中的路由算法更新和维护路由表。路由表的有些路由，可以由网络管理员来静态设置。

报文转发部分的核心部件是交换模块，和三层交换机一样，路由器有共享存储器、共享总线和纵横通路等常见交换结构。交换模块根据转发表对 IP 报文进行转发处理。输入接口对应有物理层、数据链路层和网络层的处理模块。物理层比特流被数据链路层的网卡接收并组帧，解封装帧得到网络层的分组，记下该分组来自哪个输入接口，将分组送到网络层的 IP 队列中排队等待处理。路由器的 IP 软件进程发现队列

第五节 路 由 协 议

有 IP 分组，会进行首部检验和的检查，若首部检验和通过，则开始查找路由，找到匹配路由，得知出接口和下一跳路由，如果出接口和下一跳路由器之间的链路的 MTU 小于当前收到分组的长度，则需要分片处理，如果无异常则变更 IP 报文首部的个别字段，比如生存时间、首部检验和等字段，将分组按照下一段链路运行的数据链路层协议的帧格式封装成帧，并以下一段链路的物理层规范，进行信道编码后在物理层信道进行信号传输。如果首部检验和不通过，或者 IP 分组首部的生存时间过期等异常存在，则路由器需要封装一个 ICMP 报文并从入接口发出，送给 IP 分组的源地址主机。

路由器是全双工的设备，为输入接口和输出接口分别设缓冲区（队列）。当交换模块传送分组的速率超过输出链路的发送速率时，来不及发送的分组就必须暂时存放在队列中。若路由器处理分组的速率小于分组进入队列的速率，就使后面再进入队列的分组由于没有存储空间而被丢弃。路由器的输入或输出队列均会产生溢出。

路由器除了具有运行路由协议、维护路由表、帧结构转换、分组转发等互联异构网络的功能，还具有网络安全策略部署、网络管理等功能。

三层交换机与路由器有着本质的区别。三层交换机一般在局域网内部处于核心交换机的位置，支持三层转发（即路由），解决了路由器带宽和性能受限的问题，内网和外网之间的数据通信还是由路由器来实现。三层交换机与路由器相比有什么不同呢？大致有以下三点：

（1）三层交换机通过硬件电路实现网络报文的线速转发，线速指的是分组被交换出去的速度和链路上分组被送来的速度一致，延迟极小。而路由器是基于软件实现分组的转发，转发速度慢于三层交换机。

测试题 4-12

（2）三层交换机同时支持二层和三层转发，而路由器则仅支持三层转发。

（3）三层交换机针对以太网研发，对其他网络类型支持较少；而路由器则支持较多的网络类型，更适合用在网络复杂的场景下。

思考 简述三层交换机与路由器的区别。

第五节 路 由 协 议

一、路由协议相关的基本概念

互联网上的主机和路由器都在存储器中保存着自己的路由表，因为发送 IP 分组的第一步就要查询路由表。路由表中的每个表项对应一条路径，每条路径有着很明显的方向性，朝向目的网络方向，从本机出发，出接口是哪一个，出去后到达的下一个地址（下一跳），就是一条路由。路由表中的路由是从哪里来的呢？可使用两种方式获取，即静态路由和动态路由。静态路由是由网络工程师配置的。动态路由就是运行不同的路由算法而计算出来的路由。随着互联网规模的不断扩大，路由器的路由条目越来越多，不仅增加了路由检索时间，而且路由器交换的路由信息也越来越多，占用了带宽资源，于是就有了层次路由的规划部署。

（一）静态路由与动态路由

静态路由又称为非自适应路由，由网络管理员离线计算好或设定好到达目的网络的路由，在网络启动时就被下载到路由器中，无法响应网络链路故障，但是静态路由的优先级要高于动态路由。目的网络地址和掩码地址为 0 的路由，又称为默认路由，如果在路由表中找不到匹配的路由，就可以选择默认路由。在所有的路由中，默认路由的优先级最低。

动态路由就是自适应路由，需要根据路由器所连接的链路进行动态路由协议的相关设置，不需要配置路由。路由器一开始只知道自己的网络接口的网络地址，不知道邻接哪些网络地址，相邻路由器之间开始运行路由协议，相互通告，所有路由器根据相互通告的已知路由信息，获知自己所在网络的拓扑结构、流量的变化等，将其保存于路由表中，并不断实时更新和维护路由表中的路由。

（二）路由算法

常用的动态路由选择算法有距离向量路由算法和链路状态路由算法两类。

1. 距离向量路由算法

在距离向量路由算法中，每个路由器定期地将自己的路由表发送给自己的所有邻居，路由表的表项中至少包含目的网络和距离，距离指的是从自己的出接口到目的网络之间的路由器个数，比如路由器与直连网络之间的距离为 1，隔一个路由器，距离就加 1。每个路由器收到邻居发来的路由表，逐条表项比对自己现在的路由表，根据下面的规则来更新路由。

（1）如果本路由器的路由表中不存在到达邻居的路由，就在路由表中新增此路由。

（2）邻居的路由到达某个网络的距离，相比于本路由器中路由到达这个网络的距离更近，并且现存路由的下一跳并非此邻居，就替换掉原路由，换成经过该邻居到达个网络的路由。

（3）邻居的路由到达某个网络的距离，相比于本路由器中经该邻居到达这个网络的距离有变动，直接替换掉原路由，换成经过该邻居最新距离到达这个网络的路由。

根据以上规则，每个路由器很快就能找到到达每个目的网络的最短距离通路。路由信息协议就是采用距离向量路由算法来计算路由并更新路由表的。

距离向量路由算法简单，但是节点间交换的是整个路由表，如果网络规模很大，则路由表也会很大，周期性发送会浪费带宽，并且距离向量算法存在路由回路的问题。

2. 链路状态路由算法

链路状态路由算法要求每个运行此算法的节点（路由器）都要有全网的拓扑信息，然后利用最短路径算法（Dijkstra 算法），找出网络中从源节点到全部目的节点的最短路径。开放最短通路优先协议就是基于链路状态路由算法来运行的。

每个节点发送探测报文发现所有邻居,定期将节点的所在直连链路(几个邻居对应几条链路)信息,即链路状态报文广播给全网所有节点,很快全网所有节点就会同步得到全网的网络拓扑,即链路状态数据库,各自利用 Dijkstra 算法计算到达其他节点的最短路径,将最短路径存于路由表中。

当某个节点发现直连链路的状态发生变化时,会向自治系统(autonomous system,AS)内所有其他节点泛洪发送链路状态更新报文。链路状态信息只是该节点与邻接节点之间的链路信息,包括该节点与哪些节点邻接、链路度量等,度量表示延迟、带宽、费用、距离等。泛洪指的是将收到的每一个分组,从除分组到来的链路外的所有输出链路上发出。泛洪会产生大量的重复分组,每个分组头包含站点计数器(来自某源路由器的序列号),选择性扩散。

链路状态路由算法的优点:每个节点的链路状态只涉及邻接链路,链路状态报文不含全网其他节点,可用于大规模的网络中;每个路由节点使用同样的链路状态数据库,独立计算最小路径,若有链路变化,则会收到泛洪报文,路由算法能够快速收敛。

(三) 层次路由

随着网络规模的扩大,路由器的路由表会越来越大,增加了路由器的负担,影响分组的转发速度。路由选择按照层次进行网络规划,就可以缓解这个问题。

首先,将路由器划分到不同的 AS。一个 AS 内的一组路由,使用单一的技术管理,使用相同的路由选择协议和共同的度量以确定分组在该 AS 内的路由,同时还使用一种 AS 之间的路由选择协议以确定分组在 AS 之间的路由。一个 AS 对其他 AS 表现出的是一个单一的、一致的路由选择策略。网络规模很大时,可以划分为多个 AS,动态路由协议只是 AS 内路由器之间的协议,不与其他 AS 内路由器交换路由信息。AS 内路由器运行的动态路由协议,被归类为内部网关协议(interior gateway protocol,IGP)。每个 AS 会选出 AS 的边界路由器,与其他 AS 进行路由信息的交互。边界路由器之间运行的动态路由协议,被归类为外部网关协议(exterior gateway protocol,EGP)。

视频 4-7

另外,如果 AS 内继续减轻路由器维护负担,则可以将 AS 划分为多个区域,区域内路由器只需要知道区域内链路信息,不需要知道区域外的网络信息。

采用分层规划的方式解决路由问题,路由协议变得更复杂,路由信息交换报文的种类更多了,但是减小了路由信息的通信量。

测试题 4-13

思考   路由表里的路由都是从何而来的?

二、路由信息协议

路由信息协议(routing information protocol,RIP)是一个基于距离向量算法的域内路由协议。RIP 虽然在网络中已逐步被更为稳定、高效的开放最短通路优先协议所取代，但是它也有自身的特点，如简单易行、开销不大、配置和管理方便，在小型网络中有着广泛的应用。路由选择是互联网中较复杂的任务之一，RIP 实现方案对许多细节都进行了精心研究，这些研究也被其他路由选择协议所借鉴。

目前 RIP 有 3 个版本。RIPv1 是 RIP 的最初版本，它完成了 RIP 作为距离向量路由选择协议的基本功能，仅支持分类编址，且协议报文无法携带掩码信息。RIPv2 在 RIPv1 的基础上增加了对无分类编址、组播路由更新、路由标记和协议报文验证等机制的支持，同时在报文格式中增加了子网掩码和下一跳地址字段。RIPng（RIP next generation）又称为下一代 RIP，它在 RIPv2 的基础上针对 IPv6 提出了一系列的扩展，以适应下一代网络的需求。下面仅仅阐述 RIPv2。

(一) RIP 的基本原理

RIP 的运行方式十分简单。当一个路由器被接入网络时，它会广播一个地址族为 0、路由度量值为 16（即无穷大）的 RIP 请求报文给自己的全部邻接路由器。相邻路由器收到该报文后，会将自己维护的路由表中所有表项封装成一个 RIP 通告报文响应给该新加入的路由器。发送请求报文的路由器在收到这些通告报文后，利用距离向量路由算法完善自己的路由表。AS 内运行 RIP 的每个路由器定时向网络中的其他路由器通告自己维护的路由信息。同时，它也会收到来自相邻路由器的定时通告报文。各个路由器之间的周期性通告使每个路由器能够即时更新自己维护的路由信息。如果本地维护的路由信息发生变化，则 RIP 也会实时更新并发送包含变化的路由信息的通告报文。最后，若 RIP 维护的路由表中某个表项超时，它就会发送一个针对相应表项目的地址的请求报文到网络，收到该请求报文的路由器会针对请求报文的目的地址回复一个 RIP 通告报文。

RIP 将路由器到目的网络的路径中，经过的路由器个数，就是 IP 分组的跳数作为距离的度量。因为需要周期性地发送路由表，所以路由表的表项不能太长。RIP 将 15 定为最大距离，如果发现距离为 16，则表示网络不可达，可能是因为网络出现异常。

RIP 使用了计时器来保证路由表能实时响应网络的变化，默认超时 180s 没有收到相邻路由器的通告报文，就把经此邻居（相邻路由器）到达的路由对应的距离变更为 16，会给该邻居发送路由请求报文，若得不到相应的路由通告，则会删除路由，防止路由环路而带来的带宽浪费。

【例】假定图 4-39 中的 5 个路由器为一个 AS 网络，运行 RIP 进行路由选择。路由器 R5 到达网络 125.19.0.0 的跳数为 4。为了让图看起来更简洁，如果网络地址已经有明显标示，IP 地址就仅标示主机号。

假定此时路由器 R1 的路由表见表 4-9。

表 4-9　　　　　　　　　　　路由器 R1 的路由表

目的网络地址	子网掩码	下一跳	距离	出接口
100.7.1.0	/24	直连	1	E0
100.7.2.0	/24	直连	1	E1

续表

目的网络地址	子网掩码	下一跳	距离	出接口
100.7.3.0	/24	100.7.2.1	2	E1
100.7.4.0	/24	100.7.2.254	2	E1
100.7.5.0	/24	直连	1	G0
125.19.0.0	/16	100.7.5.254	5	G0

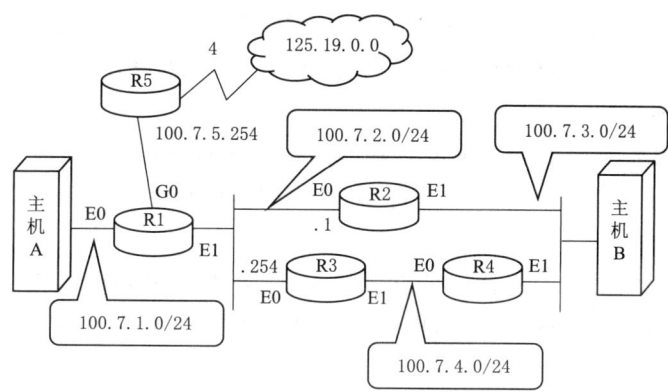

图 4-39　RIP 运行网络举例

如果此时路由器 R2 将自己的路由表发给路由器 R1，R2 到达网络 100.7.3.0/24 的距离为 16，即不可达，则路由器 R1 就需要变更到达网络 100.7.3.0/24 的路由信息，将距离变更为 16，如果收到邻居 R3 送来的路由表，到达网络 100.7.3.0/24 的距离为 2，则路由器 R1 删掉原来的到达网络 100.7.3.0/24 的路由，新增经下一跳 100.7.2.254 到达网络 100.7.3.0/24、距离为 3、出接口不变的路由。如果此时 R1 收到邻居 R5 送来的路由表，到达网络 125.19.0.0/16 的距离为 3，则路由器 R1 更新到达网络 125.19.0.0/16 的距离为 4，其他字段不变，因为没有更近的路由可以选择。此时，路由器 R1 的路由表更新为表 4-10。

表 4-10　　　　　　　　　　路由器 R1 更新后的路由表

目的网络地址	子网掩码	下一跳	距离	出接口
100.7.1.0	/24	直连	1	E0
100.7.2.0	/24	直连	1	E1
100.7.3.0	/24	100.7.2.254	3	E1
100.7.4.0	/24	100.7.2.254	2	E1
100.7.5.0	/24	直连	1	G0
125.19.0.0	/16	100.7.5.254	4	G0

如果路由器 R1 收到邻居送来的路由表中有新的目的网络，而自身路由表中没有，就会在自身路由表中新增一条经该邻居到达的路由表项。

（二）RIP 报文的格式

RIP 中使用的数据包被称为 RIP 消息报文（RIP message），简称为 RIP 报文，其格式如图 4-40 所示。

每个 RIP 报文由首部和路由信息部分组成。首部占 4 字节，路由信息部分来自本机的路由表，每条路由信息需要占用 20 字节。地址族（又称为地址类别）字段用来标志所使用的网络层地址协议。路由标记填入 AS 的编号，这是考虑使 RIP 有可能收到本 AS 以外的路由选择信息。网络地址、子网掩码、下一跳路由器地址以及距离对应路由表中的一条路由。一个 RIP 报文最多可包括 25 条路由，因而 RIP 报文的最大长度是 504 字节。如果需要周期性地向自己的邻居广播的路由条目超过 25 条，就需要封装多个 RIP 报文。

另外，RIPv2 报文具有简单的鉴别功能。若使用鉴别功能，就将紧跟首部后面的第一条路由信息（20 字节）的位置用作鉴别。鉴别数据之后最多还能再放入 24 条路由信息。

RIP 被设计为应用层的协议，可以应用于除 IP 网络之外的其他协议网络，于是 RIP 报文需要先封装入传输层的 UDP 报文，再次封装入网络层报文，最后才能在路由器之间相互发送，如图 4-41 所示。

图 4-40　RIP 报文的格式

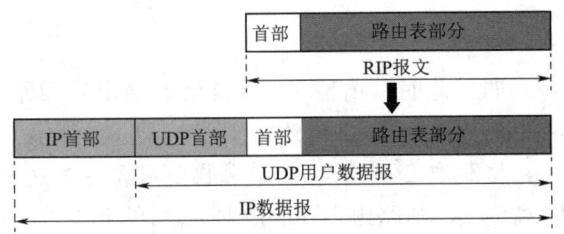

图 4-41　RIP 报文被封装格式

RIP 是利用应用层的 RIP 进程实现的，传输层给该应用进程分配的默认系统端口号是 UDP 的 520 号。RIP 选择的路径不一定是时间上的最短路径，但一定是含最少路由器（最少跳数）的路径。

（三）水平分割

为克服距离向量算法中的二点环路不稳定性，就是"坏消息传得慢"的缺陷，RIP 中引入了水平分割和毒性逆转等策略。

下面以图 4-42 为例，来分析 RIP 中存在的路由环路问题。

从图 4-42 可以看出，如果 5 个路由器均运行 RIP，则路由器 R2 和 R3 很快就会知道到达网络 1 的距离是 2，经过共同的邻居 R1 到达。如果网络 1 出现异常，如图 4-43 所示。

路由器 R1 发现到达网络 1 的距离是 16，而邻居 R2 或 R3 会通告到达网络 1 的距离是 2，路由器 R1 就更新路由表（到达网络 1 的路由为经邻居到达，且距离是 3），而路由器 R2 和 R3 经路由器 R1 才到达网络 1，于是也更新路由，经 R1 到达距离为 4，如此来来回回，在二点环路中相互通告，直至距离均达到 16，这种现象就叫"坏

第五节 路由协议

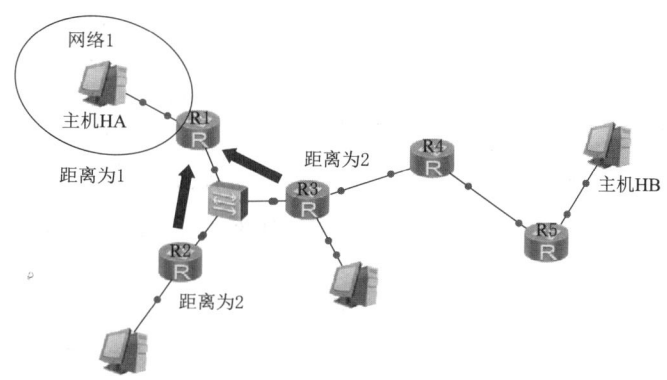

图 4-42 RIP 坏消息传得慢举例

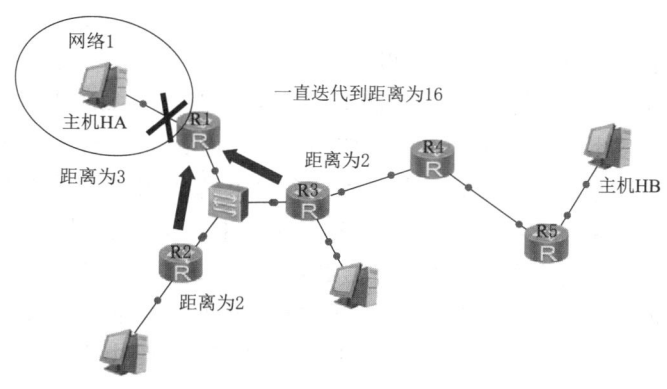

图 4-43 网络 1 出现异常

消息传得慢"。如何解决坏消息传得慢？

　　RIP 提出了水平分割的概念，就是路由器从一个网络接口获取的路由信息，不再从该网络接口送回。具体做法：路由器周期性地从自己的每个网络接口给自己的邻居发送 RIP 通告报文，给不同的网络接口发送的 RIP 通告报文内容不同，并不是把整个路由表中全部路由信息封装入内，从一个网络接口获取的有效路由信息（更新了路由表），这条路由不再封装入经该网络接口发送出去的 RIP 通告报文，这条路由需要封装入经其他网络接口发送出去的 RIP 通告报文。比如，图 4-42 中，路由器 R2 的路由表中，经由路由器 R1 到达网络 1、距离为 2 的这条路由信息，就不能封装入路由器 R2 向 R1、R3 发送的 RIP 通告报文中。本质上，水平分割的含义就是路由器在封装 RIP 通告报文时，根据网络接口对路由器中的所有路由进行有区别的划分，即判断哪些能封装入 RIP 报文，哪些不能封装。

　　有了水平分割技术后，路由器 R1 发现网络 1 不可达，路由器 R2 和 R3 发送给 R1 的 RIP 通告报文中根本就没有到达网络 1 的路由，路由器 R1 当即知道网络 1 出现异常的坏消息。可是，如果出现图 4-44 中的三点环路情况，水平分割也无能为力。

　　图 4-44 中，网络 1 出现异常前，R1 会给 R2 和 R3 通告直连网络 1 的路由，路由器 R3 从自己的网络接口 G1 获得这条路由并存入路由表中，根据水平分割原理，

135

第四章 网 络 层

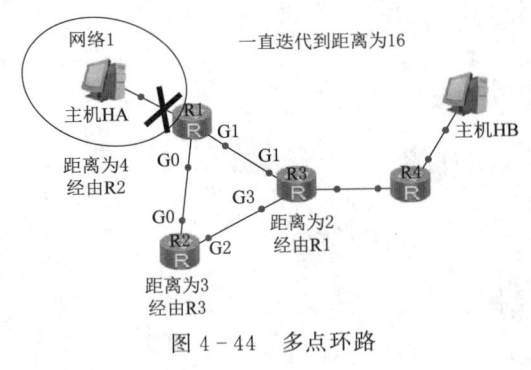

图 4-44 多点环路

R3 不会向自己的 G1 接口发送包含到达网络 1 的路由信息的 RIP 通告，但是会向自己的 G3 接口发送包含到达网络 1 的路由信息的 RIP 通告。此时，如果网络 1 出现异常，R2 可以从 G2 接口获取到达网络 1 的路由信息，路由器 R1 可以从 G0 接口获取到达网络 1 的路由信息，这样路由器 R1、R2 和 R3 就形成了多点环路，一直到发现距离为 16，才知道网络 1 不可达。

出现了多点环路后，RIP 提出了毒性逆转的概念，就是从一个网络接口获取的有效路由信息，往该网络接口送回一个不可达路由。具体做法类似于水平分割，就是路由表中的路由，不能直接封装入 RIP 报文，向获取有效路由的网络接口发送的 RIP 报文中的路由信息，需要特别处理（距离为 16）后再封装入 RIP 报文。

采用毒性逆转技术后，图 4-44 中，路由器 R3 从路由器 R1 得到到达网络 1 的路由后，从自己的 G1 接口，向局域网内广播一个 RIP 通告报文，其中就有一条路由是经过路由器 R1 的 G1 接口到达网络 1 的距离是 16。同理，路由器 R2 也会这么做。如果网络 1 出现异常，则路由器 R2 从路由器 R3 得到到达网络 1 的距离为 2 后，从自己的 G2 接口，向局域网内广播一个 RIP 通告报文，通告经过路由器 R3 的 G3 接口到达网络 1 的距离是 16。到此，路由器 R1 不能到达网络 1，路由器 R3 不能经过路由器 R1 到达网络 1，更不能经过 R2 到达网络 1，于是 R3 发现网络 1 不可达，路由器 R2 不能经过 R3、R1 到达网络 1，多点环路被破除。

视频 4-8

视频 4-9

测试题 4-14

思考　RIP 协议报文如何做到只发送给自己的邻居？

三、开放最短通路优先协议

开放最短通路优先协议（open shortest path first，OSPF）是一个基于链路状态的域内路由选择协议，是由 IETF 的 IGP 工作组为 IP 网络开发的，于 1990 年成为标准。OSPF 现有两个版本。其中，OSPFv2 主要用于 IPv4 网络，而 OSPFv3 主要用于 IPv6 网络。

为了使 OSPF 能够用于规模很大的网络，OSPF 将一个 AS 再划分为若干个区域，区域标识符为 32 位，一般用点分十进制表示，如图 4-45 所示。

图 4-45 中，AS1 内所有路由器被划分在 3 个区域中，路由器 R3 和 R4 属于区域边界路由器，AS1 内的路由器 R6 和 AS2 内的路由器 R9 属于自治系统边界路由器，AS1 内的区域 0.0.0.0 属于主干区域，主干区域的标识符规定为 0.0.0.0。主干区域是 AS1 的上层区域，用来连通下层的各区域。在一个区域内部的路由器只知道本区

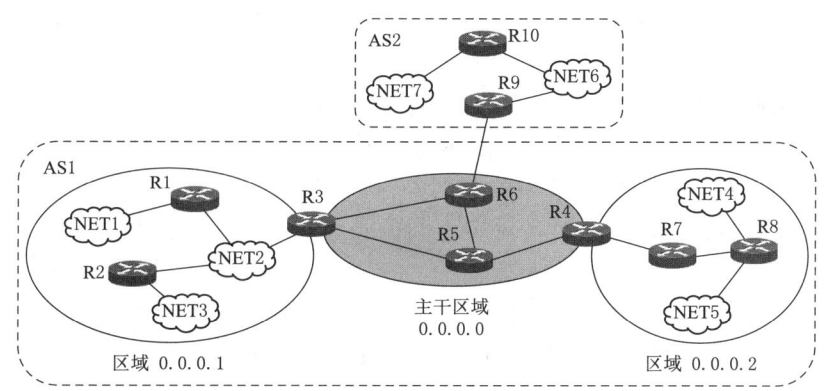

图 4-45 OSPF 区域划分

域的完整网络拓扑，而不知道其他区域的网络拓扑。

（一）OSPF 的基本原理

运行 OSPF 的路由器在刚刚加入区域时，运行 OSPF Hello 协议（邻居发现机制）发现自己的邻居，保持和邻居的邻接关系，如果和邻居们构成的是多重访问网络（由交换机互联的多点接入的局域网），则选举出指定路由器（designated router，DR）和备用指定路由器。区域内的 OSPF 路由器通过搜集来自邻接路由器的周期性的链路状态报文（link state advertisement，LSA），共同维护一张区域拓扑图（链路状态数据库）；随后各个路由器通过 Dijkstra 算法构建以自身为根节点的最短路径树（shortest path tree，SPT），最后通过 SPT 计算由路由器到目的网络的最优路由，将最优路由写入路由表。如果路由器发现自己的直连链路状态有变化，就将自己的最新链路状态封装报文在区域内泛洪，让全网路由器尽快更新同步保存的链路状态数据库。

为了减少网络通信量和减小链路状态数据库的大小，多重访问网络会选举出指定路由器，只有指定路由器负责生成 LSA。

如果到达同一个目的网络，有多条路径且代价一样，则记住最短路径集合，将流量分摊到多路径，即所谓的等价成本多路径。

（二）OSPF 报文的格式

OSPF 报文直接用 IP 数据报传送，由 OSPF 报文构成的 IP 数据报很短，减少路由信息的通信量，无须分片。OSPF 报文的格式如图 4-46 所示。

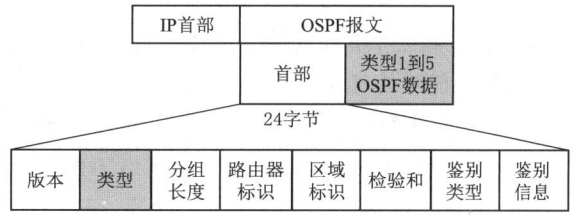

图 4-46 OSPF 报文的格式

OSPF 报文的首部有 8 个字段，占用 24 字节，各字段的含义说明如下：

(1) 版本，对应版本号，2 或 3。

(2) 类型，值为 1 到 5。

(3) 分组长度，OSPF 报文总长度，单位为字节。

（4）路由器标识，路由器发出该报文的出接口的 IP 地址。

（5）区域标识，AS 内的区域，32 位。

（6）检验和，类似于 ICMP 报文首部的检验和。

（7）鉴别类型，鉴别的类型，0 表示不需要鉴别，1 表示需要鉴别。

（8）鉴别信息，对应鉴别类型的鉴别内容。

OSPF 报文的类型值有 5 个，对应不同的类型，OSPF 报文数据部分的内容完全不同。

（1）类型 1，问候（hello）分组，用来建立和维持邻接关系。

（2）类型 2，数据库描述（database description）分组，将自己的链路状态数据库中的摘要信息（LSA 的摘要）发给邻接路由器。

（3）类型 3，链路状态请求（link state request）分组，发现自己缺少的链路信息，向邻居请求某些链路状态的详细信息。

（4）类型 4，链路状态更新（link state update）分组，收到链路状态请求后，用链路状态更新报文予以回复链路状态通告 LSA；当网络状态发生变化时，用泛洪法对全网广播链路状态更新报文。这类分组是 OSPF 最核心的部分，软件实现较为复杂。路由器之间的链路有 7 种状态，即停止（down）、初始（init）、双向会话建立（two-way）、准启动（exStart）、信息交换（exchange）、加载（loading）、完全邻接（full）。

（5）类型 5，链路状态确认（link state acknowledgment）分组，收到更新报文后的确认报文。

（三）OSPF 的特点

相比 RIP，OSPF 利用最短路径形成路由表，不存在环路，无"坏消息传得慢"的问题；路由器只是周期性地给邻居发送自己的邻接链路状态，不是全网的路由信息，如果链路状态发生变化，则用泛洪法快速通知全网，网络拓扑计算收敛速度快；没有跳数最大值的限制，但是一个区域内的路由器一般不超过 200 台，分区域进行路由信息交互，节约带宽。

除以上特点外，OSPF 对不同的链路，可以根据 IP 分组首部的服务类型字段，设置路由的代价度量，可以灵活计算不同的路由；具有鉴别功能，保证路由器之间的链路状态信息的可信任交换；如果到达同一个目的网络的最短路径集中有多条路径，则可以实现负载均衡功能；支持 CIDR 和 VLSM。

OSPF 首部的鉴别功能存在安全隐患，所以攻击者一旦获得交换的信息或口令，可以生成虚假的 OSPF 报文，导致网络不能正常运行。

视频 4-10

测试题 4-15

OSPF 协议与 RIP 协议的区别有哪些？

思考

四、边界网关协议

由于不同 AS 可能采用不同的度量方案，所以不同的 AS 可能有不同的优先级别，也可能有禁止使用某些其他 AS 的限制政策。例如，互联网数据交换服务中，网络服务运营商会部署专门承担中转传输任务的 AS，根据网络用户的服务等级提供不同的路由选择策略；出于信息安全方面的考虑，将某些 AS 列为禁止通过的区域。那么如何让不同 AS 内的网络之间进行路由呢？AS 之间的路由选择只能选择一条比较好的路由，边界网关协议（border gateway protocol，BGP）用于在不同 AS 或不同区域的路由器之间交换路由信息，能让不同 AS 之间进行路由，是一种外部网关协议。

（一）BGP 的基本原理

每一个 AS 的管理员要选择至少一个路由器作为该 AS 的"BGP 发言人"（BGP speaker），两个 BGP 发言人是通过一个共享网络连接在一起的。BGP 发言人一般是 AS 边界路由器，但也可以是 AS 内的任意一台主机。两个 BGP 发言人建立 TCP 连接，在此连接上相互发送 BGP 报文，建立 BGP 会话，交互各自的网络可达性相关路由信息，从而知道到达 AS 不同网络的路径。BGP 发言人之间采用基于路径向量算法的协议进行通信，如图 4-47 所示。

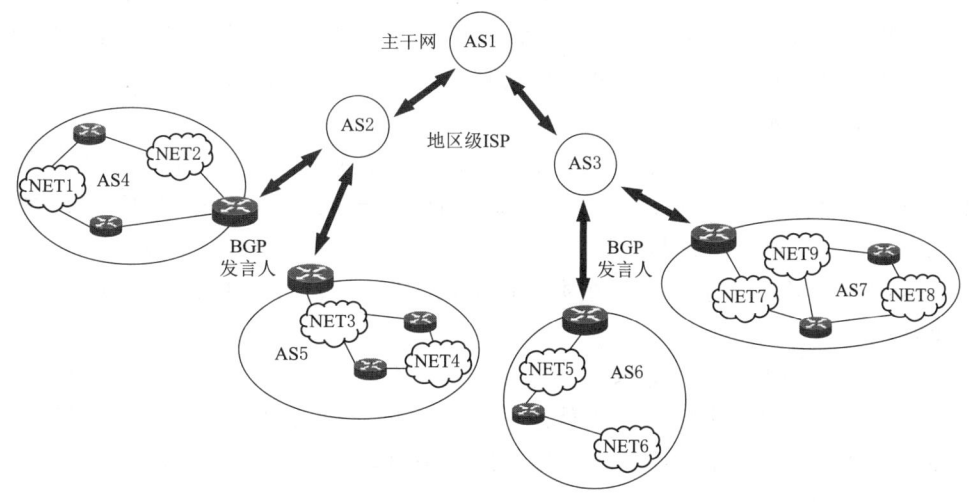

图 4-47 AS 间路由

互联网多层次 ISP 结构的特点也决定了 BGP 路由选择协议的特点，主干网络路由器组成主干网 AS，如图 4-47 中的 AS1，地区级 ISP 路由器构成不同的地区级路由选择 AS，如 AS2 和 AS3。每个 AS 都会选举出至少一个路由器或主机作为 BGP 发言人和其他 AS 进行路由信息的交互，AS 层次如图 4-48 所示。

自治系统 AS2 的 BGP 发言人通知主干网 AS1 的 BGP 发言人一条路径信息：要到达网络 NET1、NET2、NET3 和 NET4 可经过 AS2。主干网还可发出通知：要到达网络 NET5、NET6、NET7、NET8 和 NET9，可沿路径（AS1，AS3）。

BGP 支持 CIDR，运行 BGP 的路由器中路由表的表项包括目的网络前缀、下一跳路由器、到达目的网络的 AS 序列。比如，AS3 收到 AS1 发来的路由信息：要到达网络 NET5、NET6、NET7、NET8 和 NET9，可沿路径（AS1，AS3），AS3 自身已经在这条路径中，说明 AS1 是从 AS3 获悉的路径，AS3 需要去这些目的网络，就不

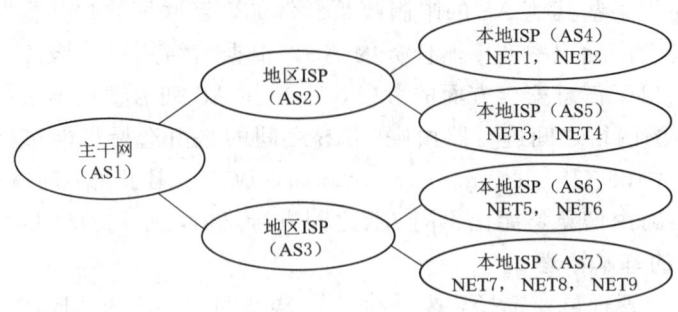

图 4-48　AS 层次

能再经（AS1，AS3）这样的路径。可见，BGP 是基于路径向量信息进行路由选择的，很容易产生兜圈子路由，BGP 发言人必须考虑防止回路问题。

（二）BGP 报文的格式

BGP 报文的格式如图 4-49 所示。BGP 报文通用首部有 19 字节，其中，标记字段用来鉴别，若标记字段是全 1，则意味着不需要鉴别；长度就是 BGP 报文的总长度，单位为字节；首部中的类型可以是 1 到 4，类型不同，BGP 报文主体部分不同，分别对应下面的四种报文。

（1）打开（OPEN）报文。用来与相邻的另一个 BGP 发言人建立邻接关系。主体部分有 6 个字段：版本为 4，占 1 字节；自治系统号有 16 位，是由 ICANN 地区登记机构分配的全球唯一的编号；保持时间占 2 字节，以 s 为单位记录保持邻接关系的时间；BGP 标识符占 4 字节，就是本路由器的 IP 地址；可选参数的长度占 1 字节；可选参数。

（2）更新（UPDATE）报文。用来发送某一路由的信息，以及所有要撤销的多条路由。主体部分有 5 个字段：不能经过的路由的长度占 2 字节；所有要撤销的路由；路径属性长度占 2 字节；路径属性；网络层可达性信息（本 BGP 发言人的网络前缀的位数、IP 地址前缀）。

（3）保活（KEEPALIVE）报文。用来确认 OPEN 报文并周期性地证实邻接关系，没有主体部分。

（4）通知（NOTIFICATION）报文。用来发送检测到的差错。主体部分有 3 个字段：差错代码占 1 字节；差错子代码占 1 字节；差错数据（差错的诊断信息）。

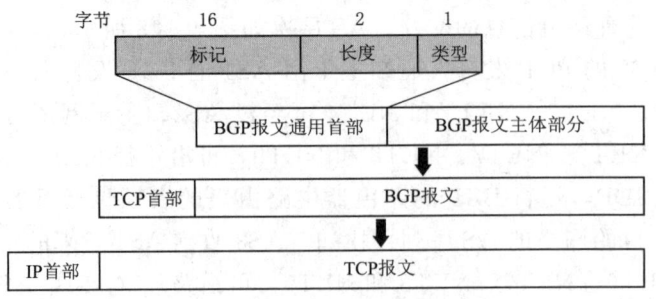

图 4-49　BGP 报文的格式

BGP 发言人在刚刚开始启动时,发送给相邻 BGP 发言人的报文,就是 OPEN 报文,邻接 BGP 发言人回复一个 KEEPALIVE 报文,邻接关系建立后,双方每隔 30s 交换 KEEPALIVE 报文。BGP 发言人可以通过发送一个 UPDATE 报文,宣布增加一条新的路由或者撤销多条旧的路由,如果需要宣布增加多条新路由,就需要发送多个 UPDATE 报文,除了第一个 UPDATE 报文是将自己的完整路由表发送出去,后面的 UPDATE 报文都是新增一条路由或者撤销多条不可行的路由,尽可能保证 BGP 报文的长度不太长,减少网络开销。

(三) BGP 与内部网关路由的区别

BGP 是基于路径向量算法的外部网关协议,与内部网关协议有着非常大的区别,信息交互的节点数量是 AS 个数的量级,比 AS 内的网络数目要少很多。当某个链路出现问题时,可以从很多 BGP 发言人处快速获悉消息,重新生成新的路由,可以很容易解决坏消息传得慢的问题。表 4-11 是 BGP 与 RIP、OSPF 的特点比较。

表 4-11　　　　　　　　BGP 与 RIP、OSPF 的特点比较

协议	RIP	OSPF	BGP
OSI 参考模型层级	应用层	网络层	应用层
类型	内部网关协议	内部网关协议	外部网关协议
路由算法	距离向量	链路状态	路径向量
传递协议	UDP	IP	TCP
路径选择	跳数最少	代价最低	较好,非最佳
交换节点	AS 内相邻路由器	AS 区域内所有路由器	相邻的 AS 边界路由器
交换内容	自己的路由表	邻接路由器的链路状态	整个路由表(首次),变化的路由(非首次)

测试题 4-16

思考　　BGP 协议与 RIP 协议的区别有哪些?

第六节　网络地址转换

2019 年下半年,全球 IPv4 地址正式分配完毕。但是实际上,新的 IPv4 设备至今还可以添加到 Internet,因为有许多网络技术缓解了 IPv4 地址紧缺的问题,比如有效利用已分配的 IP 地址(VLSM)、使用 IPv6 地址、本节的网络地址转换(network address translation,NAT)。NAT 不仅充分利用不分配给任何人的私有地址(不能用于 Internet)来实现让多数的上网主机轮流使用少数的公用 IPv4 地址,并且 NAT 还可以保护内网不受外网的攻击。

私有 IP 地址,又称为专用地址,属于非注册地址,专门为组织机构内部使用,

路由器不予转发源 IP 地址或目的 IP 地址为这些地址的 IP 数据报。IANA 保留了三块 IP 地址作为专用 IP 地址，又称为私有地址。

A 类：10.0.0.0 到 10.255.255.255 （10.0.0.0/8）。
B 类：172.16.0.0 到 172.31.255.255 （172.16.0.0/12）。
C 类：192.168.0.0 到 192.168.255.255 （192.168.0.0/16）。

一、NAT 的基本原理

借助于 NAT，私有（保留）地址的内部网络通过路由器发送数据包时，私有地址被转换成合法的 IP 地址，一个局域网只需使用少量 IP 地址（甚至是 1 个）即可实现私有地址网络内所有计算机与 Internet 的通信。在上行 IP 报文发送时，NAT 自动将 IP 报文的私有源 IP 地址修改为公有 IP 地址；在下行发送 IP 报文时，NAT 自动将公有目的 IP 地址修改为原来的私有 IP 地址，IP 地址校验在 NAT 处理过程中自动完成，如图 4-50 所示。

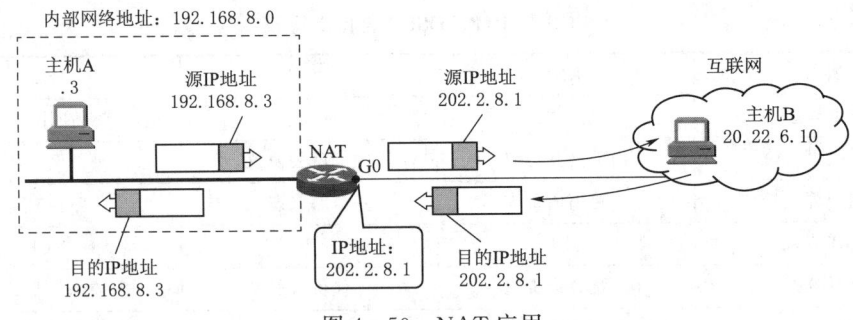

图 4-50 NAT 应用

图 4-50 中，主机 A 的网关路由器设定为 NAT 主机，主机 A 的 IP 地址为 192.168.8.3，需要连上 Internet 访问主机 B 的时候，主机 A 封装的数据包中的源 IP 地址是 192.168.8.3，该数据包到达 NAT 主机（网关路由器）后，将源 IP 地址替换为外网地址，就是 NAT 路由器的出接口 G0 所在的网段地址，图中直接使用 G0 接口的 IP 地址 202.2.8.1，NAT 主机会在 NAT 转换表中记录私有地址与公有地址的对应关系。外网主机 B 收到源 IP 地址为 202.2.8.1 的 IP 报文后，会响应主机 A 的网络请求，主机 B 发送目的 IP 地址为 202.2.8.1 的 IP 报文，NAT 主机收到后查询 NAT 转换表，将目的 IP 地址由公有 IP 地址 202.2.8.1 改回原来的 192.168.8.3，送回内部网络 192.168.8.0。

NAT 转换时，必须由内部私有地址主机主动发送 IP 报文，外部网络根本看不见内部网络，NAT 转换的公有地址必须与 NAT 主机（路由器）的上行链路网络地址一致。当然，内部私有地址在内部不能冲突。

二、NAT 类型

为了让更多的内部私有地址主机共享少量的公有单播 IP 地址，可以配置 3 种基本 NAT 类型中的任意一种。

（一）静态 NAT

通过软件配置，让内部网络的私有地址和公有地址一对一地转换，比如专门给

第六节 网络地址转换

NAT 服务器一个公有地址，外部网络可以通过这个公有地址访问这台服务器，而不能访问内部网络的其他主机。静态 NAT 的两个地址的对应关系会长久存在于 NAT 转换表中。

（二）动态 NAT

动态 NAT 指的是，提前设置公网 IP 地址池，让不同的私有地址根据一定的访问控制规则，随机替换为地址池中的 IP 地址。

（三）端口多路复用 NAT

为了让内部网络更多的私有 IP 地址主机能访问互联网，更加充分地利用公网 IP 地址，NAT 转换表把运输层的端口号也利用上。使用端口号的 NAT 叫作网络地址与端口号转换（network address and port translation，NAPT），而不使用端口号的 NAT 就叫作传统的 NAT（traditional NAT）。NAT 转换表见表 4-12。

表 4-12　　　　　　　　　NAT 转 换 表

方向	字段	转换前的 IP 地址和端口	转换后的 IP 地址和端口
上行	源 IP 地址：源端口	192.168.8.2：30000	202.2.8.1：40001
上行	源 IP 地址：源端口	192.168.8.3：30000	202.2.8.1：40002
下行	目的 IP 地址：目的端口	202.2.8.1：40001	192.168.8.2：30000
下行	目的 IP 地址：目的端口	202.2.8.1：40002	192.168.8.3：30000

NAPT 主机可以把内部网络内不同的源 IP 地址和运输层端口号，转换为同一个公网 IP 地址，但是对应一个不同的端口号，以此来区别不同的内网主机。NAPT 主机根据 IP 报文首部协议字段，可以知道是运输层的 UDP 或者 TCP，IP 报文的数据部分就是 UDP 或者 TCP 的协议数据单元 PDU，不论是哪种，紧跟 IP 报文首部后面的两个字节恰恰就是源端口（见第五章运输层），NAPT 就将上行的 IP 报文首部源 IP 地址 192.168.8.3 替换成一个公网 IP 地址 202.2.8.1，IP 报文数据部分的前 2 个字节也替换成一个不同的源端口号 40002。当 NAPT 主机（路由器）收到从互联网发来的应答时，它根据 IP 报文首部的目的 IP 地址 202.2.8.1，以及 IP 数据报的数据部分的运输层的目的端口号 40002（紧跟 IP 报文首部后面的第 3 和第 4 字节，16 位），从 NAPT 转换表中找到对应的目的主机，将 IP 报文首部目的 IP 地址换回原来的私有 IP 地址 192.168.8.3，同时换回原来的目的端口号 30000。

NAT 虽然违反了基本的协议分层原则，但是它让私有地址充分地在不同的局域网内重复使用，只要外网地址不同就行，NAT 的映射由上行数据包建立，只有先有上行数据包才能接收下行数据包。NAT 让内部网络透明于外部网络，所以外部网络如果需要访问内部网络的服务器，则需特殊的配置或 NAT 穿越技术。

测试题 4-17

NAT 技术有哪些好处？

第七节 虚拟专用网

虚拟专用网可以将分布在不同地区的主机,利用隧道协议(tunneling protocol)构建成一个虚拟的专用网。VPN 有内联网 VPN、外联网 VPN 和远程接入 VPN 三种应用类型。

同一个机构的多台主机在网络内部统一使用专用地址,分布在不同的地理位置(跨不同公网网段的局域网内),但是需要访问共同的内部网络资源,而私有地址的 IP 报文是不会被任何路由器转发的,这时采用内联网 VPN 技术,就可以解决不同私有地址主机访问内部资源问题。外联网 VPN 是将不同机构的网络构建成一个专用网络,以实现资源的共享。远程接入 VPN 主要应用于外部网络公有地址主机需要访问内部网络资源的场合。外网主机一般需要安装 VPN 客户端软件,通过拨号接入,和内网主机之间建立隧道,进行密文通信。

举例分析一下内联网 VPN 的工作原理,如图 4-51 所示。

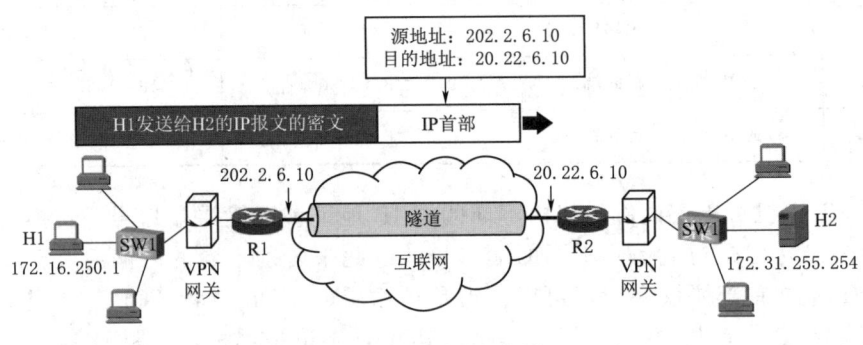

图 4-51 VPN 应用

VPN 网关一般具有双物理网卡,一个网卡接入内部局域网,另一个网卡使用公共 IP 地址接入 Internet。图 4-51 中的终端主机 H1(172.16.250.1)需要访问另一个局域网中的服务器 H2(172.31.255.254),其发出的访问数据包的目的 IP 地址为服务器的 IP 地址:172.31.255.254。H1 的 VPN 网关看到目的 IP 地址后,会对此数据包进行 VPN 技术处理,数据包加密并作为一个新的 IP 报文的数据部分,给此密文封装一个新的 IP 数据报首部,源 IP 地址(202.2.6.10)和目的 IP 地址(20.22.6.10)均为公共 IP 地址,此报文就可以穿越互联网,最终被发送到服务器的 VPN 网关。服务器的 VPN 网关在接收到源 IP 地址为 202.2.6.10 的 IP 报文后,即可判定该数据包为 VPN 数据包,并对该数据包进行解封装。解封装的过程主要是将 VPN 数据包的首部剥离,将负载(IP 数据报的数据部分)通过 VPN 技术反向处理还原成原始的数据包,服务器的 VPN 网关将还原后的原始数据包发送至目标服务器(172.31.255.254)。在服务器(172.31.255.254)看来,它收到的数据包就像从主机 H1(172.16.250.1)直接发过来的一样。服务器 H2 发送给主机 H1 的数据包处理过程与上述过程原理是一样的。于是,就完成了专用网络利用 VPN 在互联网中相互访问的过程。

VPN 以 C/S 架构运行,图 4-51 中的主机 H1 和主机 H2 分别拥有私有地址,分布在互联网的不同地理位置,两者借助 VPN 建立通信隧道,在逻辑层面构建了一个虚拟私有网络。VPN 技术在互联网上实现 VPN 内主机间的密文发送,依然基于 TCP/IP 协议,但是通信双方有认证、消息保密等功能。

测试题 4-18

思考

VPN 技术可以解决什么问题?

第八节 IP 多 播

一、多播概述

1988 年,Steve Deering 首次提出 IP 多播(multicast)的概念。IP 多播也称为 IP 组播,用以实现一台主机发送一份报文,同时被多台主机接收,即实现一对多通信。1992 年,IETF 在互联网范围内首次试验 20 个网点的网络会议。IP 多播已成为互联网的一个热门课题,广泛应用于网络电视、网络电台、实时网络会议、远程教育、远程医疗、数据仓库、金融应用(股票)等领域。

支持三层多播功能的路由器或三层交换机统称为多播路由器或三层多播设备。多播路由器不仅能够提供多播路由功能,也能够为直连网段内多播组成员提供管理功能。多播路由器本身也可以是多播组的成员。多播信息的发送者称为多播源,通常不需要加入多播组,用 IP 多播地址进行标识的多播组成员集合就是一个多播组。主机加入多播组,成为该多播组的成员后,就可以接收发往该多播组的多播数据。一个多播源可以同时向多个多播组发送信息,多个多播源也可以同时向一个多播组发送信息。多播组中的成员是动态的,主机可以在任何时刻加入或离开一个或多个多播组。多播组成员可以广泛地分布在互联网中的任何地方。

目前,互联网上的多播路由器互连起来形成的虚拟多播主干网,已经有比较大的规模,为不同的多播组提供多播分组传送服务。

IP 多播的一个应用如图 4-52 所示,源主机不需要给每个目的主机都单独发送一个分组,而是只给一个多播地址发送一个分组,支持多播的多播路由器给每个拥有该多播地址的主机(在多播组中)投递一个分组的拷贝。

需要注意的是,多播一定是基于运输层 UDP 的网络应用,因为 TCP 只能应用于一对一的、面向连接的两个进程之间的通信。

图 4-52 中,多播源视频服务器只需发送一个分组到多播组,多播组内的成员就能都收到分组。支持多播协议的路由器,比如图 4-52 中的路由器 R1 会复制 3 份分组,分别发给路由器 R2、R3 和 R4。因为局域网具有硬件多播功能,R2、R3 和 R4 不需要复制分组,直接将分组转发到多播地址,拥有此多播地址的主机就会收到

测试题 4-19

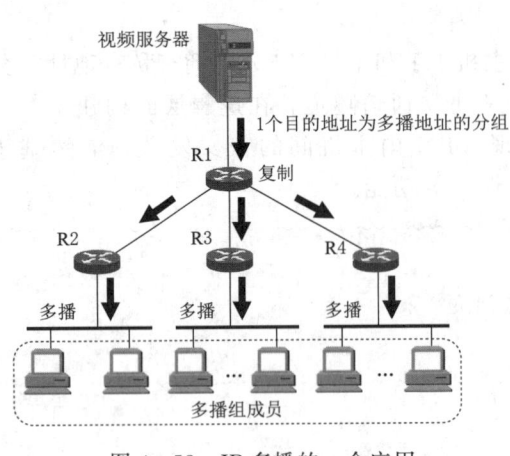

图 4-52 IP 多播的一个应用

分组。

IP 多播不仅在 Internet 范围内进行多播，比如路由器 R1 需要备份源端主机的多播分组，还需要在局域网内利用 MAC 多播地址，进行数据链路层上的硬件多播，比如路由器 R2、R3 和 R4 直接将多播帧交付给所有成员。

IP 组播和 IP 单播的区别是什么？

二、多播地址

IANA 将 D 类地址空间分配给 IPv4 多播使用，范围为 224.0.0.0～239.255.255.255。IP 多播所传送数据报的目的 IP 地址需要使用网络层的 D 类地址（多播地址）。每一个 D 类 IP 地址标志一个多播组。多播地址只能用于目的 IP 地址，不能用于源 IP 地址。并非所有 D 类 IP 地址都可作为多播地址。在不同的多播范围，使用不同的 IP 多播地址，见表 4-13；有些多播地址是永久有效的，见表 4-14。

表 4-13　　　　　　　　　　IPv4 多播地址的范围及含义

地址范围	含　义
224.0.0.0～224.0.0.255	永久组地址。224.0.0.0 保留，不做分配。以该范围内多播地址为目的 IP 地址的数据包不会被转发出本地网段
224.0.1.0～238.255.255.255	用户组地址，全网范围内有效。其中，232.0.0.0/8 为 SSM（source-specific multicast，特定源多播）组地址；233.0.0.0/8 为 GLOP（globally and locally scoped addresses，全局和局部范围地址）组地址
239.0.0.0～239.255.255.255	本地管理组地址，仅在本地管理域内有效。用来定义多播域的范围，以实现不同多播域之间的地址隔离，避免不同多播域内重复使用相同多播地址而引起的冲突

表 4-14　　　　　　　　　　永久组地址及含义

永久组地址	含　义
224.0.0.1	所有多播节点，包括主机与路由器
224.0.0.2	所有多播路由器
224.0.0.3	未分配
224.0.0.4	DVMRP（distance vector multicast routing protocol，距离矢量多播路由协议）路由器
224.0.0.5	OSPF 路由器
224.0.0.6	OSPF 指定路由器/备用指定路由器
224.0.0.7	ST（shared tree，共享树）路由器

第八节　IP 多 播

续表

永久组地址	含 义
224.0.0.8	ST 主机
224.0.0.9	RIPv2 路由器
224.0.0.11	移动代理
224.0.0.12	DHCP 服务器/中继代理
224.0.0.13	所有 PIM（protocol independent multicast，协议无关多播）路由器
224.0.0.14	RSVP（resource reservation protocol，资源预留协议）封装
224.0.0.15	所有 CBT（core-based tree，基于核的树）路由器
224.0.0.16	指定 SBM（subnetwork bandwidth management，子网带宽管理）
224.0.0.17	所有 SBM
224.0.0.18	VRRP（virtual router redundancy protocol，虚拟路由器冗余协议）

局域网内部的多播，需要数据链路层的多播地址。IANA 约定以太网多播地址块的高 24 位为 01-00-5E。因此，TCP/IP 协议使用的以太网多播地址块的范围是从 01-00-5E-00-00-00 到 01-00-5E-FF-FF-FF，在每一个地址中，只有 23 位可用作多播 MAC 地址。D 类 IP 地址可供分配的有 28 位，在这 28 位

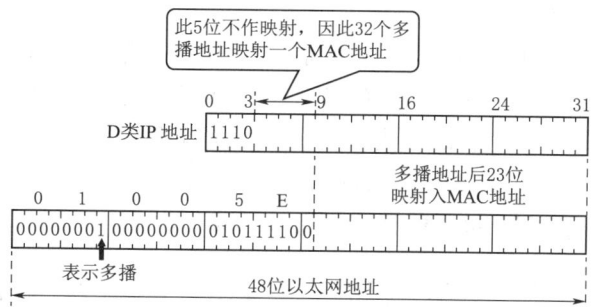

图 4-53　网络层的 D 类 IP 地址与以太网数据链路层的多播地址的映射关系

中的前 5 位不能用来构成以太网 MAC 地址。网络层的 D 类 IP 地址与以太网数据链路层的多播地址的映射关系，如图 4-53 所示。

比如，IP 多播地址 224.0.128.100（十六进制 E0-00-80-64）和 224.128.128.100（十六进制 E0-80-80-64）的最后 23 位是一样的，对应的 MAC 地址均是 01-00-5E-00-80-64。由于 IP 多播地址与以太网 MAC 地址的映射关系是 32 个对应 1 个，所以收到多播数据报的主机，还要在网络层利用软件进行过滤，把不是本主机要接收的数据报丢弃。

IP 多播采用一对多的通信方式，在距信息源尽可能远的网络节点才开始被复制和分发，即使多播组成员增加，不会导致信息源负载的加重以及网络资源消耗的显著增加，减轻信息源服务器和网络设备 CPU 的负荷，使用最少的网络资源实现点到多点的跨网段分布式应用，减少了冗余流量，提高了网络传送的效率。

由于 IP 多播是面向无连接机制，所以 IP 多播无法提供服务质量和安全保障。多播组成员管理松散，没有有效的鉴别认证机制，多播路由协议还在实验阶段，没有统一的标准，导致很多多播路由器不支持路由功能。目前，IP 多播主要应用于机构内部，尚且没有在互联网上得到大规模的应用。

测试题 4-20

思考：IP 组播地址和以太网组播地址的映射关系是什么？

三、互联网组管理协议

主机和与主机直接相连的多播路由器需要运行 IGMP，才能加入一个多播组和收发多播分组。一方面，主机可以通过发送 IGMP 成员关系报告，通知多播路由器接收发送给某个多播组的报文；另一方面，多播路由器可以通过发送 IGMP 查询报文周期性地查询局域网内的多播组成员是否处于活动状态，实现组成员关系的搜集与维护。IGMP 中使用的数据包被称为 IGMP 消息报文，简称 IGMP 报文。需要注意的是，在多播机制当中，IGMP 是一个必要而不充分的协议，主要用来搜集和维护本地网络中的组成员关系。多播功能的完全实现还需要多播编址机制、多播转发机制和多播路由协议的支持。

目前 IGMP 有 3 个版本。IGMPv1 定义了基本的组成员查询和报告过程。IGMPv2 在 IGMPv1 的基础上添加了特定组查询和组成员快速离开等机制。IGMPv3 增加了一些新的功能以提供对特定源多播（SSM）模型的支持。

（一）IGMP 报文的格式

IGMP 报文的格式如图 4-54 所示。

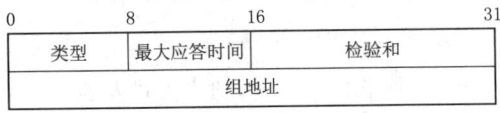

图 4-54 IGMP 报文的格式

类型：8 位字段，记录 IGMP 报文的类型，IGMPv1 报文只有查询和成员关系报告两种类型，IGMPv2 报文增加了离开组报文类型。

最大应答时间：8 位字段，在 IGMPv1 中未使用。在 IGMPv2 中该字段的数值表示必须在多长时间内应答查询方，时间以 0.1s 为单位。

检验和：16 位字段，保存 IGMP 报文的检验和。

组地址：32 位字段，对于 IGMPv1，这个字段用在成员关系报告中，记录相应的多播地址。对于 IGMPv2，这个字段还用在特殊查询报文和退出报告中，查询时取全 0。

与 ICMP 相似，IGMP 使用 IP 数据报传递其报文（即 IGMP 报文加上 IP 首部构成 IP 数据报）。此时，IP 报文首部中的协议字段值是 2，使用 D 类 IP 地址作为目的 IP 地址，TTL 值取 1，仅在本局域网内多播。多播数据报也是"尽最大努力交付"，不保证一定能够交付给多播组内的所有成员。对多播数据报不产生 ICMP 报文。因此，如果在 ping 命令后面输入多播地址，则将永远不会收到响应。

（二）IGMP 工作过程

IGMP 的工作可分为以下两个阶段。

第一阶段：当某台主机加入新的多播组时，该主机应向多播组的多播地址发送一个 IGMP 成员关系报告报文，声明自己要成为该组的成员。本地多播路由器收到此

IGMP 报文后，维护多播组列表，如果该 IGMP 报文中的组地址不在组播列表中，则需要新增加，该多播路由器还要利用多播路由选择协议把这种组成员关系转发给互联网上的其他多播路由器。主机和多播路由器在局域网内部通信时，采用硬件多播。

第二阶段：多播组成员关系的维持。本地多播路由器要周期性（默认的询问速率是每 125s 发送一次）地探询本地局域网上的主机，以便知道本局域网内是否还存在多播组成员。只要有一台主机对某个多播组响应，那么多播路由器就认为这个多播组是活跃的。但如果一个多播组在经过几次的探询后仍然没有一台主机响应，则多播路由器就认为本网络上的主机已经都离开了这个多播组，将多播组地址从多播组列表中删除，也就不再把这个多播组的成员关系转发给其他的多播路由器。多播路由器在探询多播组成员关系时，只需要对所有的多播组（目的 IP 地址为 224.0.0.1）发送一个请求信息的询问报文，而不需要对每一个多播组发送一个询问报文。如果一个网段有几个多播路由器，则选择其中的一个来探询主机的成员关系。假定 IGMP 的询问报文中最大应答时间值为 N（默认值为 10s），当成员收到询问报文时，主机在 0 到 N 之间随机选择一个延迟，等待够延迟后，准备发送响应，只要本多播组的其他主机先发送了响应，自己就可以不再发送响应。如果一台主机同时加入了几个多播组，则主机对每一个多播组选择不同的随机数，最先发送最短延迟的响应报文。如果一台主机上有多个进程都加入了某个多播组，那么这台主机只接收一个 IGMP 报文，然后给每一个进程发送一个本地复本。

测试题 4-21

思考　IGMP 协议的运行原理是什么？

四、多播转发

IGMP 并非在互联网范围内对所有多播组成员进行管理的协议。IGMP 不知道 IP 多播组包含的成员数，也不知道这些成员都分布在哪些网络上。因为 IGMP 只是让连接在本地局域网上的多播路由器知道本局域网上是否有主机参加或退出了某个多播组。IGMP 数据报可以由没有加入多播组的主机发出，也可以通过没有多播组成员接入的网络。多播路由器在转发多播数据报时，不能仅仅根据多播数据报中的目的 IP 地址，而是还要考虑这个多播数据报从什么地方来和要到什么地方去，必须动态地适应多播组成员的变化（这时网络拓扑并未发生变化）。因此，连接在局域网上的多播路由器还必须和互联网上的其他多播路由器协同工作，以便把多播数据报用最小代价传送给所有的多播组成员。这就需要使用多播路由选择协议。

虽然在 TCP/IP 协议中，IP 多播协议已成为建议标准，但多播路由选择协议尚未标准化，目前已有了多种实用的多播路由选择协议，它们在转发多播数据报时使用了以下两种方法。

（1）基于源树的多播路由选择。本方法就是基于反向通路多播（reverse path

multicast)算法找到以源主机为根节点的广播转发树，再利用剪枝算法得到一棵多播转发树。在多播转发树上，每一个多播路由器向树的叶节点方向转发收到的多播数据报，但在多播转发树上的路由器不会收到重复的多播数据报（即多播数据报不应在互联网中兜圈子）。不同的多播组对应不同的多播转发树。同一个多播组，对不同的源点也会有不同的多播转发树。

反向通路多播的实现过程：每一个路由器在收到一个由源点发来的多播数据报时，先检查数据报是否是经最短路径传送来的，即是否是从本路由器到源点的最短路径上的第一个邻接路由器传送来的，若是，就泛洪该数据报（向所有其他出接口转发刚才收到的多播数据报，进接口除外），否则就丢弃该数据报。如果本路由器有多个相邻路由器都处在到源点的最短路径上，则选择 IP 地址最小的相邻路由器所在链路为最短路径。

图 4-55 中的网络用路由器之间的链路来表示。假定所有邻接路由器之间的路径消耗都是一样的。路由器 R1 收到源主机发来的多播数据报后，将多播报文泛洪给 R2 和 R3。R2 和 R3 均发现 R1 就在自己到源主机的最短路径上，继续泛洪。R5 发现 R2 在自己到源点的最短路径上，收到多播数据报，继续泛洪，同时发现 R4 不在自己到源点的最短路径上，丢弃 R4 发来的数据报。同理，R6 会收下 R3 发来的数据报，丢弃 R4 发来的数据报。反向路径有三条：R7→R5→R2→R1→源主机；R8→R6→R3→R1→源主机；R6→R3→R1→源主机。最后形成用来转发多播数据报的多播转发树：以源主机为根，单向路径为枝条。以后就按这个多播转发树来转发多播数据报，避免了泛洪的多播报文被重复转发，也无环路。

图 4-55 中，如果路由器 R8 发现它的所有组成员均已离开，就向它的最短路径上的上游路由器 R6 发送剪枝报文，路由器 R6 就剪除下游的树枝（路由器 R8 离开多播转发树）。例如，在图 4-55 中虚线椭圆表示剪除的部分。当某个树枝有新增加的组成员时，可以根据剪枝算法再嫁接到多播转发树上。

(2) 基于核心的发现技术。这种方法是对每一个多播组指定一个核心路由器，记下它的 IP 单播地址，以该路由器为根，以组成员路由器为叶子，形成一棵多播转发树。如果有多播路由器需要加入该组的多播转发树，则需要向核心路由器单播发送加入报文，如果这个报文被树上的某个节点（核心路由器或者已有路由器）收到，即成为一条枝条。如果源主机直连链路的上行多播路由器不在该组的多播转发树上，则路由器会将源主机的多播报文加密封装，通过隧道技术单播发送给核心路由器的单播 IP 地址，核心路由器收到报文并解封装后，得到原始多播报文后，在多播转发树上进行泛洪，让树上所有成员收到多播报文。以图 4-56 为例进行说明。

图 4-56 中，假定选定路由器 R4 为核心路由器，路由器 R6 会向 R4 单播发送加入多播转发树报文，成为树上的枝条，路由器 R8 也会向 R4 单播发送加入多播转发树报文，在途中经过 R6 时，R6 检查其多播内容，其目的 IP 地址是本组的组地址，就把这个信息加到 R6 的路由中，并用隧道技术向 R8 转发每一个多播数据报的一个副本，相当于直接将 R8 加入多播转发树，如果路由器 R8 发送其他类型报文，R6 就向多播组转发这个多播数据报。同理，R7 可以加入多播转发树。

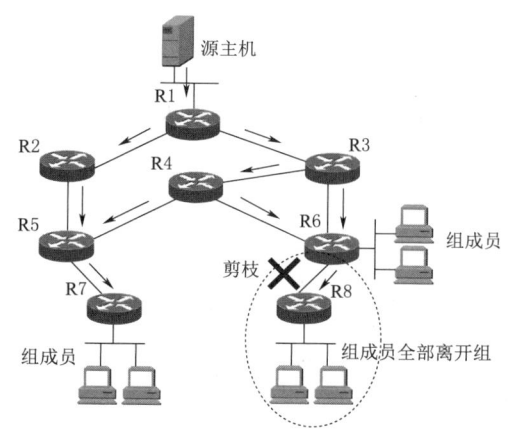

图 4-55 反向路径举例

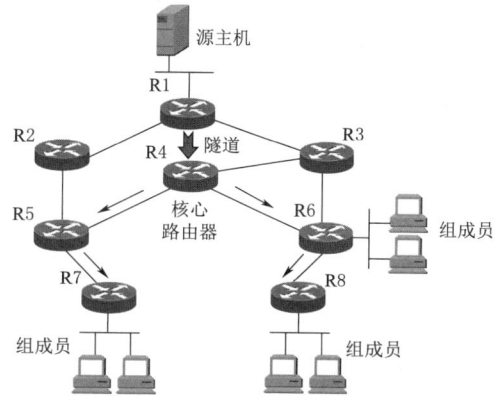

图 4-56 基于核心路由器的多播转发树举例

图 4-56 中的源主机不在多播组内，路由器 R1 也不在核心路由器所在的多播组，路由器 R1 收到源主机的多播报文后，通过隧道技术，将多播报文加密封装在一个 IP 报文中，IP 报文的目的 IP 地址是核心路由器的单播 IP 地址。路由器 R4 收到该报文后，解密得到 IP 多播报文，在多播转发树上进行泛洪。

多播路由器不仅需要运行多播路由选择协议，还要运行单播路由协议，甚至域间路由协议，在运行单播路由协议的同时，综合应用前面的两种多播路由选择方法。在互联网上使用较多的多播路由选择协议有距离向量多播路由协议（distance vector multicast routing protocol，DVMRP）（RFC 1075）、多播开放最短通路优先协议（multicast OSPF，MOSPF）（RFC 1585）、密集模式协议无关多播（protocol independent multicast – dense mode，PIM – DM）（RFC 3973）、基于核的树（CBT）（RFC 2189、RFC 2201）、稀疏模式协议无关多播（protocol independent multicast – sparse mode，PIM – SM）（RFC 2362）等。

测试题 4-22

请思考反向路径在多播路由中的作用。

第九节 下一代互联网协议 IPv6

IPv6（internet protocol version 6，第 6 版互联网协议）是 IETF 设计的用于替代 IPv4 的下一代 IP，IETF 从 1996 年始发表了一系列 IPv6 的 RFC。由于 IPv4 最大的问题在于 32 位的网络地址资源不足，严重制约了互联网的应用和发展，所以 IPv6 的 IP 地址有 128 位。IPv6 的使用，不仅能解决网络地址资源不足的问题，而且也解决了多种接入设备连入互联网的障碍，然而长期以来 IPv4 在互联网流量中仍占据主要地位，IPv6 的使用增长缓慢。在 2022 年 4 月通过 IPv6 使用 Google 服务的用户百分比首次超过 40%。

一、IPv6 的基本首部

IPv6 报文由 40 字节的基本首部和有效载荷组成，有效载荷包括扩展首部和数据部分，如图 4-57 所示。

图 4-57 IPv6 报文的格式

基本首部共有 8 个字段，说明如下：

（1）版本。4 位字段，对于 IPv6，该字段必须为 6。

（2）通信量类。8 位字段，指明数据包的服务类别。在最新的 IPv6 Internet 草案中，称之为"业务流类别"。

（3）流标号。20 位字段，用于标识属于同一业务流的包。流标号、源地址、目的地址唯一标识了一个业务流。

（4）有效载荷长度。16 位字段，IPv6 报文基本首部后面包含的字节数。

（5）下一个首部。用来指明第一个扩展首部的类型，若不存在扩展首部，则表示其上层协议的类型。目前已经定义了 6 种扩展首部，见表 4-15。每种扩展首部的第一个字段就是下一个首部，从而实现多级扩展（RFC 2460）。

表 4-15　　　　　　　　　　IPv6 报文的下一个首部

下一个首部的值	含　义
0	逐跳选项报头（hop-by-hop options）
60	目标选项报头（destination options）
43	路由报头（routing）
44	分段报头（fragment）
51	认证报头（authentication）
50	封装安全有效载荷报头（encapsulating security payload）

（6）跳数限制。8 位字段。每当一个节点对包进行一次转发之后，这个字段就会被减 1。如果该字段达到 0，这个包就将被丢弃。

（7）源地址。128 位字段，指出了 IPv6 包的发送方地址。

（8）目的地址。128 位字段，指出了 IPv6 包的接收方地址。这个地址可以是一个单播、多播或任播地址。如果使用了路由扩展首部（定义有必须经过的特殊路由），其目的地址可以是其中某一个中间节点的地址而不是最终地址。

IPv6 的首部相比于 IPv4 的首部，主要不同点有：没有总长度字段，因为 IPv6 固定首部长度，IPv6 中主机能动态确定使用的数据报长度；没有协议字段，因为扩展首部的第一个字段是下一个首部，最后的扩展首部会指明所有首部后跟的是什么；与分片有关的字段没有了，当主机发送过大的分组时，路由器送回一条错误消息，源端主机直接发送大小合适的数据包；没有首部校验和字段，因为计算首部校验和会降低网络性能，依靠数据链路层和传输层的检验和来实现差错控制；不再有选项字段，而是通过下一个首部字段配合 IPv6 扩展首部来实现选项的功能；可扩展首部，让 IPv6 具有网络层级的加密与鉴别功能。

测试题 4-23

思考

简述 IPv6 扩展首部的作用。

二、IPv6 地址

由于 IPv6 地址空间大，种类丰富，不同种类的地址可以使用的范围不同。任何运行 IPv6 的设备，主机、路由器等被称为节点，邻节点指的是连接到同一链路上的物理或逻辑节点。局域网是 IPv6 链路的一部分，由单一介质组成，以二层交换设备为边界。链路以路由器为边界，由一个或多个局域网组成。使用相同的 IPv6 地址前缀的一个或多个链路是一个子网，一个子网可以被内部子网路由器再次划分为几个部分（前缀更长的子网），路由器连接不同的子网。

IPv6 的地址长度为 128 位，点分十进制格式不再适用，采用冒分十六进制表示，每 16 位对应一个十六进制数字，用冒号隔开，例如 2001：0DB8：0000：0008：0800：0000：0000：417A。如果冒号隔开的十六进制数字的左侧是 0，则可以不写，例如，上述 IPv6 地址就等同于 IPv6 地址 2001：DB8：0：8：800：0：0：417A。可以把连续的一段 0 压缩为::。但为保证地址解析的唯一性，地址中::只能出现一次，于是上面的地址可以简写为 2001：DB8：0：8：800::417A。

为了实现 IPv4 网络和 IPv6 网络的互通，IPv4 地址可以嵌入 IPv6 地址中，IPv6 地址的前 96 位采用冒分十六进制表示，最后 32 位写入 IPv4 地址。例如，::192.168.0.1 与::FFFF:192.168.0.1。

IPv6 协议定义了单播地址、多播地址和任播地址三种地址类型。与 IPv4 地址相比，IPv6 新增了任播地址类型，取消了广播地址，因为 IPv6 中的广播功能通过多播来实现。一个接口可以配置多个不同种类的 IPv6 地址，地址类型由地址前缀部分来区分。

（一）单播地址

IPv6 的单播地址用来唯一标识一个接口，类似于 IPv4 中的单播地址。发送到单播地址的数据报文将被传送给此地址所标识的一个接口。单播地址包括全球单播地址、本地单播地址、兼容性地址、特殊地址四种类型。

IPv6 单播地址的划分方法非常灵活，可以不分级，或者分两级，或者分三级，如图 4-58 所示。

节点地址（128位）	
子网前缀（n位）	接口标识符（128-n位）
全球路由前缀（n位） 子网标识符（m位）	接口标识符（128-n-m位）

图 4-58　IPv6 地址构成

图 4-58 中的接口标识符，就是接口 ID，一般取 64 位。

1. **全球单播地址**

全球单播地址等同于 IPv4 中的公网地址，可以在 IPv6 Internet 上进行全球路由和访问。这种地址类型允许路由前缀的聚合，从而限制全球路由表项的数量。全球单播地址如图 4-59 所示。

全球路由前缀固定为 001，一般至少为 48 位，是全球范围内唯一的标识。子网 ID 占 16 位，属于不同机构的标识。接口 ID 占 64 位，属于局域网内部标识，一个 IPv6 地址包含了 3 个不同范围的标识，方便快速查找路由。全球单播地址全球唯一，IP 地址的范围为 2000::/3 到 3FFF：FFFF：FFFF：FFFF：FFFF：FFFF：FFFF：FFFF/3。

接口 ID 可以通过 3 种方式生成，即手工配置、系统自动生成、基于 IEEE EUI-64 规范生成。基于 IEEE EUI-64 规范生成的接口 ID 如图 4-60 所示。

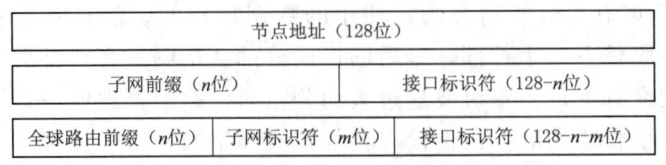

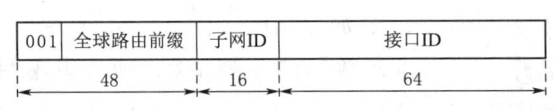

图 4-59　全球单播地址构成　　　图 4-60　基于 IEEE EUI-64 规范生成的接口 ID

将接口的 48 位 MAC 地址（00-AA-00-3F-2A-1C）转换为 IPv6 接口 ID：先将十六进制的 MAC 地址转换为二进制，从左边数，第 7 位如果为 0，表示该 MAC 地址是全球管理地址，则将其取反为 1，在 MAC 地址中间插入 FF FE，变为 64 位的接口 ID。

2. **本地单播地址**

链路本地地址和唯一本地地址（unique local address，ULA）都属于本地单播地址。链路本地地址的格式如图 4-61 所示。

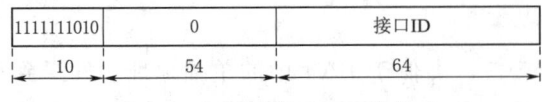

图 4-61　链路本地地址的格式

链路本地地址前缀为 FE80::/10，仅用于单个链路（数据链路层不能跨 VLAN），只能与同一个链路上的相邻节点进行通信。例如，在没有路由器的单链路 IPv6 网络上，主机使用链路本地地址与该链路上的其他主机进行通信，该地址类似于 IPv4 中的私有地址。为了解决节点的 Internet 活动被跟踪问题，接口 ID 一般采用自动生成的一组随机数字，不采用 IEEE EUI-64（RFC 3041）。该地址具有一定的生存周期，因为接口 ID 是随机生成的，为了防止和链路内其他节点的链路本地地址发生冲突，会发送 ICMPv6 报文进行地址冲突检测。

唯一本地地址的格式如图 4-62 所示。

1111110	0	子网ID	接口ID
7	41	16	64

（FC00::/7）

图 4-62 唯一本地地址的格式

唯一本地地址（FC00::/7）应用于本地通信，不通过 Internet 路由，子网 ID 前面的 41 位可随机产生，发生冲突的概率很低。唯一本地地址的应用范围为子网内，其可以跨同一个子网内的路由器。

3. 兼容性地址

兼容性地址在 IPv6 的转换机制中还包括了一种通过 IPv4 路由接口以隧道方式动态传递 IPv6 包的技术。这样的 IPv6 节点会被分配一个在低 32 位中带有全球 IPv4 单播地址的 IPv6 全球单播地址。另有一种嵌入 IPv4 的 IPv6 地址，用于局域网内部，这类地址用于把 IPv4 节点当作 IPv6 节点。此外，还有一种称为"6to4"的 IPv6 地址，用于在两个通过 Internet 同时运行 IPv4 和 IPv6 的节点之间进行通信。

4. 特殊地址

特殊地址包括未指定地址和环回地址。未指定地址（0:0:0:0:0:0:0:0 或 ::）仅用于暂无或不愿意告知源 IP 地址的场合，等价于 IPv4 未指定地址 0.0.0.0。未指定地址通常被用作尝试验证暂定地址，可以作为唯一性数据包的源地址，并且永远不能作为目标地址。环回地址（0:0:0:0:0:0:0:1 或 ::1）用于标识环回接口，允许节点将数据包发送给自己，等价于 IPv4 环回地址 127.0.0.1。

（二）多播地址

IPv6 多播地址可识别多个接口，对应于一组接口的地址，通常分属不同节点。发送到多播地址的数据包被送到由该地址标识的每个接口。使用适当的多播路由拓扑，将向多播地址发送的数据包发送给该地址识别的所有接口。任意位置的 IPv6 节点可以侦听任意 IPv6 多播地址上的多播通信。IPv6 节点可以同时侦听多个多播地址，也可以随时加入或离开多播组。IPv6 多播地址的最明显特征就是前缀以 FF 开始。

多播地址类型与地址前缀的对应关系如图 4-63 所示。

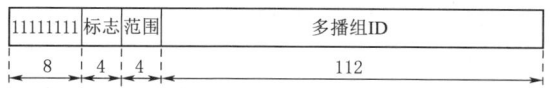

图 4-63 多播地址类型与地址前缀的对应关系

多播地址范围：FF00::/8。

标志：4 位，|0|R|P|T|，最高位保留，由于运行多播路由协议 PIM-SM 的不同域之间的域间路由协议不支持 IPv6，用 R 标记是否内嵌汇聚点（rendezvous point，RP）地址来解决此问题，P 标记是否是基于单播前缀的多播地址，T 标记是否是永久分配的多播地址，0 表示永久多播地址，1 表示临时多播地址。如果 R 为 1，则表示内嵌了 RP，P 和 T 必须为 1。

第四章 网 络 层

范围：0 和 F 预留，1 对应节点本地范围，2 对应链路本地范围，5 对应站点本地范围，8 对应组织本地范围，E 对应全球范围。

被请求节点多播地址（链路本地）的形式为 FF02::1:FFXX:XXXX/104，其中 XX:XXXX 正好是被请求节点单播地址的最后 24 位，被请求节点的单播地址可以是链路本地地址或全球单播地址，用于邻居发现和重复地址检测。

常见的多播地址见表 4-16。

表 4-16　　　　　　　　　常见的多播地址

多播地址	多播范围	多播地址	多播范围
FF01::1	接口本地范围的所有节点	FF02::2	链路本地范围的所有路由器
FF01::2	接口本地范围的所有路由器	FF05::2	站点本地范围的所有路由器
FF02::1	链路本地范围的所有节点		

视频 4-11

测试题 4-24

（三）任播地址

任播地址用来标识一组接口（属于不同的节点），从单播地址空间中进行分配，使用单播地址的格式。发送到任播地址的数据报文被传送给此地址所标识的一组接口中距离源节点最近（根据使用的路由协议进行度量）的一个接口。一个任播地址不能用作 IPv6 数据包的源地址，也不能分配给 IPv6 主机，仅可以分配给 IPv6 路由器。

思考　　IPv6 组播地址有哪些用处？

三、ICMPv6

ICMPv6 协议用于报告 IPv6 节点在数据包处理过程中出现的错误消息，并实现简单的网络诊断功能。ICMPv6 新增加的邻居发现功能代替了 ARP 的功能，所以在 IPv6 体系结构中已经没有 ARP。这个功能需要用到的协议是邻居发现协议和多播侦听者发现协议，这两个协议利用 ICMPv6 的信息类报文就可以实现。除了支持 IPv6 地址格式，ICMPv6 还为支持 IPv6 中的路由优化、IP 多播、移动 IP 等增加了一些新的报文类型。如果没有 ICMPv6，IPv6 就无法进行正常通信。

（一）ICMPv6 协议报文类型

ICMPv6 将 ICMP 报文大致分为两类：一类是差错报文，另一类是消息报文。类型 0~127 属于差错报文，类型 128~255 属于消息报文。常见的差错报文见表 4-17。

表 4-17　　　　　　　　　常见的差错报文

类型（十进制）	含　　义
1	目标不可达
2	包过大，由于中间节点不支持分片，所以无法转发
3	超时
4	参数出错

第九节　下一代互联网协议 IPv6

常见的消息报文见表 4-18。

（二）邻居发现功能

ICMPv6 中从类型 133~137 的消息报文称为邻居发现消息，用来实现邻居发现协议。这种邻居发现消息对于 IPv6 通信起着举足轻重的作用。邻居发现消息可用于查询 IPv6 地址与 MAC 地址的对应关系。请求节点将邻居的被请求节点多播地址（IPv4 中所使用的 ARP 采用广播）作为目的 IP 地址，多播发送 ICMP 查询报文到链路中，该多播地址是被请求者的 IP 单播地址后 24 位和 104 位固定前缀组成的，除了被请求的 IPv6 地址对应的节点（邻居）会响应一个邻居通告报文外，其他节点丢弃该请求报文。被请求的邻居通告的报文（宣告消息）中包含自身的 MAC 地址。IPv6 利用 ICMPv6 的邻居发现消息功能，实现邻居之间的 MAC 地址解析。

表 4-18　　　　　　　　　　　常 见 的 消 息 报 文

类型（十进制）	含　义	类型（十进制）	含　义
128	回送请求	136	邻居宣告消息
129	回送响应	137	重定向消息
130	多播监听查询	138	路由器重编号
131	多播监听报告	139	信息询问
132	多播监听结束	140	信息应答
133	路由器请求消息	141	反向邻居探索请求消息
134	路由器通告消息	142	反向邻居探索宣告消息
135	邻居请求消息		

（三）无状态地址自动配置

IPv6 中实现了即插即用的功能，IP 地址的自动获取方式有两种：一种是在有 DHCPv6 服务器的环境下，由 DHCPv6 服务器提供；另一种是不需要 DHCPv6 服务器，自动获取，又称为无状态地址自动配置。

默认情况下，IPv6 节点会自动为每个接口配置一个链路本地单播地址，因为 64 位接口 ID 是随机生成的，所以为了防止地址冲突，需要进行重复地址检测。节点发送 ICMPv6 邻居请求报文，该报文中的目的地址正好是刚刚生成的需要验证唯一性的地址，封装该 ICMPv6 报文的 IPv6 报文首部的目的地址是请求者的多播地址。若链路上有一个接口正在使用待检测的地址，就会响应一个邻居通告报文；若收不到邻居们的响应，则说明待检测地址在链路内是不重复的，无须再次生成新的地址。主机自动创建的所有单播地址都需要进行重复地址检测。

在一个有路由器的网络环境中，主机可以向路由器发送 ICMPv6 路由器请求报文，该报文的 IP 报文首部源地址是链路本地地址，目的地址是路由器多播地址，路由器会单播响应一个包含链路前缀的 ICMPv6 路由器通告报文（路由器会定期给所有节点多播地址发通告），主机得到链路前缀后，和接口 ID 一起构成全球单播地址，将路由器的链路本地地址作为默认网关地址。如果 64 位接口 ID 是随机生成的，则该地址又叫作临时全球单播地址，如果是根据 IEEE EUI-64 规范得到的接口 ID，则该地址又称为公开全球单播地址。为了安全考虑，主机一般会使用临时全球单播地址和外网通信，除非是作为服务器等被动访问，需要固定 IP 地址，才会使用公开全球单播地址。

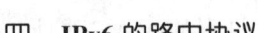

IPv6 为什么不使用 ARP 协议？

四、IPv6 的路由协议

IPv6 的路由协议与 IPv4 的类似，同样分成 IGP 与 EGP，其中 IGP 包括 RIP 的新版本 RIPng、OSPF 的新版本 OSPFv3、IS-IS 协议的新版本 IS-ISv6。EGP 主要包括 BGP4 的更新版本 BGP4＋。

（一）RIPng

RIPng 是对 RIPv2 的扩展。大多数 RIP 的概念都可以用于 RIPng。为了在 IPv6 网络中应用，RIPng 对原有的 RIP 进行了修改，主要包含：使用 UDP 的 521 端口发送和接收路由信息；使用 FF02::9 作为链路本地范围内的 RIPng 路由器多播地址；使用 128 位的 IPv6 地址作为路由前缀；下一跳地址使用 128 位的 IPv6 地址。

（二）OSPFv3

OSPFv3（RFC 2740）。用于支持 IPv6。OSPFv3 与 OSPFv2 的主要区别如下：

（1）修改了 LSA 的种类和格式，使其支持发布 IPv6 路由信息。

（2）修改了部分协议流程。主要的修改包括用 Router-ID 来标识邻居，使用链路本地地址来发现邻居等，使得网络拓扑本身独立于网络协议，以便于将来扩展。

（3）进一步理顺了拓扑与路由的关系。OSPFv3 在 LSA 中将拓扑与路由信息相分离，在一类、二类 LSA 中不再携带路由信息，而只是单纯的拓扑描述信息，另外增加了八类、九类 LSA，结合原有的三类、五类、七类 LSA 来发布路由前缀信息。

（4）提高了协议适应性。通过引入 LSA 扩散范围的概念进一步明确了对未知 LSA 的处理流程，使得协议可以在不识别 LSA 的情况下根据需要作出恰当处理，提高了协议的可扩展性。

（三）BGP4＋

传统的 BGP4 只能管理 IPv4 的路由信息，对于使用其他网络层协议（如 IPv6 等）的应用，在跨 AS 传播时会受到一定的限制。为了提供对多种网络层协议的支持，IETF 对 BGP4 进行了多协议扩展，形成了 BGP4＋（RFC2858）。

BGP4＋保持 BGP4 原有的消息机制和路由机制不变，引入两个网络层可达信息（network layer reachability information，NLRI）属性：一个是 MP_REACH_NLRI（多协议可到达 NLRI），用于发布可到达路由及下一跳信息；另一个是 MP_UNREACH_NLRI（多协议不可达 NLRI），用于撤销不可达路由。BGP4＋中的 Next Hop 属性用 IPv6 地址来表示，可以是 IPv6 全球单播地址或者下一跳的链路本地地址。

五、从 IPv4 向 IPv6 过渡

目前，IPv6 还不可能完全替代 IPv4，两者还会继续共存一段时间，需要有良好的转换机制，使对现有使用者的影响最小。IETF 推荐的转换机制有双协议栈技术、隧道技术、NAT 技术等。

（一）IPv6/IPv4 双协议栈技术

双协议栈机制就是使 IPv6 网络节点具有一个 IPv4 栈和一个 IPv6 栈，同时支持 IPv4 和 IPv6 协议。IPv6 和 IPv4 是功能相近的网络层协议，两者都应用于相同的物理平台，并承载相同的传输层协议 TCP 或 UDP。如果一台主机同时支持 IPv6 和 IPv4 协议，那么该主机就可以和仅支持 IPv4 或 IPv6 协议的主机通信。

（二）隧道技术

隧道技术就是当 IPv4 网络隔开了 IPv6 主机间的通信时，将 IPv6 数据包作为数据封装在 IPv4 数据包里，在 IPv4 网络上传输，似乎在源点和终点之间有个隧道。隧道对于源点和目的点是透明的，在隧道的入口处，路由器将 IPv6 的数据分组封装在 IPv4 中，该 IPv4 分组的源地址和目的地址分别是隧道入口和出口的 IPv4 地址，在隧道出口处，再将 IPv6 分组取出转发给目的站点。隧道技术的优点在于隧道的透明性，IPv6 主机之间的通信可以忽略隧道的存在，隧道只起到物理通道的作用。隧道技术在 IPv4 向 IPv6 演进的初期，应用非常广泛。但是，隧道技术不能实现 IPv4 主机和 IPv6 主机之间的通信。

（三）NAT 技术

NAT 技术是将 IPv4 地址和 IPv6 地址分别看作内部地址和全局地址，或者相反。例如，内部的 IPv4 主机要和外部的 IPv6 主机通信时，在 NAT 服务器中将 IPv4 地址（相当于内部地址）变换成 IPv6 地址（相当于全局地址），服务器维护一个 IPv4 与 IPv6 地址的映射表。反之，当内部的 IPv6 主机和外部的 IPv4 主机进行通信时，则 IPv6 主机映射成内部地址，IPv4 主机映射成全局地址。NAT 技术可以解决 IPv4 主机和 IPv6 主机之间的互通问题。

测试题 4-27

思考

IPv4 为什么不能一下子被 IPv6 代替？

第十节　移　动　IP

一、移动 IP 的基本概念

移动 IP（mobile IP）又称为移动 IP 协议，是由 IETF 开发的一种技术（RFC 3344）。这种技术允许主机移动到外地时，仍然保留其移动到外地之前的 IP 地址，用户的移动性对网络层之上的网络应用是透明的，用户的移动不影响与其他主机的持续

通信。移动 IP 一般应用于无线网络中，移动主机被称为移动站或站。

移动 IP 约定每个站必须有一个原始 IP 地址，即归属地址（home address），就是该主机初始接入网络时被分配的归属网络中的 IP 地址，作为站的永久地址，归属网络中进行移动管理的代理叫作归属代理（home agent）。代理一般是站所在链路中的服务器或路由器，也可以是站本身。

当站 A 移动到另一个地点时，接入的网络称为被访网络（visited network）或外地网络（foreign network）。被访网络中使用的代理称为外地代理（foreign agent）。为站 A 在被访网络中创建的临时地址称为转交地址（care-of address）。站 A 需要将转交地址发给自己的本地代理，进行注册，以便本地代理到达转交地址的路由选择。

如果某主机 B 要访问已经移动到外地网络中的站 A，则可以采用间接路由选择方式（图 4-64），也可以采用直接路由选择方式（图 4-65）。

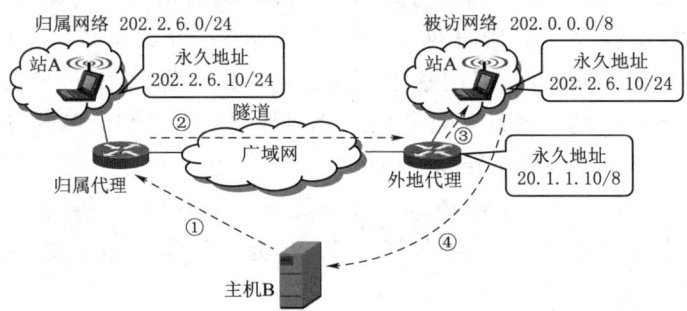

图 4-64　移动 IP 中的间接路由选择示意图

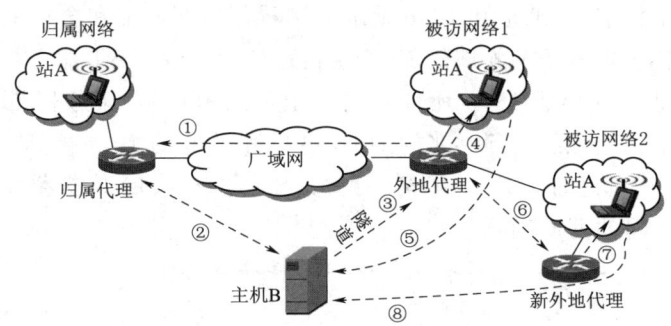

图 4-65　移动 IP 中的直接路由选择示意图

图 4-64 中，站 A 从归属网络 202.2.6.0/24 漫游到了被访网络 20.0.0.0/8，站 A 会在被访网络的外地代理处注册，被分配一个转交地址 20.1.1.10/8，外地代理将转交地址告知站 A 归属网络中的归属代理，此时的外地代理又叫锚外地代理。主机 B 和站 A 之间的通信过程如下：

（1）主机 B 需要和 IP 地址为 202.2.6.10/24 的主机通信，数据包一定会发送到网络 202.2.6.0/24。

（2）网络 202.2.6.0/24 中的归属代理将主机 B 发送给站 A 的数据包采用隧道技术再次封装，以主机 A 的转交地址为目的地址，发送到锚外地代理。

（3）锚外地代理解封装后，将主机 B 发送的原始数据包发送给站 A。

（4）站 A 继续使用自己的永久地址 202.2.6.10/24 作为源地址，给主机 B 发送数据包。从而实现站 A 即使漫游至外地，IP 地址保持永久地址不变。

图 4-64 中的间接路由选择方式，又被称作三角形路由选择。

图 4-65 中，站 A 离开归属网络，漫游到被访网络 1 时，被访网络 1 中的外地代理，是站 A 的第一次异地网络代理，即是再次漫游时的锚外地代理，后来站 A 又漫游到被访网络 2。在站 A 从归属网络离开，一直漫游的过程中，其可以和主机 B 一直保持通信。主机 B 也需要配置通信代理，让其与站 A 的归属代理进行通信，直接获取站 A 的锚外地代理分配的转交地址。具体过程如下：

（1）站 A 漫游到了被访网络 1，会和锚外地代理建立关联，被分配一个转交地址，外地代理将转交地址告知站 A 的归属代理。

（2）主机 B 和站 A 通信时，站 A 的归属代理直接将站 A 的转交地址告知 B。

（3）主机 B 利用隧道技术将发送给站 A 的数据包，发送到站 A 的转交地址。

（4）锚外地代理将主机 B 发来的数据报文解封装后，发送给站 A。

（5）站 A 继续使用永久地址和主机 B 进行通信。

（6）站 A 继续漫游到了被访网络 2，和被访网络 2 建立关联后，其外地代理会将新的转交地址告知锚外地代理。锚外地代理收到主机 B 发来的数据报文后，以新转交地址为目的地址进行封装后，转发到被访网络 2 内的新转交地址。

（7）新外地代理将报文解封装后，发送给站 A。

（8）站 A 继续使用永久地址和主机 B 保持通信。

如果站 A 继续漫游到另一个网络，则这个网络的外地代理仍然要和锚外地代理联系，以便让锚外地代理把发给 A 的数据报转发过来。

当站 A 返回归属网络时，向本地代理注销转交地址，使用归属地址接入互联网。

测试题 4-28

二、移动网络对高层协议的影响

移动站漫游时，会经常切换移动用户的接入点。移动站和不同的 AP 建立关联，移动用户更新相关联的 AP 需要一定的时间，网络的连接就会发生很短时间的中断，就可能造成 TCP 报文段的丢失。如果无线信道受到电磁干扰或恶劣天气影响，则可能会出现严重的比特差错，TCP 发送方也会长时间收不到确认。发送方若出现超时，或者收到冗余确认，发送方的拥塞控制就会采取措施，减小其拥塞窗口，使 TCP 发送方的发送速率降低，网络性能下降。

解决上面移动网络存在的问题，可以考虑本地恢复策略，比如可以让 TCP 发送方知道什么地方使用了无线链路。如果是移动网络造成的 TCP 报文段丢失、超时、出错等，就不采用拥塞控制策略，只有有线网络部分发生了拥塞时，TCP 才采用拥塞控制策略。可以将移动用户的端到端的 TCP 连接拆成有线链路和无线链路的串接，以便减小移动网络对网络性能的影响。

测试题 4-29

第十一节 多协议标记交换

在传统的 IP 网络中，如果有大量的分组需要交换，则路由器需要不断查询路由表进行转发，可能会丢弃一些分组。为了解决快速交换引起的问题，结合 ATM（asynchronous transfer mode）网络的定长标签快速转发技术，IETF 于 1997 年提出了一种网络技术——多协议标记交换（multi-protocol label switching，MPLS）。MPLS 利用标记实现数据包快速交换和路由，支持多种网络层协议，兼容多种数据链路层技术，工作于 OSI 参考模型的第二层和第三层之间，被称为 2.5 层技术。

一、MPLS 首部格式

MPLS 既支持面向连接的二层网络，如 PPP、ATM、帧中继等网络，也支持无连接的网络，如以太网。图 4-66 给出了 MPLS 在以太网中应用时的报文格式，MPLS 首部一般称为 MPLS 标签或 MPLS 标记。

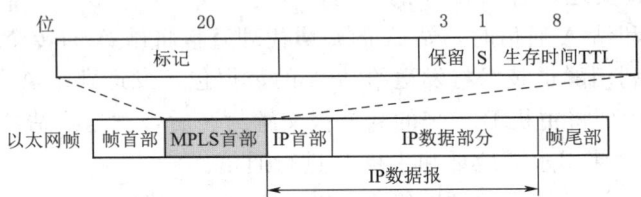

图 4-66 MPLS 在以太网中应用时的报文格式

MPLS 首部的四个字段如下：

（1）标记，20 位字段。标记编号最大可以是 20 位，0～15 为特殊标记，16～1023 为静态配置标记，1024 及以上为动态标记。

（2）保留，3 位字段。目前保留位用作试验。

（3）S，1 位字段。MPLS 支持多重标记，就是一帧内可以有多个 MPLS 首部，距离帧的首部最近的是栈顶，距离 IP 首部最近的是栈底，S 值为 1 表明此首部为栈底。

（4）生存时间 TTL，8 位字段。MPLS 分组的生存时间，作用同 IP 报文首部的 TTL。

从图 4-66 中可以看出，MPLS 首部就是在 IP 首部前面插入的一个 4 字节的首部，然后其被封装到一个以太网帧中，如果以太网帧的目的 MAC 地址是单播地址，则协议字段值为 0x8847，如果目的 MAC 地址是多播地址，则协议字段值为 0x8848。路由器可以根据收到帧的协议字段，来判定是含有 MPLS 标记的分组，还是普通的 IP 分组。

测试题 4-30

二、MPLS 的工作原理

利用面向连接的概念，使每个分组携带一个标记，当分组到达标记交换路由器（label switching router，LSR）时，根据分组的标记值检索转发表，从而快速转发分组。LSR 实际上就是支持 MPLS 技术的路由器，需要完成以下两大功能。

（1）控制。根据专用标记分发协议或扩展有 MPLS 功能的已有协议，进行标记的分配、标记转发表的建立、标记交换路径的建立和拆除、路由选择和路由表维护。

（2）转发。依据标记转发表转发分组。

下面利用图 4-67 简单介绍一下 MPLS 的工作原理。

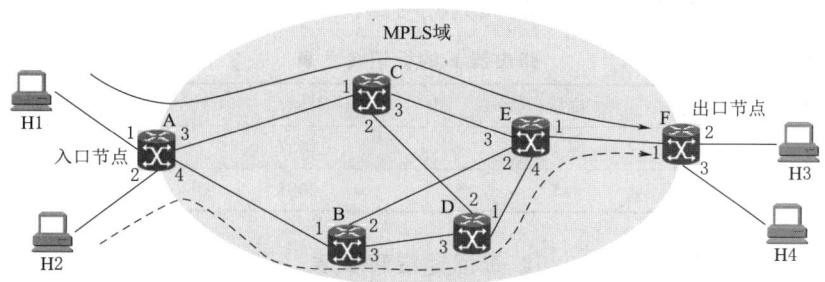

图 4-67　MPLS 工作原理举例示意图

图 4-67 中，LSR 网络构成一个 MPLS 域，域中存在两条标记交换路径，一条是带箭头的实线，另一条是带箭头的虚线，二者均是单向路径。标记交换路径要在转发带 MPLS 首部的报文之前建立，标记交换路径可以由管理员手工配置，称为静态的标记交换路径，也可以利用 MPLS 域内的路由协议（比如 OSPF）和标记发放协议动态产生，称为动态的标记交换路径。此路径，本质上是从出口节点逆向到入口节点的路径上的各个路由器分别存储了自己与相邻路由器之间的链路（隧道）信息，包括入接口、入标记、出接口、出标记、下一跳等。

MPLS 域内的路由器 A 为入口节点，路由器 F 为出口节点，二者均称为边缘路由器，中间的节点 B、C、D、E 称为转发路由器，由于路径为单向，所以相邻路由器互为上下游，比如 A 是 B 的上游，B 是 A 的下游。

为了简单说明 MPLS 的工作原理，用路由器的标记转发表来示意表达，实际上是根据路由表路由信息和已存储的标记信息映射后进行标记处理和转发。路由器 A 的标记转发表见表 4-19。

表 4-19　　　　　　　　　　路由器 A 的标记转发表

入接口	出接口	入标记	出标记
1	3	Null	1028
2	4	Null	2029

路由器 A 收到来自主机 H1 的 IP 报文时，给 IP 报文插入一个 MPLS 首部，该首部的标记字段值为 1028，再封装入以太网帧中，从接口 3 转发给下一跳路由器 C。如果 A 收到主机 H2 的 IP 报文，则给 IP 报文插入一个 MPLS 首部，该首部的标记字段值为 2029，再封装入以太网帧中，从接口 4 转发给下一跳路由器 B。

路由器 C 会根据自己的标记转发表（表 4-20），将 MPLS 首部的标记值从 1028 变更为 1027 后，将报文从接口 3 转发到其与路由器 E 的接口 3 之间的通路。

表 4-20　　　　　　　　　　路由器 C 的标记转发表

入接口	出接口	入标记	出标记
1	3	1028	1027

路由器 E 会根据自己的标记转发表（表 4-21），将 MPLS 首部的标记值从 1027 变更为 1026 后，将报文从接口 1 转发到其与路由器 F 的接口 1 之间的通路。

表 4-21　　　　　　　　　　　路由器 E 的标记转发表

入接口	出接口	入标记	出标记
3	1	1027	1026
4	1	2027	2026

路由器 F 根据入标记值 1026，查询标记转发表（表 4-22），将 MPLS 首部从帧中弹出，得到原始 IP 报文，从接口 2 转发出去。

考虑到出口节点路由器 F 需要逆向计算标记交换路径、运行路由协议和转发等，MPLS 首部 S 位为 1 的栈底首部可以在倒数第二跳弹出，就是在路由器 E 弹出，此时，路由器 E 的标记转发表见表 4-23。

表 4-22　　　　　　　　　　　路由器 F 的标记转发表

入接口	出接口	入标记	出标记
1	2	1026	Null
1	3	2026	Null

表 4-23　　　　　　　　　　　路由器 E 的标记转发表

入接口	出接口	入标记	出标记
3	1	1027	3
4	1	2027	3

表 4-23 中的标记值 3，是个特殊的标记，表示一个隐式空标记，告诉出口边缘路由器，所有 MPLS 首部已弹出，可以直接查路由表转发分组。

MPLS 有个很重要的概念就是转发等价类（forwarding equivalence class，FEC），转发等价类就是路由器按照同样方式处理的分组集合。在图 4-66 中的 MPLS 域内，网络管理员就设置了两个转发等价类，它们沿着两条不同的标记交换路径，从路由器 A 分别到达主机 H3 和主机 H4，一个转发等价类的全部分组对应着同样的标记，有着相同的转发路径。采用转发等价类就可以方便地均衡网络负载，这种做法被称为流量工程（traffic engineering，TE）或通信量工程。

MPLS 源于 IPv4 协议，结合 IP 网络的三层路由功能和传统二层网络高效的转发机制，采用面向连接的方式实现高效转发，不仅能与 IP、ATM、帧中继、以太网等进行无缝融合，而且能很好地实现流量工程、VPN、QoS 等网络应用。

测试题 4-31

图 4-67 中，相邻路由器之间的入标记和出标记之间有什么关联吗？请思考路由器 B 和路由器 D 的标记转发表会有哪些表项？

思考

第十二节 软件定义网络

一、SDN 架构

Internet 等传统网络采用的路由器、防火墙、负载均衡器等设备,均把软件捆绑于设备中,导致网络构建和运维成本昂贵,网络安全性也受到设备厂商的影响,于是,SDN(软件定义网络),一种解耦控制软件和网络硬件设备、增值业务开源自研的新型网络架构诞生了。SDN 标准组织 ONF(open networking foundation)将 SDN 架构分为如图 4-68 所示的三层。

SDN 架构网络实现了路由控制与数据转发分离、集中控制,并且开放控制器的应用程序接口(application program interface,API)。控制器向

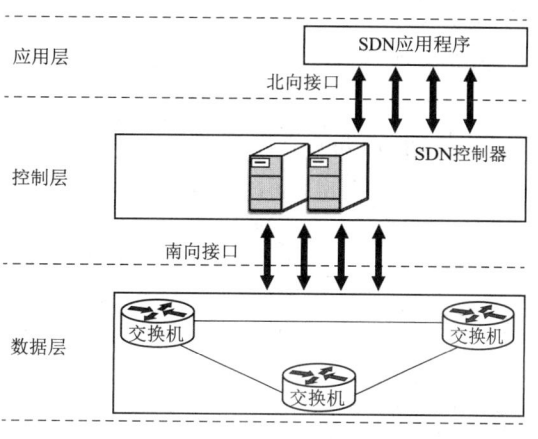

图 4-68 SDN 架构

应用层开放的 API 为北向接口,直接面向业务应用服务,方便业务应用编程,而控制器与底层网络之间的接口为南向接口,可以理解成数据层的编程接口,直接决定了 SDN 架构的可编程能力。南向接口、北向接口目前没有统一的标准。

应用层包括各种不同的业务应用。控制层负责数据层资源的编排、维护网络拓扑和状态信息等,SDN 控制器成为下级设备的管理者,只需要像配置软件程序一样,进行简单部署,就可以让网络实现新的路由转发策略,无须单独配置数据层的网络设备。对下级设备的控制方式就是根据接口协议下发流表(flow table)。开源的 SDN 控制器有多种,其中 OpenDaylight 由 Linux 基金会管理,已成为最受瞩目的开源 SDN 控制器。SDN 控制器是整个 SDN 网络的核心大脑,掌握着全网的网络设备。一般多台控制器形成分布式集群,通过分布式协作确保网络状态的一致性,避免单点故障。目前,SDN 控制器的核心技术包括链路发现和拓扑管理、高可用和分布式状态管理、自动化部署以及无丢包升级。

数据层负责数据处理、转发和状态收集。如何转发由 SDN 控制器决定,该层中设备只根据流表,专注于数据包的高速转发,彻底变成了白盒设备,降低了交换设备的复杂度。实际上,南向通用协议定义的是通用可编程数据层,支持用户通过软件编程的方式任意定义数据层的能力,包括数据包的解析、处理等功能。

测试题 4-32

思考　软件定义网络比基于分层的 OSI/RM 体系结构的网络有哪些优势?

二、OpenFlow 协议

南向接口中流行的协议之一是 OpenFlow，此协议规定了 SDN 转发设备的基本组件和功能要求，以及与控制器通信的协议。OpenFlow 协议定义了 OpenFlow 交换机、流表、OpenFlow 通道以及 OpenFlow 交换协议。OpenFlow 协议 1.0 版本，只支持一级流表，能实现数据链路层帧和 IPv4 分组的转发等基本功能。OpenFlow 协议 1.0 以后的版本，增加了对 IPv6、MPLS、多播和 ECMP（等价多路径路由）等技术的支持，支持多级流表、组表、计量表等更多功能。下面仅介绍 OpenFlow 协议 1.0 版本。

（一）OpenFlow 交换机

OpenFlow 交换机示意图如图 4-69 所示，主要由控制通道和数据通路组成，而数据通路又包括流表、接口、组表和计量表等。OpenFlow 协议 1.0 版本不支持组表和计量表，且只有一张流表。

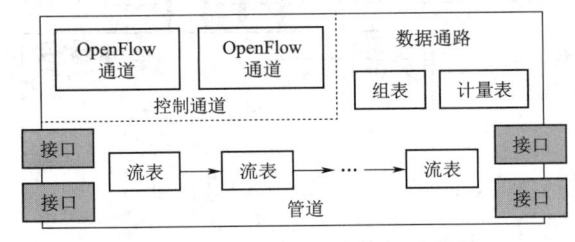

图 4-69　OpenFlow 交换机示意图

接口包括物理接口、逻辑接口以及预留接口，是交换机进行数据交换的网络接口。物理接口就是交换机的硬件物理接口，逻辑接口指的是链路汇聚端口、隧道、环回接口等，预留接口的本质就是进行特别的转发动作时的出接口，如发给控制器、泛洪、传统交换机交换等 OpenFlow 通道，就是交换机和控制器之间运行 OpenFlow 交换协议时，进行通信的安全通道。

SDN 体系中，所有的数据都以"流"为单位进行处理。"流"指的是同一时间内，经过同一网络并且具有相同属性的数据包集合，这里的属性一般指的是源端、目的端的 IP 地址和端口。流表，类似于传统网络的转发表，是 OpenFlow 交换机将报文转发出去的依据。流表存储流表表项，如果有多级流表，则以流水线的方式处理。图 4-70 是流表表项的各个字段。

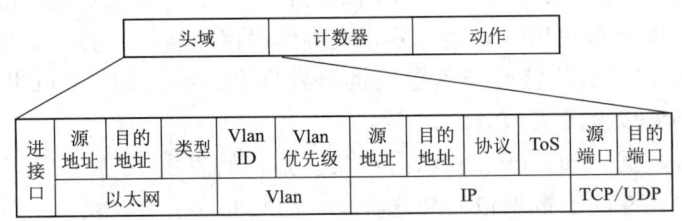

图 4-70　流表表项的各个字段

流表由多个表项组成，每个表项由头域（匹配域）、计数器和动作组成，匹配域不仅有进接口，还有 11 个匹配项。每个表项的优先级越高，就放在流表的前面，交换机收到流并查询流表后，根据 OpenFlow 协议作出相应的动作。

流表中的计数器主要对每张表、每个端口、每个流等进行计数，方便流量监管，为流量可视化奠定了基础。

在 OpenFlow 1.0 中，对流表中的动作规定了必备动作和可选动作。转发和丢弃属于必备动作，包含以下几种情况：向所有出口（不含入口）转发、封装报文转发给控制器、发给交换机的环回口、从入口发出、执行流表表项对应的动作（指定出口转发）、匹配表项中动作不明确丢弃。根据用户需求，在控制器上可以给数据层的交换设备设置可选动作，根据 OpenFlow 协议报文将可选动作写入流表，下发给交换机，常见的有：按照传统交换机的二层或三层进行转发动作，通过最小生成树从出口泛洪，将包转发到某个端口的队列实现流控，修改数据包二层~四层的首部内容。

控制器向 OpenFlow 交换机下发流表，有以下两种方式。

（1）主动下发。在数据包到达 OpenFlow 交换机之前就已经下发流表。这种方式不存在控制器的瓶颈问题，是主流。

（2）被动下发。OpenFlow 交换机收到第一个数据包后，发现没有与之匹配的流表表项时，将该数据包转发给控制器处理，控制器计算好合适的表项后，给交换机下发流表表项更新消息。这种方式增加了流表设置的时间，也增加了控制器的处理负担。

组表用于定义一组可被多个流表表项共同使用的动作，提高交换效率。计量表用于计量和限速，用于流量控制。

（二）OpenFlow 交换协议

OpenFlow 交换协议基于传输层安全性（transport layer security，TLS）或 TCP，实现控制器配置和管理交换机、接收交换机发出的事件、下发流表等信息交互功能。该协议支持三种类型的报文，见表 4-24，表中仅仅列出三种报文的部分子类型报文。

表 4-24　　　　　SDN 控制器与 OpenFlow 交换机通信报文类型

类　型	子类型	作　用
Controller - to - Switch 类型（控制器下发给交换机）	Flow - Mod 报文	流表操作：添加、删除、修改流表表项
	Packet - Out 报文	指定交换机将数据包从指定端口转发出去
	Port - Stats 报文	获取交换机的端口统计信息，用于计算丢包率和吞吐量
Asynchronous（异步）类型（交换机发给控制器）	Packet - in 报文	交换机需要把数据报文交给控制器
	Flow - Removed 报文	流表表项被删除
	Port - Status 报文	交换机端口状态发生变化
Symmetric（对称）类型（控制器或交换机均可主动发给对方）	Hello 报文	通道建立时发送的报文
	Echo 报文	通道带宽测量或检查通道连接状态
	Error 报文	通告错误

（三）交换机工作举例

【例】OpenFlow 交换机转发数据包的基本工作原理。

如图 4-71 所示，假定现在 SDN 控制器给 3 个交换机 S1、S2、S3 下发的流表，依次为表 4-25、表 4-26、表 4-27。

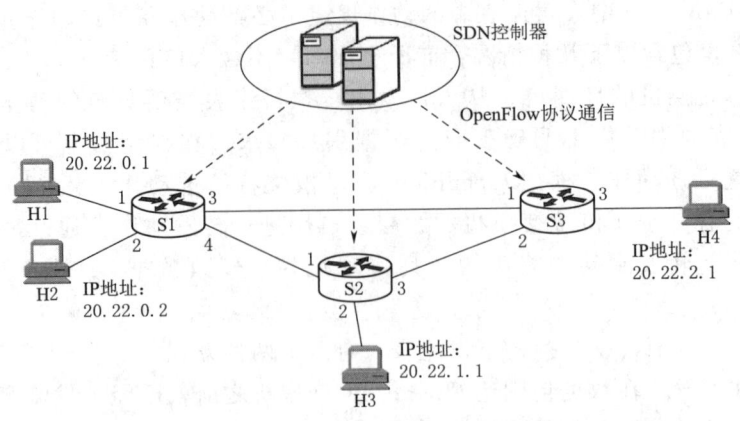

图 4-71 OpenFlow 交换机工作原理举例

表 4-25　　　　交换机 S1 的流表（未写计数器）

匹　配　域	动　作
进接口=1；目的地址=20.22.2.*	接口 3 转发
进接口=2；目的地址=20.22.2.*	接口 4 转发

表 4-26　　　　交换机 S2 的流表（未写计数器）

匹　配　域	动　作
目的地址=20.22.1.*	接口 2 转发
目的地址=20.22.2.*	接口 3 转发
目的地址=20.22.0.*	接口 1 转发

表 4-27　交换机 S3 的流表（未写计数器）

匹　配　域	动　作
源地址=20.22.0.*；目的地址=20.22.2.*	接口 3 转发

表 4-25 让交换机 S1 将主机 H1 和主机 H2 到达目的网络 20.22.2.0 的流量进行了分流，分别流经交换机 S1 的接口 3、接口 4 链路，最终到达目的网络，实现了负载均衡的功能。表 4-26 让交换机 S2 可以将流分别发送到 3 个不同的网络，实现基本的转发功能。表 4-27 说明交换机 S3 对待目的网络地址是 20.22.2.0 的数据包，只接收来自 20.22.0.0 网络的主机发送的报文，拒绝接收其他网段主机发来的报文，不论入接口是 S3 的接口 1 还是接口 2，交换机此时相当于实现了一个防火墙的作用。

（四）SDN 的优势

目前，SDN 工作在 OSI 参考模型体系结构自底向上的第二层到第三层，从 SDN 的设计架构和开源理念出发，其具有以下优势：网络硬件实现控制平面和转发平面解耦，硬件简化，只需要关注数据的处理和转发，与业务特性解耦，加快了新业务的引入速度；网络可编程化，网络配置具有灵活性，动态调整网络设备的配置，不需要人工配置；网络的部署、运维和故障诊断可视化、自动化。

测试题 4-33

实 践 应 用 案 例

计 算 机 网 络 构 建

一、实践任务

以某个大学校区内，计算机信息平台2号楼实验楼网络工程项目的应用需求为背景，规划一个需要布置到6层楼的计算机网络，约30个机房，共计1600多台计算机，大学英语视听、大学计算机基础、机械制图和画法几何、新媒体艺术、多种计算机语言等多门课程需要计算机，有些课程需要上网，有些课程不允许上网，有一般网络应用、监控、服务器、存储、信息发布、电子教室、中控和投影等多个系统需要提供网络平台。利用计算机网络实验室的路由交换设备、应用网络设计规划、地址分配、VLAN划分、路由协议、网络管理、多播协议、地址转换、访问控制等技术，构建满足以上需求的计算机网络。

二、综合组网的总体规划

（1）信息平台网络采用 TCP/IP 体系结构，以满足与其他网络系统互联互通的要求。

（2）以分层次的方法划分网络。核心层负责高速数据交换，汇聚层负责路由汇聚及流量收敛，接入层负责接入和本地流量控制。不同层次使用不同级别的千兆交换机，出口路由器采用中高端路由器。

（3）采用 NAT 技术规划网络。IP 地址的划分采用每个机房一个网段。NAT 采用基于端口的 NAPT 技术，为 Web 服务器静态 NAT 一个固外网 IP 地址。

（4）采用 ACL 控制机房的访问。

（5）采用支持 IPv6 协议、DHCP、路由协议、多播协议及安全性高的设备。

（6）可靠性设计包括设备本身的可靠性、链路备份技术、设备备份技术和路由备份技术。

三、总体网络构建示例

组网时，由于用户较多，所以需要设计汇聚层和核心层，如图 4-72 所示。

四、实践步骤

（一）网络地址和 IP 地址编址

根据计算机台数，进行 IP 地址分配，包括私有地址和公有地址的统一分配。

（二）交换机和路由器的配置

（1）工作站配置，能访问局域网及外网。

（2）二层交换机进行 VLAN 的划分。

（3）三层交换机和路由器进行基本配置（静态路由、动态路由和默认路由）和备份链路配置。

（4）路由器配置静态路由和动态路由协议、IP 访问列表（控制对服务器的访问权限）、配置 NAT、配置链路冗余等。

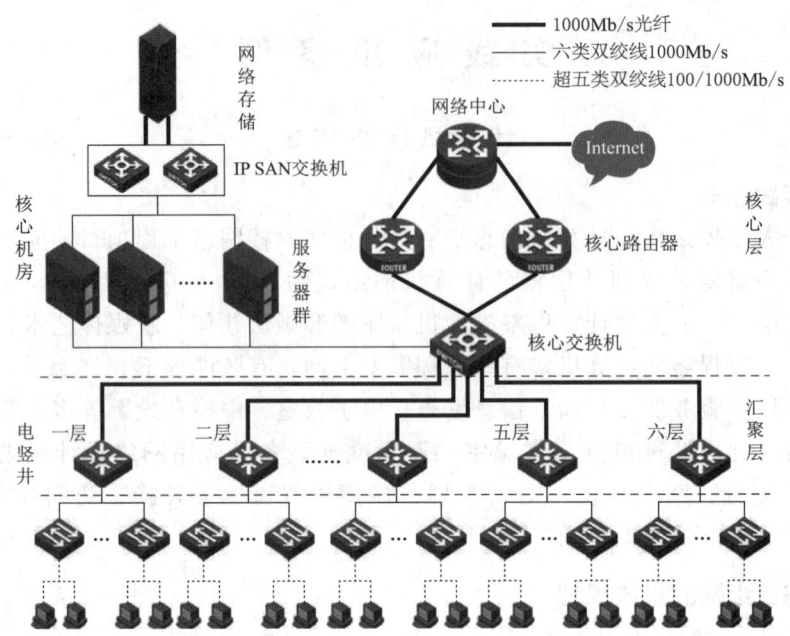

图 4-72　总体网络构建示例

(三) 网络服务器的建立和服务的配置

安装服务器，活动目录 AD，设置域和组（可选），建 Web 站点和 FTP 站点。可以选作配置 DNS、DHCP 和 E-Mail 服务器。

本　章　小　结

(1) 网络层互联不同类型的局域网，承担着不同局域网帧格式转化、路由选择和分组转发、网络访问控制等功能，为传输层提供面向连接和面向无连接的分组交换服务。

(2) 路由器将分组交换出去之前，必须先选择下一跳，就是将该分组从自己发给自己的哪一个邻居，即确定从自身的哪一个出口（网络接口）将分组交换出去，发给哪一个接收的网络接口，即路由选择。路由选择的依据是路由器自己的路由表，而路由表的内容可以由网络管理者人工设置，也可以由路由器运行路由算法（路由协议）自动更新。路由器根据需要转发分组的目的网络地址查阅路由表，选出路由后，生成路由器转发表的一项，路由器交换模块根据转发表将分组交换出去。

(3) 网络层的核心协议是 IP。IP 通过建立基于报文交换的无连接网络，完成了底层异构物理网络之间的互联。IP 的主要功能在于网络报文的转发。当一个报文到达网络层时，IP 会根据报文中的目的 IP 地址得出目的网络地址，依据路由表逐步将报文送达目的主机。

(4) IP 的主要内容：IP 报文的格式、IP 地址和网络地址、IP 转发过程等。

(5) IP 地址为 32 位二进制，为了便于记忆，常见形式是点分十进制。IP 地址可

本 章 小 结

以表示为有子网掩码的分类（5类）形式，也可以表示为CIDR形式（有网络前缀）。利用延长掩码位数或增大网络前缀的方式，可以实现子网的划分；利用减少掩码位数或减小网络前缀的方式，可合并子网、构造超网。

（6）IP报文包括首部（最长60字节）和数据部分两部分。首部中的固定40字节分别对应了5行中不同字段。如果IP报文整体字节数超过1500字节，且需要穿越以太网，则需要将IP报文分片，因为以太网的MTU是1500字节。

（7）路由表中只存放下一跳的IP地址，没有下一跳的物理地址。IP报文在逐跳式向着目的主机前进时，如果当前路由器或主机不知道下一跳的物理地址，就无法将IP报文封装入帧中，经链路送给下一跳，此时就要运行ARP，根据下一跳的IP地址解析出其物理地址，帧头有了目的物理地址，IP报文就可以借助帧被送达给下一跳。

（8）IP不能提供可靠的服务，运行IP的主机如果发现异常，则可以借助ICMP来报告错误，ICMP也可以用来实现特定的查询和控制功能。

（9）网络层设备，就是具有路由与转发功能，可以处理网络层报文的设备，主要有三层交换机、路由器、防火墙、负载均衡设备等。不同的三层设备可以有多种功能。尤其是路由器，除了具有运行路由协议、维护路由表、帧结构转换、分组转发等互联异构网络的功能，还可以进行网络安全策略部署、网络管理等。

（10）路由器实时更新路由表的依据是自己运行的路由协议，而路由协议本质上就是基于路由算法的代码。RIP是一个基于距离向量路由算法的域内路由协议，串行路由器不能超过15个，适用于小型的AS。OSPF是一个基于链路状态的域内路由选择协议，可以将一个AS再划分为若干个区域，能够用于规模很大的网络。BGP用于在不同AS或不同区域的路由器之间交换路由信息，能让不同AS之间进行路由，是一种外部网关协议。

（11）为了缓解IPv4地址紧缺的问题，NAT充分利用私有地址（不能用于Internet）来实现让多数的上网主机轮流使用少数的公用IPv4地址，并且NAT还可以保护内网不受外网的攻击。

（12）VPN可以将分布在不同地区的主机利用隧道协议构建成一个虚拟的专用网。VPN有内联网VPN、外联网VPN和远程接入VPN三种应用类型。内联网VPN技术可以解决不同私有地址主机访问内部资源引起的问题。

（13）IP多播用于实现一台主机发送一份报文，同时被多台主机接收，即实现一对多通信。IP多播需要支持三层多播功能的路由器或三层交换机，这些多播设备需要运行多播路由协议。多播组内同一个局域网的组员（包括主机和多播路由器）之间运行IGMP。

（14）IPv6是IETF设计的用于替代IPv4的下一代互联网协议。IPv6地址为128位，有丰富的地址种类，实现便捷的功能。IPv6报文首部固定为40字节，可以紧跟多个扩展首部。IPv6具有网络层级的加密与鉴别功能。

（15）为了辅助IPv6主机之间的正常通信，ICMPv6不仅用于报告IPv6节点在数据包处理过程中出现的错误消息，实现简单的网络诊断功能，而且新增邻居发现功能（基于信息类报文的邻居发现协议和多播侦听者发现协议）以代替ARP，新增报文类型支持 IPv6 中的路由优化、IP 多播、移动 IP 等。

(16) 移动 IP 是由 IETF 开发的一种技术，允许主机移动到外地时，仍然保留其归属地址，用户的移动性对网络层之上的网络应用是透明的，用户的移动不影响与其他主机的持续通信。

(17) MPLS 工作于 OSI 参考模型的第二层和第三层之间，利用标记实现数据包快速交换和路由，不仅能与 IP、ATM、帧中继、以太网等进行无缝融合，而且能很好地实现流量工程、VPN、QoS 等网络应用。

(18) 软件定义网络是一种解耦控制软件和网络硬件设备、增值业务开源自研的新型网络架构。SDN 架构网络实现了路由控制与数据转发分离、集中控制，并且开放控制器的 API。控制器向应用层开放的 API 为北向接口，控制器与底层网络之间的接口为南向接口。南向接口中流行的协议之一是 OpenFlow，OpenFlow 规定了 SDN 转发设备的基本组件、功能要求、与控制器通信的协议。

习　　题

1. 网络层向上层提供的服务有哪两种？试比较其优缺点。
2. 网络层的转发和路由的区别和联系是什么？
3. 现实中异构网络互联有何意义？
4. 作为网络设备，集线器、网桥、交换机、路由器和网关分别工作在 OSI 参考模型的哪一层？
5. 试简单说明 IP、ARP 和 ICMP 的作用。
6. 分类 IP 地址分为哪几类？
7. 当某个路由器发现一 IP 数据报的检验和有差错时，为什么采取丢弃的办法而不是要求源站重传此数据报？
8. 什么是 MTU？它和 IP 数据报首部中的哪个字段有关系？
9. 一个 2980 字节的 TCP 报文传到网络层，加上 20 字节的首部后成为 IP 数据报，需要经过两段链路到达目的网络。第二段链路的 MTU 为 12000 比特。试问第二段链路向其上层要传送多少比特的数据？试计算每个分片的片偏移字段，MF 标志应为何数值？
10. 有关 ARP 的判断题（请直接在括号中打"√"或"×"）。
(1) 主机 A 要与主机 B 通信时，主机 A 先运行 ARP 得到 B 的物理地址，再利用该物理地址将帧发给 B。　　　　　　　　　　　　　　　　　　　　　　　(　　)
(2) 发送 IP 广播报文时，不需要运行 ARP。　　　　　　　　　　(　　)
(3) ARP 请求帧中的硬件地址可以不是硬件广播地址。　　　　　(　　)
11. 某单位分配到地址块 129.250.0.0/20。该单位有 4000 台机器，平均分布在 16 个不同的地点。试给每一个地点分配一个网络地址和子网掩码，并算出每个地点能分配给主机的 IP 地址的最小值和最大值。
12. 请比较两个 CIDR 地址块 208.128/11 和 208.130.28/22 的大小。

习 题

13. 有如下的 4 个 24 位地址块，试进行链路路由聚合，请写出聚合后的网络地址。

   20.22.176.0/24
   20.22.177.0/24
   20.22.178.0/24
   20.22.179.0/24

14. 设某路由器建立了如表 4-28 所示的路由表。

表 4-28　　　　　　　　　　某路由器的路由表

目的网络	子网掩码	下一跳
128.96.39.0	255.255.255.128	接口 0
128.96.39.128	255.255.255.128	接口 1
128.96.40.0	255.255.255.128	R2
192.4.153.0	255.255.255.192	R3
*（默认）	—	R4

现共收到 5 个分组，其目的站的 IP 地址分别为：①128.96.39.10；②128.96.40.12；③128.96.40.151；④192.4.153.17；⑤192.4.153.90；试分别计算这些分组转发的下一跳。

15. 假定网络中的路由器 B 和邻居均运行 RIP。B 的路由表有如下项目（目的网络、距离、下一跳）：

   N1　　7　　A
   N2　　2　　C
   N6　　8　　F
   N8　　4　　E
   N9　　4　　F

现在 B 收到从 C 发来的路由信息（目的网络、距离）为（N2,4）、（N3,8）、（N6,4）、（N8,3）、（N9,5），试求路由器 B 更新后的路由表（详细说明每项的原因）。

16. 试简述 RIP、OSPF 和 BGP 路由选择协议的主要特点。

17. 为什么 IP 多播不仅需要 IGMP，还需要多播路由选择协议？

18. 什么是专用地址？什么是 VPN？

19. 假设 NAT 路由器只拥有 1 个全球 IP 地址，若有多台专网主机想同时访问 Internet 上的资源，则会出现什么问题？当采用 NAPT 时，情况又会怎样？

20. 在 IGMP 中有了离开组报文和成员报告报文，是不是可以不需要路由器周期性发送成员查询报文了？请说明原因。

21. 与移动主机进行通信的通信主机，为什么不知道移动主机漫游到了外地？

22. 从 IPv4 过渡到 IPv6 的方法主要有哪些？

23. SDN 的体系结构主要由哪几个部分组成？它们之间有什么关系？

第五章

传输层

内容导读

传输层与网络层一起构成了计算机网络体系结构的核心部分。传输层在网络层提供服务的基础之上，把数据传输服务从两台网络终端设备之间扩展到了两台网络终端设备的进程之间，同时传输层为应用层使用网络提供了通信服务。本章将详细介绍传输层提供的服务，以及其中涉及可靠性、连接和拥塞控制、协议和性能等问题是如何解决的。

本章的主要内容如下：
(1) 传输层服务。
(2) TCP 和 UDP。
(3) TCP 连接建立和释放。
(4) TCP 可靠传输原理及实现。
(5) TCP 拥塞控制。
(6) 网络服务质量。

第一节 传输层概述

从计算机网络体系结构角度来看，传输层位于 OSI 参考模型中的第四层。传输层的最终目标是向它的用户提供高效的、可靠的和性价比高的服务，它的用户通常是应用层的进程。传输层提供传输层寻址、传输连接建立、数据传输、传输连接释放、流量控制、拥塞控制、多路复用和解复用、崩溃恢复等服务。传输层的服务分为面向连接的和无连接的两种。面向连接的传输服务一般要经历传输连接建立、数据传输、传输连接释放三个阶段。传输层中常见的两个协议分别是 TCP 和 UDP。

下面的章节，将简要介绍传输服务、进程之间的通信、传输层的端口以及传输层的两个主要协议。

一、传输服务

为了实现传输层的最终目标，传输层需要充分利用网络层提供给它的服务，在传输层内，完成这项工作的硬件或软件被称为传输实体（transport entity）。传输实体可以在主机的不同位置实现，例如，传输实体可以在操作系统内核中，以一个独立的用户进程运行，也可能包含在网络应用的程序库中，甚至可以在网卡上实现。应用层、传输层和网络层之间的逻辑关系如图 5-1 所示。

为了允许上层（应用层）用户访问传输服务，传输层必须为应用程序提供一个传

第一节 传输层概述

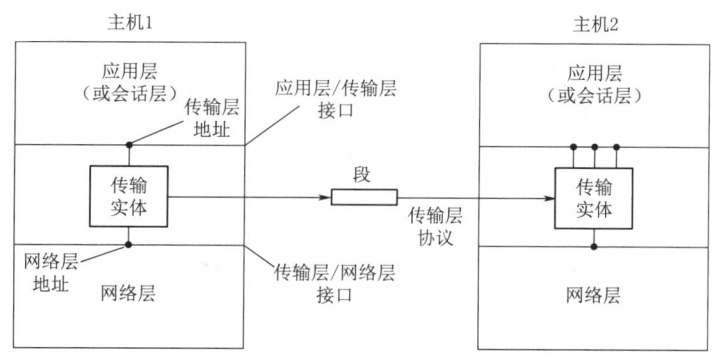

图 5-1　应用层、传输层和网络层之间的逻辑关系

输服务接口。传输服务使用原语（primitive）来实现所提供的服务，用户进程通过这些原语操作来访问服务，一个服务通常由一组原语来说明。面向连接的传输服务原语见表 5-1。

表 5-1　　　　　　　　　　面向连接的传输服务原语

原　语	含　义	原　语	含　义
LISTEN	阻塞操作，等待连接请求	RECEIVE	阻塞操作，等待报文
CONNECT	与等待中的对等实体建立连接请求	SEND	给对等实体发送一个报文
ACCEPT	接收来自对等实体的连接请求	DISCONNECT	终止一个连接

表 5-1 中的服务原语能简单地表达一个"请求/应答"或者"客户/服务器"模式的基本交互过程。

在传输实体之间发送的消息，使用术语段（segment）来表示，也有图书称为报文段，过去也使用传输协议数据单元（transport protocol data unit，TPDU）。段的构成放在本章第四节中进行具体介绍。

当两个传输实体之间传递消息时，例如一个应用进程与另一个远程应用进程建立连接时，它必须指定要连接到哪个应用进程上，也即寻址，这是传输层要实现的一个功能。通常使用的方法是为那些能够监听连接请求的进程定义相应的传输层地址，传输层地址可看作一个端点，在 Internet 中，这些传输层的端点被定义为端口（port）。通用术语传输服务访问点（transport service access point，TSAP）表示传输层的一个特殊端点。网络层上的类似端点（即网络层地址）称为网络服务访问点（network service access point，NSAP），IP 地址是 NSAP 的实例。关于端口，在后面有进一步的讨论。

在传输层上，通信双方可以使用简单原语建立连接、传输数据、释放连接，一个简单的连接建立和释放状态图如图 5-2 所示。

每个状态的迁移都是由某种事件触发的，这些事件可能是本地的传输用户执行了一个原语，或者是接收到了一个数据包。为了简化起见，假设每个段单独确认，采用了对称的连接释放模型，并且由客户先释放连接。请注意，这种模型是不完善的，后面在描述 TCP 如何工作时会给出更实际的状态转移模型。

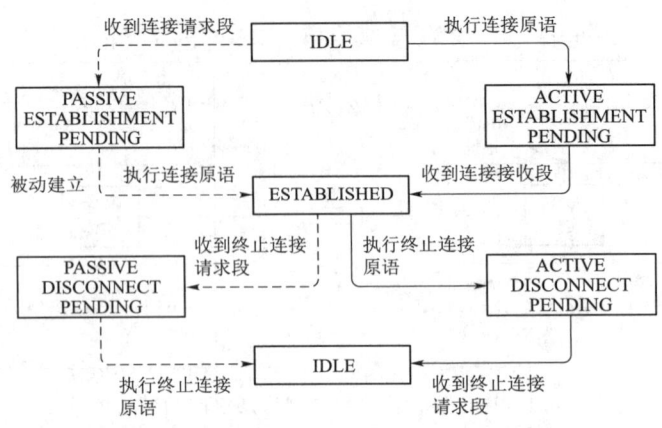

图 5-2 一个简单的连接建立和释放状态图

测试题 5-1

> 传输层的传输实体有哪些？在计算机网络的体系结构中，传输层的作用是什么？

二、进程之间的通信

在计算机网络中，两台主机的通信，实质上就是两台主机的应用程序进行通信。从操作系统的角度来看，进程是程序的一个执行周期，是正在运行的程序，是程序的执行实体，因此两个应用程序间的通信，本质上是进程之间的通信，进程之间的通信又称为端到端通信（end-to-end communication）。

从通信和信息处理的角度来看，传输层向它上面的应用层提供通信服务，把数据传输服务从两台主机之间扩展到了两台主机的进程（应用程序）之间。这里进程间通信与操作系统中进程间通信的方式是不同的。

下面结合五层网络参考模型，通过一个示意图（图 5-3）来描述两台主机进程间通信的方式。两台主机 A 和 B 进行通信，它们分别位于通过广域网连接的两个局域网 LAN-A 和 LAN-B 中。主机 A 的进程 AP1 和主机 B 的进程 AP3 进行通信，同时主机 A 的进程 AP2 与主机 B 的进程 AP4 进行通信。通过端口，应用层的进程与传输实体进行层间交互。可以说，传输层提供了进程间的逻辑通信。逻辑通信的意思就是沿水平方向来看，好像这种通信可以直接传输数据，但实际数据的传输是沿着图 5-3 中虚线方向经过多个层次实现的。

传输层向高层用户屏蔽了下面网络核心的实现细节，它使得应用进程好像在两个传输实体之间有一条端到端的逻辑通信信道，当这条逻辑通信信道采用不同的传输层协议时，表现为可靠信道（使用 TCP）或不可靠信道（使用 UDP）。

测试题 5-2

> 如何理解传输层提供了进程间的逻辑通信？

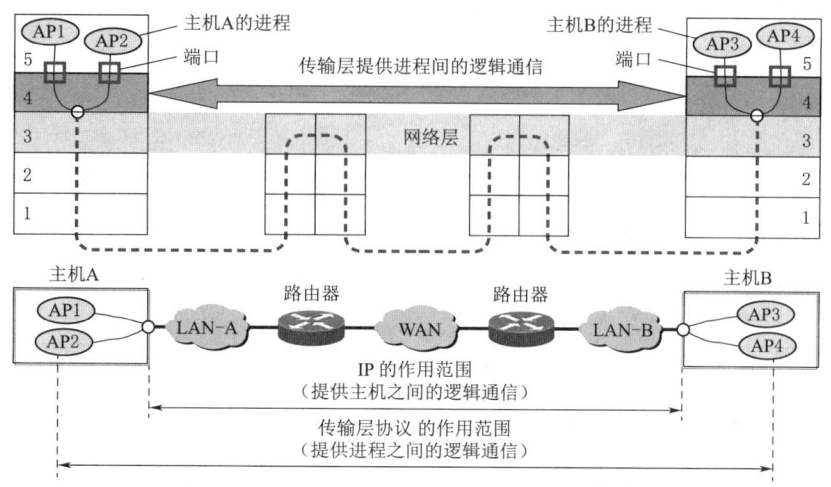

图 5-3　传输层提供了进程间的逻辑通信

三、传输层的端口

IP 数据报首部中有一个协议字段，用来标识网络层的上一层所采用的是哪一种传输层协议。根据这个字段值，就可以识别 IP 传输的数据部分究竟是 TCP 的内容，还是 UDP 的内容，或者使用了其他协议。

同样，在传输层，为了识别自己所传输的数据部分究竟应该发给哪个应用进程，也设定了这样一个编号。以邮寄包裹为例，邮递员（IP）根据收件人地址（目的 IP 地址）向目的地（计算机）投递包裹（IP 数据报）。包裹到达目的地以后由对方（传输层协议）根据包裹信息判断最终的接收者（接收端应用进程）。因此，包裹信息不仅要包含收件人地址，还应包括具体的接收者姓名。

在 TCP/IP 通信中也是如此，需要指定具体的接收者，即"应用进程"。为了实现这一功能，使用端口号（简称为端口，注意此处的端口与路由器、交换机等设备上网卡的接口是不同的）这样一种识别码来区别应用进程。根据端口就可以识别在传输层上一层的应用层中所要进行处理的具体程序（一个程序可以使用多个端口，每个端口对应一个进程）。

（一）复用和分用

在一台主机中经常有多个进程（例如主机 A 的 AP1 和 AP2）同时分别与另外一台主机的多个进程（例如主机 A 的 AP3 和 AP4）进行通信，这需要传输层实现一些重要的功能——复用（multiplexing）和分用（demultiplexing），也称为多路复用和多路分用。应用层所有的应用进程都可以把数据通过传输层再传给网络层，这就是复用；传输层从网络层收到发送给各应用进程的数据后，必须分别交给指定的各应用进程，这就是分用。

（二）端口的作用

对于接收方，主机接收一个 IP 数据报，该 IP 数据报携带源 IP 地址和目的 IP 地址。对 IP 数据报解封装后得到一个传输层的协议数据单元（报文段或用户数据报），其中的源端口和目的端口对应源进程和目的进程,传输层协议根据端口来正确地分发数据,如图 5-4 所示。

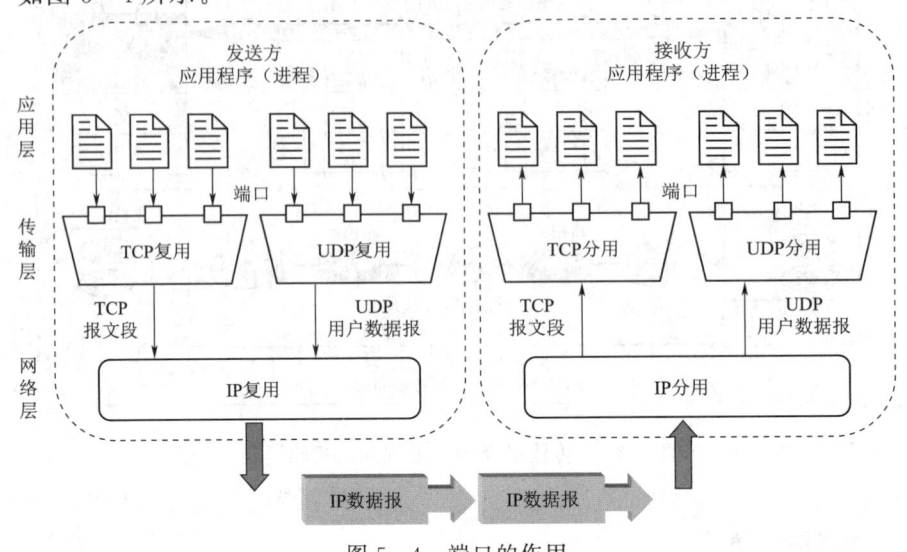

图 5-4 端口的作用

(三) 端口

TSAP 是上层(应用层)调用下层(传输层)的一个逻辑接口,其实就是所说的端口。端口用来标识应用层的进程。

在传输层中,端口用一个 16 位二进制来表示,所以共有 65535 个端口。端口只具有本地意义,也就是在同一个设备内,各个进程具有不同的端口。

端口按照使用的情况,可以分为 3 类。一般将 0~1023 号端口分配给一些公用的网络协议或应用,这一类端口的分配被广大使用者所接受,事实上成了一种准则,称为公认端口(也叫熟知端口)。另外,登记端口(也叫注册端口)的取值范围是 1024~49151,松散地绑定于一些服务。剩下的端口称为动态或私有端口,范围是 49152~65535,供个人用户使用。表 5-2 列出了一些常用的端口及其对应协议。

表 5-2 常用的端口及其对应协议

协议或应用进程	FTP	TELNET	SMTP	DNS	HTTP	POP	RPC
端口	20、21	23	25	53	80	110	135
协议或应用进程	NetBIOS 服务	打印机共享服务	IMPA	SNMP	HTTPS	远程服务访问端口	HTTP 代理
端口	137、138	139	143	161	443	3389	8080

(四) 套接字 (socket)

应用程序在使用 TCP 或 UDP 时,会用到操作系统提供的类库,这种类库一般被称为应用程序接口。

使用 TCP 或 UDP 通信时,又会广泛使用到套接字的 API。套接字原本是由 BSD UNIX 开发的,后被移植到了 Windows 的 Winsock 以及嵌入式操作系统中。应用程序利用套接字，可以设置对端的 IP 地址、端口，并实现数据的发送与接收。

TCP/UDP 通信中通常采用 5 个信息来识别（这个信息可以在 Unix 或 Windows 系统中通过 netstat - n 命令显示）一个通信。它们是源 IP 地址、目标 IP 地址、协议号、源端口、目标端口。只要其中某一项不同，则被认为是其他通信。

测试题 5-3

端口的作用是什么？在传输层中，如何利用端口实现复用和分用？

四、传输层的两个协议

传输服务由传输层协议实现，两个传输实体之间的通信必须使用传输层协议。TCP/IP 体系结构的传输层有两个主要的协议 TCP 和 UDP。

传输层的第三种协议为流控制传输协议（stream control transmission protocol，SCTP）。有文献将实时传输协议（real - time transport protocol，RTP）和实时传输控制协议（real - time transport control protocol，RTCP）也放在传输层来讨论。

TCP 用于在传输层有必要使用可靠传输的情况。由于它是面向有连接并具备顺序控制、重发控制等机制的，所以它可以为应用提供可靠传输。UDP 主要用于那些对高速传输和实时性有较高要求的通信或广播通信。使用 TCP 和 UDP 的各种应用和应用层协议：DNS、TFTP、RIP、DHCP 使用 UDP；HTTP、FTP、BGP、TEL-NET 和 SMTP 使用 TCP（详见第六章）。

视频 5-1

测试题 5-4

TCP 和 UDP 有哪些应用？

第二节　UDP

Internet 的传输层有两个主要协议，两个协议互为补充。UDP 是无连接协议，为应用程序提供了一种无须建立连接就可发送封装的 IP 数据报的方法，除了复用和分用以及差错检测的功能，几乎没有对网络层增加别的功能。

一、UDP 概述

UDP 不提供复杂的控制机制，利用 IP 提供面向无连接的通信服务。即使是在出现网络拥堵的情况下，UDP 也无法进行流量控制。此外，传输途中即使出现丢包，UDP 也不负责重发，甚至当包的到达顺序错乱时，UDP 也没有纠正的功能。UDP 对传输的数据提供不可靠的、尽最大努力交付的服务。

UDP 的主要特点如下：

（1）无连接的。

（2）提供尽最大努力交付的服务。网络层将该传输层报文封装到一个 IP 数据报中，然后尽力而为地尝试将此数据报交付给接收主机。

（3）面向报文的。

（4）没有拥塞控制，很适合多媒体通信的要求。

（5）支持一对一、一对多、多对一、多对多的交互通信。

（6）首部开销小，仅 8 字节。

测试题 5-5

发送方的 UDP 对应用程序交下来的报文，在添加首部后就向下交付给网络层。UDP 对应用层交下来的报文，既不合并也不拆分，也就是说，应用层交给 UDP 多长的报文，UDP 就照样发送，即一次发送一个报文。接收方的 UDP 对网络层交来的用户数据报，在去除首部后就交付给上层的应用进程，一次交付一个完整的报文。

 UDP 的主要特点有哪些？什么样的应用通信可能使用 UDP？

二、UDP 用户数据报的首部

UDP 传输的用户数据报由 8 字节的首部和数据部分构成。图 5-5 描述了 UDP 用户数据报首部。两个端口分别用来标识源机器和目标机器内部的端点。当一个 UDP 用户数据报到来时，它的数据部分被递交给与目的端口相关联的那个进程。

长度字段占 2 字节，包含了首部和数据两部分的总长度，最小长度是 8 字节，刚好覆盖 UDP 首部，最大长度为 65535 字节，恰好为 16bit 的最大字节数，包含的最大数据长度为 65527 字节。

检验和字段占 2 字节。检验和提供了额外的可靠性。计算检验和时，需要加入一个 12 字节的伪首部，它包含源主机和目的主机的 IP 地址（8 字节）、1 字节的全零字段、1 字节的 UDP 的协议号（17），以及 UDP 数据报的总长度。把首部、数据部分和伪首部一起校验。执行检验和计算的时候，检验和字段先被设置为 0，如果数据字段的长度是奇数，则用零填充成偶字节。

检验和算法很简单，先按 16 位字的补码相加求和，再取总和的补码。当接收端对整个数据报计算检验和时，要包括 UDP 检验和字段，正确的结果应该为 0。如果发送端没有计算检验和，则将该字段值填为 0，因为补码计算结果可能碰巧是 0，则存储为全 1。

视频 5-2

此处的伪首部只参与计算检验和，在 UDP 检验和计算中包含伪首部有助于检测出被错误上交的数据包，但使用 IP 地址的做法实际违背了协议分层的原则。

测试题 5-6
 UDP 首部的检验和如何计算？伪首部的作用是什么？可能带来什么风险？

180

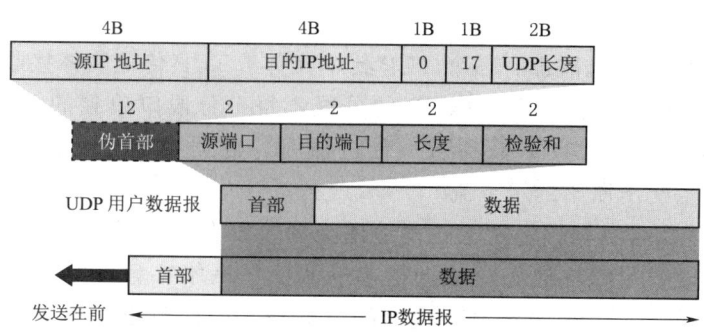

图 5-5　UDP 用户数据报首部

三、UDP 应用

UDP 是面向无连接的，它可以随时发送数据，再加上本身的处理既简单又高效，因此 UDP 经常用于数据包总量较少的通信（DNS、SNMP、RIP、DHCP 等）、音视频等多媒体通信（即时通信）、限定于局域网等特定网络中的应用通信、广播通信（广播、多播）等。

UDP 特别有用的一个领域是客户端/服务器应用开发。一般情况下，客户端向服务器发送一个简短的请求报文，并期待来自服务器的简短回复报文。如果请求或回复报文丢失，客户端就会超时，然后再试一次。UDP 相比于需要初始建立连接的协议（比如 TCP），不仅实现代码简单，而且需要交换的报文也少。

UDP 的一个重要应用是 DNS（详见第六章）。简单地说，如果一个程序需要查询某个主机名的 IP 地址，那么它可以给 DNS 服务器发送一个包含该主机名的 UDP 数据包。DNS 服务器用一个包含了该主机 IP 地址的 UDP 数据包作为应答，事先不需要建立连接，事后也不需要释放连接。

测试题 5-7

思考

列举使用了 UDP 协议的常见网络应用或服务，比较 TCP 协议与 UDP 协议的区别。

第三节　TCP　概　述

UDP 是一个简单的协议，它有一些非常重要的用途，比如客户/服务器交互和多媒体应用，但是对于大多数 Internet 应用来说，需要可靠的、按序递交的传输特性。UDP 不能提供这样的功能，所以 Internet 还需要另一个协议，即 TCP。

一、TCP 的特点

TCP 是为了在不可靠的互联网络上提供可靠的端到端字节流而专门设计的一个传输协议。互联网络（这里不仅仅是 Internet）与单个网络有很大的不同，因为互联网络的不同部分可能有截然不同的拓扑结构、带宽、延迟、数据包大小和其他参数。TCP 的设计目标是能够动态地适应互联网络的这些特性，而且具备面对各种故障时的健壮性。

每台支持 TCP 的机器都有一个 TCP 传输实体，TCP 传输实体接收本地进程的用户数据流，将它们分割成不超过 64KB 的分段，每个分段以单独的 IP 数据报形式发送。当包含 TCP 数据的数据报到达一台机器时，数据报被递交给 TCP 传输实体，TCP 传输实体重构出原始的字节流。

网络层不能保证数据报一定被正确地递交到接收方，也不指示数据报的发送速度有多快。TCP 既要足够快地发送数据报，以便使用网络容量，但又不能引起网络拥塞，而且 TCP 超时后，要重传没有递交的数据报。即使被正确递交的数据报，也可能存在乱序、错序的问题，TCP 必须把接收到的数据报重新组装为正确的顺序。简而言之，TCP 必须提供可靠性，这正是大多数用户所期望的而 IP 又没有提供的功能。

总体而言，TCP 的主要特点如下：
（1）TCP 是面向连接的。
（2）每一条 TCP 连接只能有两个端点，只能是点到点的。
（3）TCP 提供可靠交付的服务。
（4）TCP 提供全双工通信。
（5）面向字节流。

TCP 提供的是面向连接的可靠的服务，UDP 提供的是无连接的尽最大努力交付的服务。TCP 连接是基于字节流的，UDP 是基于报文流的。TCP 仅支持单播，每条 TCP 连接只能有两个端点，只能进行点到点连接，不支持多播和广播，而 UDP 支持多播和广播。

TCP 通过检验和、序列号、确认应答、重发控制、连接管理以及窗口控制等机制，实现可靠传输。

测试题 5-8

哪些应用体现了 TCP 的主要特点？如何理解可靠的服务？

思考

二、TCP 连接

TCP 连接是一条虚连接，而不是一条真正的物理连接。TCP 对应用进程一次把多长的报文发送到 TCP 缓存中是不关心的。TCP 根据对方给出的窗口值和当前网络拥塞的程度来决定一个报文段应包含多少个字节，而 UDP 发送的报文长度是应用进程给出的。如果应用进程传送到 TCP 缓存的数据报太长，TCP 就把太长的数据报划分为短一些的数据报后再传送，如果应用进程一次只发来很少的数据，则 TCP 也可等待积累有足够多的数据后再构成报文段发送出去。

每一条 TCP 连接有两个端点，什么是端点？TCP 连接的端点不是主机，不是主机的 IP 地址，不是应用进程，也不是运输层的协议端口。每一条 TCP 连接唯一地被通信两端的两个端点（即两个套接字）所确定，即

TCP 连接 = {socket1, socket2} = {(IP1:port1), (IP2:port2)}

TCP 连接的两个套接字是 socket1 和 socket2，IP1 和 IP2 是两个端点主机的 IP 地址，port1 和 port2 分别为两个端点主机的端口。TCP 连接的端点是个很抽象的套接字，同一个 IP 地址可以有多个不同的 TCP 连接，同一个端口可以出现在多个不同的 TCP 连接中。

测试题 5-9

为什么说 TCP 连接是一条虚连接？套接字由哪些内容构成？

第四节　TCP 报文段的首部

TCP 是面向字节流的，但是发送端和接收端的 TCP 实体是以段的形式交换数据的。TCP 报文段（TCP segment）由首部以及随后 0 个或多个字节数据构成。TCP 对连续的字节流进行分段，形成 TCP 报文段，发送端可以将多次写操作中的数据累积起来，放到一个段发送，也可以将一次写操作中的数据分割到多个段发送。

两个因素限制了报文段的长度。第一，包括 TCP 首部的每个报文段，必须适合 IP 的 65515 字节有效载荷；第二，每个网络都有一个 MTU，发送端和接收端的每个段必须适合 MTU，才能以单个不分段的数据包发送和接收。实际上，以太网的有效载荷大小一般是 1500 字节，因此报文段数据部分的长度通常不超过 1460 字节。

TCP 的全部功能都体现在它首部的各字段。图 5-6 显示了 TCP 报文段的首部结构，接下来依次介绍各个字段的作用。

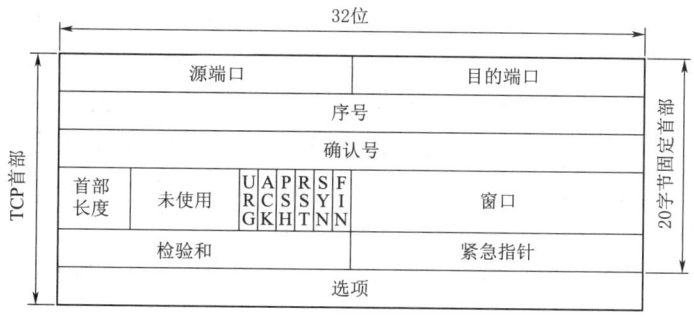

图 5-6　TCP 报文段的首部

与 UDP 首部类似，TCP 首部包含了源端口和目的端口，对于来自或发往应用层的数据分别进行复用或分用，同样也包含了检验和字段（2 字节），它校验的范围包括整个首部、数据。

序号：在 TCP 字节流中的每一字节数据都被编号了，TCP 使用序号来反映所传输的字节流序列，而不是报文段的序列。首部的序号是报文段的第一个字节的编号。

确认号：指的是下一个期望收到的字节，而不是已经正确接收到的最后一个字节。允许累计确认，用一个数字概括了连续接收到的所有数据，即连续收到多个 TCP 报文（携带字节流），仅需回复一个确认号，无须收到一个 TCP 报文就回复一个确认号。

序号和确认号都是 32 位，它们是 TCP 可靠传输服务实现的关键。TCP 是全双工通信的，主机 A 和 B 通信，A 既可以接收来自主机 B 的数据，也可以发送数据给主机 B。每一个来自主机 B 的报文段都有一个数据流的序号，主机 A 放到报文段中的确认号，是主机 A 期望从主机 B 收到的下一个字节的序号。

首部长度字段占 4 位，以 4 字节为计算单位。

未使用字段占 6 位，保留为今后使用，目前置为 0。

接着是 6 个 1 比特的标志位。

URG（紧急）字段：URG=1 表明紧急指针字段有效，告诉系统此报文段中有紧急数据，应尽快传送。

ACK（确认）字段：只有当 ACK=1 时，确认号字段才有效，几乎所有的报文段都会用到这个标志位。当 ACK=0 时，确认号字段无效，则该报文段不包含确认信息。

PSH（推送）字段指出这是被推送的数据。当 PSH=1 时，请求接收端一旦收到数据，就立即将数据交付给应用进程，而不是将它缓存起来直到整个缓冲区满为止。

RST（复位）字段被用于突然重置一个已经变得混乱的连接，混乱有可能是主机崩溃，或者其他什么原因造成的。该标志位也可以被用来拒收一个无效的段，或者拒绝一个连接请求。一般而言，RST=1 说明 TCP 连接遇到问题，必须释放连接，然后重新建立连接。

SYN（同步）字段被用于建立连接过程。在连接请求中，SYN=1 和 ACK=0 表示该报文段没有使用捎带确认字段。但是连接接受捎带了一个确认，因此 SYN=1 和 ACK=1。本质上，SYN 字段被用来同时表示 CONNECTION REQUEST 和 CON-NECTION ACCEPTED，然后进一步用 ACK 字段来区分这两种可能情况。

FIN（终止）字段被用来释放一个连接。FIN=1 表明此报文段的发送端的数据已发送完毕，并要求释放连接。然而，在关闭一个连接之后，关闭进程可能会在一段不确定的时间内继续接收数据。SYN 和 FIN 报文段都有序号，从而保证了这两种报文段以正确的顺序被处理。

窗口字段占 2 字节，窗口值是 $[0, 2^{16}-1]$ 中的整数，用来让对方设置发送窗口的依据，单位为字节。

TCP 中的流量控制是通过一个可变大小的窗口来实现的。窗口大小告诉了发送方从被确认的字节算起，接收方允许对方可以发送多少个字节。窗口值为 0 是合法的，说明到现在为止已经接收到（确认号-1）个字节，但是接收方没有更多的机会来消耗或存放数据，希望发送方别再发数据。接收方可以通过发送一个具有同样确认号但是窗口值为非零值的报文段来通知发送方继续发送。总之，窗口值作为接收方让发送方设置其窗口的依据。

紧急指针字段占 16 位，指出在本报文段中紧急数据（放在本报文段数据部分的最前面）共有多少个字节，与 URG 字段相呼应。如果使用了紧急指针，则将 URG 设置为 1，紧急指针指向从当前序号开始找到紧急数据的字节偏移量。

选项字段，长度可变。TCP 最初只规定了一种选项，即最大报文段长度（maximum segment size，MSS）。MSS 告诉对方 TCP："我的缓存所能接收的报文段的数据字段的最大长度是 MSS 字节"。MSS 是 TCP 报文段中的数据字段的最大长度。数据字段加上 TCP 首部才等于整个的 TCP 报文段。所以，MSS 是"TCP 报文段长度减去 TCP 首部长度"。

其他的选项字段有窗口扩大选项、时间戳选项、选择确认选项。

窗口扩大选项占 3 字节，其中有一个字节表示移位值 S。新的窗口值等于 TCP 首部中的窗口位数增大到（16+S），相当于把窗口值向左移动 S 位后获得实际的窗口大小，S 的最大值是 14，相当于窗口最大值为 $2^{30}-1$。传播延迟长、带宽大、吞吐率高的网络需要更大的窗口值。

视频 5-3

时间戳选项占 10 字节，其中最主要的字段是时间戳值字段（4 字节）和时间戳回送回答字段（4 字节）。时间戳选项可以用来计算 RTT，以及用于处理序号超过 2^{32} 的情况（在高速网络中，一次 TCP 连接的数据传输中序号可能很快被重复使用），区分新的报文段和迟到很久的报文段。

测试题 5-10

选择确认选项，采用选择确认（selective acknowledgment，SACK）机制，在建立 TCP 连接时，在 TCP 首部的选项中加入该字段。

思考

TCP 报文段首部的窗口字段，窗口值的作用是什么？SYN 字段和 FIN 字段还有哪些场景使用？

第五节　TCP 连接管理及解析

TCP 是面向连接的协议，TCP 传输数据有连接建立、数据传输和连接释放三个阶段。TCP 连接的建立采用客户/服务器方式，主动发起连接建立的应用进程称为客户（client），被动等待连接建立的应用进程称为服务器（server）。

一、TCP 连接建立

TCP 使用了三报文握手（三次握手）来建立连接，图 5-7 显示了建立 TCP 连接的过程。假定 A 运行的是客户程序，B 运行的是服务器程序，最初两端的 TCP 进程都处于 CLOSED（关闭）状态。

为了建立一个连接，某一端，比如服务器，必须先依次进入 LISTEN 和 ACCEPT 状态，然后被动地等待连接请求；并且可以指定只接收一个特定的请求源，也可以不指定。

另一端，比如客户，进入 CONNECT 状态，同时说明它希望连接的 IP 地址和端口、它愿意接收的最大 TCP 段长，以及一些可选的用户数据（比如口令）等参数。

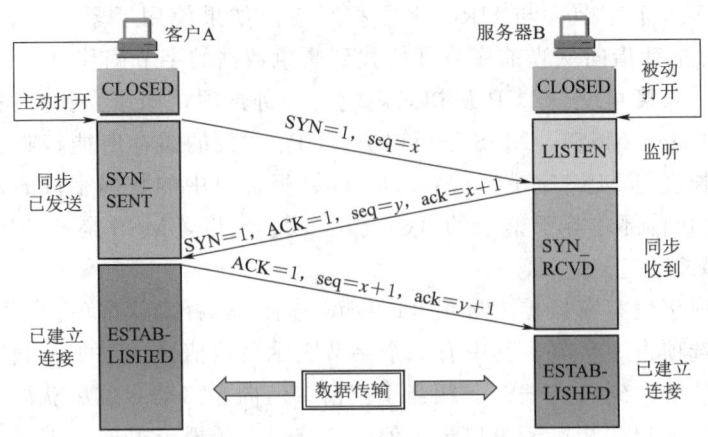

图 5-7 TCP 连接建立的过程

在 CONNECT 状态，客户发送一个 SYN=1 和 ACK=0 的 TCP 报文段，然后等待服务器响应。

当这个报文段到达接收方时，TCP 实体检查是否有一个进程已经在目的端口字段指定的端口上执行了 LISTEN，如果没有，则它发送一个设置了 RST 的响应报文，拒绝客户的连接请求。

如果某个进程正在该端口上监听，那么 TCP 实体将到达的 TCP 报文段交给该进程处理。该进程可以接受或拒绝这个连接请求。如果它接受，则发送一个确认报文段。请注意，SYN 报文段只消耗了 1 字节的序号空间，所以它可被毫无异议地确认。

第三次握手的 ACK 报文段可以携带数据（消耗序号，seq=$x+1$），也可以不携带数据（不消耗序号，seq=x）。

然而，三报文握手的实现方式有个漏洞，当监听进程接受一个连接请求，并立即以 SYN 报文段作为响应时，必须记住该 SYN 报文段的序号。这意味着一个恶意的发送端可很容易地占据一个主机资源。具体做法是这样的：恶意的发送端绵绵不绝地发送 SYN 报文段请求服务器的连接，但又故意不完成连接建立的后续过程，由此可消耗掉一台主机的资源。这种攻击称为 SYN 洪水攻击（SYN Flood）。

测试题 5-11

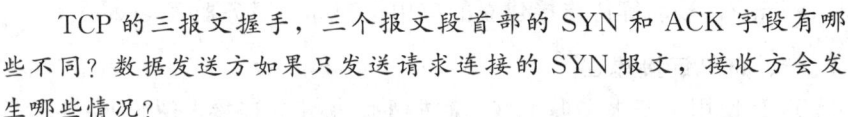

思考 ： TCP 的三报文握手，三个报文段首部的 SYN 和 ACK 字段有哪些不同？数据发送方如果只发送请求连接的 SYN 报文，接收方会发生哪些情况？

二、TCP 连接释放

TCP 连接是全双工的，但为了理解 TCP 连接是如何释放的，可以将 TCP 连接看成一对单工连接。为了释放一个连接，任何一方都可以发送一个设置了 FIN 标志位的 TCP 报文段，这表示它已经没有数据要发送了。当 FIN 报文段被另一方确认后，这个方向上的连接就被关闭，不再发送任何数据。然而，另一个方向上或许还在继续着无限的数据流。当两个方向都关闭后，连接才算被彻底释放。通常情况下，释放一个连接需要 4 个 TCP 报文段，也称为四报文握手，每个方向上都有一个 FIN 和一个 ACK。然而，第一个 ACK 和第二个 FIN 有可能被组合在同一个报文段中（CLOSE_WAIT），从而将所需报文段总数降低到 3 个。

图 5-8 显示了客户 A 先发起关闭的 TCP 连接释放过程。

（1）A 的应用进程先向其 TCP 发出连接释放报文段（设置 FIN=1，同时消耗一个序号 u），并停止发送数据，主动关闭 TCP 连接，这时 A 进入 FIN_WAIT_1（终止等待 1）状态，等待 B 的确认。

（2）服务器 B 收到连接释放报文段后即发出确认报文段（ACK=1，确认号 ack=u+1，序号为 v），然后 B 进入 CLOSE_WAIT（关闭等待）状态。TCP 服务器进程这时候通知高层的应用进程，A 到 B 这个方向的连接就释放了，这时的 TCP 连接处于半关闭（half-close）状态，A 已经没有数据要发送了，但 B 若发送数据，A 仍要接收。

A 收到来自 B 的确认后，就进入 FIN_WAIT_2（终止等待 2）状态，等待 B 发出连接释放的报文段。

（3）若 B 已经没有要向 A 发送的数据，其应用进程就通知 TCP 释放连接，B 发出连接释放报文段（FIN=1，ACK=1，重复确认号 ack=u+1，序号为 w），进入 LAST_ACK（最后确认）状态，等待 A 的确认。

（4）A 收到 B 的连接释放报文段后，必须对此发出确认报文段（ACK=1，确认号 ack=w+1，序号为 u+1），进入 TIME_WAIT 状态。经过时间等待计时器设置的时间 2MSL（MSL 表示最大段生存期）后，A 进入 CLOSED 状态。

图 5-8 的 TCP 连接的释放过程中，服务器至少消耗 1.5RTT 时间进入关闭状态，客户至少耗费 1RTT+2MLS 时间才能进入 TCP 关闭状态。

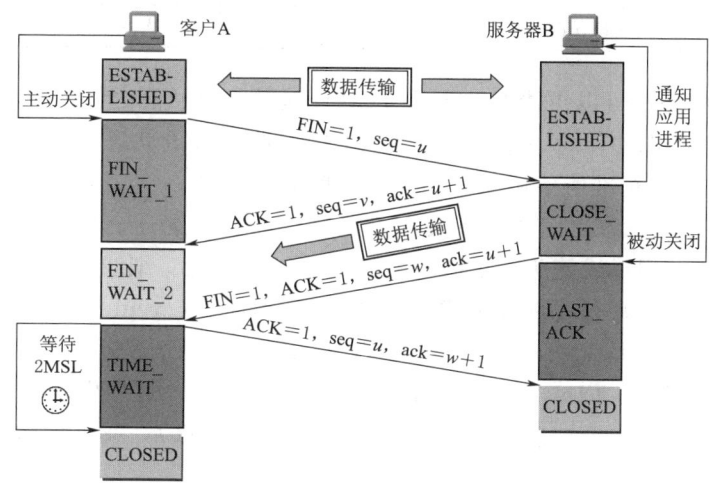

图 5-8 TCP 连接的释放过程

TIME_WAIT 状态也称为 2MSL 等待状态。在该状态中，TCP 将会等待 2MSL 的时间。等待 2MSL 可以保证 A 发送的最后一个 ACK 报文段能够到达 B，也可以防止"已失效的连接请求报文段"出现在本连接中。本连接持续时间内所产生的所有报文段在经过 2MSL 时间后,都从网络中消失。2MSL 时间代表任何报文段在被丢弃前在网络中被允许存在的最长时间。这个时间是有限制的,因为 TCP 报文段是以 IP 数据报的形式传输的,IP 数据报拥有 TTL 字段和跳数限制字段。这两个字段限制了 IP 数据报的有效生存时间。RFC O793 将 MSL 设为 2min。然而在常见实现中,MSL 可以为 30s、1min 或 2min。

视频 5-4

测试题 5-12

思考

TCP 释放连接,等待 2MSL 时间的目的是什么?释放连接能否也采用三报文握手的方式(客户请求释放,服务器释放连接,客户确认)?

三、TCP 状态转换

TCP 建立连接和释放连接所需要的步骤可以用一个有限状态机来表示,该状态机的 11 种状态见表 5-3。在每一种状态中,都存在特定的合法事件。当一个合法事件发生时,可能需要采取某个动作。当发生其他事件时,则报告一个错误。

表 5-3   TCP 连接管理有限状态机的状态及描述

状态	描述	状态	描述
CLOSED	没有活跃的连接或挂起	FIN_WAIT_2	另一端同意释放连接
LISTEN	服务器准备好接收客户的连接请求	TIME_WAIT	等待 2MSL 结束
SYN_RCVD	收到一个连接请求,等待 ACK	CLOSING	两端同时试图关闭连接
SYN_SENT	应用进程已经打开一个连接	CLOSE_WAIT	另一端已经发起关闭连接
ESTABLISHED	正常的数据传输状态	LAST_ACK	等待所有数据包"寿终正寝"
FIN_WAIT_1	应用进程没有数据要发了		

TCP 有限状态机可以更清晰地表示 TCP 连接的各种状态之间的关系。TCP 有限状态机的状态转换图中,每一个方框都是 TCP 可能具有的状态。每个方框中的大写英文字符串是 TCP 标准所使用的 TCP 连接状态名。

在图 5-9 中,状态之间的箭头表示可能发生的状态变迁。粗实线箭头表示客户进程的正常变迁。粗虚线箭头表示服务器进程的正常变迁。细线箭头表示不常用的事件序列变迁。图中的每条线都标记成一对"事件/动作"(event/action)。这里的事件既可以是用户发起的系统调用(CONNECT、LISTEN、SEND 或 CLOSE),也可以是一个报文段(SYN、FIN、ACK 或 RST)到达了,或者是发生了 2MSL 的超时事件。动作可以是发送一个控制报文段(SYN、FIN 或 RST),或者什么都不做(用一表示)。

每个连接都从 CLOSED 状态开始。当它执行了一个被动打开操作(LISTEN)或一个主动打开操作(CONNECT)后,它就离开 CLOSED 状态。如果另一端执行了相反的操作,则连接就建立起来,当前状态变成 ESTABLISHED。连接的释放过程可以由任何一方发起。当释放完成时,状态又回到 CLOSED。

第五节　TCP 连接管理及解析

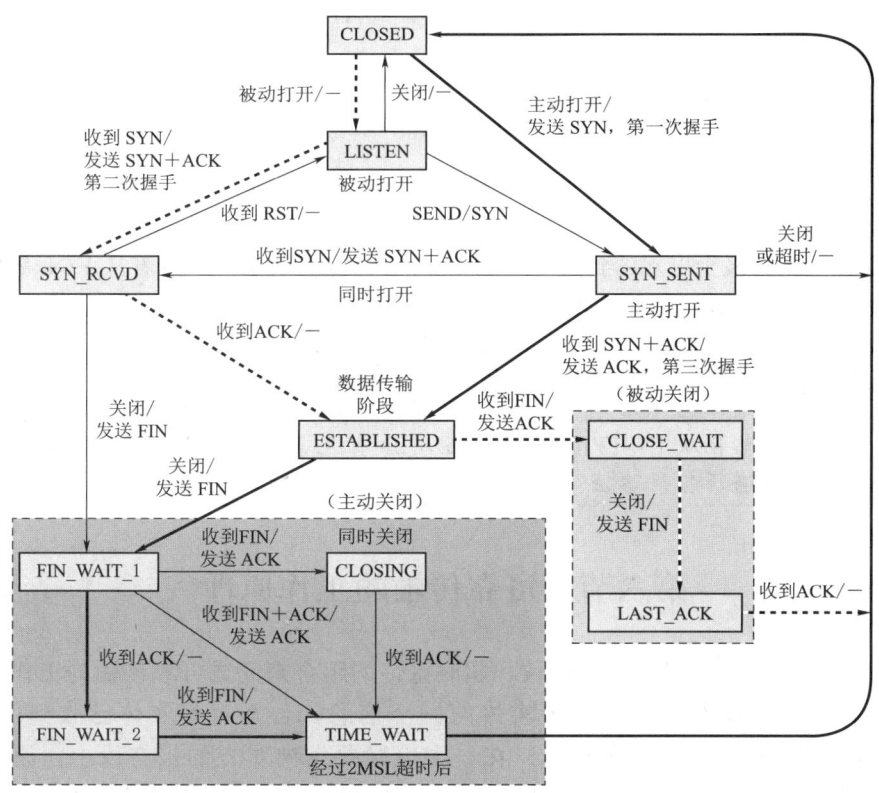

图 5-9　TCP 有限状态机的状态转换图

一方发送报文段的同时会调用一个超时机制，如果没有出现期望的响应，则会重发这个报文段。这些重传没有在状态转换图中给出。如果在几次重发后仍没有得到期望的响应，TCP 就会放弃重传并回到 CLOSED 状态。

例如，对于 TCP 建立连接的过程，当打开一个连接时，服务器会先执行一个被动的 TCP 打开操作，这使 TCP 转移到 LISTEN 状态。在一段时间后，客户端执行主动打开操作，向服务器发送一个 SYN 报文段并转移到 SYN_SENT 状态（第一次握手）。当 SYN 报文段到达服务器时，它就会转移到 SYN_RCVD 状态并用 SYN+ACK 报文段响应（第二次握手）。当这个报文段到达客户端后，客户端转移到 ESTABLISHED 状态并向服务器发回一个 ACK 报文段（第三次握手）。当这个 ACK 报文段到达后，服务器最后转移到 ESTABLISHED 状态，这是一个三报文握手建立连接的过程。

现在来考虑释放一个连接的过程，这里需要注意的一件重要的事情是，连接双方的应用进程必须独立地关闭自己一方的连接。如果仅一方关闭连接，则它不再发送数据，但它仍能接收另一方发来的数据。这就使状态转换图复杂化，因为必须考虑到双方可能同时调用关闭操作，也可能其中一个先调用关闭操作，间隔一段时间后另一个再调用关闭操作。这样，连接的任何一方从 ESTABLISHED 状态到 CLOSED 状态有以下 3 种转换组合。

第五章 传输层

（1）一方先关闭：ESTABLISHED→FIN_WAIT_1→ FIN_WAIT_2 → TIME_WAIT → CLOSED。

（2）另一方先关闭：ESTAELISHED→CLOSE_WAIT→LAST_ACK→CLOSED。

（3）双方同时关闭：ESTABLISHED→FIN_WAIT_1→CLOSING→TIME_WAIT → CLOSED。

还存在第四种极少出现的到达 CLOSED 状态的转换顺序：它沿着从 FIN_WAIT_1 到 TIME_WAIT 的弧到达 CLOSED。

测试题 5-13

思考
如果主机和路由器崩溃，或者连接持续时间较长（正下载一个大的媒体文件），那么如何从这些崩溃事件中恢复运行？TCP 有限状态的路径从 LISITION 到 CLOSED 有几条？实际什么样的业务场景能够遍历各条路径？

第六节　可靠传输的工作原理

通常使用两种基本机制——确认和超时重传的组合来完成可靠传输的工作。确认（简称 ACK）是协议发给它的对等实体的一个信息，告知对等实体已收到的数据。TCP 一般将 ACK 捎带（piggyback）在一个恰好要发向对方的报文段上。原始报文段的发送方收到确认，表明报文段发送成功。如果发送方在一段相当长的时间后未收到确认，那么它重传原始报文段，等待一段相当长的时间的动作称为超时。

使用确认和超时重传实现可靠传输的策略有时称为自动请求重发（automatic repeat request，ARQ），下面描述两种不同的 ARQ 策略。

一、停止等待协议

最简单的 ARQ 策略是停止等待协议。在计算机网络发展的初期，通信链路不太可靠，在数据链路层传输数据时要采用可靠的通信协议，即可采用停止等待协议。

停止等待协议的思想很简单：为了讨论问题的方便，将通信双方所传输的数据单元统称为分组，发送方传输一个分组之后，在传输下一个分组之前等待确认。如果在一段时间之后确认没有到达，则发送方超时，并重传原始分组。当然在 TCP 中使用的可靠传输协议更复杂。

下面先从简单的停止等待协议的 4 种情形讲起，如图 5-10 所示，A 为发送方，B 为接收方。

（一）无差错情况

A 发送分组 M1，发完就暂停发送，等待 B 的确认（ACK）。B 收到了 M1 并向 A 发送 ACK。A 在收到了对 M1 的确认后，就再发送下一个分组 M2，这个过程就这样继续。

这里会有 3 个有意思的问题：一是发送方对一个确认应该等待多长时间（t_{out}）；

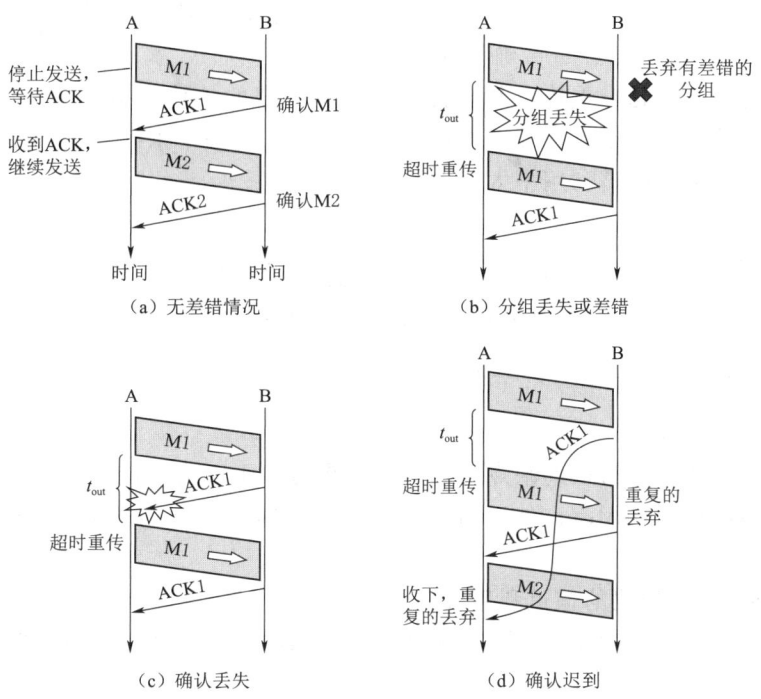

图 5-10　停止等待协议的 4 种情形

二是如果确认丢失了怎么办；三是分组出现了差错该如何处理。

（二）分组丢失或差错

接收方 B 会出现两种情况。一种情况是 B 接收 M1 时检测出了差错，就丢弃 M1；另一种情况是 M1 在传输过程中丢失了，这时 B 什么都不知道。在这两种情况下，B 都不会发送任何信息。如何保证 B 正确收到了 M1 呢？解决方法是超时重传。

A 为每一个已发送的分组都设置了一个超时计时器。A 只要在超时计时器到期之前收到了相应的确认，就撤销该超时计时器，继续发送下一个分组 M2。

为了能够重传分组，发送方必须暂时保留已发送分组的副本，分组和确认分组都必须编号，超时计时器设置的重传时间应当比数据在分组传输的平均往返时间更长一些。

（三）确认丢失

若 B 所发送的对 M1 的确认丢失了，那么 A 在设定的超时重传时间内不能收到确认，A 并不知道是自己发送的分组出错、丢失了，还是 B 发送的确认丢失了。因此，A 在超时计时器到期后就重传 M1。

假定 B 又收到了重传的分组 M1。这时 B 应采取两个行动：第一，丢弃这个重复的分组 M1，不向上层交付；第二，向 A 发送确认。不能认为已经发送过确认就不再发送，因为 A 重传 M1 就表示 A 没有收到对 M1 的确认。

（四）确认迟到

传输过程中没有出现差错，但 B 对分组 M1 的确认迟到了。A 会收到重复的确认。对重复的确认的处理很简单，即收下后就丢弃。B 仍然会收到重复的 M1，并且同样要丢弃重复的 M1，并重传确认分组。

使用上述确认和超时重传机制，就可以在不可靠的传输网络上实现可靠的通信。停止等待协议的主要缺点是，发送方每次在链路上只有一个未确定的分组，这可能远远低于链路的容量，信道利用率太低。

视频 5-5

测试题 5-14

思考

停止等待传输的特点是什么？如果在点对点信道，不发生丢失，还需要超时计时器吗？确认丢失和确认迟到有什么不同？

二、流水线传输

前面介绍停止等待协议的缺点是信道利用率低，下面先讨论理想情况下停止等待协议传送分组的信道利用率，然后给出一种改进信道利用率的 ARQ 策略——流水线传输。

（一）停止等待协议的信道利用率

简化通信双方 A 和 B 之间的信道，假定分组直接在 A 和 B 之间传送，A 和 B 对分组的处理时间也忽略不计。

如图 5-11 所示，假定 A 发送分组需要的时间为 T_D，T_D＝分组长度/数据率，分组正确到达 B 后，B 立即发送确认，确认分组发送的时间为 T_{ACK}，那么从 A 发送分组到 A 接收到确认，理想情况下整体需要的时间为 $T_D+\text{RTT}+T_{ACK}$，其中 RTT 是往返时间，因此信道利用率 U 可以表示为

$$U=\frac{\text{发送时间}}{\text{整体时间}}=\frac{T_D}{T_D+\text{RTT}+T_{ACK}} \qquad (5-1)$$

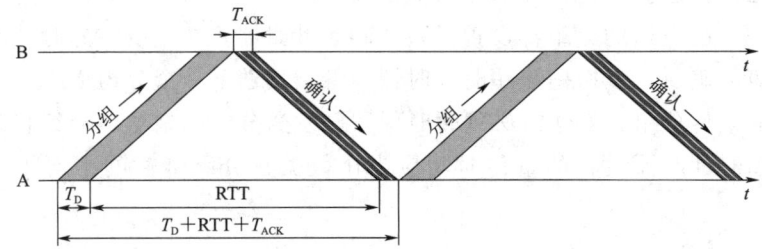

图 5-11 停止等待协议的信道利用率

（二）流水线传输提高信道利用率

在实际网络中，RTT 远远大于（确认）分组发送时间，因此信道利用率 U 就会非常低，在考虑有效数据（去除首部）以及重传的情况下，信道利用率还会降低。为了提高传输效率，允许发送方发送多个分组而无须等待确认，从发送方发出的分组就像是填充到一条流水线中，因此这种方式称为流水线传输，如图 5-12 所示。

流水线传输就是发送方可以连续发送多个分组，不必每发完一个分组就停止等待对方的确认。这样可使信道上一直有数据不间断地传输，能够显著提高信道利用率。

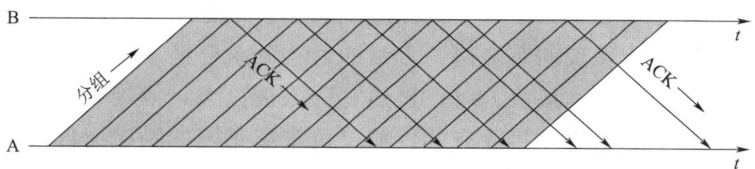

图 5-12　流水线传输

图 5-13 为停止等待协议和流水线传输的对比示意图。

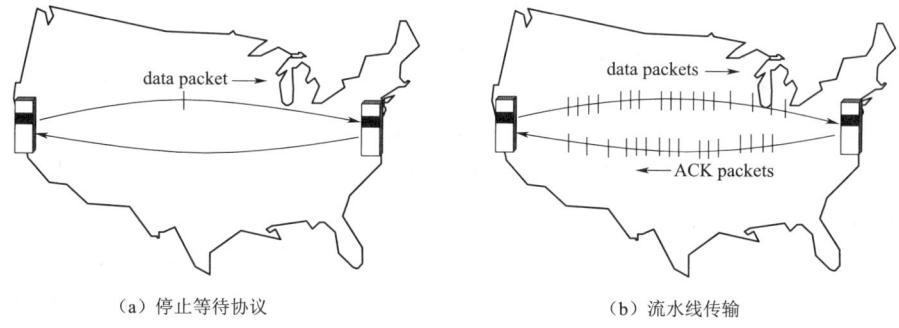

（a）停止等待协议　　　　　　　　　（b）流水线传输

图 5-13　停止等待协议和流水线传输的对比示意图

流水线传输对可靠传输带来如下影响：

（1）序号范围必须增大，每个传输中的分组必须有一个唯一的序号。

（2）协议的发送方和接收方要缓存多个分组。发送方应当能缓存那些已发送但没有收到确认的分组，接收方或许也应缓存那些已正确接收的分组。

（3）对于序号范围和缓冲的要求，取决于数据传输协议如何处理丢失、差错、超时及延迟过大的分组，解决流水线差错恢复有两种基本方法，即回退 N（go-back-n，GBN）和选择重传（selective repeat，SR）。

（4）对于重传，TCP 的实现方法有基于计时器的重传、快重传、带选择确认的重传，详见本章第七节。

测试题 5-15

流水线传输的特点是什么？信道或网络的利用率理论上能达到多少？实际网络中使用流水线传输，可能会出现哪些情况？

三、连续 ARQ 的两种方法

在流水线传输中，对于丢失、差错、超迟及延迟过大的分组，流水线传输解决分组差错恢复有两种基本方法，即回退 N 和选择重传。

（一）回退 N

在前面介绍的停止等待传输中，发送方发送完一个分组后，要等待确认。发送方窗口在发送完一个分组后，为每个空中分组设置一个计时器。设置计时器的目的是让发送方等待一段时间后，能够判定收不到确认，从而防止无限制地等待下去。

在流水线传输中，如果位于某个数据流中间的一个分组被损坏或丢失，那么会发生什么事情？在发送方发现问题之前，大量的后续分组已经发出，并且即将到达接收方；当损坏的那个分组到达接收方时，显然它应该被丢弃，但接收方该如何处理所有那些后续到达的正确分组呢？接收方的传输层负责按正确的顺序把数据传递给高层。

在回退 N 中，如果由于分组被损坏或丢失，计时器到期后，发送方没有收到确认，触发了超时事件，发送方就重传序号大于或等于 N 且还未收到确认的所有空中分组。接收方只需简单丢弃所有到达的后续分组，而且针对这些丢弃的分组不返回确认。

下面分析发送方窗口和接收方窗口的情况。

1. 发送方窗口

发送方收到 ACK＝n，表明确认序号到 n 的分组都已经被正确接收，也可能收到重复的 ACK，发送方为每个空中分组设置一个计时器（Timeout），若发生超时事件 Timeout($n+1$)，就重传序号大于或等于 $n+1$ 且还未收到确认的所有分组。发送方窗口大小不能超过某个最大允许数 N（取决于网络带宽和延迟，在 TCP 中 N 是用字节流中的字节来计数的），发送方会缓存可能在将来某个时刻要重传的所有未被确认的分组。

2. 接收方窗口

对于接收方窗口来说，采用累积确认机制，对按序到达的最后一个分组发送确认，表示到这个分组为止的所有分组都已经正确收到。接收方确认的是拥有最大序号且已被正确接收的分组（ACK＝n，表示到 n 的分组都被正确接收）。这里可能产生重复的确认。而对于乱序到达的分组，接收方会丢弃，然后重新发送对正确接收的最大序号分组的确认。接收方的窗口大小实际为 1（相当于接收方没有缓存）。

对于发送方，假设发送方依次发送了 8 个分组，用 packet1 到 packet8 来表示，接收方收到分组以后，采用累积确认，发送 ACK，如图 5-14 所示。

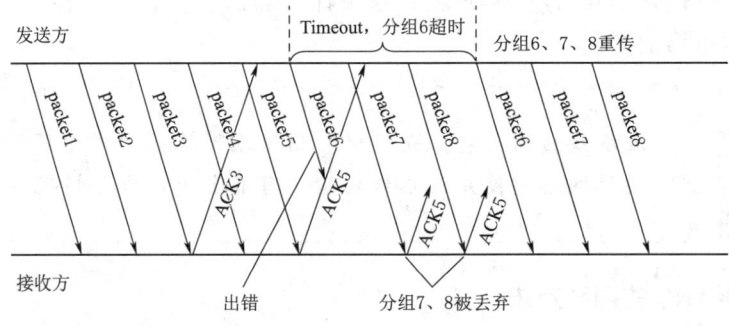

图 5-14 回退 N 的重传示意图

假设接收方发送了序号为 3 的 ACK，表明到序号 3 的分组 1、2、3 都收到了。发送了序号为 5 的 ACK，当前正确收到的最大序号分组为分组 5，表明到序号 5 的分组都正确收到了。

但是在传输的过程中，分组 6 没有正确到达接收方，分组 7 和分组 8 正常到达，那么接收方收到了分组 7 后,会发送当前正确接收的最大序号分组的 ACK,也就是 ACK5,同时丢弃掉分组 7,对于分组 8 来说,接收方同样丢弃及发送 ACK5。

而对于发送方来说,发送分组 6 以后,一直没有收到确认,计时器等待超时,触发了超时事件,分组 6 超时以后,发送方要重传序号为 6 及以后的所有空中分组,所以重传了分组 6、7、8,这是回退 N 的重传机制。

从图 5-14 中可以看出,序号为 6 的分组未能正确到达接收方,虽然接收方收到了分组 7 和 8,但是最终发送方重传了分组 6 及其以后的所有分组。接收方收到了分组 7 和 8 后丢弃,而发送方又重新发送了一次,如果信道的错误率很高,那么这样实际上造成了传输效率的低下和大量带宽的浪费。

针对这样的问题,如何来改进?接收方可以对每一个分组单独发送确认。接收方设置一个缓冲区,缓存那些乱序到达的分组。发送方对每个分组设置一个定时器,超时后只重传那些未收到确认的分组,这就是下面要介绍的另外一种方式——选择重传,对称选择重传协议。

(二)选择重传

下面来分析发送方窗口和接收方窗口的情况。

1. 发送方窗口

发送方只重传那些未收到确认的分组,对每个分组设置定时器。

2. 接收方窗口

接收方对每个分组单独确认,设置缓存机制,缓存乱序到达的分组。

发送方窗口和接收方窗口都是大于 1 的,接收方的窗口总是固定不变,其大小等于预先设定的最大值。

图 5-15 显示了选择重传的过程。发送方正常发送了 5 个分组,序号为 1~5,又发送了分组 6、7、8,接收方对每个分组进行确认,这里依次确认分组 3、4、5,发送了 ACK3、ACK4、ACK5。

假设分组 6 传输出错,接收方没有收到分组 6,在收到了分组 7、8 以后,将分组 7、8 缓存起来,并且依次回复确认 ACK7 和 ACK8。对于发送方来说,已发送的分组 6 一直未收到确认,超时后,只重传分组 6,而对于分组 7、8,收到了确认 ACK7 和 ACK8,就不再重传,后边其他的分组继续传输,这就是选择重传的过程。在这里,发送方只重传未收到确认的分组。

测试题 5-16

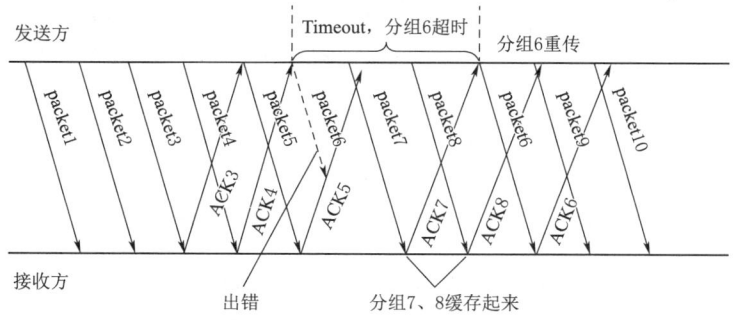

图 5-15 选择重传的重传示意图

 比较回退 N、选择重传协议，发送和接收过程中重传方法的异同。什么场合适用回退 N？什么场合选择重传呢？

第七节 TCP 可靠传输的实现

TCP 要提供可靠交付的服务，由于 TCP 下面的网络所提供的是不可靠的传输，所以 TCP 必须采用适当的措施才能使两个传输实体之间的传输变得可靠。值得注意的是，可靠传输可以是数据链路层提供的功能，但是许多数据链路层技术忽略了该功能，因而由高层协议来提供可靠传输，包括传输层和应用层。到底应该在哪一层提供可靠传输，取决于很多因素，本节介绍传输层可靠传输的实现。

一、以字节为单位的滑动窗口

当使用流水线传输时，要用到滑动窗口协议。下面先介绍窗口的概念，然后给出以字节为单位的滑动窗口过程、发送和接收缓存的变化情况。

（一）窗口

TCP 可靠传输是面向字节流的，对于传输的每一字节数据，TCP 都编有序号。在 TCP 中引入了窗口的概念，来说明发送和接收双方能够处理的字节数。另外，在计算机网络体系结构的网络层、数据链路层中，窗口也可以表示通信双方能处理的分组数、数据帧数。

在 TCP 中，窗口是发送和接收双方允许使用的字节序号范围，也就是允许发送或允许接收的字节数。窗口的大小根据对方给出的窗口值和当前网络的拥塞状况来确定。

以发送窗口为例，在没有收到接收方的确认的情况下，发送方可以连续把窗口内的数据都发送出去，而不需要等待对方的确认。连续 ARQ 协议规定，发送方每收到一个确认，就把发送窗口向前滑动一个位置。如图 5-16 所示，图中发送窗口的大小是 5，上方发送窗口中能够发送的字节序号为 2~6。图 5-16 中下方，在收到对字节序号 2 的确认后，发送窗口向前滑动一个字节的位置，能够发送的字节序号为 3~7。如果序号为 3~6 的字节已经发送了，就可以发送序号为 7 的字节了。

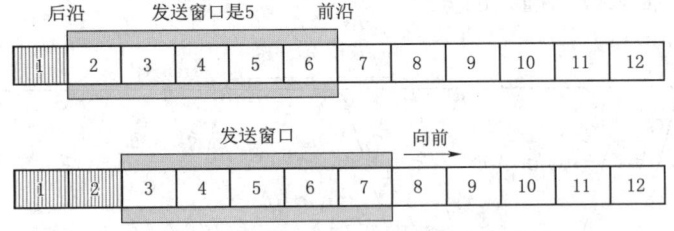

图 5-16 发送窗口收到一个确认后向前滑动示意图

对发送窗口来说，窗口内部是允许发送的字节序号（3~7），在窗口后沿的左边部分是已完成传输的字节序号（1 和 2），而窗口前沿的右边部分是不允许发送的字序号（8～12）。随着数据传输的进行，窗口在序号空间内会向前滑动，这个过程称为滑动窗口（sliding window）。

TCP 的滑动窗口是以字节为单位的，窗口越大，发送方就可以在收到对方确认之前连续发送更多的数据，因而可能获得更高的传输效率。对于接收窗口，它的意义是接收方允许接收的数据范围。

（二）以字节为单位的滑动窗口

为了更形象地解释滑动窗口的工作原理，将发送窗口和接收窗口放在一起来观察发送数据和收到确认后，窗口的滑动变化情况。在初始时候，假设发送窗口和接收窗口的情况如图 5-17 所示。

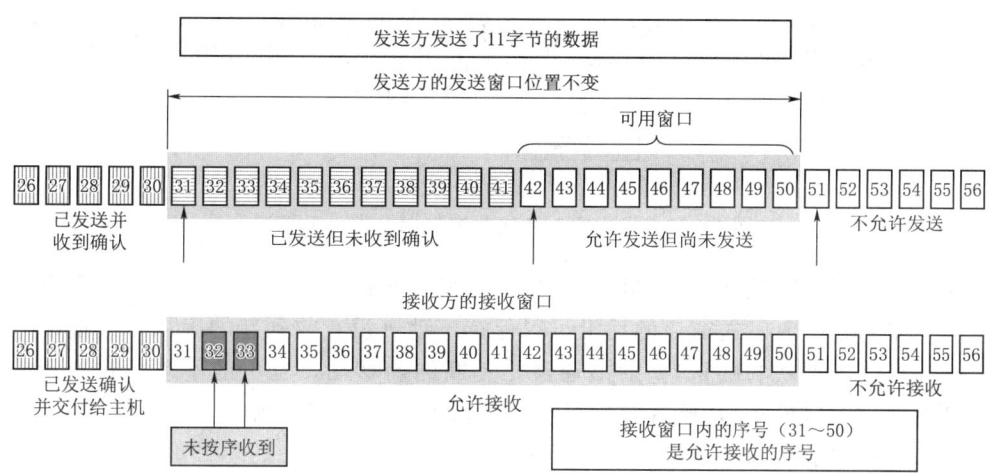

图 5-17 以字节为单位的发送窗口和接收窗口

发送窗口允许发送的字节序号为 31～50，其中序号为 31～41 的字节已经发送但未收到确认（发送方发送了序号为 11 字节的数据），序号为 42～50 的字节允许发送但未发送，把这一段序号称为可用窗口。发送窗口后沿的左边部分为已发送并收到确认的字节序号（到序号 30 为止的字节），发送窗口前沿的右边部分为不允许发送的字节序号（序号 51 及以后的字节）。

接收窗口允许接收的字节序号为 31～50，大小为 20。在接收窗口后沿的左边，到序号 30 为止的字节，是已经发送过确认并已经交付给主机的字节。在接收窗口前沿的右边，序号 51 及以后的序号是不允许接收的序号。在接收窗口内部，序号 32 和 33 是未按序收下来的数据（未收到序号为 31 字节的数据）。

现在，假设接收方收到新的数据（序号为 31 的字节），接收窗口将向前滑动。接下来介绍窗口如何滑动。

接收方收到了序号为 31 的数据，并把序号 31～33 的数据也交付给了主机，接着把接收窗口向前移动 3 个序号，可接收的序号沿着前沿增加了 3 个（51、52、53），同时给发送方发送确认，确认序号为 34（表示期望收到的下一个字节序号），窗口值假设不变，仍然为 20。

发送方收到了新的确认（确认序号为 34，表明接收方已经收到了到序号 33 为止的所有数据），发送窗口也将向前滑动。发送窗口前沿会向前滑动 3 个序号，将原来不允许发送的序号 51、52、53 放入发送窗口内部，同时，后沿也向前滑动 3 个序号，序号 31、32、33 变成已发送并收到确认的序号，而已发送未收到确认的序号减少了 3 个。发送窗口和接收窗口向前滑动的情况如图 5-18 所示。

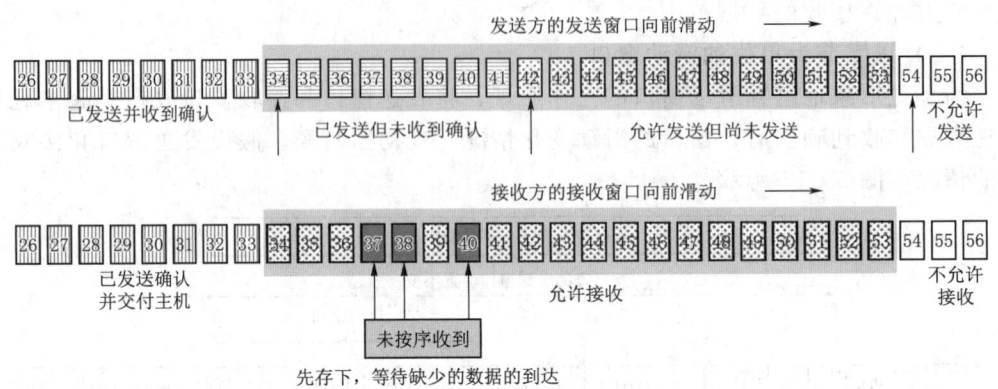

图 5-18　发送窗口和接收窗口向前滑动的情况

在这里，为了简便，将发送窗口和接收窗口大小设置为相同，滑动过程也没有发生变化。在实际中，发送窗口的后沿可以保持不动（没有收到新的确认）或前沿有可能保持不动（收到新的确认）。前沿通常是不断向前移动，也可能不动（收到新的确认但对方接收窗口缩小），极端的情况下，发送方的可用窗口为零。

再来看数据继续发送的情况。

假设发送方现在继续发送数据，发送窗口内的序号都已全部用完，但是还没有收到确认，那么可用窗口为零，就必须停止发送。发送窗口内的序号都属于已发送但未被确认的序号。

发送方没有收到新的确认的原因，可能有多种。例如，由于网络拥塞，接收方回复的确认都滞留在网络中，在没有收到确认时，为了保证可靠的传输，发送方只能认为接收方还没有收到数据。于是，发送方只能等待一段时间以后，直到设置的计时器超时后重传这些数据，或者直到收到了确认后，再滑动窗口，然后发送新的数据。

对接收方来说，如果收到的序号不在接收窗口内或有差错，就丢弃掉，如果是正常按序到达的序号，就可以采用累积确认，那么是不是可以认为接收窗口大小就不会减小或变大？这里涉及一个接收方应用进程从 TCP 缓存中读取字节流的概念。

（三）发送和接收缓存

在实际情况中，发送方的应用进程把字节流写入 TCP 的发送缓存，接收方的应用进程从 TCP 的接收缓存中读取字节流。下面进一步讨论窗口和缓存的关系。

图 5-19（a）给出了发送方维持发送缓存和发送窗口的情况，图 5-19（b）给出了接收方维持接收缓存和接收窗口的情况。通常发送窗口只是发送缓存的一部分，发送缓存用来暂时存放发送方应用进程传送给发送方 TCP 准备发送的数据，以及 TCP 已发送出但尚未收到确认的数据。接收缓存用来暂时存放按序到达的但尚未被接收方应用进程读取的数据，或者不按序到达的数据。

第七节　TCP 可靠传输的实现

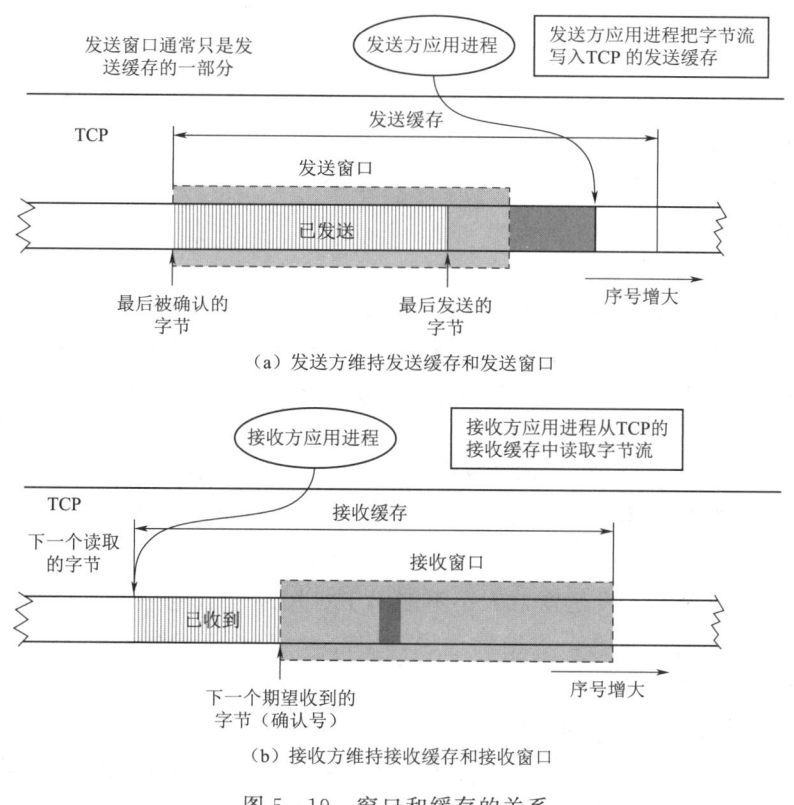

图 5-19　窗口和缓存的关系

在图 5-19 中，发送方应用进程将需要发送的数据写入发送缓存，发送窗口向着序号增大的方向滑动。实际中，缓存或窗口内的字节数是非常大的。接收方应用进程从 TCP 的接收缓存中读取字节流，如果接收方应用进程来不及读取收到的数据，接收缓存就会被填满，全部是已收到的数据，就会使接收窗口减小到零，否则，接收窗口就可以增大，但不超过接收缓存大小。

视频 5-6

 滑动窗口和缓存的关系是什么？发送窗口和接收窗口如何协调各自的大小？

测试题 5-17

二、滑动窗口协议

从前面的介绍可知，滑动窗口的本质是在任何时刻，发送方总是维持着一组序号，分别对应于允许它发送的数据（分组、字节、帧），称这些数据落在发送窗口内。类似地，接收方也维持着一个接收窗口，对应于一组允许它接收的数据。发送窗口和接收窗口不必有同样的上下界，甚至也不必有同样的大小。在有些协议中，这两个窗口有固定的大小，但是在其他一些协议中，它们可以随着数据的发送和接收而增大或缩小。

前面介绍的连续 ARQ 的两种实现——回退 N 和选择重传，实际属于双向协议（通信双方同时可以发送和接收），同属于一类，称为滑动窗口协议。在这两个协议中，任何一个传输的数据单元都包含一个序号，范围为从 0 到某个最大值。序号的最大值通常是 2^n-1，这样序号正好可以填入一个 n 位的字段中。在可靠传输的停止等待协议中，滑动窗口使用 $n=1$ 限制了序号只能是 0 和 1，但是更加复杂的协议版本可以使用任意的 n。

（一）窗口大小设置

接下来，讨论滑动窗口协议中窗口大小的问题。

记发送窗口为 SWS，接收窗口为 RWS，发送窗口大小是由一段给定时间内链路上有多少待传输的数据（帧、分组、字节）决定的，对于给定的延迟带宽积，SWS 是容易计算的。接收方可以将 RWS 设置为任何想要的值。通常的两种设置是：RWS=1 表示接收方不缓存任何错序到达的数据（回退 N）；RWS=SWS 表示接收方能够缓存发送方传输的任何数据。由于错序到达数据的数目不可能超过 SWS，所以设置 RWS>SWS 没有意义。

当 RWS=SWS 时，发送窗口大小不能大于可用序号数的一半，目的是窗口向前移动后序号范围不发生重叠，更准确地说，SWS<(MaxSeqNum+1)/2，其中 MaxSeqNum 是可用序号数。

接收方必须拥有多少个缓冲区？无论如何，接收方不可能接收序号低于窗口下界的数据（帧、分组、字节），也不可能接收序号高于窗口上界的数据。因此，所需要的缓冲区数量等于窗口大小，而不是序号的范围。出于同样的原因，需要的计时器数量等同于缓冲区数量，而不是序号的范围。实际上，每个缓冲区都有一个相关联的计时器。当计时器超时时，缓冲区的内容就要被重传。

在大多数实际环境中，往往需要在两个方向上同时传输数据，一种实际做法是使用同一条链路来传输两个方向上的数据，当一个分组到达时，接收方并不是立即发送一个单独的确认，而是抑制自己并开始等待，直到传递给它下一个要发送的分组。然后，确认信息被附加在往外发送的数据分组上（使用分组首部的 ACK 字段）。实际上，确认信息搭了下一个要发送数据分组的便车。这种暂时延缓确认以便将确认信息搭载在下一个要发送数据分组上的技术就称为捎带确认。

回退 N 采用的捎带确认也会产生新的问题，确认可能会被延缓很长一段时间。在极端的情况下，如果在一个方向上有很大的流量，而另一个方向上根本没有流量，那么当发送窗口达到最大值后协议将被阻塞。为了应对新问题，当一个按正常次序发送的数据到达接收方之后，接收方启动一个辅助的计时器。如果在辅助计时器超时之前，没有出现需要发送的反向流量，则发送一个单独的确认。由该辅助计时器超时而导致的中断称为 ack_timeout 事件。

在选择重传中，当接收方检测到出现了错误时，它就给发送方返回一个否定确认（negative acknowledgement，NAK）。NAK 可以触发该帧的重传操作（在 NAK 中指定了要重传的数据），而不需要等到相应的计时器超时，因此协议性能得以提高。

这里需要解释的是，引入一种技术方案可能导致新的问题产生，新问题的解决又会引入新的技术方案，可能导致整个协议设计得越来越复杂，复杂性增加会导致更多的不稳定性。

（二）SACK 协议

若收到的报文段无差错，只是未按序到达，中间还缺少一些序号的数据，那么能否设法只传送缺少的数据而不重传已经正确到达接收方的数据，选择确认 SACK 协议可以对已收到的报文段中不连续的报文段进行确认。

使用 SACK 选项时，利用 TCP 报文段首部的选项字段（允许 SACK 选项，来报告收到的不连续的字节块的边界，受限于 40 字节的长度，最多只能指明 4 字节块的边界信息）来确认接收到的其他数据块，这使得发送方能够根据 SACK 来重传确实已经丢失的报文段。但是 SACK 并没有指明发送方应当如何响应，因此使用 SACK 需要双方事先协商一致。大多数的 TCP 实现还是重传所有未被确认的数据块。

视频 5-7

特别注意的是，SACK 选项携带了 4 字节块的边界，除了告知发送方已累计收到的报文段，还可以告知发送方其他未按序收到的报文段。接收方除了在正常的方式下使用 TCP 的确认号字段，作为已收到的最高顺序字节的累积确认，SACK 选项给出高于累计确认已收到的字节范围。第一个范围是引发重复确认的报文段；接下来的范围，如果存在的话，是旧的数据块。

测试题 5-18

三、流量控制

在滑动窗口的过程中，发送方应用进程和接收方应用进程分别填充和清除它们的本地缓存，上游节点到来的数据填入发送缓存区，向下游节点发送数据后清除接收缓存，收发双方的缓存具有有限的大小。

接收方通过给发送方通知一个不大于它所能存放数据量的窗口，就能控制发送方的发送速率。可以看出，接收方的 TCP 必须保持接收到的字节减去已经读取的字节要小于缓存大小，才能避免缓存溢出。因此，它通知的窗口大小 AdvertisedWindow 为，缓存大小 MaxRcvBuffer 减去，下一个期望读取的字节序号 NextByteExpected 减 1 再减去最后读取的字节序号 LastByteRead，即

$$\text{AdvertisedWindow} = \text{MaxRcvBuffer} - [(\text{NextByteExpected} - 1) - \text{LastByteRead}]$$

(5-2)

AdvertisedWindow 的数值代表缓存中剩余的可用空间数量。当数据到来时，只要它前面的字节已经到达，接收方就会对它进行确认。另外，最后读取的字节序号向右移动（增加），这也意味着接收窗口可能缩小。接收窗口是否缩小取决于本地应用进程处理数据的快慢。如果本地应用进程读取数据的速率与数据到达的速率相同（使 LastByteRead 和 LastByteRcvd 以相同的速率增加），那么接收窗口就保持打开状态（即 AdvertisedWindow=MaxRcvBuffer）。然而，如果接收方应用进程读取数据的速率可能因为它对读到的每个字节要进行费时的操作而落后，那么随着每个报文段的到来，接收窗口就会变得很小，直到最终变成 0。这样就使得一个慢速接收进程协调一个快速发送进程最终停止下来，这就是流量控制的作用，利用滑动窗口机制可以很方便地在 TCP 连接上实现流量控制。

接收窗口为 0 意味着发送方不能发送任何数据，即使它以前发送的数据早已被成

功确认。不能传输任何数据意味着发送缓存已满，最终使 TCP 将发送方应用进程阻塞。接收方应用进程重新开始读取数据，接收方 TCP 就能够打开它的窗口（接收窗口增加），允许发送方 TCP 把数据从它的缓存中传送出去。当这个数据最终被确认，被确认的字节序号随着增加时，就把保存这个被确认数据的缓存空间释放，发送方应用进程解除阻塞并允许继续发送数据。这样发送方和接收方就可以继续工作了。

现在只剩下一个细节需要解决，即发送方如何知道接收方通知的窗口不再是 0。如上所述，TCP 总是发送一个报文段后，就对接收到的报文段作出响应，这个响应包含确认号和窗口字段的最新值，即使这两个值自上次发送以来没有改变。但是一旦已经通知接收窗口变为 0，就不允许发送方发送任何数据，这就意味着它没有办法发现在将来的某个时刻通知窗口不再是 0。接收方的 TCP 不会自发地发送不包含数据的报文段，它只在响应到达的报文段时发送它们。

TCP 按下述方式处理这种情况。TCP 为每一个连接设有一个持续计时器（persistence timer），只要 TCP 连接的一方收到对方的零窗口通知，就启动该持续计时器。若持续计时器设置的时间到期，就发送一个零窗口探测报文段（仅携带 1 字节的数据），发送方仍坚持不停地发送一个只有 1 字节的报文段。它知道这个报文段有可能不被接收，但它还是要尝试，因为每个这样的 1 字节报文段会触发包含当前通知窗口的响应。最终，某个 1 字节的探测报文段会触发一个报告非 0 通知窗口的响应。而对方就在确认这个探测报文段时给出了现在的窗口值。若窗口仍然是 0，则收到这个报文段的一方就重新设置持续计时器。若窗口不是 0，则死锁的僵局就被打破了。

注意，发送方周期性地发送探测报文段的原因是：TCP 被设计成使接收方尽可能地简单，即它只响应从发送方发来的报文段。

下面是一个利用可变窗口进行流量控制的例子。假设 A 向 B 发送数据。在连接建立时，B 告诉 A："我的接收窗口 rwnd＝400（字节）"。设确认字段为 ACK，确认号为 ack，序号为 seq，报文段长度为 100 字节，在图 5-20 中，接收方主机 B 进行了 3 次流量控制。第一次把窗口减小到 rwnd＝300，第二次又减小到 rwnd＝100，最后减小为 rwnd＝0（不允许发送方再发送数据了）。这种使发送方暂停发送的状态将持续到主机 B 重新发出一个新的窗口值为止。

测试题 5-19

假设 B 向 A 发送了零窗口的报文段后不久，B 的接收缓存又有了一些存储空间。于是 B 向 A 发送了 rwnd＝400 的报文段，但这个报文段在传送过程中丢失了。A 一直等待收到 B 发送的非零窗口的通知，而 B 也一直等待 A 发送的数据。这就造成互相等待的死锁局面，使用前面介绍的持续计时器和零窗口探测报文段可以打破死锁。

流量控制是通过什么实现的？零窗口死锁如何打破？

四、TCP 可靠传输的特点

TCP 对滑动窗口的实现有三个目的：一是保证数据的可靠传递，二是确保数据

第七节　TCP 可靠传输的实现

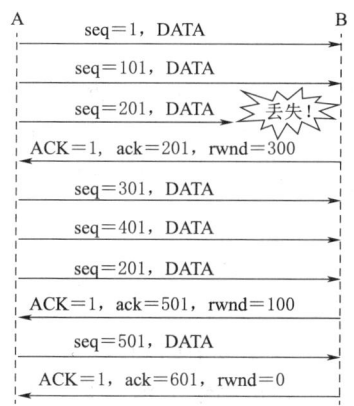

图 5-20　滑动窗口进行流量控制

的有序传递，三是增强发送方和接收方之间的流量控制。TCP 可靠传输主要有以下几个特点。

（一）可靠和有序

TCP 发送方和接收方基于滑动窗口和缓存机制，相互作用以实现可靠和有序的传输。发送方的 TCP 维护一个发送缓存，用来存储那些已被发出但未被确认的数据和已被发送方应用进程写入但尚未发出的数据。在接收方，TCP 维护一个接收缓存，用于存放到达的错序数据和按正确顺序到达（即字节流中没有丢失前面的字节）但应用进程还未读出的数据。

（二）窗口大小可变

TCP 并不使用固定大小的窗口，而是由接收方向发送方通知它的窗口大小。这是通过使用 TCP 首部的窗口字段完成的。此后，发送方在任意给定时刻，未被确认的字节数都不能超过窗口值。接收方根据分配给连接的用于缓存数据的缓存大小，为窗口值选择一个合适的值。其思想是不使发送方发送的数据超过接收缓存的限度。

（三）超时间隔加倍

TCP 发送方有三个与发送和重传有关的事件，即从上层应用进程接收数据、定时器超时、收到 ACK。TCP 从上层应用进程接收数据，将数据封装在一个报文段，并把该报文段交给网络层，每个报文段都包含一个序号（第一个字节数据的编号）。若超时未收到确认，TCP 重传引起超时的报文段，然后重启定时器。大多数 TCP 实现中，每当超时事件发生时，TCP 重传具有最小序号的还未确认的报文段，只是每次 TCP 重传时，实践中将超时间隔的长度设置为先前值的两倍。

定时器过期可能是由网络拥塞引起的，即太多的分组到达源和目的地之间路径上的一个或多个路由队列中，造成分组丢失或长时间的排队延迟，在拥塞时候重传分组，可能会使拥塞更加严重，TCP 将重传后超时间隔设置得更长，一定程度上可以避免加重拥塞。

TCP 在实现上的各种超时重传时间（retransmission time-out，RTO）的选择，是一个复杂的问题，与报文段的加权往返时间 RTTs 相关，同时考虑重传报文段的

RTT，参考 Karn 算法对超时重传时间的计算。

（四）快重传机制

TCP 的接收方采用累积确认机制。发送方收到一个来自接收方的确认报文段（ACK），发送方通过比较确认报文段中的确认号与发送窗口中最早未被确认的字节序号，来确定这个 ACK 是在确认一个或累计多个先前未被确认的报文段，还是一个重复的 ACK。

当 TCP 接收方收到一个报文段，报文段中序号大于接收方期望的序号，这说明报文段乱序到达（报文段丢失或者网络中被重新排序造成），如果接收窗口还足以装得下这个乱序报文，就收下该报文，但是回复的确认报文中的确认号依然是期望的序号。请注意：接收方对已经接收到的最后一个按序到达的字节流数据，回复的确认号（期望的序号）即为最后字节序号加 1，而此时收到乱序到达报文回复的确认号依然是期望的字节编号（重复一次），进行了重复确认（产生冗余 ACK）。如果发送方收到相同数据的 3 个 ACK，就启动快重传机制，发送方发送接收方期望收到的报文段（根据 ACK 报文段里的确认号），这样就可以在该报文段对应定时器过期之前进行重传。

在实际数据传输中，有以下三个需要强调的地方：

第一，发送方的发送窗口是根据接收方的窗口设置的，但是在同一时刻，发送方的发送窗口并不总是和接收窗口一样大，有时间延迟的影响。

第二，对于不按期到达数据的处理，TCP 并无明确的规定。通常是将其先临时存放在接收窗口中，等到字节流中所缺少的字节收到后，再按序交付给上层的应用进程。

测试题 5-20

第三，TCP 要求接收方必须有累积确认的功能，这样可以减小传输开销。接收方可以在合适的时候发送确认，也可以在自己有数据要发送时把确认信息顺便捎带上，但是要注意发送方不应该过分地推迟发送，否则会导致不必要的重传。

思考

TCP 采用的可靠传输机制有哪些？超时重传时间跟哪些因素有关？

第八节　TCP 拥塞控制

如果许多机器上的传输实体以太快的速度发送太多的数据包，就会使网络中存在太多的数据包，继而导致数据包被延迟和丢失，从而导致网络性能严重下降，这种情况称为拥塞。

解决这个问题是网络层和传输层的共同责任。拥塞发生在路由器上，因此在网络层检测拥塞。然而，拥塞是由传输层注入网络中的流量引起的，因此控制拥塞的唯一途径是传输层放缓往网络中发送数据包的速度。

第八节 TCP 拥塞控制

TCP 的关键功能之一即拥塞控制。当路由器上的队列增大到很大时,网络层检测到拥塞,并试图通过丢弃数据包来管理拥塞。传输层接收到从网络层反馈来的拥塞信息,减小发送速率。在 Internet 上,TCP 在拥塞控制中发挥着主要的作用。

一、网络资源分配

拥塞控制算法的目标是更加易于避免拥塞,即为使用网络的传输层找到一种好的网络带宽分配方法。一个良好的带宽分配方法能带来良好的性能,因为它能利用所有的可用带宽却能避免拥塞,而且它对于整个竞争的传输实体是公平的,并能快速跟踪流量需求的变化。

(一) 网络容量和负载

为整个传输实体有效分配带宽应该利用所有可用的网络容量。假设存在一条容量为 1000Mbit/s 的链路,50 个传输实体共同使用这条链路,每个传输实体将获得 20Mbit/s 的带宽,如果真这样想就大错特错了。要想获得良好的性能,每个传输实体获得的带宽应该小于 20Mbit/s,其中的缘由在于流量通常呈现突发性。

在实际网络中,随着负载的增加,实际吞吐量最初以同样的速度增加,但随着负载接近网络容量,实际吞吐量的上升逐渐增多。突发流量可能导致网络内缓存偶尔被充满并造成一些数据包丢失,丢失的数据包会被重传。重传的数据包由于负载接近网络容量,依然会被延迟但未被丢弃。此时,网络内的数据包越积越多,最终拥塞崩溃。

一些网络设计者提出使用吞吐量和延迟的比值作为衡量资源分配方案有效性的度量标准,这个比值有时称为网络的能力(Power)或功率:

$$Power = Throughput/Delay \quad (5-3)$$

式中:Throughput 为网络吞吐量;Delay 为网络延迟。

这个过程类似于高速公路车流量,刚开始的车辆很少,车辆在高速路上行驶畅通无阻;随着进入高速公路(网络)的车辆(数据包)越来越多,驾驶员开车都小心翼翼,这时候由于个别车辆发生故障或其他原因(数据包丢失),占用了道路资源(重传丢失的数据包),如果突然涌入更多的车辆(流量突发),则道路会更加拥挤(负载接近网络容量),大家行驶得更慢,严重情况下整个道路堵塞。

基于上述过程,继续分析延迟和网络负载的变化关系。最初的延迟是固定的,表示穿过整个网络的传播延迟。随着负载接近网络容量,延迟逐步上升,开始上升速度比较缓慢,然后骤然上升(类似于道路堵死)。这也是因为突发流量在高负荷下被堆积起来的缘故。数据包在经历了最大的缓冲延迟后,被路由器丢弃。对于吞吐量和延迟,在拥塞出现时,网络性能开始下降。

直观地说,如果逐步加大分配的带宽,直到延迟开始迅速攀升的那点(这点恰好低于网络容量),网络将获取最佳的性能。

(二) 理想的带宽分配

如何在多个传输实体之间划分带宽,这里有几点值得考虑。

1. 拥塞控制要解决什么问题

发送端的带宽总是有限的,通常情况下,网络无法为每个流或连接执行严格的带宽预留(网络支持服务质量,那么将为某些流预留带宽),因此许多连接在发送数据时,将寻求可用的任何带宽,每个连接竞争带宽的使用(IP 路由器通常让所有的连接竞争相同的带宽)。在这种情况下,正是拥塞控制机制来为竞争的各个连接分配带宽。

2. 最大-最小公平

如果 N 个流使用一条链路,在这种情况下,它们都应该拥有 $1/N$ 的带宽,这是假设带宽的公平分配就是带宽的平均分配。但这种形式的公平并不是真的公平(因为不同的连接采用通过网络的不同路径,这些路径本身有不同的容量)。一个网络的公平性可以体现在连接上。

公平的形式是最大-最小公平(max-min fairness),通常表示理想的网络使用情况。最大-最小公平分配指的是,如果分配给一个流的带宽在不减少分配给另一个流带宽的前提下无法得到进一步增长,那么就不给这个流更多带宽。也就是说,增加一个流的带宽只会让不太富裕的那些流的情况变得更糟。

3. 收敛

拥塞控制算法能否快速收敛到公平而有效的带宽分配上?上面讨论的理想操作点假设了一个静态的网络环境。然而,网络中的连接总是来来去去,而且一个给定连接所需要的带宽也会随时间而变化。

由于需求的变化,网络的理想操作点也随着时间推移而改变。一个良好的拥塞控制算法,应迅速收敛到理想操作点,并跟踪这随时变化的操作点。如果收敛速度太慢,则算法永远无法接近已经改变的操作点;如果算法不稳定,它也可能在某些情况下无法收敛到正确的操作点,或者甚至围绕着正确的操作点振荡。

(三) Nagle 算法

TCP 为了提高网络的利用率,在实现中经常使用 Nagle 算法。

Nagle 算法是指发送端进程把要发送的数据逐个字节送到 TCP 发送缓存,发送方先把第一个字节发送出去对应下面的条件(1),对后面的字节数据,仅在下列条件(2)和(3)情况下才能发送。如果条件都不满足,那么暂时等待一段时间以后再发送数据。

(1)先发送一个小包(数据只有 1 字节)。

(2)收到对前一个报文段的确认后,再发送下一个报文段(缓存的全部数据)。

(3)缓存中的数据已达到发送窗口大小的一半时,或者达到 MSS 时,立即发送下一个报文段。

当数据到达较快而网络速率较慢时,用这样的方法可明显减少所用的网络带宽。

接收数据的主机如果每次都立刻回复确认应答,则可能会返回一个较小的窗口。这是因为刚接收完数据,缓存已满。当某个接收端收到这个小窗口的通知以后,会以它为上限发送数据,从而降低了网络的利用率,这是窗口控制特有的问题,称为糊涂窗口综合征。为此,引入了一个方法,那就是收到数据以后并不立即返回确认应答,而是延迟一段时间返回,这称为延迟确认应答,下面的 3 种方法可与之配合使用。

(1)接收方等待一段时间,最大延迟 0.5s 发送确认应答(如果延迟大于 0.5s,则可能导致发送端重发数据)。很多操作系统设置为 0.2s 左右,这个时间越小,CPU 的负荷会越高,性能也下降。这个时间越长,越有可能触发发送方主机的重发,而窗口为只有 1 个数据段的时候，性能也会下降。

（2）接收缓存已有一半空闲空间的时候，接收方就发出确认应答。

（3）收到（2×最大段长度）的数据后，发出确认应答（根据操作系统的不同，有时只要收到两个包就即刻返回确认应答）。

（四）网络资源分配机制

资源分配机制千差万别，进行彻底的分类是很难的。下面介绍可以表示资源分配机制特征的 3 个方面。

1. 以路由器为中心和以主机为中心

这种资源分配机制可分为两类：一类是在网络内部（即在路由器或交换机上）解决问题，另一类是在网络边缘（即在主机上或传输协议内）解决问题。网络中的路由器和网络边缘上的主机均参与资源分配。

在以路由器为中心的设计中，由每台路由器决定什么时候转发分组，以及选择丢弃哪些分组，同时通知网络上正在产生通信量的主机允许它发送的分组数目。在以主机为中心的设计中，主机观测网络状态（比如利用拥塞控制算法判断网络的拥塞状况），实时调整主机注入网络中的数据流量。

2. 基于预定方式和基于反馈方式

有时资源分配机制也根据使用预定还是反馈进行分类。在基于预定的系统中，一些实体（如主机）为流的分配向网络申请一定的容量，然后每台路由器分配足够的资源（包括缓冲区及链路带宽的百分比）以满足这一请求。在基于反馈的系统中，主机在未预定任何容量的情况下开始发送数据，然后根据收到的反馈信息调整发送速率。反馈信息可以是显式的（即发生拥塞的路由器向主机发送减慢速度的消息）或隐式的（即主机根据外部可观察到的网络行为，如分组丢失，来调整发送速率）。

3. 基于窗口方式和基于速率方式

表示资源分配机制特征的第三种方法是依据基于窗口还是基于速率。类似的机制还用于流量控制和拥塞控制。流量控制和资源分配机制都需要一种表达方式以向发送方传达允许其发送的数据量。传达这一信息通常使用窗口和速率两种方法。

实际上，有两种策略看起来最为流行，这两种策略与网络的基本服务模型有关。一方面，尽力而为服务模型不允许用户预定网络容量，因此它通常意味着使用反馈方式。这就意味着拥塞控制的责任大部分落在主机身上，或许路由器会提供某些辅助。在实践中，这样的网络使用基于窗口的信息。

另一方面，基于服务质量的服务模型可能包含某种预定形式。对这些预定的支持主要依赖路由器的参与。例如，将分组放入不同的队列依赖于它们要求的预定资源的级别。而且，由于窗口与用户所需的网络带宽仅是间接相关，自然就需要按速率表示预定的资源，见本章第九节。

测试题 5-21

 基于窗口方式的资源分配公平吗？TCP 实现中常使用的 Nagle 算法，什么情况下才发送报文？

二、拥塞控制的一般原理

发送端的带宽总是有限的，该如何调整发送速率，以便获得一个理想的带宽分配？发送速率可能受到两个方面因素的限制。一是流量控制，在接收端没有足够缓存的情况下，必须进行流量控制。二是拥塞控制，在网络容量不足的情况下必须继续进行拥塞控制。

图 5-21 中的纵轴代表吞吐量，表示网络传递数据包的传送速率，横轴是网络负载（提供的负载），表示网络的数据包输入速率。随着网络负载的增大，网络吞吐量的增长速率逐渐减小。在网络吞吐量还未达到饱和时，就已经有一部分输入分组被丢弃了，当网络吞吐量明显小于理想的吞吐量时，网络就进入了轻度拥塞的状态。值得注意的是，当网络负载达到某一数值时，网络的吞吐量反而随着网络负载增加而下降，这时网络进入了拥塞状态。当网络负载继续增大到某一数值时，网络的吞吐量下降到了零，网络无法工作，进入所谓的死锁。

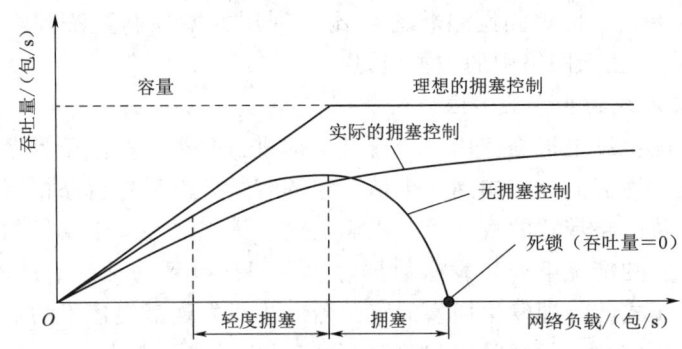

图 5-21 太多的流量导致性能急剧下降

TCP 通信的最大吞吐量由窗口大小和往返时间决定。假定最大吞吐量为 T_{max}，窗口大小为 W，往返时间为 RTT，那么最大吞吐量表示为

$$T_{max} = W/RTT \tag{5-4}$$

那么，如何在网络负载有限的情况下控制网络拥塞呢？

TCP 为每个连接维护一个新的状态变量，称之为拥塞窗口（congestion window，cwnd），用它来限制给定时间内允许传送的数据量。拥塞窗口与流量控制的通知窗口相对应。TCP 做如下修改：允许未确认数据的最大字节数为当前拥塞窗口和通知窗口的最小值。这样，允许 TCP 源节点发送分组的速率不超过网络或目的主机可接受的速率中的最小值。发送窗口的值是由连接的接收方送出的，然而没有任何一个节点向 TCP 的发送方发送一个合适的拥塞窗口值。问题是 TCP 如何得到一个合适的拥塞窗口值。答案是 TCP 源节点根据它所获得的网络中存在的拥塞级别来设定拥塞窗口值，当拥塞级别上升时减小拥塞窗口，而当拥塞级别下降时加大拥塞窗口。这种把两者合在一起的机制通常称为加性增/乘性减（additive increase/multiplicative decrease，AIMD）。

那么，关键问题是源节点如何确定网络拥塞并且如何减小拥塞窗口。基于观察，

第八节　TCP 拥塞控制

分组不能被传送和导致超时的主要原因在于拥塞造成分组被丢弃。因为传输错误而丢弃分组的情况是很少的。因此，TCP 认为超时是发生拥塞的标志，并据此降低正在传输的速率。需要说明的是，每发生一次超时，源就将拥塞窗口值设为当前值的一半，这种做法对应于 AIMD 机制中所指的"乘性减"。尽管拥塞窗口值是按字节定义的，但如果按整个分组来考虑成倍减少是最容易理解的。

只减小窗口大小的拥塞控制策略显然过于保守，同时也需要能增大拥塞窗口以充分利用网络新增的能力。这就是 AIMD 机制中的"加性增"部分，它的工作原理如下：每当源节点成功地发送拥塞窗口值设定的分组数时，也就是说，每个发出的分组都在最近的 RTT 内获得确认时，源节点就将等于一个分组长度的值（MSS）加到拥塞窗口上。在实际应用中，TCP 不会等待整个窗口的确认值收到之后才给拥塞窗口增加一个分组的值，而是随着到达的每一个确认增加一个小的值（增加 MSS 值的一部分）。

理解有关加性增/乘性减的重要概念是，源节点减小它的拥塞窗口的速度比增大这个窗口要快得多。这与加性增/加性减策略形成鲜明对比，加性增/加性减策略是指每收到一个 ACK，窗口值增加 1 个分组，同时每发生一次超时，窗口值减少 1 个分组。事实证明，加性增/乘性减是拥塞控制机制达到稳定的一个必要条件。大幅度减小窗口与谨慎增大窗口的一个直观原因是，窗口过大的后果要比窗口过小严重得多。例如，当窗口过大时，被丢弃的分组要被重传，导致拥塞更加严重，因而迅速摆脱这种状态非常重要。

AIMD 机制是达到有效和公平操作点的适当流量规则。AIMD 是 TCP 采用的拥塞控制机制，TCP 基于这个观点和另一个稳定性观点（使网络拥堵非常容易而使网络恢复却很难，所以递增政策应轻柔，而递减政策应积极）。但这个机制不是那么的公平，因为 TCP 连接根据每次的往返时间测量值来调整窗口的大小，而不同的连接有不同的往返时间。这导致在所有其他条件都相同的情况下，接近主机的连接比远离主机的连接获得的带宽更多。

TCP 通过实现 AIMD 机制来调整发送速率并实行拥塞控制，这实现起来比较困难，因为要在某个时间间隔测量速率，而且流量是突发的。实际上通常使用的策略不是直接调整发送速率，而是调整窗口大小。TCP 就使用了这种策略。如果窗口大小是 W，往返时间是 RTT，则等价的发送速率是 W/RTT。这种策略很容易和流量控制机制结合起来，因为流量控制机制已经使用了一个窗口。

多协议的竞争，涉及公平问题。网络中可能存在许多不同的传输协议，它们都往网络上发送流量。为了避免拥塞，不同的协议采用了不同的控制机制，那么这些不同的协议竞争时会发生什么？答案就是带宽分配不平等。由于 TCP 是 Internet 拥塞控制的主要形式，所以设计新的传输协议要承受相当显著的社会压力，新协议必须能与 TCP 进行公平的竞争。早期的流媒体协议就是因为产生了不公平竞争问题，而过度减少了 TCP 吞吐量。这种现象促使 TCP 友好（TCP-friendly）拥塞控制这一概念的提出。

测试题 5-22

思考 拥塞控制的标志有哪些？如何判断？AIMD原则是什么？

三、TCP 拥塞控制算法

TCP 采用了基于窗口的四种拥塞控制算法，即慢开始、拥塞避免、快重传、快恢复。

TCP 发送方维持一个拥塞窗口 cwnd，拥塞窗口的大小取决于网络的拥塞程度，并且动态地在变化。TCP 判断出现拥塞的两个事件如下：

（1）重传定时器超时。现在通信链路的传输质量一般都很好，因传输出差错而丢弃分组的概率是很小的（远小于 1%）。只要出现了超时，就可以认为网络可能出现了拥塞。

（2）收到三个相同（重复）的 ACK。个别报文段会在网络中丢失，预示可能会出现拥塞（实际未发生拥塞），因此可以尽快采取控制措施，避免拥塞。

发送端利用拥塞窗口根据网络的拥塞情况调整发送的数据量。发送窗口大小不仅取决于接收方公告的接收窗口，还取决于网络的拥塞状况。下面介绍四种算法及拥塞事件发生后窗口的变化情况。

（一）慢开始

慢开始从较小的值开始迅速增加拥塞窗口，以指数方式而不是线性方式有效增加拥塞窗口。

为叙述方便，下面用分组作为窗口大小的单位，一个传输轮次所经历的时间看作是一个 RTT。如图 5-22 所示，发送方开始将拥塞窗口 cwnd 设置为 1 个分组，当这个分组的确认到达时，TCP 将拥塞窗口 cwnd 加 1，然后发送两个分组，当收到两个相应的确认后，TCP 将拥塞窗口 cwnd 加 2（即每个确认加 1），然后发送 4 个分组，在第三个传输轮次，收到 4 个确认后，TCP 将拥塞窗口再加 4，cwnd=8。最终结果是 TCP 在每个 RTT 内将传送的分组数加倍。

虽然称为慢开始，实际上是指数增加。慢开始用于将分组隔开，使分组突然增多的情况不会发生。换句话说，尽管指数增长比线性增长快，但慢开始比立即发送整个通知窗口的数据量要"慢"得多。

慢开始规定，在每收到一个对新的报文段的确认后，可以把拥塞窗口增加最多一个 SMSS 数值：

$$\text{慢开始拥塞窗口 cwnd 每次的增加量} = \min(N, \text{SMSS}) \quad (5-5)$$

式中：N 为原来未被确认但现在刚收到的确认报文段所确认的字节数。

实际上慢开始能够在两种不同情况下运作。第一种情况是在刚开始连接时，发送方源节点不知道它在给定时间内能发送多少分组。在这种情况下，慢开始在每个 RTT 内不断将拥塞窗口 cwnd 加倍直至发生分组丢失，这时超时引起拥塞窗口 cwnd 的成倍减少（除以 2）。

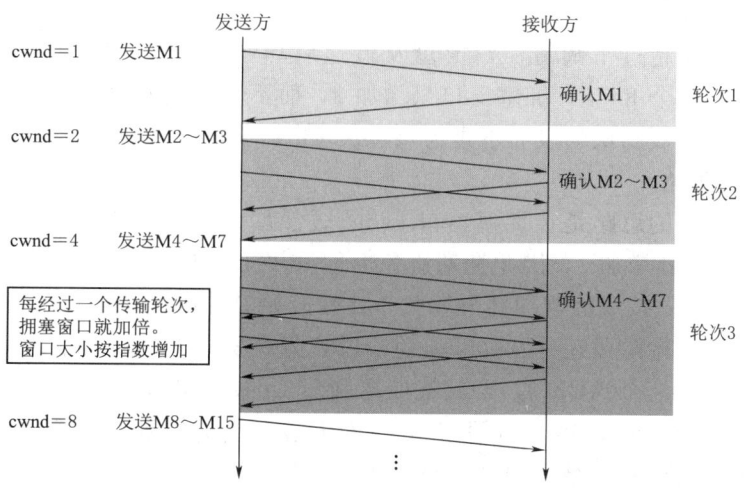

图 5-22 慢开始期间发送分组数的增长情况

第二种情况发生在连接停止而等待超时发生的时候。回想一下 TCP 滑动窗口算法的原理，当一个分组丢失时，发送方达到某一极点，在此点上它已经发送通知窗口允许的分组数量，因此当它等待一个不会到达的确认信息时阻塞，最终发生超时，但在这段时间没有分组在传送，也就是源节点收不到确认以"同步"新分组的传送。源节点将收到一个要求重新打开整个通知窗口的累积的 ACK，于是用慢开始方式重新启动数据流，而不是立即将整个窗口值的数据都发送到网络上。

新的 RFC 5681 规定，根据最大报文段（sender maximum segment size，SMSS）的大小，初始窗口（initial window，IW）的值可设置为 2 个、3 个或 4 个 SMSS，具体规定为：

若 SMSS>2190 字节，则设置初始拥塞窗口 cwnd=2SMSS，且不超过 2 个报文段。

若 SMSS>1095 字节，则设置初始拥塞窗口 cwnd=3SMSS，且不超过 3 个报文段。

若 SMSS≤1095 字节，则设置初始拥塞窗口 cwnd=4SMSS，且不超过 4 个报文段。

为了防止拥塞窗口 cwnd 增长过大而引起网络拥塞，保持对慢速启动的控制，也希望能记住由于成倍减少而产生的目标拥塞窗口以及慢开始所用到的实际拥塞窗口，设立一个慢开始拥塞阈值变量 threshold，用法如下：

当 cwnd<threshold 时，使用慢开始算法。

当 cwnd>threshold 时，改用拥塞避免算法。

当 cwnd=threshold 时，使用慢开始算法或拥塞避免算法。

TCP 的通信开始时，并没有设置相应的慢开始拥塞阈值（与窗口的最大值相同），而是在超时重传时，才设置为当前拥塞窗口一半的大小。设置拥塞阈值的目的，是在一个 TCP 连接所花费的大量时间中，它的拥塞窗口接近最佳值，不至于小到降低吞吐量，但也没大到发生拥塞。

一旦慢速启动超过了阈值，TCP 就从慢速启动切换到线性增加（即加法递增）。在这种模式下，每个 RTT，拥塞窗口只增加 1，而不是像慢速启动那样成倍增长。这通常也是为每一个被确认的段而不是为每一次 RTT 实施窗口的增加。

（二）拥塞避免

拥塞避免算法的思路是让拥塞窗口 cwnd 缓慢增大，即经历每个 RTT 就把发送方的拥塞窗口 cwnd 增加 1，因此拥塞避免也称为"加法增大"。这表明在拥塞避免阶段，拥塞窗口 cwnd 按线性规律缓慢增长，比慢开始算法的拥塞窗口增长缓慢得多。

无论是在慢开始阶段还是在拥塞避免阶段，只要发送方判断网络出现拥塞（重传定时器超时、出现 3 个 ACK 后），就把拥塞阈值 threshold 设置为当前窗口值的一半（最小为 2），将拥塞窗口值 cwnd 设置为 1，然后执行慢开始算法。这样做的目的就是要迅速减少主机发送到网络中的分组数，使发生拥塞的路由器有足够时间把队列中积压的分组处理完毕。"拥塞避免"并非指完全能够避免拥塞，而是在拥塞避免阶段把拥塞窗口控制为按线性规律增长，使网络比较不容易出现拥塞。利用以上的措施要完全避免网络拥塞还是不可能的。

通过一个例子来说明窗口变化的过程，如图 5-23 所示。当 TCP 连接进行初始化时，将拥塞窗口 cwnd 置为 1。图中的窗口单位实际是字节，为了简化描述方式，使用的最大报文段长度 SMSS 为一个单位。慢开始拥塞阈值的初始值设置为 16 个报文段，即阈值 threshold=16。

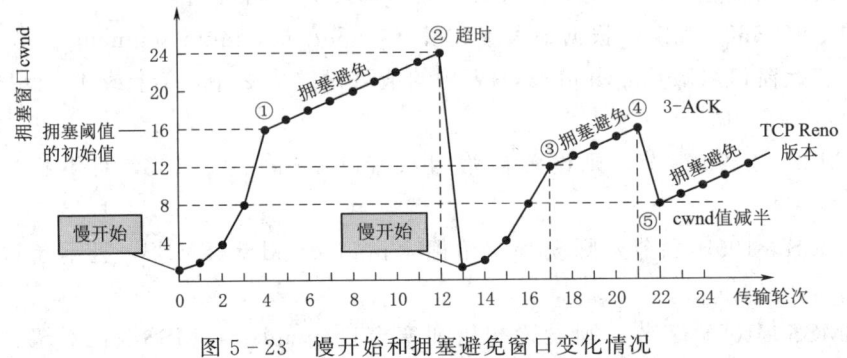

图 5-23 慢开始和拥塞避免窗口变化情况

发送端的发送窗口不能超过拥塞窗口 cwnd 和接收窗口 rwnd 中的最小值。假定接收窗口足够大，因此现在发送窗口的数值等于拥塞窗口的数值。

在开始执行慢开始算法时，拥塞窗口 cwnd=1，发送第一个报文段。

发送方每收到一个对新报文段的确认 ACK，就把拥塞窗口值加 1，然后开始下一轮的传输（请注意，横坐标是传输轮次，不是时间）。因此，拥塞窗口 cwnd 随着传输轮次按指数规律增大。

当拥塞窗口 cwnd 增长到拥塞阈值 threshold 时（图中的点①，此时拥塞窗口 cwnd=16），就改为执行拥塞避免算法，拥塞窗口按线性规律增大。

当拥塞窗口 cwnd=24 时，网络出现了超时（图中的点②），发送方判断网络出现了拥塞，于是调整拥塞阈值 threshold＝cwnd/2＝12，同时设置拥塞窗口 cwnd＝1，进入慢开始阶段。

按照慢开始算法，发送方每收到一个对新报文段的确认 ACK，就把拥塞窗口值加 1。当拥塞窗口 cwnd＝threshold＝12 时（图中的点③，这是新的拥塞阈值），改为执行拥塞避免算法（此时也可以使用慢开始算法），拥塞窗口按线性规律增大。

当拥塞窗口 cwnd＝16 时（图中的点④），出现了一个新的情况，就是发送方连续收到 3 个对同一个报文段的重复确认（图中记为 3-ACK）。发送方改为执行快重传和快恢复算法。

（三）快重传

在拥塞避免阶段，如果拥塞窗口达到最大值时，出现拥塞现象，比如发送方的一个数据包丢失，发送方并不知道，因为超时时间设置一般相对较长，发送方可以把发送窗口内的字节流打包成多个报文段连续发送出去，而接收方不能越过对丢失的包的确认，因此回复的确认号将保持为丢失包的首个序号不变（期望丢失的包），发送方因为收不到丢失包的确认而无法发送任何新包到网络。这种情况可以持续一段比较长的时期，直到丢失的包的超时计时器被触发，发送方重传丢失的包，发送方的拥塞控制再次慢速启动。可见，等待超时是慢开始和拥塞避免方案存在的一个缺陷。

发送方有一个快速方法来识别它的包已经被丢失。当丢失数据包的后续数据包到达接收方时，它们触发接收方给发送方返回冗余确认。这些确认段携带着相同的确认号，称为重复确认（duplicate acknowledgement）。发送方每次收到重复确认时，很可能另一个包已经到达接收端，而丢失的那个包仍然没有到达接收方。

TCP 现在假设 3 个重复确认意味着已经丢失一个包。丢失包的序号可以从确认号推断出来，它是整个数据序列中紧接着的下一个数据包。因此，这个包可以被立即重传，在其计时器超时前就重新发送出去，有时它触发对丢失分组的重传比常规超时机制更快。快重传机制并不能代替常规超时机制，它只是增强功能。

采用快重传算法可以让发送方尽早知道发生了个别报文段的丢失。快重传算法要求接收方不要等待自己发送数据时才进行捎带确认，而是要立即发送确认，即使收到了失序的报文段也要立即发出对已收到的报文段的重复确认。

发送方只要连续收到 3 个重复确认，就知道接收方确实没有收到报文段，因而应当立即进行重传（即"快重传"），这样就不会出现超时，发送方也就不会误认为出现了网络拥塞。使用快重传可以使整个网络的吞吐量提高约 20%。

图 5-24 说明了 TCP 采用 3 个重复确认（冗余确认），来让发送方快速重传。在此例中，接收方收到分组 1 和分组 2，但分组 3 在网络中丢失。接收方在分组 4 到达时为分组 2 发送一个重复确认，当分组 5 到达时又发一个，以此类推。当发送方看到分组 2 的第三个重复确认时（发送第三个确认是因为接收方已收到分组 6），它就重传分组 3。注意，当被重传的分组 3 的拷贝到达目的地时，接收方发送一个累积确认，用于确认已收到包括分组 7 的所有分组（分组 7 已经到达）。

（四）快恢复

当发送端连续收到 3 个重复确认时，启动快重传机制发出拥塞信号，由于发送方

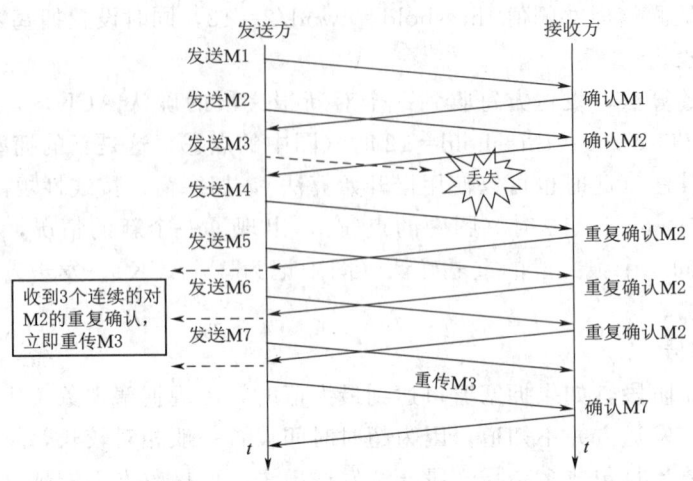

图 5-24 基于 3 个重复确认的快重传

现在认为网络很可能没有发生拥塞，所以现在不执行慢开始算法，不再把拥塞窗口退回 1 个 SMSS，而是利用还在信道中的 ACK 去同步分组的发送。这有效地消除了在快重传检测到一个丢失分组并开始加性增之间的慢开始过程，称为快恢复算法。执行快恢复算法后，需要进行以下设置。

（1）拥塞阈值 threshold＝当前拥塞窗口 cwnd/2。

（2）新拥塞窗口 cwnd＝拥塞阈值 threshold。

（3）开始执行拥塞避免算法，使拥塞窗口缓慢地线性增大。

在图 5-23 中，在点④（此时 cwnd＝16），发送方知道现在只是丢失了个别的报文段，于是不启动慢开始，而是执行快恢复算法。这时，发送方调整拥塞阈值 threshold＝cwnd/2＝8，同时设置拥塞窗口 cwnd＝threshold＝8（见图中的点⑤），并开始执行拥塞避免算法。

执行快恢复算法的结果是 TCP 避免了慢开始，只有第一次启动或发生超时时才进入真正的慢开始。当发生多个数据包丢失时，快重传机制不足以恢复，仍然可能会发生超时。此时，不是反复地进入慢速启动，而是当前连接的拥塞窗口遵循一种锯齿模式：在拥塞避免阶段，拥塞窗口是按照线性规律增大的。这常称为"加法增大"。当出现超时或 3 个重复确认时，就要把拥塞阈值设置为当前拥塞窗口值的一半，并大大减小拥塞窗口的数值。这常称为"乘法减小"，是由 TCP Reno 提供的，也正是力求实现的 AIMD 机制。

TCP Reno 机制，经过一个初始的慢速启动，拥塞窗口大小直线攀升，直至通过重复确认检测到丢包。丢失的数据包被重传，并且启用快恢复机制来维持确认时钟运行，直到重传的数据包被确认。此时，拥塞窗口恢复到新的慢开始窗口阈值，而不是从 1 开始。这种行为无限期地继续下去，在连接花费的大部分时间内其拥塞窗口接近于带宽延迟积的最佳值。

（五）TCP 拥塞控制流程

图 5-25 为 TCP 拥塞控制流程图。

第八节 TCP 拥塞控制

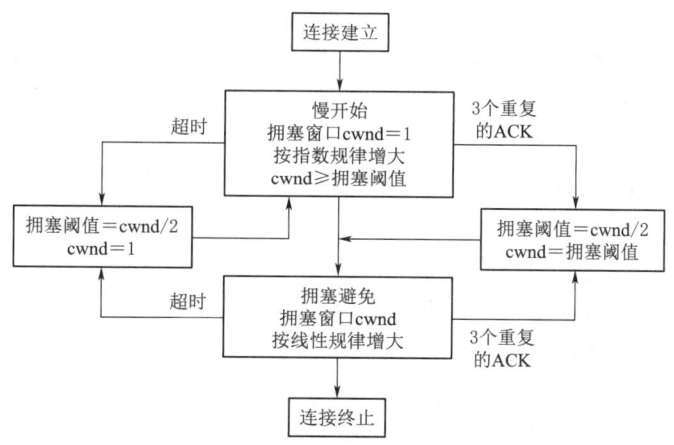

图 5-25 TCP 拥塞控制流程图

在实际中，接收方的缓存空间是有限的，接收方根据自己的接收能力设定了接收方的 rwnd，并把这个窗口值写入 TCP 报文段首部的窗口字段，传递给发送方。发送方的发送窗口的上限值应当取为接收窗口 rwnd 和拥塞窗口 cwnd 这两个变量中较小的一个，即应按式（5-6）确定：

$$\text{发送窗口的上限值} = \min(rwnd, cwnd) \tag{5-6}$$

当 rwnd < cwnd 时，是接收方的接收能力限制发送窗口的最大值。

当 cwnd < rwnd 时，则是网络的拥塞限制发送窗口的最大值。

也就是说，rwnd 和 cwnd 中数值较小的一个，控制了发送方发送数据的速率。

（六）标准 TCP

TCP Reno 算法得到了广泛应用，并成为"标准 TCP"的基础标准。但究竟哪些构成了标准 TCP 还存在争议。慢开始和拥塞避免算法通常结合使用，RFC 5681 给出了其基本方法。这个规范并不要求严格使用这些精确算法，TCP 实现过程仅利用其核心思想。但讨论过的上述算法毋庸置疑都属于标准 TCP。

总结 RFC 5681 中的结合算法，在 TCP 连接建立之初的慢开始阶段，设置 cwnd = 初始窗口值 IW，IW 初始设为 2~4 个 SMSS（发送方的最大报文段大小）。拥塞阈值 threshold 通常取一较大值（至少为接收端的通知窗口 awnd）。当接收到一个好的 ACK 时（表明新的数据传输成功），cwnd 会相应更新：①cwnd += SMSS（若 cwnd < threshold），慢开始；②cwnd += SMSS × SMSS/cwnd（若 cwnd > threshold），拥塞避免。

当收到 3 次重复 ACK（或其他表明需要快重传的信号）时，会执行以下步骤：

（1）拥塞阈值 threshold 更新为大于（当前窗口/2 和 2 × SMSS）。

（2）启用快重传算法，将 cwnd 设为（threshold + 3 × SMSS）。

（3）每接收一个重复 ACK，将 cwnd 值暂时增加 SMSS。

（4）当接收到一个好的 ACK 时，将 cwnd 重设为 threshold。

以上步骤（2）和步骤（3）构成了快恢复。步骤（2）设置 cwnd 大小，首先

cwnd 通常会被减为之前值的一半。然后，考虑到每接收一个重复 ACK，就意味着相应的数据包已成功传输（因此新的数据包就有发送机会），cwnd 值会相应地暂时增大。这一步也可能出现 cwnd 加速递减的情况，因为通常 cwnd 会乘以某个值（这里取 0.5）来形成新的 cwnd。

视频 5-8

步骤（3）维持 cwnd 的增大过程，使得发送方可以继续发送新的数据包（在不超过 awnd 的情况下）。步骤（4）假设 TCP 已完成恢复阶段，所以 cwnd 的临时膨胀也消除了（有时称这一步为"收缩"）。

视频 5-9

新连接的建立和出现重传超时两种情况总会执行慢开始。当发送方长时间处于空闲状态，或者有理由怀疑 cwnd 不能精确反映网络当前拥塞状态时，也可能引发慢开始。在这种情况下，cwnd 的初始值将被设为重启窗口（RW）。在文献 RFC 5681 中，推荐 RW 值为 RW=min(IW，cwnd)。其他情况下，慢开始中 cwnd 初始设为 IW。

测试题 5-23

考虑到 TCP 的普遍使用性，越来越多的研究致力于使 TCP 在更广泛的环境里更好地工作。有一些改进的算法和机制，如 NewReno 算法、采用选择确认机制的 TCP 拥塞控制、转发确认（FACK）和速率减半、限制传输、窗口校验（congestion window validation，CWV）机制等。另外，不同类型和版本的操作系统在 TCP 实现时，使用了不同的标准。

接收方在哪些情况下发送 ACK 报文段？TCP 实现拥塞控制，窗口 cwnd 值是怎样更新的？

四、拥塞避免机制

TCP 的策略是一旦发生拥塞就控制它，而不是从一开始就试图避免拥塞的发生，理解这一点是重要的。事实上，TCP 在努力找到拥塞发生点的过程中不断地给网络增加负载，然后从这一点回退。换言之，TCP 需要制造丢失分组来发现连接的可用带宽。另外一种富有吸引力的策略，就是预测拥塞将在何时发生，然后在分组刚要被丢弃前降低主机发送数据的速率，称这种策略为拥塞避免。

考虑整个传输过程，将拥塞控制与网络层采取的策略联系起来。网络中的路由器都必须应用某种排队规则来决定如何缓存等待发送的分组。也就是路由器如何分配带宽（哪些分组被传送）和分配缓存（哪些分组被丢弃）。路由器通过确定分组等待传输的时间直接影响分组的延迟，进而影响 TCP 拥塞控制。路由器使用排队机制来避免拥塞。常用的排队算法有 FIFO（先进先出）、FQ（公平排队）、RED（随机早期检测）以及几个变种算法。

（一）带队尾丢弃的 FIFO

FIFO 排队也称为先来先服务（FCFS）排队，它的思想很简单，即先到达路由器的分组先被发送。FIFO 不会考虑这个分组属于哪个流，也不考虑它有多重要。由于到达 FIFO 队尾的分组被丢弃，所以有时也称之为队尾丢弃策略。

注意，队尾丢弃与 FIFO 是两个不同的概念。FIFO 是调度规则，决定分组传送的顺序。队尾丢弃是丢弃策略，决定哪个分组被丢弃。因为 FIFO 和队尾丢弃分别是最简单的调度规则和丢弃策略，所以有时它们被看成一种组合排队实现，实际上应更确切地称之为带队尾丢弃的 FIFO（FIFO with tail drop）。带队尾丢弃的 FIFO 作为所有排队算法中最简单的算法。

基本 FIFO 排队的一个简单变种是优先排队，它的思想是给每个分组一个优先级标志，这个标志可以被加到 IP 首部中。路由器采用多个 FIFO 队列，每个队列对应一个优先级。路由器总是先发送完非空的最高优先级队列中的分组，然后移到下一个优先级队列。在每个优先级队列中，分组都采用 FIFO 方式管理。在 Internet 中，使用优先级排队是为了保护那些最重要的分组——通常指在网络拓扑结构改变后为保证路由表的稳定性所必需的路由更新分组。

（二）FQ

FQ 的思想是为路由器当前处理的每个流维护一个独立的队列。路由器以轮转方式为这些队列服务，当某个流发送分组过快时，它的队列被填满。当队列达到某一长度时，属于这个流队列的多余分组就被丢弃。用这种方式，一个源就不能以牺牲其他流为代价任意增加它占用的网络能力的份额。

需要注意的是，FQ 既不涉及路由器将其状态通知通信源，也不以任何方式限制给定源传送分组的速率。换言之，FQ 依然与端到端拥塞控制协同使用。它简单地隔离各通信以使恶意的通信源不会影响那些忠实执行端到端算法的源。对于在良好拥塞控制算法管理下的流的集合，FQ 也对它们施加公平性。FQ 的复杂性主要在于路由器处理的分组长度不一定相同。要真正以公平的方式分配输出链路的带宽，就有必要考虑分组的长度。

FQ 是工作保持（work-conserving）的，工作保持产生的效果之一就是：如果一个流与其他流共享一条链路，而其他流此时不发送任何数据，那么这个流就可以使用全部链路能力。因此，一个流不用的带宽可自动地被其他任何流使用。

（三）主动队列管理

在路由器中，若发生尾部丢弃，很可能会同时影响很多条 TCP 连接，结果使得许多 TCP 连接在同一时间突然都进入慢开始的状态，这在 TCP 术语中称为全局同步。全局同步使得全网的通信量突然下降很多，在网络恢复正常后，通信量又突然增大很多。

为了避免发生全局同步现象，提出了主动队列管理（active queue management，AQM）。路由器应当在队列长度达到某个值得警惕的数值时（网络有了某些拥塞征兆），就主动丢弃到达的分组，这样就提醒了发送方放慢发送速率，因而有可能使网络拥塞程度减轻或避免拥塞。

AQM 有多重实现方法，早年比较流行的叫作 RED，它是在每台路由器上编程监视自己的队列长度，当检测到拥塞即将发生时就通知源调整拥塞窗口。2015 年后，RFC 文档不再推荐 RED，但是对路由器进行主动队列管理仍是必要的，如何进行智能管理仍然是值得研究的工作。

（四）基于源端的拥塞避免

和前面的依赖路由器上排队机制的拥塞避免方案不同，基于源端的拥塞避免策略是从终端主机上检测拥塞的初始阶段（在丢失分组发生前）。

有一种算法机制称为 TCP Vegas，注重吞吐量的改变，更具体地说，注重发送速率的改变，将测量到的吞吐量变化率与理想的吞吐量变化率作比较，来避免拥塞。TCP Vegas 的拥塞避免行为除了根据丢弃分组，还根据网络中额外数据的估计值的变化，所谓"额外数据"是指源节点为了让数据量与当前可用带宽匹配而发送的数据，而这些数据本不应该发送，具体的算法细节请查阅课外资料。

实际中的拥塞控制很难设计，它是一个动态的问题，必须全面衡量得失，过于频繁地采取行动进行网络拥塞的控制（拥塞控制本身也要付出资源代价），会使得网络不稳定，有时候拥塞控制策略反而成为网络性能的瓶颈。测量和评估一种新的拥塞控制机制，在真实网络环境中非常困难，可能涉及改变成千上万个路由器的设置，常常采用模拟环境进行验证，但模拟环境（代表真实 Internet 中的拓扑结构和通信量的典型实例）本身也是一项挑战。

测试题 5-24

思考　拥塞避免的思想是什么？保障公平性算法有哪些？拥塞发生后，应对的策略有哪些？

第九节　服　务　质　量

在上一节介绍的技术主要用来减少拥塞并提高网络性能。然而，存在一些应用，它们对网络的性能保障有很强的需求，而不仅仅只是"在当前情况下尽力而为"。特别是多媒体应用或实时应用程序（real-time application），它们往往需要具备最小延迟和最大吞吐量条件才能正常工作，尽力服务模型对于实时应用程序来说是不够的。

一、使互联网提供服务质量

"流"是在多媒体通信中的一个常用的名词，一般定义为具有同样的源 IP 地址、源端口、目的 IP 地址、目的端口、协议标识符以及服务质量需求的一连串分组。简单来说，从一个源端发到一个接收方的数据包流可称为一个流。

在面向连接的网络中，一个流或许是一个连接上的全部数据包；而在无连接网络中，一个流是从一个进程发到另一个进程的所有数据包。每个流的需求可由带宽、延迟、抖动、丢失以及可靠性五个主要参数来表示。总之，这些参数决定了一个流要求的服务质量。

服务质量可用若干基本的性能指标来描述，包括可用性、差错率、响应时间、吞吐量、分组丢失率、连接建立时间、故障检测和改正时间等。服务提供者可向其用户保证某一种等级的服务质量。

表 5-4 列出了几种常见的应用程序和它们分别对网络服务质量的要求。请注意，

第九节 服务质量

网络需求小于应用需求,在这些情况下,应用程序可以改善由网络提供的服务。特别是,网络并不需要为可靠的文件传输真正做到无丢失,也并不需要为音频和视频的播放传递具有相同延迟的数据包。丢失部分可以通过重传来修复,一些抖动可以通过接收端缓冲数据包来平滑。然而,如果网络提供的带宽太少或延迟太大,则无论应用程序做什么都无法补救这种情况。

表 5-4 应用程序对服务质量需求的严格程度

应用程序	可靠性	带宽	延迟	抖动	丢失
电子邮件	高	低	低	低	中等
文件传输	高	中等	低	低	中等
浏览网页	高	中等	中等	低	中等
远程登录	高	低	中等	中等	中等
音频播放	低	中等	低	高	低
视频播放	低	高	低	高	低
电话	低	低	高	高	低
视频电话	低	高	高	高	低
流媒体	低	高	高	中等	中等
在线直播	低	高	高	高	中等
视频会议	低	高	高	高	中等

应用程序对它们的带宽需求是不同的,电子邮件、各种形式的音频和远程登录不需要太多的带宽,但文件传输和所有形式的视频应用则需要大量的带宽。另外,对网络延迟的需求。文件传输应用,包括电子邮件和视频,对延迟并不敏感。如果所有的数据包被均匀地延迟几秒钟,则播放基本不受影响。交互式应用,比如浏览网页和远程登录,对延迟比较敏感,而实时应用,如电话、在线直播和视频会议,则有严格的延迟要求。播放一个服务器上的音频或视频不要求低延迟。

延迟的变化(即标准方差)或数据包到达时间的变化称为抖动。音频、视频的各种应用,尤其是音频对抖动非常敏感。假设用户正在通过网络观看视频,如果帧都刚好延迟了 2s,则不会损害播放效果。但是,如果传输时间随机地在 1s 和 2s 之间变化,那么结果将非常可怕,除非应用程序能隐藏抖动。对于音频,即使是几 ms 的抖动都能被清楚听到。对于丢失,各个应用的要求也不尽相同,前四种要求更高,因为任何一位都不允许被错误递交给接收方,音视频应用可以容忍少量数据包丢失而无须重传,因为人们不会注意到声音短暂的停顿或画面偶尔的跳跃,但丢失太多则会影响观看效果。

在传送延迟敏感的实时数据时,不仅传输延迟不能太大,而且延迟抖动也必须受到限制。对于传送实时数据,很少量分组的丢失对播放效果的影响并不大,因而是可以容忍的。丢失容忍也是实时数据的另一个重要特点。

考虑到各种应用需求的广阔空间,所需要的是一个应用范围更广的服务模型,以满足任何一种应用需求。这需要一个服务模型,不是提供一种类型的服务(尽力而为模型），而是具有多类服务，其中的每一类都能满足某个应用集合的需求。人们为了提供一定范围的服务质量而开发的一些方法，可以分为两大类：一是细粒度方法，它给单独的应用程序或流提供服务质量；二是粗粒度方法，它给多类数据或成块通信量提供服务质量。

在第一类里有综合服务，一种 IETF 开发的服务质量体系结构，常常与 RSVP 相关。ATM 的服务质量方法也属于这一类。

测试题 5-25

第二类中有区分服务，可能是最广泛配置的服务质量机制。

思考

互联网提供的服务质量和公平性之间如何均衡？

二、综合服务与 RSVP

（一）综合服务

从 1995 年到 1997 年之间，IETF 做了很大的努力来设计流式多媒体的体系结构。这项工作最后产生了 20 多个 RFC，从 RFC 2205 到 RFC 2210，此项工作的通用名称是综合服务，主要针对单播和多播应用。

比如说，用户从一个新闻网站抓取一段视频片段就是单播应用的一个例子。一个直播平台将它们的节目以 IP 数据包流的方式广播到各地的许多接收端，就是多播应用的一个例子。下面将重点关注多播，因为单播可以看作是多播的一个特例。在许多多播应用中，多播组的成员可能会动态地发生变化。在这样的情况下，让发送方提前预留带宽的做法并不能很好地工作，因为这要求每个发送方必须跟踪它的听众们的全部加入和离开情况。对于一个拥有上百万个用户的电视传输系统而言，这样的设计显然不能工作。

综合服务可对单个的应用会话提供服务质量的保证，其主要特点有以下两个：

（1）资源预留。路由器需要知道不断出现的会话已预留了多少资源（即链路带宽和缓存空间）。

（2）呼叫建立。需要服务质量保证的会话必须首先在源站到目的站的路径上的每个路由器预留足够的资源，以保证其端到端的服务质量要求。

综合服务定义了以下两类服务：

（1）有保证的服务可保证一个分组在通过路由器时的排队延迟有一个严格的上限。

（2）受控负载的服务可以使应用程序得到比通常的"尽最大努力"更加可靠的服务。

综合服务由以下四个部分组成：

（1）RSVP，综合服务的信令协议。

（2）接纳控制，用来决定是否同意对某一资源的请求。

（3）分类器，用来将进入路由器的分组进行分类，并根据分类的结果将不同类别的分组放入特定的队列。

（4）调度器，根据服务质量要求决定分组发送的前后顺序。

（二）RSVP

在综合服务体系结构中，最主要的是网络用户可见的那部分，即 RSVP。RFC 2205 到 RFC 2210 文档对该协议进行了详细描述。该协议的主要功能是预留资源，发送数据则需要使用其他协议。RSVP 允许多个发送方给多个接收方传送数据，也允许接收方自由地切换频道，并且在消除拥塞的同时优化带宽的使用。

在最简单的形式下，RSVP 使用了基于生成树的多播路由，关于用生成树来实现多播路由在前面第四章已经有所讨论。每个组都分配一个组地址。为了给一个组发送数据包，发送方把该组的地址放到这些数据包中。然后，标准的多播路由算法建立起一棵覆盖所有组成员的生成树。路由算法并不是 RSVP 的一部分。与常规多播的唯一不同之处是这里的多播需要一些额外的信息，这些信息被周期性地多播给生成树中的路由器，告诉它们在内存中维护特定的数据结构。RSVP 的工作要点如图 5-26 所示。

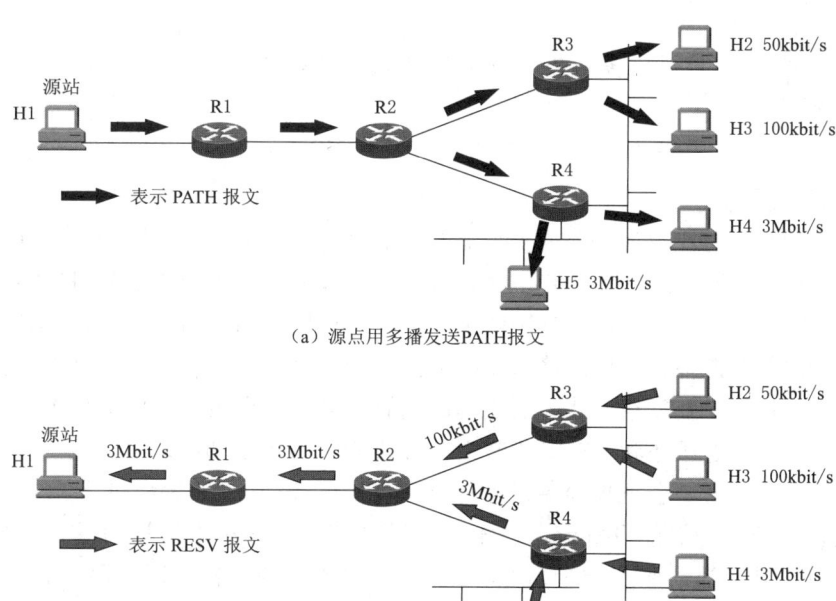

图 5-26　RSVP 的工作要点

主机 H1 向互联网上的 4 台主机 H2～H5 发送多播视频节目，在图中主机右边标注的数据率就是 H2～H5 各自的接收速率。接收方接收的数据率不同，用较低数据率接收时，图像和声音的质量较差，甚至有卡顿。

主机 H1 以多播的方式从源站向下游方向发送 PATH 报文，如图 5-26（a）所示。当 PATH 报文传送到多播路径终点的 4 台主机时，每一台主机就向多播路径的上游发送 RESV 报文，指明在接收该多播节目时所需的服务质量等级。路由器若无法预留 RESV 服务所请求的资源，就返回差错报文，若能预留，则把下游传来的 RESV 报文合并构成新的 RESV 报文，传送给自己的上游路由器，最后传送到源站点主机 H1，返回 RESV 报文的过程如图 5-26（b）所示。RSVP 是面向终点的。

综合服务/RSVP 基于的是端系统中与分组流有关的状态信息。各路由器中的预留信息只存储有限的时间（称为软状态 soft-state），因而各终点对这些预留信息必须定期进行更新。RSVP 不是运输层协议，而是网络层的控制协议，RSVP 不携带应用数据。

综合服务体系结构存在的主要问题如下：

（1）状态信息的数量与流的数目成正比。因此，在大型网络中，按每个流进行资源预留会产生很大的开销。

测试题 5-26

（2）综合服务体系结构复杂。若要得到有保证的服务，则所有的路由器都必须装有 RSVP、接纳控制、分类器和调度器。

（3）综合服务所定义的服务质量等级数量太少，不够灵活。

综合服务能否支持在线视频，对当前的直播流量呢？

三、区分服务

基于流的算法有能力为一个或多个流提供非常好的服务质量，因为它们在沿途路由上预留了必要的资源。这些算法有一个缺点，它们都需要为每个流预先进行设置。当存在数千个或数百万个流时，这些算法就不能很好地扩展使用。而且，在路由器中为每个流维护一个内部状态很容易导致路由器的崩溃。为了设置数据流，需要修改的路由器代码量很大，并且还涉及复杂的路由器之间的消息交换。综合服务方面的研究工作还在继续并往前推进，综合服务和 RSVP 都较复杂，很难在大规模的网络中实现。

IETF 设计了另一个更加简单的服务质量方法，该方法很大程度上由每个路由器本地实现，无须事先提前设置流，也不牵涉整条路径。这种方法称为基于类别的服务质量（相对于基于流的服务质量），还有另一个更流行的名称为区分服务，IETF 已经对该方法的体系结构进行了标准化。下面简单介绍区分服务。

区分服务可以由一组路由器提供，这些路由器构成了一个管理域（比如一个 ISP 或一家电话公司）。管理规范定义了一组服务类别，每个服务类别对应于特定的转发规则。如果一个客户订购了区分服务，那么进入该管理域的客户数据包就会被标上它们属于哪类服务。这个信息可由 IPv4 和 IPv6 数据包的区分服务字段携带。

服务类别定义为单跳行为（per hop behaviors，PHB），对应于数据包在每个路由器得到的待遇，而不是对数据包在整个网络中的保证。具有某种单跳行为（比如优质服务）的数据包相比于其他数据包（比如普通服务），可以获得更好的服务。属于同一个类别的通信流量可能要先经过处理以便符合特定的形状特征。运营商可能对每个优质服务类别的数据包收取额外的费用，或者每个月收取固定的额外费用并允许最

第九节 服 务 质 量

多 N 个优质服务类别的数据包。这种方案并不要求提前设置，也没有预留资源，更不需要花时间为每个流进行端到端的协商。

"行为"就是指在转发分组时路由器对分组是怎样处理的。"单跳"是强调这里所说的行为只涉及本路由器转发的这一跳的行为，而下一个路由器再怎样处理则与本路由器的处理无关。这和综合服务/RSVP 考虑的服务质量是"端到端"的很不一样。

区分服务定义的两种 PHB：①迅速转发 PBH，即 EF PHB，或简称 EF；②确保转发 PHB，即 AF PHB，或简称 AF。

EF 指明离开一个路由器的通信量的数据率必须等于或大于某一数值。因此 EF 用来构造通过区分服务（Diff Serv）域的低丢失率、低延迟、低延迟抖动、确保带宽的端到端服务（即不排队或很少排队）。这种服务对端点来说，像点到点连接或"虚拟租用线"，又称为优质服务。

对标识为 EF 分组的处理应当是路由器以最少的延迟和丢失转发。使路由器能向所有 EF 分组都保证这点的唯一方法是：严格限制 EF 分组到达路由器的速率小于路由器转发 EF 分组的速率。通过在管理域的边界上配置路由器，容许进入域中的 EF 分组达到某一最大速率，可以获得对 EF 分组的速率限制。

AF 用 DSCP（区分服务码点）的比特 0～2 将通信量划分为 4 个等级，并给每一种等级提供最低数量的带宽和缓存空间。对于其中的每一个等级，再用 DSCP 的比特 3～5 划分出 3 个"丢弃优先级"。当发生网络拥塞时，对于每个等级的 AF，路由器首先把"丢弃优先级"较高的分组丢弃。

区分服务的 4 个要点如下：

（1）区分服务力图不改变网络的基础结构。在路由器中增加区分服务的功能，将 IPv4 中原有的服务类型字段和 IPv6 的通信量类字段定义为区分服务 DS 字段。路由器根据 DS 字段的值来转发分组。利用 DS 字段可提供不同等级的服务质量。

DS 字段现只使用前 6bit，即 DSCP。在使用 DS 字段之前，互联网的 ISP 要和用户商定一个服务等级协定（service level agreement，SLA）。在 SLA 中指明了被支持的服务类别（可包括吞吐量、分组丢失率、延迟和延迟抖动、网络的可用性等）和每一类所容许的通信量。

（2）网络被划分为许多个 DS 域。一个 DS 域在一个管理实体的控制下实现同样的区分服务策略。区分服务将所有的复杂性放在 DS 域的边界节点（boundary node）中，而使 DS 域内部路由器的工作尽可能地简单。边界节点可以是主机、路由器、防火墙等，图 5-27 给出了 DS 域、边界路由器和内部路由器的示意图。

（3）边界路由器中的功能较多，可分为分类器和通信量调节器两大部分。通信量调节器又包括标记器、整形器、测定器。

（4）聚合。区分服务不是为网络中的每一个流维持供转发时使用的状态信息，而是将若干个流根据其 DS 值聚合成少量的流。路由器对相同 DS 值的流都按相同的优先级进行转发。这就大大简化了网络内部路由器的转发机制。区分服务不需要使用 RSVP 信令。

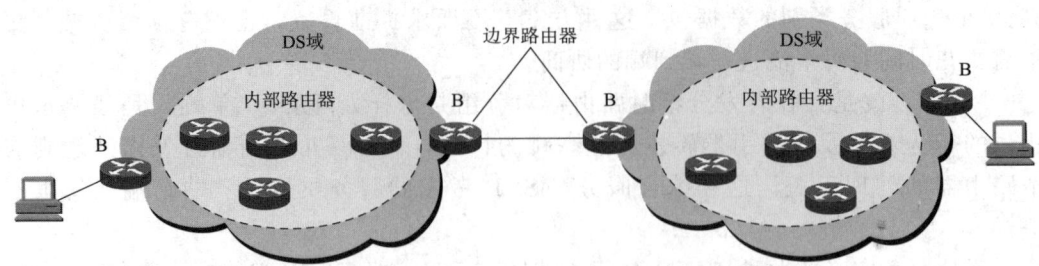

图 5-27 DS 域、边界路由器和内部路由器的示意图

从上述可看出，区分服务比较灵活，它并没有定义特定的服务或服务类别。当新的服务类别出现而旧的服务类别不再使用时，区分服务仍然可以工作。

给网络中增加服务质量支持对于实时应用程序来说并不是必需的。

测试题 5-27

IPv6 数据包的区分服务字段是什么？

本 章 小 结

（1）传输实体、进程间的通信、端口的作用。
（2）TCP 连接建立、释放及状态转换。
（3）UDP 及首部字段。
（4）TCP 报文段的首部字段。
（5）TCP、UDP 的应用。
（6）可靠传输的工作原理——停止等待协议、流水线传输。
（7）滑动窗口协议——回退 N、选择重传。
（8）流量控制。
（9）TCP 拥塞控制——慢开始、拥塞避免、快重传、快恢复。
（10）拥塞避免机制——FIFO（先进先出）、FQ（公平排队）、RED（随机早期检测）。
（11）服务质量——综合服务、区分服务、资源预留协议。

习 题

1. 关闭一个 TCP 连接时，为什么从 LAST_ACK 到 CLOSED 的转换不必有 2MSL 的超时？
2. 假设你正在设计一个使用滑动窗口的可靠字节流协议（如 TCP）。这个协议运行在带宽为 1Gbit/s 的网络上。发送方和接收方之间的 RTT 是 140ms 且最大 TCP 报文段生存期是 60s。请问协议首部的接收窗口字段和序列号字段分别至少需要多少位？

3. 假设路由器的丢弃策略是，当队列满的时候丢弃开销最大的分组，其中分组开销抄的定义是分组长度与它在队列中的剩余（remaining）时间的乘积。（注意，在计算开销时，用前面的分组长度之和代替剩余时间，结果是等价的。）

（1）与队尾丢弃相比，这一策略有哪些利弊？

（2）给出排队分组序列的一个实例，其中丢弃最大开销分组的顺序不同于丢弃最大分组的顺序。

（3）给出一个例子，其中两个分组随着时间的伸延，其相应开销的顺序发生互换。

4. 假设 TCP 实现一种扩展，允许窗口大小远大于 64KB。假设用这一扩展 TCP 在一条延迟为 50ms 的 1Gbit/s 链路上传送一个 10MB 的文件，而且 TCP 接收窗口为 1MB。如果 TCP 发送 1KB 的分组（假设无拥塞，无丢失分组）：

（1）当慢开始打开发送窗口达到 1MB 时用了多少 RTT？

（2）发送该文件用了多少 RTT？

（3）如果发送文件的时间由所需的 RTT 的数量与链路延迟的乘积给出，传输的有效吞吐量是多少？链路带宽的利用率是多少？

5. 考虑一个简单的拥塞控制算法：使用线性增加和成倍减少，但不用慢开始，以分组而不是以字节为单位，启动每个连接时拥塞窗口的值为一个分组。给出这一算法的详细描述。假设延迟只有传输延迟，而且发送一组分组时，只返回一个 ACK。在分组 9、25、30、38 和 50 丢失的情况下，画出拥塞窗口作为 RTT 的函数图像。为了简单起见，假设有一个完美的超时机制，它在恰好传送一个 RTT 后检测到一个丢失的分组。

6. 假设在 A 和 B 之间有路由器 R。A 到 R 的带宽无限大（即分组无延迟），但 R 到 B 的链路引入每秒一个分组的带宽延迟（即两个分组用 2s，以此类推）。但是从 B 到 R 的确认可以立即发送。A 通过一个 TCP 连接给 B 发送数据，用慢开始但窗口尺寸任意大。R 除了发送中的分组，有长度为 1 的一个队列。在每一秒中，发送方先处理到达的 ACK，再响应任何超时。

（1）假设固定的超时时间为 2s，在 $T=0,1,2,\cdots,6s$ 时，分析分组在链路中的发送和接收情况，由于超时链路会空闲吗？

（2）如果超时时间是 3s，有哪些变化？

7. 假设一个 TCP 连接有大小为 8 个报文段的窗口，RTT 为 800ms，发送方以每 100ms 一个报文段的固定速率发送报文段，接收方以同样的速率无延迟地返回 ACK。一个报文段丢失了，快重传算法根据收到的第三个重复 ACK，检测到这一丢失。当重传分组的 ACK 最终到达时，在下列情况下，发送方总共损失了多少时间（与无丢失传输相比）？

（1）发送方在滑动窗口再次向前滑动之前等待重传丢失分组的 ACK。

（2）发送方用相继到达的每个重复 ACK 作为它可以将窗口向前滑动一个数据段的指示。

8. 假设 TCP 用于一条存在丢失的链路，该链路平均每 4 个数据段中丢失 1 个。假设延迟带宽积窗口尺寸远大于 4 个数据段。

（1）当启动一个连接时会发生什么？到达过拥塞避免的线性增加阶段吗？

（2）不使用来自路由器的显式反馈机制，TCP 有办法区分拥塞丢失和链路丢失吗（至少在短时间内）？

（3）假设 TCP 发送方确实可靠地从路由器获得显式的拥塞控制指示。假设上面的链路是普通的，要支持远大于 4 个数据段的窗口尺寸是可行的吗？TCP 必须做些什么呢？

9. 假设一台 RSVP 路由器突然丢失了它的预定状态，但仍在运行。

（1）如果路由器用单个 FIFO 队列处理预定的和非预定的流，已预定的流会出现什么情况？

（2）如果路由器用加权公平排队隔离预定的和非预定的通信量，已预定的流会出现什么情况？

（3）最终，这些流的接收方会请求重新开始它们的预定。给出这些请求被拒绝的一种情况。

10. 想象用两次握手过程而不是三次握手过程来建立连接。换句话说，第三个消息不再是要求的。现在有可能存在死锁吗？请给出一个例子说明存在死锁，或者证明死锁不存在。

11. 请考虑一个建立在 UDP 之上的简单应用层协议，它允许客户从一个远程服务器获取文件，而且该服务器位于一个知名地址上。客户端首先发送一个请求，该请求中包含了文件名；然后服务器以一个数据包序列作为响应，这些数据包中包含了客户所请求的文件的不同部分。为了确保可靠性和顺序递交，客户和服务器使用了停止等待协议。忽略显然存在的性能问题，这个协议还存在其他问题吗？请仔细想一想进程崩溃的可能性。

12. TCP 报文段的最大有效载荷为 65495 字节，为什么选择如此奇怪的数值？

13. 请考虑在一条 RTT 为 10ms 的无拥塞链路上使用慢开始算法的效果。接收窗口为 24KB，最大段长为 2KB，需要多长时间才能首次发送满窗口的数据？

14. 一台 TCP 机器正在通过一条 1Gbit/s 的信道发送满窗口的 65535 字节数据，该信道的单向延迟为 10ms。可以达到的最大吞吐量是多少？链路的效率是多少？

15. 为了避开当序号回绕时老的数据包仍然存在这个问题，可以使用 64 位序号。然而，从理论上讲，光纤的运行速度可以达到 75Tbit/s，试问在未来的 75Tbit/s 网络中使用 64 位序号，数据包的最大生存期为多少才能确保不会发生回绕问题？假设每个字节都有自己的序号，像 TCP 那样。

16. 假设 TCP 的拥塞窗口被设置为 18KB，并且发生了超时。如果接下来的 4 次突发传输全部成功，试问拥塞窗口将达到多大？假设最大段长为 1KB。

第六章

应用层

内容导读

应用层协议是各种各样的网络应用程序使用的协议。当使用计算机、平板计算机、智能手机上的网络客户端软件,访问服务器(平台方)提供的服务时,会间接使用各种各样的应用层协议来与远程的服务器进行数据交互,具体内容如下:

(1) 使用 DHCP(动态主机配置协议)从无线路由器等设备自动分配得到 IP 地址等信息。

(2) 使用 DNS(域名系统)协议解析域名,将网址解析为具体的 IP 地址。

(3) 使用 HTTP(超文本传输协议)访问 Web 服务器,来取得网页、提交数据等。

(4) 使用 FTP(文件传输协议)访问 FTP 服务器,来下载、上传文件。

(5) 使用 POP3(邮局协议版本 3)或 IMAP(internet message access protocol,因特网信息访问协议)拉取邮件,以及使用 SMTP(简单邮件传送协议)投递邮件。

(6) 使用 Telnet(远程终端协议)以及 SSH(安全外壳)协议来远程登录,管理/配置主机、交换机、路由器等设备。

(7) 各种应用层协议的实现,都离不开操作系统提供的网络编程接口。操作系统提供了一些基础性的网络编程接口,允许使用 TCP/UDP 来发送或接收对端主机的数据,实现复杂的数据交互。

第一节 自动获取地址配置信息

使用笔记本计算机、智能手机、平板计算机连接到 Wi-Fi 网络时,并不需要手动配置设备的网络地址,设备通常会从 Wi-Fi 设备请求分配网络地址,如图 6-1 所示,可以自动获得 IP 地址,这正是 DHCP 在背后起作用。

一、DHCP 请求及响应

DHCP 是在 BOOTP(boot strap protocol,引导协议)的基础上发展而来的,是一个作用于局域网的网络协议,使用 UDP 协议工作,DHCP 服务器使用 67 端口,DHCP 客户端使用 68 端口。

DHCP 客户端并不知道 DHCP 服务器的 IP 地址,所以申请地址首先从 DHCP Discover 开始,如图 6-2 所示。在以太网中,和 ARP 请求类似,这是一个广播帧(目的 MAC 地址为全 1)。

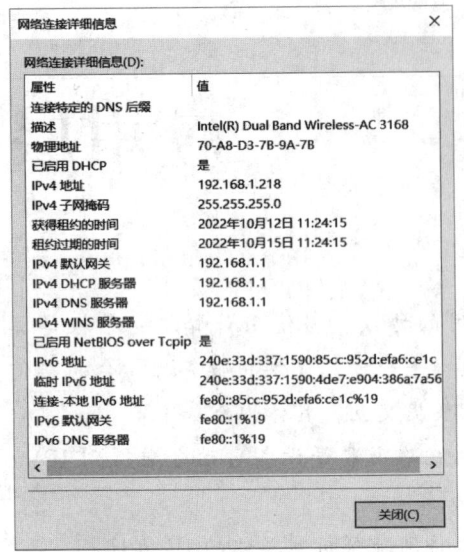

图 6-1　Windows 10 上无线网卡自动获得的 IP 地址信息示例

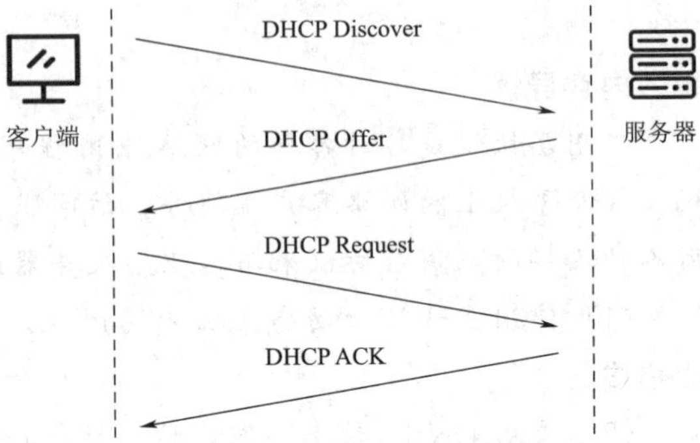

图 6-2　DHCP 客户端向 DHCP 服务器申请 IP 地址示意图

图 6-2 所示过程如下：

（1）客户端广播 DHCP Discover 发现消息，定位服务器，意图申请 IP 地址、子网掩码、网关地址、DNS 地址。

（2）服务器单播 DHCP Offer 供给消息，提供 IP 地址等信息，进行响应（服务）。

（3）客户端单播 DHCP Request 选择消息，向发送 DHCP Offer 的服务器发出 IP 地址请求。

（4）服务器单播 DHCP ACK 确认消息，予以确认，此后客户端可以使用该 IP 地址。

上述广播，客户端将目的 MAC 地址设为全 1，源 IP 地址设为 0.0.0.0，目的 IP 地址设为 255.255.255.255，如图 6-3 所示。

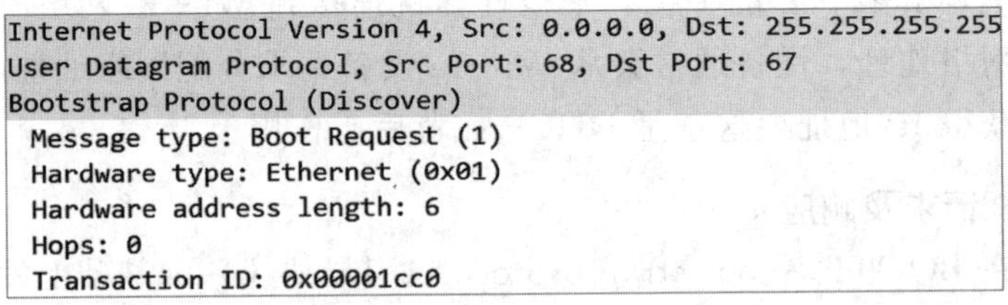

```
Internet Protocol Version 4, Src: 0.0.0.0, Dst: 255.255.255.255
User Datagram Protocol, Src Port: 68, Dst Port: 67
Bootstrap Protocol (Discover)
    Message type: Boot Request (1)
    Hardware type: Ethernet (0x01)
    Hardware address length: 6
    Hops: 0
    Transaction ID: 0x00001cc0
```

图 6-3　DHCP Discover 消息中的 MAC 地址及 IP 地址信息

上述第一步，客户端将设定 Transaction ID（数字），以此来标识这次请求，后续三步中，将继续使用此标识，Transaction ID 唯一标识了此次会话。

DHCP 客户端获得了 IP 地址及子网掩码的同时，通常还获得了网关地址，这样

第一节 自动获取地址配置信息

访问局域网以外的地址，就可以通过网关实现第一跳转发，此外，还获得了 DNS 地址，这样在连通了网络的同时，就可以实现域名转换为 IP 地址，从而可以向目的 IP 地址发起访问，如图 6-4 所示。

```
Option: (53) DHCP Message Type (Offer)
Option: (1) Subnet Mask
Option: (3) Router
  Length: 4
  Router: 192.168.0.254
Option: (6) Domain Name Server
  Length: 4
  Domain Name Server: 114.114.114.114
Option: (51) IP Address Lease Time
Option: (59) Rebinding Time Value
Option: (58) Renewal Time Value
Option: (54) DHCP Server Identifier
```

图 6-4 DHCP Offer 消息中的网关地址及 DNS 地址信息

思考：对于使用 DHCP 协议，服务端要使用一个众所周知的端口号，为什么需要给客户端指定客户一个众所周知的端口号？

测试题 6-1

二、DHCP 服务器

使用 DHCP 可以实现地址的自动分配。为了实现地址资源的重复利用，DHCP 还支持客户端释放地址、续租地址。当提供的地址无法使用（IP 地址冲突）时，客户端还应通告服务器。另外，服务器可以拒绝客户端的使用申明。

DHCP 的几种报文见表 6-1。

表 6-1　　　　　　　　DHCP 的几种报文

报文类型	含义	作用
DHCP Discover	发现报文	DHCP 客户端发起，发现 DHCP 服务器
DHCP Offer	DHCP 供给报文	DHCP 服务器分配 IP 地址，提供 IP 地址等信息
DHCP Request	DHCP 请求报文	DHCP 客户端申明、确认或续租分配的地址
DHCP ACK	DHCP 确认报文	DHCP 服务器确认 DHCP 客户端使用地址的请求
DHCP NACK	DHCP 拒绝报文	DHCP 服务器拒绝 DHCP 客户端使用地址的请求
DHCP Release	DHCP 释放报文	DHCP 客户端通知释放分配的地址
DHCP Inform	DHCP 信息报文	DHCP 客户端询问配置信息
DHCP Decline	DHCP 冲突报文	DHCP 客户端报告地址冲突

可以在路由器上启用 DHCP 服务进程，还可以使用 DHCP 软件，比如 ISC DHCP Server（仅支持 Linux），安装作为操作系统上的后台服务。

```
interface GigabitEthernet0/0/0
 ip address 192.168.0.254 255.255.255.0
 dhcp select interface
 dhcp server dns-list 114.114.114.114
```

图 6-5 eNSP 中配置路由器接口启用 DHCP

在启用 DHCP 服务器之前，需要对其配置地址池、网关地址、DNS 地址、租约时间等信息，各种设备/软件配置方式不尽相同。在 eNSP 中配置路由器接口启用 DHCP 如图 6-5 所示。

在图 6-5 中，配置接口地址及子网掩码，该地址将作为网关地址，该网段的其他地址将作为地址池；在网口上启用 DHCP 服务器；DHCP 服务器提供 IP 地址、子网掩码、网关地址的同时，还提供 DNS 地址。

视频 6-1

测试题 6-2

DHCP 客户端需要广播 DHCP Discover 及 DHCP Request，从而不能跨越网段。如果要在规模较大的多网段网络中使用 DHCP 进行地址的集中管理和维护，则可以使用 DHCP 中继技术来实现。

思考　手机连接到无线路由器，经常发现申请到的 IP 地址为 192.168.1.x，该地址属于什么类型的地址？该类型的地址有什么特点？

第二节　域名解析系统

即使是使用点分十进制形式，IPv4 地址也很难识记，于是域名这一机制及 DNS 应运而生。用域名来代表 IP 地址，这意味着访问网络增加了一个逻辑上的中间层。DNS 建立起域名到 IP 地址的映射，客户端在访问网络时先进行域名的解析。得益于增加的中间层，域名可以映射到一组 IP 地址，IP 地址还可以进行变更。

一、DNS 请求及响应

假定在主机上设定 DNS 地址为 114.114.114.114（公共 DNS），访问 www.126.com，则 DNS 请求及响应如图 6-6 所示。

图 6-6 所示过程如下：

（1）客户端发出请求，请求解析 www.126.com，请求记录（条目）类型为主机地址。

（2）服务器返回响应，给出 www.126.com 对应的主机地址为 220.181.72.180。

DNS 请求及响应使用 UDP，其中服务器使用 53 端口。上述两个步骤中，客户端设定 Transaction ID（数字），以此来标识这次请求，响应也使用这个标识，从而将请求与响应关联起来。标识位于 DNS 报文的首部，如图 6-7 所示。

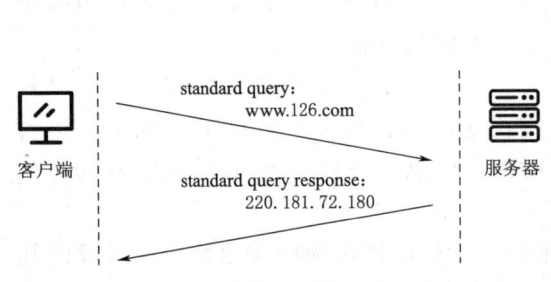

图 6-6　主机向公共 DNS 服务器发出请求示意图　　图 6-7　DNS 报文组成部分

图 6-7 中标志位进行了如下具体划分：

（1）Response 响应标志位，如果是 0，表明这是一个请求，如果是 1，表明这是一个响应。

（2）Opcode 操作码，占用 4bit，0 表示标准查询，1 表示反向查询。

公共 DNS 有很多，一般出于公益目的提供这种服务，有的是 ISP 提供，有的是云计算服务商提供。一个组织/企业内部，也可以提供类似公共 DNS 的服务，甚至自己做转发服务器，将请求转发给公共 DNS，返回结果的同时缓存结果。

测试题 6-3

上述公共 DNS（114.114.114.114）看起来维护了一张巨大的域名到 IP 地址的映射表，客户端只需向它"打听"即可。那么这一公共 DNS 又是怎么代为解析的呢？

 使用公共 DNS 有哪些优点？常用的公共 DNS 有哪些？

二、域名结构

以 www.126.com 域名为例，在配置如 ISC bind 这样的 DNS 服务器时，其全名应为 www.126.com.。从右到左分析该域名，如图 6-8 所示。

（1）首先最右侧的"."代表根域名。

（2）接着是"com"代表顶级域名，这是一个公司企业的域名。典型的通用顶级域名还有 net（网络服务机构）、org（非营利性组织）、edu（教育机构）、gov（政府机构）等。此外，顶级域名还可以是国家顶级域名，比如 cn（中国）、us（美国）、jp（日本）等。

图 6-8 域名层次结构举例

（3）然后是"126"表示二级域名。二级域名一般是域名注册者选择使用的网名，比如公司名称"sohu"，机构简称"cctv"。二级域名的拥有者可以再进一步管理及注册三级域名等。

（4）最后是"www"表示主机名。主机名由二级域名拥有者指定，很多情况下主机名被命名为"www"，通常代表主站。

测试题 6-4

 DNS 解析的域名采用层次结构有哪些优点？

三、域名服务器

域名服务器也是按照层次安排的。重新解析一个域名，需要从根域名服务器开始迭代进行。根域名服务器信息可以从 IANA 的主页上获得，如图 6-9 所示。

上述网页的文件中列出了根域名服务器的信息，根域名服务器的域名从 A. ROOT-SERVERS. NET. 依次类推到 M. ROOT-SERVERS. NET.。图 6-9 给

```
.                           3600000    NS      A.ROOT-SERVERS.NET.
A.ROOT-SERVERS.NET.         3600000    A       198.41.0.4
A.ROOT-SERVERS.NET.         3600000    AAAA    2001:503:ba3e::2:30

.                           3600000    NS      B.ROOT-SERVERS.NET.
B.ROOT-SERVERS.NET.         3600000    A       199.9.14.201
B.ROOT-SERVERS.NET.         3600000    AAAA    2001:500:200::b
```

图 6-9　根域名服务器信息节选

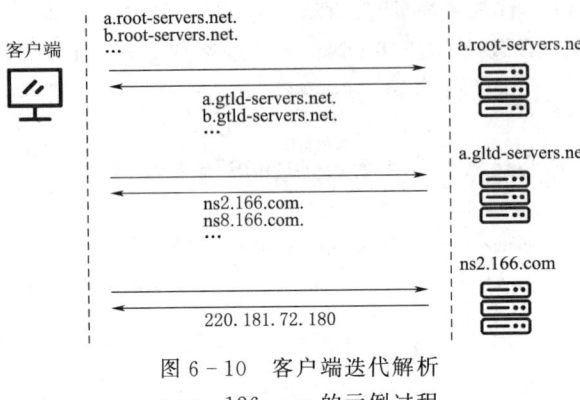

出了域名服务器对应的 IPv4 地址及 IPv6 地址。

客户端迭代解析 www.126.com 的过程大致如图 6-10 所示。

（1）选择根域名服务器，发出 DNS 请求，取得顶级域名列表。比如，向 198.41.0.4 这一根域名服务器，发出请求解析 www.126.com，获得图 6-11 所示顶级域名列表。

图 6-10　客户端迭代解析 www.126.com 的示例过程

```
;; AUTHORITY SECTION:
com.                172800    IN    NS    a.gtld-servers.net.
com.                172800    IN    NS    b.gtld-servers.net.

;; ADDITIONAL SECTION:
a.gtld-servers.net. 172800    IN    A     192.5.6.30
b.gtld-servers.net. 172800    IN    A     192.33.14.30
```

图 6-11　根域名服务器返回的 com 顶级域名服务器列表（节选）

（2）选择 com 顶级域名服务器列表之一，发出 DNS 请求，取得权威域名服务器列表。比如，向 192.5.6.30 这一顶级域名服务器，发出请求解析 www.126.com，获得图 6-12 所示权威域名服务器（实际持有并负责解释 DNS 资源记录的服务器）列表。

（3）选择权威域名服务器列表之一，发出 DNS 请求，取得最终解析结果。比如，向 103.71.201.3 这一权威域名服务器，发出请求解析 www.126.com，获得图 6-13 所示解析结果（IPv4 地址为 220.181.72.180）。

```
;; AUTHORITY SECTION:
126.com.          172800  IN  NS  ns2.166.com.
126.com.          172800  IN  NS  ns8.166.com.

;; ADDITIONAL SECTION:
ns2.166.com.      172800  IN  A   103.71.201.3
ns8.166.com.      172800  IN  A   18.182.82.158
```

图 6-12　顶级域名服务器返回的权威域名服务器列表（节选）

```
;; ANSWER SECTION:
www.126.com.      600     IN  A   220.181.72.180

;; AUTHORITY SECTION:
126.com.          172800  IN  NS  ns2.166.com.

;; ADDITIONAL SECTION:
ns2.166.com.      1800    IN  A   103.71.201.3
```

图 6-13　权威域名服务器返回的地址解析结果（节选）

在以上过程中，可以发现，根域名服务器、顶级域名服务器、权威域名服务器都不止一台，这极大地提高了响应速度及可靠性。另外，同一域名还可能映射到多台主机，这样权威域名服务器能根据主机上的业务负载，甚至客户端在网络拓扑中的位置作出响应。

现实中，域名服务器还使用任播技术来提高响应速度。使用任播技术，网络地址和网络节点之间存在一对多的关系，每一个地址对应多个接收节点，路由器负责将请求路由到其中一个节点（通常是最近的）。

根域名、顶级域名，以及一部分二级域名保持相对不变，这样，就可以将它们缓存起来，提高响应速度。这种 DNS 服务器被称为缓存服务器。上述的公共 DNS 就是具有缓存功能的 DNS 服务器。

视频 6-2

测试题 6-5

 为了提高域名解析的可靠性和速度，域名系统采用了哪些措施？

第三节　WWW 及访问过程

使用浏览器打开一个网页时，浏览器负责取回该网页，解析网页内容，并渲染呈现。浏览器发起 HTTP 请求，服务器返回网页，这些网页通常以超文本标记语言（hypertext markup language，HTML）编写，并使用 HTTP 送回。当单击网页中的超链接或按钮，将跳转到一个新的网页。

一、Web 及网页

先看图 6-14 所示简单网页。

可以在浏览器中打开该网页，呈现效果如图 6-15 所示。

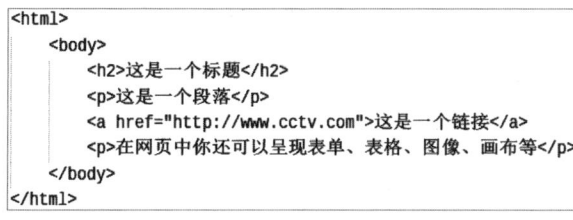

图 6-14　简单网页示例　　　　　图 6-15　简单网页在浏览器中的显示效果

单击图 6-15 中的链接时，打开 www.cctv.com 的主页。

上述示例中编写网页时使用的是 HTML，可以看出 HTML 是结构良好的标签的组合，一些标签具有特定的语义。比如 a 标签表示超链接，p 标签表示段落，h2 表示二级标题。现实中的网页要远比上述示例复杂，通常还引入级联样式表（cascading style sheets，CSS）来改变视觉样式，引入 JavaScript 来执行代码逻辑。

编写多个网页并将其部署到 Web 服务器上，就建立了一个站点，这些网页可以通过超链接实现相互跳转。多个站点还可以通过超链接实现相互跳转，由此织成了一张巨大的"网"。在个人计算机等设备上，使用浏览器来请求这些网页，取回网页后，浏览器解析并把网页显示出来，并允许用户使用键盘、鼠标进行交互。

WWW（World Wide Web，万维网）是存储在 Internet 计算机中、数量巨大的网页的集合。万维网利用网页之间的链接将不同网站的网页链接成一张逻辑上的信息网，从而用户可以方便地从 Internet 上的一个站点去访问另一个站点。

测试题 6-6

用户浏览网页时，浏览器和网站服务器都承担了哪些职责？

二、HTTP 请求及响应

HTTP 一次请求及响应示意图如图 6-16 所示。客户端采用 GET 请求方法向服务器发起请求，服务器发回状态码 200 表示响应。

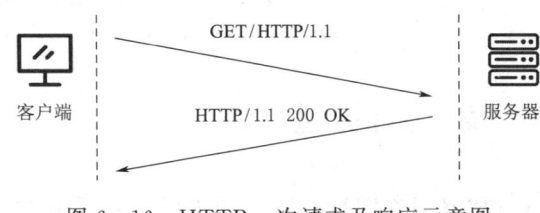

图 6-16　HTTP 一次请求及响应示意图

HTTP 基于 TCP，所以在发起请求前，先建立 TCP 连接，在数据传输的最后释放 TCP 连接。Web 服务器一般在 80 端口提供服务。提供超文本传输安全协议（hypertext transfer protocol secure，HTTPS）访问的 Web 服务器，通常在 443 端口提供 HTTPS 服务。

在图 6-16 中，客户端和服务器之间是问答模式，客户端"问"，服务器"答"。HTTP 是一种无状态协议，即服务器不保留与客户交谈时的任何状态，这大大减轻了服务器记忆负担，从而保持较快的响应速度。

HTTP 使用文本格式来传输请求及响应。浏览器在发起请求时附加一些头部信息，Web 服务器在返回响应时，也附加一些头部信息。头部信息相当于参数信息，方便浏览器及服务器做出特定抉择。

（一）HTTP 请求格式

HTTP 请求格式如图 6-17 所示。

HTTP 请求由请求行、头部域、消息域三部分组成。这三部分以 CR 字符（carriage return，十六进制 0x0d，回车，以"\r"表示）、LF 字符（line feed，十六进制 0x0a，换行，以"\n"表示）隔开。HTTP 请求方法为 GET 方法的报文示例如图 6-18 所示。

从图 6-18 可以看出，请求行由请求方法、请求 URL、HTTP 版本三部分组成，三者以空格隔开。

HTTP 请求常用方法见表 6-2。

其他方法还有 CONNECT、OPTIONS、TRACE 等。

第三节 WWW 及访问过程

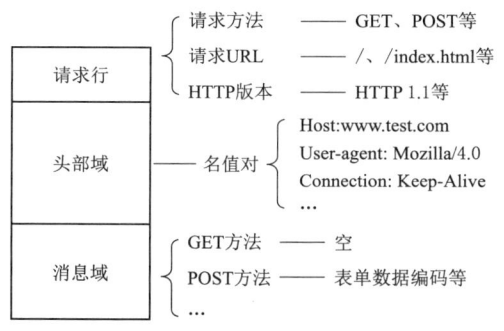

图 6-17　HTTP 请求格式　　　　图 6-18　HTTP 的 GET 请求示例

表 6-2　HTTP 请求常用方法

请求方法	特　点
GET	请求指定的页面信息，比如单击一个超链接
POST	向指定的资源提交要被处理的数据，比如输入登录用户名及密码后提交
PUT	向服务器传送数据，取代指定的文档的内容
DELETE	请求删除指定的页面
HEAD	与 GET 类似，但只返回 HTTP 报头，不返回文档主体

头部域可以有多组，每组最后以 CR＋LF 字符结尾。每组头部域由名字和值组成，两者之间以"："隔开。一些头部域在请求及响应中均可使用，一些头部域则只能应用于请求或者响应。常用的头部域见表 6-3。

表 6-3　常用的头部域

头部域	特　点
Accept	可以接收的内容类型，如 text/html
Accept－Charset	可以接收的字符集，如 utf-8
Accept－Encoding	可以接收的编码方式，如 gzip
Accept－Language	可以接收的语言，如 zh-cn
Cache－Control	是否使用缓存机制，如 no-cache
Connection	优先使用的 TCP 连接类型，如 keep-alive
Cookie	服务器送过来的 Cookie
Content－Length	消息域内容的长度
Content－Type	消息域内容的类型，如 application/json
Host	要请求的服务器的域名及端口号
Referer	从哪一个页面发起本次请求
User－Agent	客户端浏览器标识
Set－Cookie	服务器送回的 Cookie

（二）HTTP 响应格式

HTTP 的响应格式如图 6-19 所示，HTTP 的 GET 响应示例如图 6-20 所示。

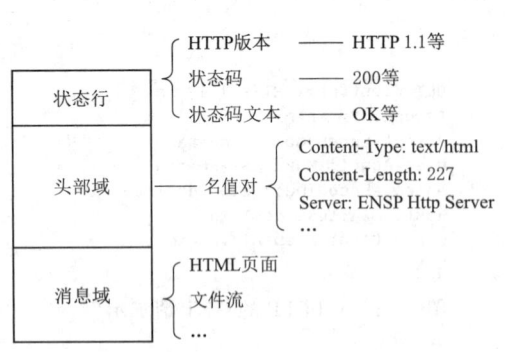

图 6-19　HTTP 的响应格式

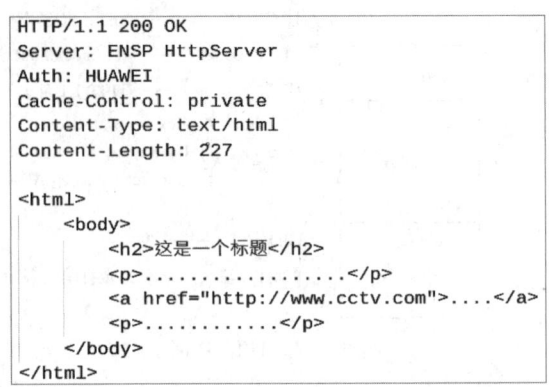

图 6-20　HTTP 的 GET 响应示例（简化）

HTTP 的响应状态码见表 6-4。

表 6-4　　　　　　HTTP 的响应状态码

状态码区间	特　点	典　型　例　子
100～199	临时响应，需要客户端继续执行操作	101：应客户端请求切换协议
200～299	表示请求成功	200：成功处理了请求
300～399	要完成请求，需要进一步操作	301：请求的网页已移动到新位置 304：上次请求之后，网页未修改
400～499	指出客户端的错误	401：需要 HTTP 认证身份 404：找不到请求的网页
500～599	反馈服务器的内部错误	500：服务器内部错误 503：服务不可用

（三）URL、URI

访问网页一般通过其统一资源定位符（uniform resource locator，URL）来访问它。URL 的一般格式为（带方括号 [ ] 的为可选项）：protocol://hostname[:port]/path/[;parameters][?query]#fragment。

其中，第一部分是协议；第二部分是存有该资源的主机 IP 地址，有时也包括端口号；第三部分是主机资源的具体地址，如目录和文件名等。第一部分和第二部分是不可缺少的，第三部分有时可以省略。

统一资源标识符（uniform resource identifier，URI）表示的是 Web 上每一种可用的资源，如 HTML 文档、图像、视频片段、程序等都由一个 URI 进行标识。URI 通常由资源的命名机制、存放资源的主机名、资源自身的名称三部分组成。需要指出，只要是可以唯一标识资源的标识符都被称为 URI。

URI 和 URL 都定义了资源是什么，并且 URL 还定义了该如何访问资源。URL 是一种具体的 URI，它是 URI 的一个子集，它不仅唯一标识资源，而且还提供了定位该资源的信息。

视频 6-3

测试题 6-7

HTTP 请求和响应在格式上有哪些相似之处？

第四节 文件下载与上传

FTP 用来从一个主机把文件复制到另一个主机。具体来讲，客户端访问 FTP 服务器，登录之后，可以列举 FTP 服务器上的文件夹结构，进一步，可以执行下载或者上传文件等操作。

FTP 曾经非常流行，但最近几年，主流的浏览器（Chrome/Firefox/Edge）已放弃对 FTP 的支持，这意味着无法继续使用这些浏览器内置的 FTP 客户端功能。

一、FTP 请求及响应

客户端访问 FTP 服务器需要建立两个 TCP 连接，一个用来传输 FTP 命令，一个用来传输数据。通常 FTP 服务器使用 21 端口作为控制连接端口，用于接收 FTP 命令信息，此外 FTP 服务器还可以使用 20 端口作为数据连接端口。

通过 FTP 传输的数据以明文方式进行，包括用户名、密码、命令和数据。操作系统一般都自带 ftp 命令行，作为客户端，与服务器进行交互，如图 6-21 所示。

在图 6-21 所示过程中，建立起到本地 FTP 服务器（这里使用的是 FileZilla Server，需要事先安装、启动并配置）21 端口的连接后，客户端发送文本 "USER mw \ r \ n"（\ r 表示回车字符，十六进制 0x0d；\ n 表示换行字符，十六进制 0x0a），其中，USER 是请求命令（注意和命令行相区别，具体来讲，命令行及参数将转换为具体的请求命令）。服务器则送回响应状态码 331，表示需要该用户的密码，并附带提示信息 "Please, specify the password."。

图 6-21 使用 ftp 命令行访问 FTP 服务器下载文件

除了 USER 请求命令，上述过程客户端还向服务端发送了 PASS（指定密码）、PORT（指定客户端接收数据的地址及端口号）、RETR（获取文件）、QUIT（退出登录）命令。服务端送回的响应状态码，除了 331（需要用户密码），还有 230（用户登录成功）、200（命令执行成功）、150（将打开数据通道 TCP 连接并送回数据）、226（将关闭数据通道 TCP 连接）、221（关闭控制通道 TCP 连接）。

FTP 服务器还支持 CWD（改变目录）、LIST（列举文件信息或者目录）、MKD（新建目录）、DELE（删除文件）、RMD（删除目录）、STOR（上传文件）、SIZE（文件大小）、OPTS（设定选项）等命令。特别地，PASV 请求命令将使得服务器处于被动模式。

上述例子中,服务器使用主动模式,由服务器发起 TCP 连接,建立起数据通道。这需要客户端执行 PORT 请求命令,如图 6-22 所示。

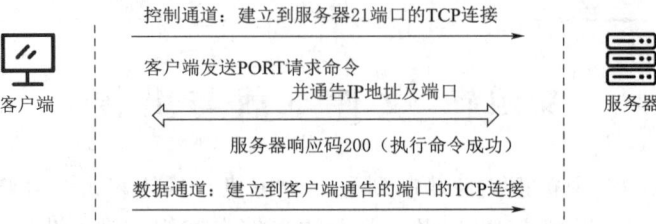

图 6-22 FTP 服务器使用主动模式建立数据通道

相对应地,服务器还可以使用被动模式,此时由客户端发起 TCP 连接,建立起数据通道。这需要客户端执行 PASV 请求命令,如图 6-23 所示。

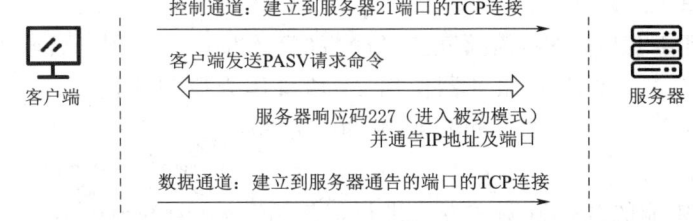

图 6-23 FTP 服务器使用被动模式建立数据通道

测试题 6-8

思考

FTP 有哪些优点和缺点?

二、FTPS/SFTP/TFTP

随着技术的发展及应用需求的变化,FTP 也开始逐渐显露出其弊端,即安全性不足、管控功能不足、追溯功能不足、大文件传输不可靠、管理不友好、添加用户不方便、传输效率不再是优势。作为替代,可以使用 FTPS 及 SFTP 协议来传输文件。

FTPS 是 FTP 标准的扩展,添加了安全套接字层(secure socket layer,SSL)以及其继任者传输层安全协议(transport layer security,TLS)的支持。

SSH 文件传输协议(SSH file transfer protocol,SFTP)可用于传输文件并具有类似 FTP 协议的用户命令集,但使用 SSH 协议传输文件。与 FTP 不同的是,它对命令和数据进行加密,防止密码和敏感信息通过网络公开传输,且无法与 FTP 兼容。

另外,简易文件传输协议(trivial file transfer protocol,TFTP),是一种于 1981 年在 RFC 783 中定义的简化的文件传输协议。TFTP 作为简化的 FTP,无验证机制,也不能列出目录内容,仅能上传或下载文件,普遍用于私人本地网络,目前 TFTP 常用于 PXE 无盘启动,网络设备的设置等。TFTP 在 69 端口上使用 UDP 传输命令和数据。

测试题 6-9

视频 6-4

238

思考　FTPS、SFTP 相较于 FTP 都有哪些特点？

第五节　收发电子邮件

电子邮件是因特网上最成功的应用之一。电子邮件是一种用电子手段提供信息交换的通信方式，通过电子邮件系统，用户可以以非常低廉的价格、非常快速的方式，与世界上任何一个角落的网络用户联系。电子邮件有文字、图像、声音等多种形式。电子邮件的存在极大地方便了人与人之间的沟通与交流。

一、电子邮件客户端

除了使用 Web Mail（在浏览器中访问网页版邮箱），还可以使用电子邮件客户端软件来收取、发送、管理电子邮件。常用的电子邮件客户端有微软的 Outlook、Mozilla 的 Thunderbird、腾讯的 Foxmail。在 Linux 上，还可以使用命令行来发送及收取电子邮件。

使用电子邮件客户端，首先要做的是配置电子邮件账户，以及设置邮件服务器相关的信息，如图 6-24 所示。账户需要在邮件服务商处注册，并查询邮件服务帮助信息中关于 SMTP/POP3/IMAP 服务地址及端口的信息，如图 6-25 所示。

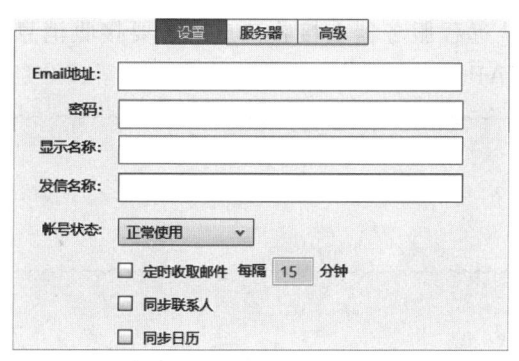

图 6-24　Foxmail 中的邮箱账号信息项

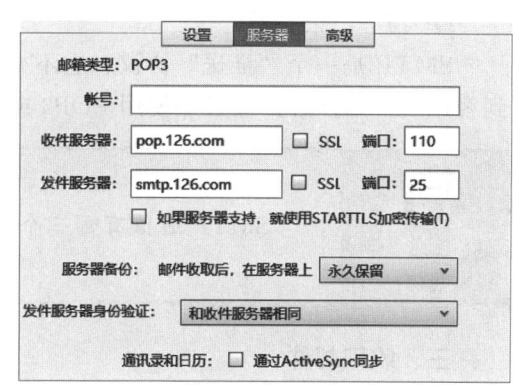

图 6-25　Foxmail 中的邮箱对应服务器信息项示例

如图 6-25 所示，将使用 POP3 协议来访问 pop.126.com 的 110 端口来收取邮件，使用 SMTP 协议来访问 smtp.126.com 的 25 端口来发送邮件。除了使用 POP3 来收取邮件，还可以设置成使用 IMAP 协议来访问 imap.126.com 的 143 端口来收取邮件，收取邮件时可在上述两种方式中选择一种。还可以启用 SSL 功能，注意端口号也将随之不同。

使用邮件客户端，还允许选择邮件收取后，在服务器上是否保留邮件。邮件服务器上拥有"原始"的邮件列表，客户端实际上拉取的是一份"拷贝"列表。

同一电子邮件客户端可以管理多个邮件账户。电子邮件客户端又被称为用户代理。

测试题 6-10

思考 对于普通用户，Web mail 可能更为常用，它有哪些优点？

二、邮件投递

SMTP 定义了邮件客户端软件和 SMTP 邮件服务器之间，以及两台 SMTP 邮件服务器之间的通信规则。最初，SMTP 使用的是 25 端口，如今，SMTP 应该使用 587 端口，即使用 SMTP 安全协议（SMTPS）进行加密电子邮件传输的端口。

SMTP 协议的通信双方采用一"问"一"答"的命令/响应形式进行对话，SMTP 协议分为标准 SMTP 协议和扩展 SMTP 协议，SMTP 协议基本上都是扩展 SMTP 协议。

SMTP 协议中一共定义了 18 条命令，发送一封电子邮件的过程通常只需如下 6 条命令。

EHLO：报告用户代理的主机名或标识。

AUTH：用户身份认证。

Mail：开始传送邮件，其后面跟随发件方邮件地址。

RCPT：收件人的邮箱地址。

DATA：接下来的数据作为发送的数据。

QUIT：结束会话。

测试题 6-11

SMTP 是一个"推送"协议，它不允许从远程服务器上接收消息。若要接收消息到客户端，邮件客户端必须使用 POP3 或 IMAP。

思考 SMTP 通信有哪三个阶段？

三、收取邮件

POP3 工作在 TCP 的 110 端口，用于支持使用客户端远程管理在服务器上的电子邮件。POP3 支持离线邮件处理。其具体过程是：电子邮件客户端连接到提供 POP3 服务的服务器，并下载所有未阅读的电子邮件。

这种离线访问模式是一种存储转发服务，将邮件从邮件服务器端送到个人终端机器上，此后邮件服务器上的邮件将会被删除。但目前的 POP3 邮件服务器大都可以只下载邮件，但服务器端并不删除，也就是改进的 POP3。

POP3 客户端向 POP3 邮件服务器发送命令并等待响应，POP3 命令采用命令行形式，用 ASCII 码（American Standard Code for Information Interchange，美国信息交换标准代码）表示。POP3 按如图 6-26 所示方式工作。

（1）用户代理（比如 Foxmail）发送（以明文形式）用户名和密码以鉴别用户。主要命令是 USER 和 PASS，命令后为空格字符，之后为具体的参数。

（2）用户代理取回邮件，同时还可以对报文做删除标记、取消报文的删除标记以及获取邮件的统计信息。

用户代理使用的命令如下：

LIST：请求服务器列出所有邮件报文的存储字节长度。

RETR：请求取回邮件。

DELE：请求删除服务器中的邮件。

QUIT：退出事务处理阶段，进入更新阶段。

图 6-26 用户代理使用 POP3 收取邮件的 TCP 文本流示例

服务器对每个命令做出相应的文本响应，响应指示符为＋OK 或－ERR，响应指示符后为空格，之后为具体的信息。

（3）用户代理发出"QUIT"命令后，目的是结束 POP3 会话，邮件服务器删除有删除标记的邮件。

POP3 协议中以"."加回车换行（"\r\n"）作为整个 LIST 响应消息的结束，此外接收邮件的 RETR 命令也是以".\r\n"作为整个邮件的结束。

测试题 6-12

POP3、FTP 等采用命令式的交互方式有哪些优点？

四、收取邮件

IMAP4 工作在 TCP 的 143 端口。IMAP4 与 POP3 一样也是规定个人计算机如何访问邮件服务器进行收发邮件的协议，但是 IMAP4 同 POP3 相比更高级。

IMAP4 支持协议客户机在线访问并阅读服务器上的邮件，并能交互式地操作服务器上的邮件。IMAP4 协议更人性化的地方是不需要像 POP3 协议那样把邮件下载到本地，用户可以通过客户端直接对服务器上的邮件进行操作，比如阅读邮件、查看邮件发件地址等信息。用户还可以在服务器上维护自己邮件目录。IMAP4 弥补了 POP3 的很多缺陷。

IMAP 客户端同样使用命令与服务端进行交互。不过 IMAP 的命令更多，可以做很多 POP3 协议无法做到的事情，这也同样导致了其服务器与客户端实现的复杂度，好在 IMAP 已经在各大邮件服务器得到了实现。

用户代理使用 IMAP4 收取邮件主要涉及命令如下：

LOGIN：登录邮箱。

LIST：列举邮箱文件夹。

视频 6-5

测试题 6-13

SELECT：选中邮箱文件夹。
FETCH：读取邮件信息。
STATUS：查询邮箱的当前状态。
CAPABILITY：请求返回 IMAP 服务器支持的功能列表。
STORE：用于修改指定邮件的属性，包括给邮件打上已读标记、删除标记。
LOGOUT：退出登录并关闭所有打开的邮箱，任何有"\ DELETED"标志的邮件都将在这个时候被删除。

思考

IMAP4 协议相较于 POP3，提供了哪些高级功能？

第六节 访问远程主机

Telnet 协议是互联网早期应用广泛的协议之一，它允许用户通过网络连接到远程主机，执行命令并获取结果，仿佛用户直接在远程主机上操作一样。现在，Telnet 协议已逐渐被更为安全的 SSH 协议取代，只在一些特定场景下应用。

一、Telnet 协议的工作过程

本地执行命令，比如 Windows 上打开本地终端 cmd.exe，用户输入 dir（列举文件夹内容）命令，终端上以文本形式显示本地执行结果。

使用 Telnet 客户端远程执行命令，用户输入命令，终端上显示执行结果，只不过输入的命令在远程主机上执行，得到结果的是远程执行的结果。显然，需要把命令发送到远程主机，远程主机送回执行结果。

因此，Telnet 客户端要完成如下功能：建立与服务器的 TCP 连接，从键盘上接收输入的字符，把输入的字符串变成标准格式并送给远程服务器（主机），从远程服务器接收输出的信息。

Telnet 协议的工作流程主要包括连接建立、命令交互和会话终止三个阶段。

（1）连接建立。当用户启动 Telnet 客户端并输入远程主机的 IP 地址或域名时，客户端会向指定的 Telnet 服务器发送连接请求。服务器监听端口（23 端口），接收客户端的连接请求，并根据配置进行身份验证（如用户名和密码）。如果验证成功，服务器与客户端之间建立一个双向的、基于文本的通信通道。

（2）命令交互。在连接建立后，用户可以通过 Telnet 客户端向远程主机发送命令。服务器接收这些命令并在其本地执行，执行结果会以文本形式返回给客户端。用户在本地终端上可以看到这些结果，就像直接在远程主机上操作一样。

（3）会话终止。当用户完成远程操作后，可以通过输入特定命令（如 exit 或 logout）来终止会话，Telnet 服务器会断开连接并释放相关资源，客户端的会话也随之结束。

二、Telnet 协议的技术细节

Telnet 协议的实现涉及多个关键技术细节，这些细节保障了协议的基本功能和灵活性。主要有如下细节：

（1）协议层次。Telnet 协议是应用层协议，它基于 TCP 协议来提供可靠的数据传输，利用 TCP 的三次握手机制确保数据包按顺序到达目标，并保证通信的可靠性。

（2）数据传输。Telnet 协议使用 ASCII 码进行数据传输。这意味着所有通过 Telnet 协议传输的数据都被视为 ASCII 字符，二进制数据通常需要进行转义或编码才能通过 Telnet 协议传输。

（3）控制命令与选项协商。Telnet 协议不仅传输用户输入的命令，它还包括以下一些特殊的控制命令，用于管理会话和配置选项。

1）IAC。Telnet 协议中的特殊控制命令，用于指示后续字节是命令而非普通数据。IAC 的十六进制值是 0xFF，后续字节代表具体的控制命令。

2）DO、DONT、WILL、WONT。用于协商 Telnet 会话中的选项。例如，客户端可以发送 DO 请求让服务器启动某个功能，而服务器可以回复 WILL 表示接受请求，或者 WONT 表示拒绝。

三、Telnet 协议的示例

如图 6-27 所示，假定 Telnet 服务器的 IP 地址为 192.168.12.2，预先设定了登录用户名为 mw，密码为 123456；Telnet 客户端的 IP 的地址为 192.168.12.1，执行 telnet 命开始远程访问。

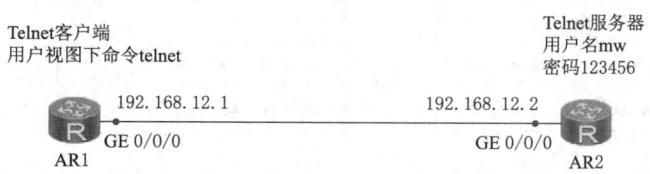

图 6-27 Telnet 服务器及客户端示意图

TCP 连接建立后，客户端信息如图 6-28 所示。

当服务器送来提示信息"UserName："后，在客户端输入字符 m、字符 w，并回车；通过 TCP 发送字符 m、发送字符 w、发送字符 \r\n（两个字符，ASCII 码分别为 0x0d、0x0a）；服务器则接连送回字符 m、字符 w、字符 \r\n；客户端则显示这 4 个字符。

上图 6-28 中的文字标注了用户输入的字符，其余部分除了开始的 telnet 客户端的提示信息，剩下部分均为服务器送回的信息。

执行 dir 命令的过程，则与上述输入用户名过程类似，使用 Wireshark 捕获的数据如图 6-29 所示。

由图 6-29 可知，客户端通常逐个字符发送，服务器可把字符逐一送回，这在 Telnet 协议中称为回显（echo）。

Telnet 协议的所有通信都是明文的，未经过任何形式的加密。这意味着，任何能

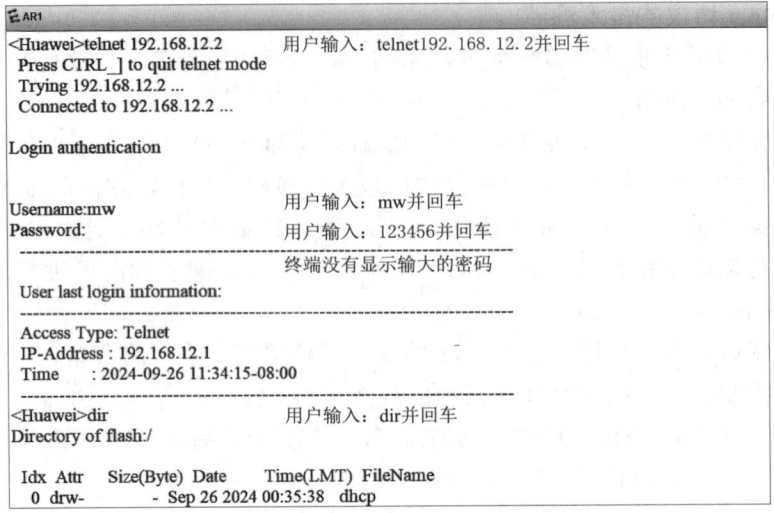

图 6-28　Telnet 客户端登录及执行命令

图 6-29　Telnet 协议执行 dir 命令时的数据包

测试题 6-14

够监听网络通信的第三方都可以轻易地捕获并读取 Telnet 会话中的数据，包括敏感的登录凭证、执行的命令和接收到的响应。要避免在公共 Wi-Fi 等不安全的网络环境中使用 Telnet 协议进行敏感操作，在必须使用 Telnet 协议的场景中，应结合其他安全措施（如网络隔离、访问控制等）以减小安全风险。

第七节　SSH　协　议

SSH 协议作为一种加密网络协议，主要用于在不安全的网络中安全地传输数据，广泛应用于服务器管理、系统运维、软件开发等多个领域。随着云计算、大数据和物联网等新技术的发展，SSH 协议的应用场景进一步拓展。例如，在云计算环境中，SSH 协议经常被用于管理云服务器和容器。

第七节　SSH　协　议

一、SSH 协议的组成和工作原理

SSH 协议由传输层协议、用户认证协议和连接协议（会话协议）三个主要部分组成。

（1）传输层协议。负责建立加密的连接，使用 TCP 协议的 22 端口进行通信，并使用非对称加密算法对连接进行加密。在传输层上，客户端和服务器之间交换了公钥和密钥信息，通过协商建立了一个安全的传输通道。

（2）用户认证协议。负责用户的身份验证，支持多种身份认证方式，包括密码认证、公钥认证和主机认证等。在身份认证层上，客户端向服务器提交用户名和密码等信息，服务器对用户进行身份验证。如果身份验证通过，服务器会向客户端发送一个会话密钥，用于接下来的数据传输。

（3）连接协议。负责协商通信参数和安全设置，以及数据的传输和处理。在协商层上，客户端和服务器交换了一系列参数和选项，以确定会话的详细信息，如加密算法、消息认证方式、压缩算法等。协商完成后，会话密钥将被用于加密所有通信数据。在数据传输层上，客户端向服务器发送各种命令和数据，如远程执行命令、上传文件、下载文件等。

SSH 协议的工作原理可以分为版本协商阶段、算法协商阶段、密钥交换阶段、用户认证阶段和会话交互阶段五个阶段。

（1）SSH 协议的版本协商阶段，客户端向服务器发送一个版本请求，服务器会回复一个版本响应。客户端和服务器会根据版本响应中的版本号来确定使用哪个版本的 SSH 协议。SSH－1：最初的 SSH 版本，现在已被认为存在安全漏洞，不再推荐使用。SSH－2：当前广泛使用的版本，提供了更强的安全性和更多的功能。

（2）在版本协商阶段之后，客户端和服务器会进行算法协商，这一阶段称为算法协商阶段。算法协商的目的是确定加密算法、消息认证码算法和压缩算法等。客户端和服务器会根据各自支持的算法来确定使用哪些算法。

（3）在算法协商阶段之后，客户端和服务器会进行密钥交换，这一阶段称为密钥交换阶段。密钥交换的目的是生成会话密钥，以便在会话交互阶段中使用。密钥交换过程中，客户端和服务器会协商使用哪种密钥交换算法，并使用该算法生成会话密钥。

（4）在密钥交换阶段之后，客户端和服务器会进行用户认证，这一阶段称为用户认证阶段。用户认证的目的是验证用户的身份，以确保只有授权的用户才能访问系统。用户认证过程中，客户端会向服务器发送用户凭证，服务器会根据凭证来验证用户的身份。

（5）在用户认证阶段之后，客户端和服务器会进入会话交互阶段。在会话交互阶段中，客户端和服务器会使用会话密钥来加密和解密数据，并进行数据传输。

二、SSH 协议的功能

SSH 协议支持的功能有很多，常用的有如下几个：

（1）远程登录。用户可以通过 SSH 客户端安全地远程登录到远程主机上，并执行各种操作。

（2）文件传输。SSH 协议提供了 SCP 和 SFTP 两种安全的文件传输协议，允许

用户在本地计算机和远程主机之间安全地传输文件。

（3）端口转发。SSH协议可以建立端口转发通道，将本地计算机的端口与远程主机的端口关联起来，从而实现安全的数据传输或访问内部网络资源。

（4）远程执行命令。SSH协议允许用户在远程主机上执行命令，而无须登录到远程主机的交互式 shell 中。这对于自动化任务、批量操作或远程脚本执行非常有用。

（5）SOCKS代理。SSH协议可以用作SOCKS代理，允许将网络流量通过安全的通道转发到远程主机上。通过配置SSH代理，用户可以实现访问受限资源、保护隐私、绕过防火墙等功能。

（6）密钥认证。SSH协议支持使用密钥对用户进行身份验证，相比传统的基于密码的认证方式更加安全且方便。

三、SSH 服务器及客户端

OpenSSH Server（openssh - server）服务是SSH协议的一个免费且开源的实现，它提供了一种安全的方式来管理远程服务器、传输文件以及执行远程命令。

在 Linux 平台上，多数版本的 Ubuntu 已经预装了 openssh - server，如果没有安装，执行命令"sudo apt install openssh - server"即可安装。

当 openssh - server 运行时，监听特定的网络端口（默认为 TCP 协议的 22 端口），等待来自 SSH 客户端的连接请求。一旦收到请求，与客户端进行一系列的安全握手，包括身份验证过程。一旦身份验证成功，用户便可以获得一个 shell 会话或访问其他 SSH 服务，如文件传输。

SSH 客户端有很多，可以免费使用的有 MobaXterm、WindTerm、PuTTY 等，其中 PuTTY 最为轻量。使用 SSH 客户端 PuTTY 连接到远程主机对话框如图 6 - 30 所示，输入指定远程主机的 IP 地址及端口号即可。

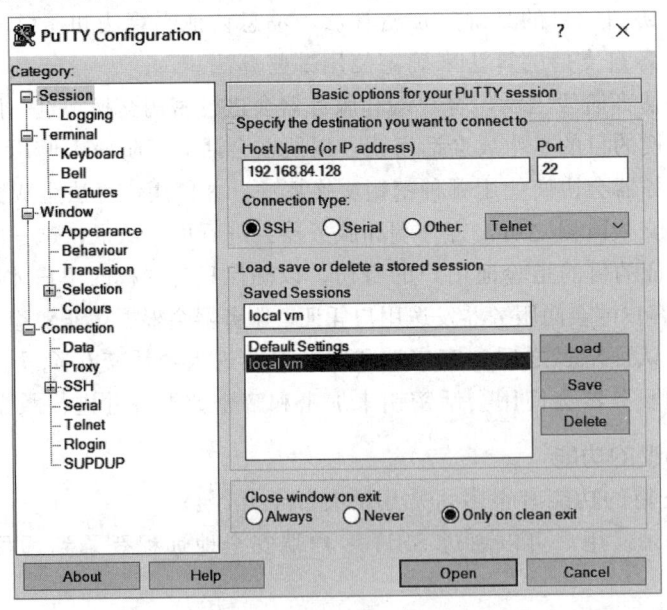

图 6 - 30　使用 SSH 客户端 PuTTY 连接到远程主机对话框

如图 6-31 所示，询问是否信任远程主机，并保存其公钥信息，点击 Accept 按钮，就登录到远程主机，本机上出现远程主机的命令界面（终端）。在本机命令界面（远程主机的终端），输入远程主机预置的用户名及密码，会显示图 6-32 所示信息。登录成功以后，即可执行远程命令，并在 PuTTY 终端中看到执行结果。

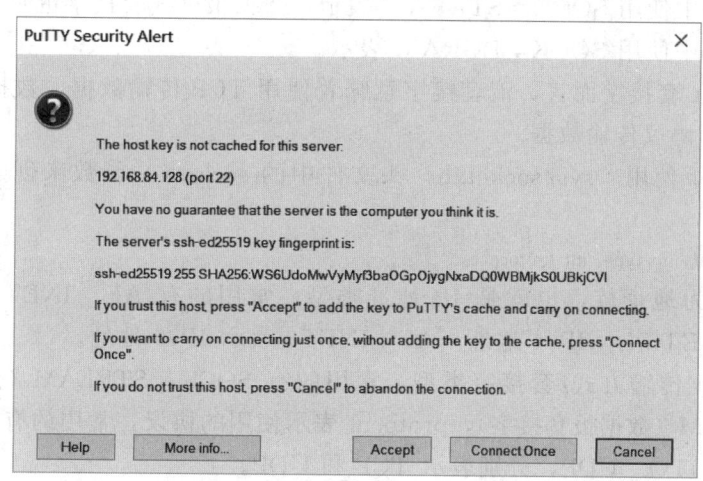

图 6-31　初次连接提示是否信任目标主机并保存其公钥信息

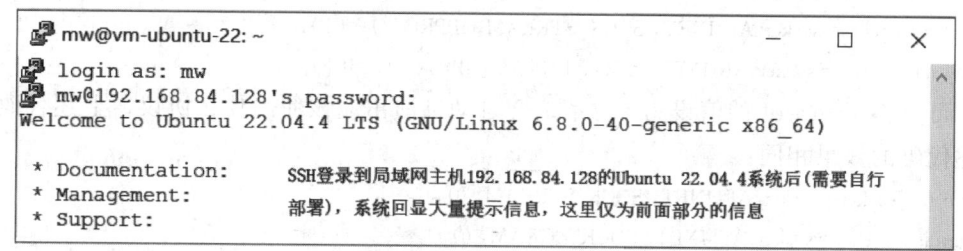

图 6-32　输入远程主机的用户名及密码后显示欢迎信息

第八节　网络应用编程

网络应用编程，意味着要选择使用 TCP 还是 UDP 来传输数据，设计数据格式及数据交换序列。至于 TCP/UDP 的数据组织、状态转换，是通用的，通常在操作系统内部已经实现。那么操作系统如何暴露接口，供调用呢？一种方案是使用套接字（socket）接口。

一、套接字

socket 的原意是"插座"，在计算机通信领域，socket 被翻译为"套接字"，它是计算机之间进行通信的一种约定或一种方式。通过 socket 这种约定，一台计算机可以接收其他计算机的数据，也可以向其他计算机发送数据。

套接字有很多种，比如 Internet 套接字、UNIX 套接字等。其中，Internet 套接字是最具代表性的，也是最经典最常用的。下文中提及套接字，指的都是 Internet 套接字。

根据数据的传输方式不同，Internet 套接字常用的有两种类型。通过 socket() 函数创建套接字时，必须告诉它使用哪种数据传输方式。流套接字也叫"面向连接的套接字"，在代码中使用 SOCK_STREAM 表示；数据报格式套接字也叫"无连接的套接字"，在代码中使用 SOCK_DGRAM 表示。

对 Internet 套接字而言，流套接字意味着使用 TCP 传输数据，数据报套接字意味着使用 UDP 协议传输数据。

在 Linux 下使用＜sys/socket.h＞头文件中的 socket() 函数来创建套接字，原型为：

  int socket(int af, int type, int protocol)。

其中，af 为地址族，也就是 IP 地址类型，常用的有 AF_INET 和 AF_INET6。AF_INET 表示 IPv4 地址，AF_INET6 表示 IPv6 地址。

type 为数据传输方式/套接字类型，常用的有 SOCK_STREAM（流套接字）和 SOCK_DGRAM（数据报套接字），protocol 表示使用的协议，常用的有 IPPROTO_TCP 和 IPPTOTO_UDP，分别表示 TCP 和 UDP。

一般情况下有了 af 和 type 两个参数就可以创建套接字了。下面的代码分别创建了 TCP、UDP 套接字：

  int tcp_socket=socket(AF_INET, SOCK_STREAM, IPPROTO_TCP);
  int udp_socket=socket(AF_INET, SOCK_DGRAM, IPPTOTO_UDP)。

可以将 protocol 的值设为 0，系统会自动推演出应该使用什么协议，上述代码和下述代码的效果相同：

  int tcp_socket=socket(AF_INET, SOCK_STREAM, 0);
  int udp_socket=socket(AF_INET, SOCK_DGRAM, 0)。

socket() 函数返回一个整数，通常称它为描述符，它被用来代表这个套接字，可以传递给其他相关函数，并作为参数，进行后续的调用操作。调用 socket() 函数如果返回值为－1，则意味着创建套接字失败。

测试题 6-15

思考

翻阅 socket 函数的手册，有相当多的篇幅来描述其各个参数的使用，为什么参数有如此多的变种？

二、TCP 连接的 socket() 函数

对于 TCP，有三次握手建立连接的问题。服务器要用 bind() 函数将套接字与特定的 IP 地址和端口绑定起来，还需要使用 listen() 函数让套接字进入被动监听状态，等待客户端主动发起连接。而客户端要用 connect() 函数建立连接，服务器则调用 accept() 函数接收连接。

基于流套接字的编程模型如图 6-33 所示。

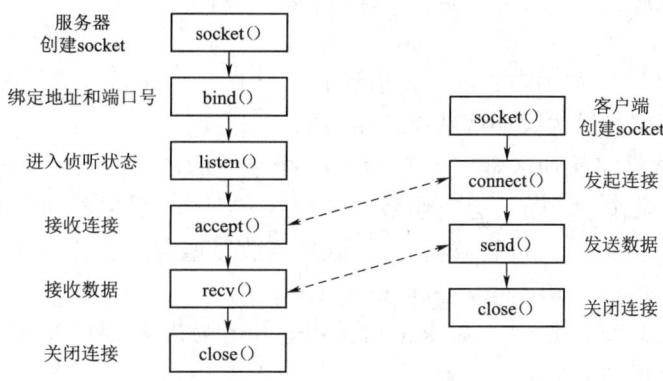

图 6-33 基于流套接字的编程模型

4 个函数的原型为：

int bind(int sock, struct sockaddr * addr, socklen_t addrlen);
int listen(int sock, int backlog);
int connect(int sock, struct sockaddr * serv_addr, socklen_t addrlen);
int accept(int sock, struct sockaddr * addr, socklen_t * addrlen)。

sock 为 socket 文件描述符，addr 为 sockaddr 结构体变量的指针，addrlen 为 addr 变量的大小。

sockaddr 是一种通用的结构体，可以用来保存多种类型的 IP 地址和端口号，而 sockaddr_in 是专门用来保存 IPv4 地址的结构体。

sockaddr 结构体的定义如下：

```
struct sockaddr{
    sa_family_t   sin_family;        //地址族
    char          sa_data[14];       //IP 地址和端口号
};
struct sockaddr_in{
    sa_family_t   sin_family;        //地址族的地址类型
    uint16_t      sin_port;          //16 位的端口号
    struct in_addr sin_addr;         //32 位 IP 地址
    char          sin_zero[8];       //不使用,一般用 0 填充
};
```

测试题 6-16

思考

创建一个使用 UDP 协议的套接字，是否需要调用 connect 函数？如果调用会有什么效果？

三、收发数据的 socket() 函数

两台计算机之间的通信相当于两个套接字之间的通信，在服务器端用 send() 函数向套接字写入数据，客户端就能收到，客户端使用 recv() 函数将数据从套接字中

读取出来，就完成了一次通信。send() 函数原型如下：

ssize_t send(int sockfd, const void * buf, size_t nbytes);

其中，sockfd 为要操作的 socket 描述符，buf 为准备好的应用数据的缓冲区地址，nbytes 为期望发送的缓冲区数据的字节数。

send() 函数会将缓冲区 buf 中的 nbytes 个字节的数据拷贝到 sockfd 对应的操作系统内部空间，操作系统随后会组织数据发送。send() 函数调用成功则返回写入的字节数，失败则返回－1。接收数据的 recv() 函数原型为：

ssize_t recv(int sockfd, void * buf, size_t nbytes);

其中，sockfd 为要操作的 socket 描述符，buf 为准备存放数据的缓冲区地址，nbytes 为期望取得的数据的字节数。

recv() 函数会从操作系统为该 sockfd 准备好的数据中，读取 nbytes 个字节的数据并保存到缓冲区 buf 中，成功则返回读取到的字节数，失败则返回－1。

在使用 UDP 协议时，由于本地 socket() 函数并没有与远端机器建立连接，所以在发送数据时应指明目的地址，sendto() 函数原型为：

int sendto(int sockfd,const void * msg, int len, unsigned int flags,const struct sockaddr * to, int tolen);

该函数比 send() 函数多了两个参数，to 表示目的机的 IP 地址和端口号信息，而 tolen 常被赋值为 sizeof（struct sockaddr）。sendto() 函数也返回实际发送的数据字节长度或在出现发送错误时返回－1。

recvfrom() 函数的情况与 sendto() 函数类似，也需要目的地址，函数原型为：

测试题 6－17

int recvfrom(int sockfd, void * buf, int len, unsigned int lags, struct sockaddr * from, int * fromlen);

其中，from 是一个 struct sockaddr 类型的变量，该变量保存源机的 IP 地址及端口号。fromlen 常置为 sizeof（struct sockaddr）。当 recvfrom() 函数返回时，fromlen 包含实际存入 from 中的数据字节数。recvfrom() 函数返回接收到的字节数或在出现错误时返回－1，并置相应的 errno。

> 在使用套接字收发应用层的数据时，操作系统、recv/send 函数、网卡各自的角色是什么？

实践应用案例

FTP 传送过程研究

一、搭建实验环境

利用华为模拟器 eNSP 建立拓扑结构，如图 6－34 所示，配置 FTP 服务器的 IP 地址为 202.24.6.10，配置 FTP 客户端 IP 地址为 202.24.6.19。

IP 地址配置完成后，如图 6－35 所示，ping 客户端成功。

服务器 FTP 配置如图 6－36 所示，服务器需要选择一个文件分享的文件夹路径，此处选择了 F 盘的文件夹 FTP Server，路径为 F：\ FTP \ FTP Server，目前，文件夹中只有一个文件"强军战歌.txt"。请一定要记得点击"启动"按钮。

客户端 FTP 配置如图 6-37 所示，账户密码默认为 1，端口号为 21，选择 FTP 被动模式。

目前，服务器 IP 地址为 202.24.6.10，共享文件为"强军战歌.txt"，内容为中文歌词，如图 6-38 所示。客户端 IP 地址为 202.24.6.19，可共享文件为 abc.txt，内容为 I love China for ever。

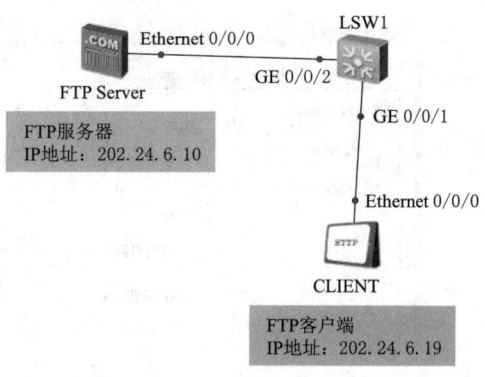

图 6-34　实验拓扑结构图

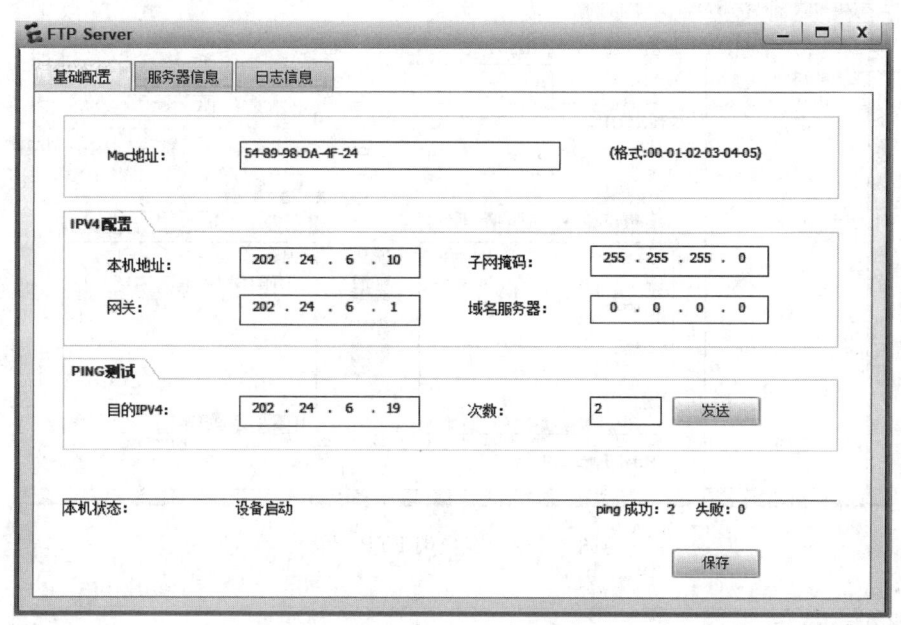

图 6-35　两台计算机连通性测试

二、文件传送操作

右击图 6-39 中的交换机 LSW1，在其 GE0/0/1 接口，启动 Wireshark 软件，开始抓包。

（一）文件上传

双击客户端 CLIENT1 登录，选中本地文件 abc.txt，点击图 6-39 中向右的按钮，向服务端上传文件 abc.txt。

（二）文件下载

选中服务器文件"强军战歌.txt"，点击如图 6-40 中的向左的按钮，就实现服务器文件向本地的文件下载。

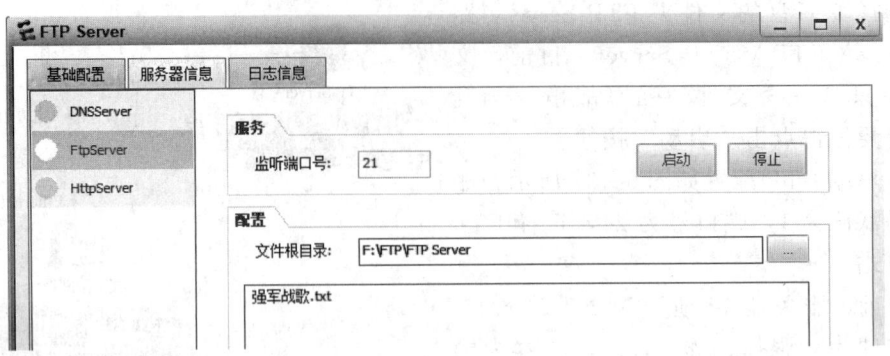

图 6-36 FTP 服务器端配置

图 6-37 客户端 FTP 配置

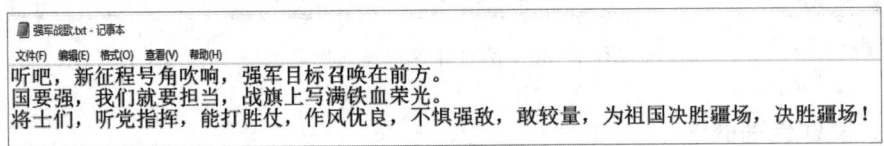

图 6-38 txt 文件内容

客户端退出登录，停止 Wireshark 抓包，在 Wireshark 中可以看到已经抓到了 TCP 报文和 FTP 报文的数据包，如图 6-41 所示。

三、FTP 协议分析

根据上面操作抓取的报文，进行 FTP 协议分析。

（一）被动模式建立数据连接

客户端请求以被动模式建立数据连接，服务器同意并给出建立连接的 IP 地址和

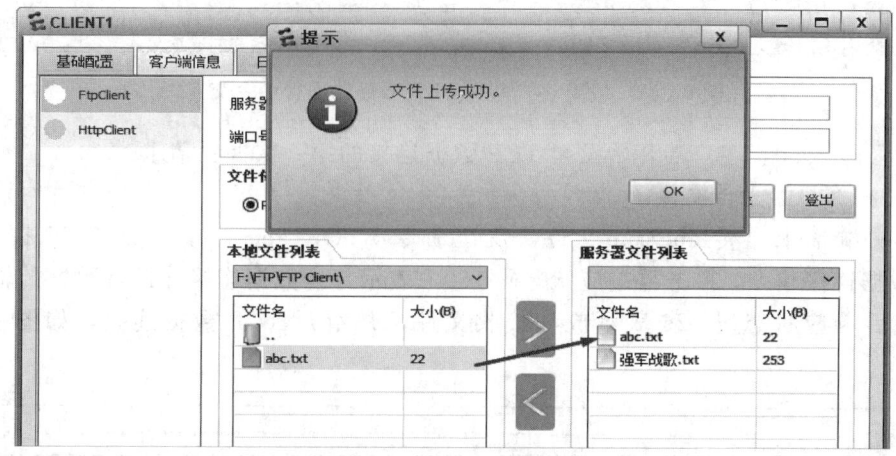

图 6-39 上传文件

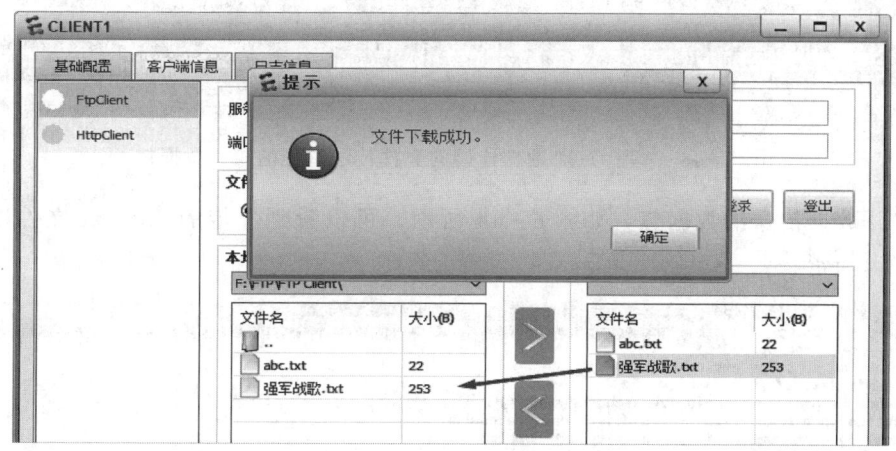

图 6-40 文件下载

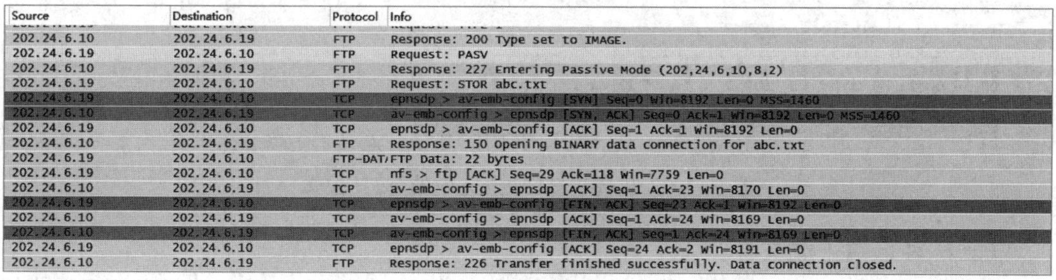

图 6-41 Wireshark 抓取的部分 FTP 报文

端口号,如图 6-42 所示。

图 6-42 中,FTP 客户端向 FTP 服务器发送 PASV 的被动模式请求命令,FTP 服务器给予 FTP 客户机的响应状态码 227 后面紧跟的参数是(202,24,6,10,8,2),告诉客户端发起数据连接时,服务器端的 IP 地址是 202.24.6.10,TCP 端口号是 8×

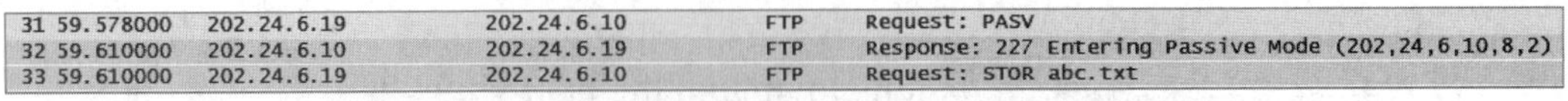

```
31 59.578000   202.24.6.19        202.24.6.10        FTP    Request: PASV
32 59.610000   202.24.6.10        202.24.6.19        FTP    Response: 227 Entering Passive Mode (202,24,6,10,8,2)
33 59.610000   202.24.6.19        202.24.6.10        FTP    Request: STOR abc.txt
```

图 6-42 FTP 客户端和 FTP 服务器进行命令交互

256+2，即 2050。客户端开始发起 TCP 数据连接的第一次握手请求。

（二）客户端上传文件

客户端请求上传 abc.txt 文件，发送命令 STOR abc.txt，三次 TCP 握手后，TCP 数据连接建立，服务器响应状态码 150，表示打开数据连接并进行数据传输，服务器最后响应状态码 226 表示成功接收文件，并断开 TCP 数据连接，如图 6-43 所示。

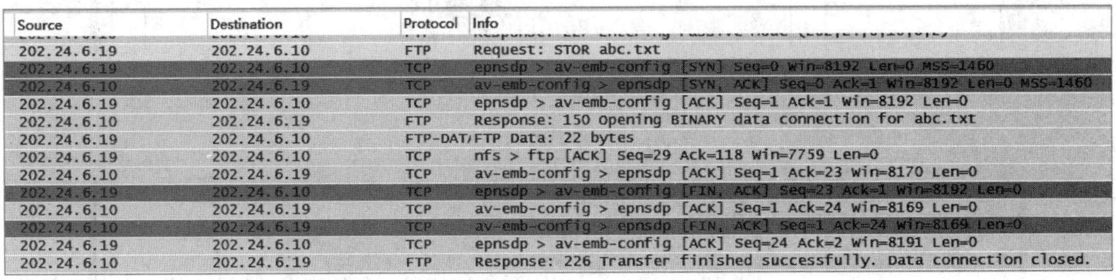

```
Source          Destination       Protocol  Info
202.24.6.19     202.24.6.10       FTP       Request: STOR abc.txt
202.24.6.19     202.24.6.10       TCP       epnsdp > av-emb-config [SYN] Seq=0 Win=8192 Len=0 MSS=1460
202.24.6.10     202.24.6.19       TCP       av-emb-config > epnsdp [SYN, ACK] Seq=0 Ack=1 Win=8192 Len=0 MSS=1460
202.24.6.19     202.24.6.10       TCP       epnsdp > av-emb-config [ACK] Seq=1 Ack=1 Win=8192 Len=0
202.24.6.10     202.24.6.19       FTP       Response: 150 Opening BINARY data connection for abc.txt
202.24.6.19     202.24.6.10       FTP-DAT   FTP Data: 22 bytes
202.24.6.10     202.24.6.19       TCP       nfs > ftp [ACK] Seq=29 Ack=118 Win=7759 Len=0
202.24.6.10     202.24.6.19       TCP       av-emb-config > epnsdp [ACK] Seq=1 Ack=23 Win=8170 Len=0
202.24.6.19     202.24.6.10       TCP       epnsdp > av-emb-config [FIN, ACK] Seq=23 Ack=1 Win=8192 Len=0
202.24.6.10     202.24.6.19       TCP       av-emb-config > epnsdp [ACK] Seq=1 Ack=24 Win=8169 Len=0
202.24.6.10     202.24.6.19       TCP       av-emb-config > epnsdp [FIN, ACK] Seq=1 Ack=24 Win=8169 Len=0
202.24.6.19     202.24.6.10       TCP       epnsdp > av-emb-config [ACK] Seq=24 Ack=2 Win=8191 Len=0
202.24.6.10     202.24.6.19       FTP       Response: 226 Transfer finished successfully. Data connection closed.
```

图 6-43 基于 TCP 数据连接的文件传送过程的相关数据包

点开数据传送的数据包，如图 6-44 所示，可以看到上传的 abc.txt 文件以明文传送，未加密。

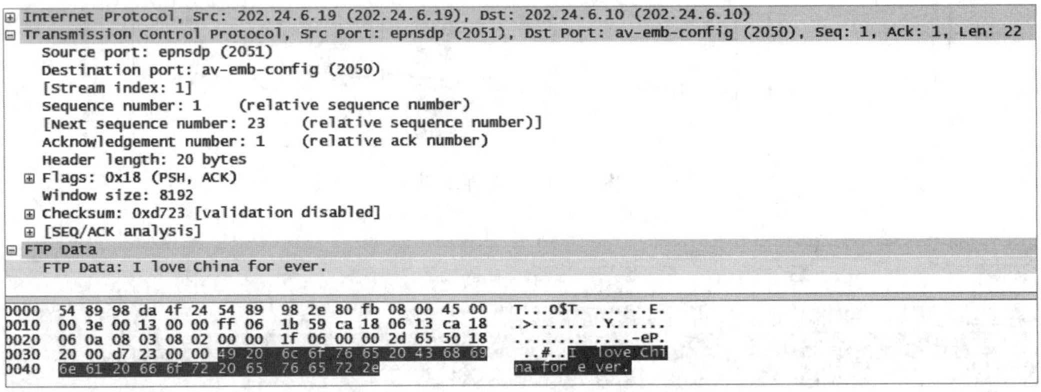

```
⊞ Internet Protocol, Src: 202.24.6.19 (202.24.6.19), Dst: 202.24.6.10 (202.24.6.10)
⊟ Transmission Control Protocol, Src Port: epnsdp (2051), Dst Port: av-emb-config (2050), Seq: 1, Ack: 1, Len: 22
    Source port: epnsdp (2051)
    Destination port: av-emb-config (2050)
    [Stream index: 1]
    Sequence number: 1       (relative sequence number)
    [Next sequence number: 23    (relative sequence number)]
    Acknowledgement number: 1    (relative ack number)
    Header length: 20 bytes
  ⊞ Flags: 0x18 (PSH, ACK)
    Window size: 8192
  ⊞ Checksum: 0xd723 [validation disabled]
  ⊞ [SEQ/ACK analysis]
⊟ FTP Data
    FTP Data: I love China for ever.

0000  54 89 98 da 4f 24 54 89  98 2e 80 fb 08 00 45 00   T...O$T. ......E.
0010  00 3e 00 13 00 00 ff 06  1b 59 ca 18 06 13 ca 18   .>...... .Y......
0020  06 0a 08 03 08 02 00 00  1f 06 00 00 24 65 50 18   ........ ....eP.
0030  20 00 d7 23 00 00 49 20  6c 6f 76 65 20 43 68 69    ..#..I  love Chi
0040  6e 61 20 66 6f 72 20 65  76 65 72 2e               na for e ver.
```

图 6-44 装载于 TCP 报文中的 FTP 报文

（三）客户端下载文件

客户端以被动方式向服务器发出下载请求命令 RETR 后，客户端发起 TCP 数据连接的建立，三次握手后，数据连接建立，服务器端响应状态码 150，并开始发送"强军战歌.txt"文件，服务器发送完毕，发起四次挥手释放数据连接，最后响应状态码 226，并关闭 TCP 数据连接，如图 6-45 所示。

点击 Protocol 列值为 FTP-DATA 对应的数据包，得到如图 6-46 所示的各层协议报文数据。

实 践 应 用 案 例

图 6-45 服务器向客户端发送文件的系列 FTP 报文

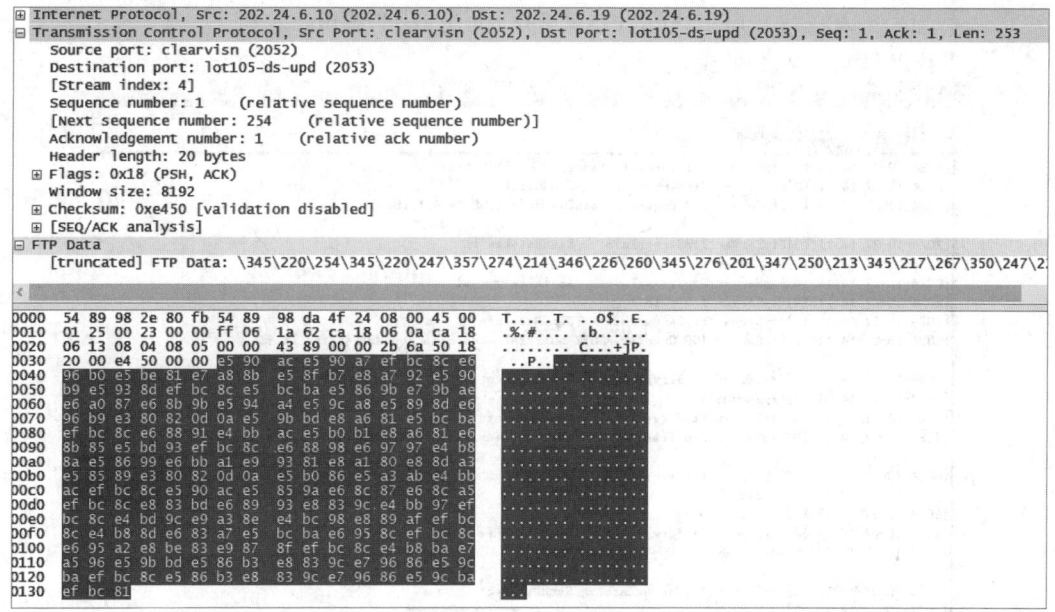

图 6-46 下载的文件所在的 FTP 报文

图 6-46 中，从 TCP 报文首部相对序号是 1，期望下一个相对序号是 254，可以看出这个文件是 253 字节，于是拿出 FTP Data 部分的 253 个字节的十六进制数，去掉空格后，使用十六进制转字符串的工具，转换结果如图 6-47 所示，这个 FTP 报文中的数据，显而易见的就是服务器上的文件"强军战歌.txt"的内容。

（四）日志查看验证

双击 FTP 服务器，选择日志信息，能看到 FTP 的用户名、密码，能看到服务器一直处于 listening 状态，等待客户端来建立 TCP 连接，这条连接是用于控制双方通信的，只用于发送命令和状态响应，属于长连接，用户退出登录时，该连接释放。服务器的"强军战歌.txt"被下载到客户端的日志如图 6-48 所示，此处被动模式的 TCP 数据连接，在文件传送完毕就释放，属于短连接。双击 FTP 客户端，选择日志信息，也能看到双方的通信日志。

第六章 应 用 层

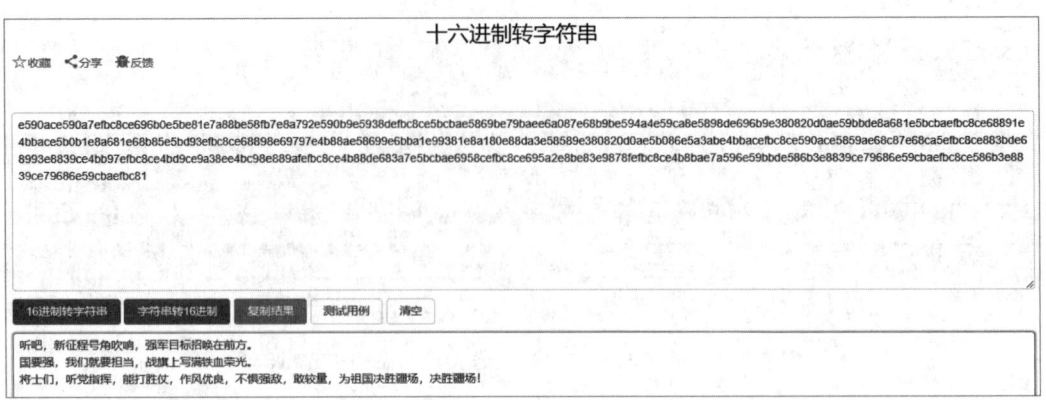

图 6-47 十六进制转字符串工具的应用

图 6-48 FTP Server 的通信日志

四、实践总结

如果在实际的计算机上配置 FTP 服务器，并让同一台计算机作为 FTP 客户端，完全能够实现文件的上传和下载，但是使用 Wireshark 软件可能抓不到 FTP 的报文，因为本机内部完成交互的数据包通过回环地址发送，不会经过网卡，而 Wireshark 软件是对网卡数据进行抓取分析的,所以默认情况下,Wireshark 软件不能抓取本机内部收发的数据包,但是如果 FTP 服务器和 FTP 客户端不是同一台计算机,两台计算机之间基于 FTP 协议进行文件的传送,可以使用 Wireshark 软件进行抓包并分析 FTP 协议的特点。

为了简化描述过程,此案例采用 eNSP 搭建 FTP 协议分析实验环境,实验结论:FTP 协议的工作方式是客户端向服务器发送命令,服务器响应,这种 CS 模式进行通信;客户端和服务器之间先建立一条 TCP 连接,用来控制双方的命令请求和状态响应的交互,然后由客户端选择主动模式或被动模式来建立第二条 TCP 连接(数据连接),文件的上传或下载基于数据连接实现;FTP 协议虽然是基于 TCP 协议实现的,但是文件上传和下载均以明文形式,安全性欠佳,而 SFTP 协议实现的文件传送方式,有类似 FTP 协议的用户命令集,但使用 SSH 协议传输文件,对命令和数据进行加密,传送文件更加安全。

扩 展 阅 读

张小龙的产品:从 Foxmail 到 QQ 邮箱再到微信

张小龙的产品:从 Foxmail 到 QQ 邮箱再到微信

本 章 小 结

(1) DHCP 协议,使用 UDP 工作,服务器使用 67 端口,客户端使用 68 端口。客户端发起请求,申请分配 IP 地址,获悉子网掩码、网关地址、DNS 地址等信息。客户端与服务器交互过程中的消息有:DHCP Discover 发现消息、DHCP Offer 供给消息、DHCP Request 选择消息、DHCP ACK 确认消息。

(2) DNS 协议,使用 UDP 工作,服务器使用 53 端口。客户端可以向公共 DNS 服务器,发起域名解析请求,该公共 DNS 服务器则给出 DNS 响应,告知域名对应的 IP 地址。客户端还可以向根域名服务器之一,发起域名解析请求,该根域名服务器则给出可用的顶级域名服务器列表;客户端继而向顶级域名服务器之一,发起域名解析请求,该顶级域名服务器则可以给出权威域名服务器列表;客户端继而向权威域名服务器之一,发起域名解析请求,该权威域名服务器则给出域名对应的 IP 地址。

(3) HTTP,使用 TCP 协议工作,服务端一般使用 80 端口。客户端,比如浏览器,向某个网站请求某个网页,发起 HTTP GET 请求;网站的服务器则给出 HTTP 响应,响应体通常为使用 HTML 编写的网页。另一常用的请求方法为 POST 请求,通常用于提交数据,比如登录用户名及密码。HTTP 请求由请求行、头部域(可以多个)、消息域(可以没有)组成;HTTP 响应由状态行、头部域、响应体组成。

(4) FTP,使用 TCP 协议工作,服务端一般使用 21 端口(用于控制)和 20 端口(用于数据)。客户端向服务器发送明文形式的命令,这些命令包括 USER 指名登录用户命令、PASS 指名用户密码命令、LIST 列举文件命令、RETR 下载文件命令、STOR 上传文件命令、QUIT 退出登录命令等,服务器则予以响应。

第六章 应 用 层

（5）使用电子邮件客户端收取邮件时，发送邮件时，通常使用 SMTP 协议，发送到邮件服务器；邮件服务器之间投递邮件，通常也是使用 SMTP 协议；通常使用 POP3 协议，或者 IMAP4 协议，访问邮件服务器。

（6）Telnet 协议，使用 TCP 工作，服务器一般使用 23 端口。Telnet 协议的工作流程主要包括连接建立、命令交互和会话终止三个阶段。命令交互时，客户端发送命令，服务器执行命令并送回结果。Telnet 协议使用明文传输信息。

（7）SSH 协议的工作原理和功能，基于 SSH 协议的软件 PuTTY 的远程登录的应用。

（8）可以使用 socket 编程接口来编写网络应用程序，操作系统则实现了 socket()、listen()、bind()、connect()、accept()、send()、recv()、close() 等系统函数，供应用程序调用。应用程序可以指定使用 UDP 还是 TCP 来传输数据，客户器、服务端在必要的准备后，就可以发送、接收数据，按照预定的格式解析数据并作出响应。

习 题

1. DHCP 客户端通常从 DHCP 服务器那里申请到哪些配置信息，各自的作用是什么？

2. 根域名服务器有什么特点？

3. 同一个域名，向 DNS 服务器发出若干次请求，这些响应中，IP 地址不同，这可能吗？

4. 叙述在浏览器中输入域名访问网页都用到了哪些技术？

5. 解释下列名词：WWW、URL、HTTP、HTML、CSS、JavaScript、超链接。

6. 假定你在浏览器上点击一个 URL，但这个 URL 的 IP 地址以前并没有缓存在本地主机上。因此需要用 DNS 自动查找和解析。假定要解析到所要找的 URL 的 IP 地址共经过 n 个 DNS 服务器，所经过的时间分别是 RTT_1、RTT_2、…、RTT_n。假定从要找的网页上只需要读取一个很小的图片（即忽略这个小图片的传输时间）。从本地主机到这个网页的往返时间是 RTT_w。试问从点击这个 URL 开始，一直到本地主机的屏幕上出现所读取的小图片，一共需要经过多少时间？

7. 在第 6 题中，假定同一台服务器的 HTML 文件中链接了 3 个非常小的对象。若忽略这些对象的发送时间，试计算客户点击读取以下对象所需的时间。

（1）没有并行 TCP 连接的非持续 HTTP。

（2）使用并行 TCP 连接的非持续 HTTP。

（3）流水线方式的持续 HTTP。

8. 一个 Web 网点有 1000 万个页面，平均每个页面有 10 个超链接。读取一个页面平均要 100ms。请问：要检索整个网点所需的最少时间是多少？

9. 若浏览器不支持并行 TCP 连接，使用非持久 HTTP/1.0 协议请求浏览一个 Web 的网页，该网页上有本站点上的 7 个小图片，从浏览器向 Web 站点发出 TCP 连接请求后，到接收网页全部内容，需要的往返时间 RTT 数至少是多少个？

习 题

10. 假定主机 H 登录到某 FTP 服务器后，向服务器上传一个大小为 18000B 的文 F，假设 H 建立数据连接时，初始序号为 100，MSS＝1000B，拥塞控制的初始阈值是 4MSS，RTT＝10ms，忽略传输时延，在 F 的传送过程中，H 以 MSS 段向服务器发送数据，且始终没有错误、丢包和乱序。回答下列问题。

（1）FTP 的控制连接是持久的还是非持久的？FTP 的数据连接是持久的还是非持久的？H 登录服务器时，建立的 FTP 连接是数据连接还是控制连接？

（2）H 通过数据连接发送 F 时，F 的第一个字节序号是多少？在断开数据连接的过程中，FTP 服务器的第二次挥手的 ACK 序号是多少？

（3）F 发送过程中，当 H 收到确认序号为 2101 的确认段时，H 的拥塞窗口调整为多少？收到确认序号为 7101 的确认段时，H 的拥塞窗口调整为多少？

（4）H 从请求建立数据连接开始，到确认 F 已被服务器全部接收为止，至少要多长时间？期间应用层平均发送速率是多少？

11. 叙述使用 Foxmail/Thunderbird 等邮件客户端，收发邮件时都用到了哪些网络协议？

12. 使用 socket 编程接口实现一个简单的 TCP 服务器，需要调用一系列的函数，叙述其大致流程。

13. 在使用 socket 编程接口函数时，UDP 客户端、服务器程序，TCP 客户端、服务器程序的典型区别是什么？

第二篇
网络安全和无线网络基础

第七章
网络安全与防护概论

内容导读

网络安全已经成为各国高度关注的热点。全球网络安全事件层出不穷,比如国家和地区间的网络战、有组织的黑客攻击、信息泄露、网络诈骗、网络病毒泛滥。网络空间已经成为继陆、海、空、天之后的第五空间,是国家安全、社会稳定、经济发展、文化传播、人们生活和信息化建设的重要要素和安全保障。

本章的主要内容如下:
(1) 网络安全概述。
(2) 网络空间安全体系及评估标准。
(3) 网络攻击分类及网络安全模型。
(4) 网络攻击技术与安全防范。
(5) DoS 与 DDoS 攻击。
(6) 网络安全未来及展望。

第一节 网络安全概述

本节先介绍网络安全的一些概念和涉及的内容,然后介绍网络安全威胁及因素,接下来给出一些网络安全的相关技术。

一、网络安全概念和内容

(一) 信息安全与网络安全

信息安全指系统硬件、软件及其信息受到保护,并持续正常运行和服务。信息安全的实质是保护信息系统和信息资源免受各种威胁、干扰和破坏,即保证信息的安全性。主要目标是防止信息被非授权泄露、更改、破坏或被非法的系统辨识与控制,确保信息的保密性、完整性、可用性、可控性和可审查性(信息安全五大特征)。

在《中华人民共和国计算机信息系统安全保护条例》中指出,计算机信息系统的安全保护,应当保障计算机及其相关的配套设备、设施(含网络)的安全,运行环境的安全,保障信息的安全,保障计算机功能的正常发挥,以维护计算机信息系统安全运行。

ISO 给出信息安全的定义是:为数据处理系统建立采用的技术、管理上的安全保护,保护计算机硬件、软件、数据不因偶然及恶意的原因而遭到破坏、更改和泄漏。

网络安全指利用网络技术、管理和控制等措施,保证网络系统和信息的保密性、完整性、可用性、可控性和可审查性受到保护,即保证网络系统的硬件、软件及系统中的数据资源得到完整、准确、连续运行与服务不受干扰破坏和非授权使用。ISO/

IEC 27032 中的网络安全定义则是指对网络的设计、实施和运营等过程中的信息及其相关系统的安全保护。

注意：网络安全不仅限于计算机网络安全，还包括手机网络安全等。实际上，网络安全是一个相对性的概念。世界上不存在绝对的安全，过分提高网络的安全性可能降低网络传输速度等方面的性能，而且浪费资源和增加成本。

网络空间安全是针对网络空间中的信息在产生、传输、存储、处理等环节中所面临的威胁的防御措施，以及网络和系统本身的安全和防护机制。不仅包括传统信息安全所研究的信息的保密性、完整性和可用性，还包括构成网络空间基础设施的安全性和可信度。需要明确信息安全、网络安全、网络空间安全概念之异同，三者均属于非传统安全，均聚焦于信息安全问题。网络安全及网络空间安全的核心是信息安全，只是出发点和侧重点有所差别。

（二）网络安全的目标及特征

网络安全的目标是指在网络的信息传输、存储与处理的整个过程中，提高物理上逻辑上的防护、监控、反应恢复和对抗的要求。网络安全包括两大方面：①网络系统的安全；②网络信息（数据）的安全，网络安全的最终目标和关键是保护网络信息的安全。网络信息安全的特征反映了网络安全的具体目标要求。

网络信息安全五大特征如下：

（1）保密性。也称机密性，是不将有用信息泄漏给非授权用户的特性，主要强调有用信息只被授权对象使用的特征。可以通过信息加密、身份认证、访问控制、安全通信协议等技术实现，信息加密是防止信息非法泄露的最基本手段。

（2）完整性。是指信息在传输、交换、存储和处理过程中，保持信息不被破坏或随意删改、丢失和信息未经授权不能改变的特性，也是最基本的安全特征。

（3）可用性。也称有效性，指信息资源可被授权实体按要求访问、正常使用或在非正常情况下可恢复使用的特性，在系统运行时正确存取所需信息，当系统遭受意外攻击或破坏时，可以迅速恢复并能投入使用。是衡量网络信息系统面向用户的一种安全性能，以保障为用户提供服务。

（4）可控性。指系统对信息内容和传输具有控制能力的特性，指网络系统中的信息在一定传输范围和存放空间内的可控程度。

（5）可审查性。又称拒绝否认性、抗抵赖性或不可否认性，指网络通信双方在信息交互过程中，确信参与者本身和所提供的信息真实同一性，即所有参与者不可否认或抵赖本人的真实身份，以及提供信息的原样性和完成的操作与承诺。

（三）网络安全的内容

网络安全涉及的内容包括技术和管理等多个方面，需要相互补充、综合协同防范。技术方面主要侧重于防范外部非法攻击，管理方面则侧重于内部人为因素的管理。

通常，网络安全的内容包括操作系统安全、数据库安全、网络站点安全、病毒与防护、访问控制、加密与鉴别等方面。

从层次结构上，也可将网络安全所涉及的内容概括为以下五个方面：

（1）实体安全。也称物理安全，指保护网络设备、设施及其他媒介免遭地震、水灾、火灾、有害气体和其他环境事故破坏的措施及过程。主要实体安全防护（简称五防）包括防盗、防火、防静电、防雷击、防电磁泄漏。

（2）系统安全。包括网络系统安全、操作系统安全和数据库系统安全，主要以网络系统的特点、条件和管理要求为依据，通过有针对性地为系统提供安全策略机制、保障措施、应急修复方法、安全建议和安全管理规范等，确保整个网络系统的安全运行。

（3）运行安全。包括网络运行和网络访问控制的安全，如用防火墙实现内外网的隔离、访问控制、系统恢复。运行安全防护措施包括内外网隔离机制、应急处置机制和配套服务、网络系统安全性监测、网络安全产品运行监测、定期检查和评估、系统升级和补丁处理、跟踪最新安全漏洞、灾难恢复机制与预防、安全审计、系统改造、网络安全咨询等。

（4）应用安全。由应用软件平台安全和数据安全两部分组成。应用安全防护措施包括业务应用软件的程序安全性测试分析、业务数据的安全检测与审计、数据资源访问控制验证测试、实体身份鉴别检测、业务数据备份与恢复机制检查、数据唯一性或一致性、防冲突检测、数据保密性测试、系统可靠性测试和可用性测试等。

（5）管理安全。也称安全管理，主要指对人员、网络系统和应用与服务等要素的安全管理，涉及各种法律、法规、政策、策略、机制、规范、标准、技术手段和措施等内容。主要包括：法律法规管理、政策策略管理、规范标准管理、人员管理、应用系统管理、软件管理、设备管理、文档管理、数据管理、操作管理、运营管理、机房管理、安全培训管理等。

测试题 7-1

网络安全的目标是什么？网络安全内容包含哪些方面？

二、网络安全威胁

网络安全威胁的内涵可用广义网络安全威胁以及狭义网络安全威胁来描述。广义的网络安全威胁泛指任何潜在的对网络安全造成不良影响的事件，包括自然灾害、非恶意的人为损害以及网络攻击等。狭义的网络安全威胁则指各类网络攻击行为。

（一）网络安全威胁事件

2006 年，美国空军提出高级持续性威胁（advanced persistent threat，APT）的概念，专指针对政府、军队、公司、组织的长期而复杂的网络攻击，其后大量 APT 攻击事件报告被发布。

2010 年，针对伊朗核设施的震网病毒（stuxnet）被检测出来并曝光，成为首个被公开披露的武器级网络攻击病毒。此后，火焰（flame）、毒曲（duqu）等一批设计精巧、功能复杂的武器级恶意代码也陆续被曝光。

2013 年，前美国中央情报局职员爱德华·斯诺登披露了美国国家安全局的"棱镜"监听项目，公开了大量针对实时通信和网络存储的监听窃密技术与计划。

2016 年 8 月，黑客组织 The Shadow Brokers 陆续以多种形式在互联网公开拍卖据称来自美国国家安全局的网络攻击工具集，其中的永恒之蓝漏洞直接导致了2017年勒索病毒WannaCry全球爆发，感染了150多个国家的近20万台计算机。

2020年12月，SolarWinds供应链攻击渗透了五角大楼、美国财政部、白宫、国家核安全局等在内的几乎所有关键部门，电力、石油、制造业等十多个关键基础设施遭到攻击，思科、微软、英特尔、VMware、英伟达等科技巨头以及超过9成的财富500强企业受到网络威胁，其被美国网络安全和基础设施安全局定义为"美国关键基础设施迄今面临的最严峻的网络安全危机"。SolarWinds供应链攻击从规模、影响力和潜在威胁性，被认为是过去十年最重大的网络安全事件。

2020年12月，全球知名网络安全公司FireEye遭到攻击，渗透测试客户网络的黑客工具被窃取。FireEye是首个由美国国土安全部颁发认证，拥有美国大量政府机构和关键基础设施客户，常提供应对高级网络威胁取证和动态恶意软件防护服务。据悉，黑客窃取的客户评估工具在该公司武器库中用于渗透测试和评估客户安全性，是可模仿许多黑客工具的"大杀器"，公司利用系统生存措施及时进行了应急处理。

2022年6月22日，西北工业大学发布《公开声明》称，该校遭受境外网络攻击，该校的多个信息系统和上网终端中受到了多款源于境外的木马和恶意程序的攻击。

2022年9月5日，中国国家计算机病毒应急处理中心和360公司分别发布了关于西北工业大学遭受境外网络攻击的调查报告，调查发现，美国国家安全局下属的特定入侵行动办公室多年来对中国国内的网络目标实施了上万次的恶意网络攻击，控制了相关网络设备，疑似窃取了高价值数据（超140GB）。

数据统计显示，2022年上半年，中国电信、中国移动和中国联通总计监测发现分布式拒绝服务（distributed denial of service，DDoS）攻击316542起。2022年上半年，工业和信息化部网络安全威胁和漏洞信息共享平台总计接报网络安全事件7415654件。各类网络安全威胁事件层出不穷，网络安全面临着严重的威胁。

（二）网络安全威胁的成因

造成网络安全威胁的原因非常复杂，从发展的过程来看，网络安全威胁可分为如下三个时期：

（1）"游侠"期。少数黑客影响未成年互联网安全。

（2）"海盗"期。网络"黑产"兴起，犯罪团伙利用网络敛财。

（3）国家间对抗期。网络攻击成本提高，国家层面的对抗浮出水面。

网络安全威胁的成因可以大致分为如下两大类因素。

1. 技术因素

（1）协议缺陷。网络协议缺乏认证、加密等基本的安全特性。以TCP协议和IP协议为核心的TCP/IP协议族是互联网使用的标准协议集，其弱点带来诸多安全威胁，比如缺乏有效的身份鉴别机制，通信双方无法可靠地识别身份；缺乏有效的信息加密机制，通信容易被第三方窃取。

（2）软件漏洞。由于软件规模庞大，复杂度提高，开发者安全知识缺乏，操作系统和各种各样的应用软件中，都可能存在漏洞。

（3）策略弱点。安全策略是根据安全需求，对组织、系统、设备等所做的各种安全约束，安全需求与应用需求不相一致，安全策略设计不当，都容易造成安全问题。

（4）硬件漏洞。硬件设计软件化使得软件漏洞同样出现在硬件之中。硬件漏洞发现得较少，但危害程度比一般的软件漏洞更为严重，修复难度更大。

2. 人为因素

（1）攻击者。成分复杂，多数掌握着丰富的攻击资源。对网络安全造成威胁的人群很多，黑客、恐怖分子、商业间谍、犯罪分子、国家层面的安全机构，为了各种政治、经济、安全等利益，持续不断地在网络空间对个人、组织、公司以及国家构成新的威胁。

（2）防御者。广大的网络应用人群缺少安全知识，专业人员数量、质量尚难满足对安全人才的迫切需求。特别是近年来 APT 攻击组织、攻击效果及造成的危害让防御者难以应对。

（三）网络安全威胁的方式

常见网络安全威胁的主要方式见表 7-1。

表 7-1 常见网络安全威胁的主要方式

威胁类型	主 要 方 式
非授权访问	通过口令、密码和系统漏洞等手段获取系统访问权
窃听	窃听网络传输信息
伪造	将伪造的信息发送给他人
篡改	攻击者将合法用户之间的通信信息篡改后，发送给他人
窃取	盗取系统重要的软件或硬件、信息和资料
截获/修改	数据在网络系统传输中被截获、删除、修改、替换或破坏
讹传	攻击者获得某些非正常信息后，发送给他人
行为否认	通信实体否认已经发生的行为
旁路控制	利用系统的缺陷或安全脆弱性的非正常控制
截获	攻击者从有关设备发出的无线射频或其他电磁辐射中获取信息
人为疏忽	已授权人为了利益或由于疏忽将信息泄漏给未授权人
信息泄露	信息被泄露或暴露给非授权用户
物理破坏	对计算机及其网络或部件进行破坏，或绕过物理控制非法访问
病毒木马	利用计算机木马病毒及恶意软件进行破坏或恶意控制他人系统
拒绝服务攻击	攻击者以某种方式使系统响应减慢甚至瘫痪，阻止用户获得服务
服务欺骗	欺骗合法用户或系统，骗取他人信任以便谋取私利
冒名顶替	假冒他人或系统用户进行活动
资源耗尽	故意超负荷使用某一资源，导致其他用户服务中断
消息重发	重发某次截获的备份合法数据，达到信任并非法侵权目的
陷阱门	设置陷阱"机关"系统或部件，骗取特定数据以违反安全策略
媒体废弃物	利用媒体废弃物得到可利用信息，以便非法使用
信息战	为国家或集团利益，通过信息战进行网络干扰破坏或恐怖袭击

世界各种网络被入侵攻击的事件频发，其途径种类各异且变化多端。大量网络系统的功能、网络资源和应用服务等已经成为黑客攻击的主要目标。网络的主要应用如

电子商务、网上银行、股票、证券、即时通信、邮件、网游、下载文件等都存在着一定的安全隐患。

(四) 网络安全威胁的承受对象

1. 网络协议的安全威胁

常用的互联网服务安全包括：Web 浏览服务安全、FTP 服务安全、E-mail 服务安全、Telnet 服务安全、DNS 域名安全和设备实体安全。网络的运行机制依赖网络协议，不同节点间信息交换以约定机制通过协议数据单元实现。TCP/IP 协议在设计初期只注重异构网的互联，并没考虑安全问题，Internet 的广泛应用使其安全威胁对系统安全产生极大风险。互联网基础协议 TCP/IP、FTP、E-mail、远程过程调用（remote procedure call，RPC）和网络文件系统（network file system，NFS）等不仅公开，且存在安全漏洞。

2. 操作系统的漏洞及隐患

操作系统安全是指操作系统本身及运行的安全，通过其对系统软硬件资源的整体进行有效控制，并对所管理的资源提供安全保护。操作系统是网络系统中最基本、最重要的系统软件，在设计与开发时存在漏洞和隐患。

3. 防火墙的局限性

防火墙能够较好地阻止外网基于 IP 包头的攻击和非信任地址的访问，却无法阻止基于数据内容的黑客攻击和病毒入侵，也无法控制内网之间的攻击行为，其还需要入侵检测系统、入侵防御系统、统一威胁管理（unified threat management，UTM）等技术进行弥补，应对各种网络攻击，以扩展系统管理员的防范能力（包括安全审计、监视、进攻识别和响应）。入侵防御和检测系统被认为是防火墙后的第二道安全闸门，在不影响网络性能的情况下，需要及时对网络进行异常行为的防御和监测，提供对网络内部攻击、外部攻击和误操作的实时防护。

4. 网络数据库的安全风险

网络系统需要在数据库中存取调用大量重要数据共享，数据库技术的核心是数据库管理系统（database management system，DBMS），主要用于集中管理数据资源信息，解决数据资源共享、减少数据冗余，确保系统数据的保密性、完整性和可靠性，各类应用系统都以其为支撑平台。数据库安全不仅包括数据库管理系统本身的安全，还包括核心和关键的数据（信息）安全，需要确保数据安全可靠和正确有效，确保数据的安全性、完整性和并发控制。数据库存在的风险因素包括非法用户窃取信息资源，授权用户超出权限进行数据访问、更改和破坏等。

5. 网络安全管理及其他问题

网络安全是一项系统工程，需要各方面协同管理。安全管理产生的漏洞和疏忽属于人为因素，如果缺乏完善的相关法律法规、管理技术规范和安全管理组织及人员，缺少安全检查、测试和实时有效的安全监控，将是网络安全的最大问题。

(五) 网络安全威胁趋势

大量学者对网络安全威胁和网络攻击手段等进行深入分析和研究发现，攻击工具更加简单化、智能化、自动化，攻击手段更加复杂多变，攻击直指网络基础协议和操作系统中国的网络安全研究机构，在对国内外网络安全问题进行认真分析研究的基础上提出未来网络安全威胁趋势主要包括如下内容：

（1）国际利益集团利用网络空间竞争和军备竞赛加剧。
（2）对于网络空间技术、标准和管控的国际话语权争夺更激烈。
（3）有组织的大规模网络攻击将进一步加剧。
（4）世界各国移动互联网安全事件不断增加。
（5）智能互联设备成为网络攻击的新目标。
（6）工业控制系统等基础设施安全风险加大。
（7）可能发生更多的大规模数据泄露事件。
（8）网络安全事件将造成更大损失和影响。
（9）黑客攻击技术、方式和方法变化多端。

测试题 7-2

思考　网络空间安全面临哪些威胁？著名未来学家阿尔文·托夫勒：谁掌握了信息，谁控制了网络，谁就将拥有整个世界。

三、网络安全技术

网络安全技术是指为解决网络安全问题，进行有效监控和管理，保障数据及系统安全的技术手段，包括实体安全技术、网络系统安全、数据安全、密码及加密技术、身份认证、访问控制、防恶意代码、检测防御、管理与运行安全技术等，以及确保安全服务和安全机制的策略等。

（一）常用的网络安全技术分类

如图 7-1 所示，常用的网络安全技术可分为如下几类：

（1）预防保护类。主要包括身份认证、访问管理、加密、防恶意代码和加固等。
（2）检测跟踪类。对网络客体访问行为需要监控和审核跟踪，防止在访问过程中可能产生的安全事故的各种举措。
（3）响应恢复类。一旦发生重大安全故障，采取应急预案及有效措施，确保在最短时间内对故障应急响应和备份恢复，尽快将故障损失和影响降至最低。

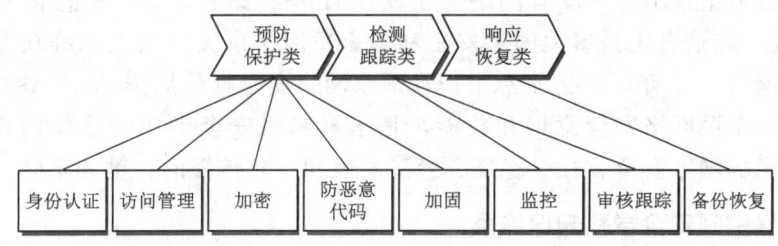

图 7-1　常用的网络安全技术

（二）常用网络安全技术

常用网络安全技术如下：

(1) 身份认证。通过网络身份的一致性确认，保护网络授权用户的正确存储、同步、使用、管理和控制，防止别人冒用或盗用的技术手段。

(2) 访问管理。保障授权用户在其权限内对授权资源进行正当使用，防止非授权使用的措施。

(3) 加密。最基本的网络安全手段，包括加密算法、密钥长度确定、密钥生命周期（生成、分发、存储、输入输出、更新、恢复、销毁等）安全措施和管理等。

(4) 防恶意代码。建立健全恶意代码（计算机病毒及流氓软件）的预防、检测、隔离和清除机制，预防恶意代码入侵，迅速隔离查杀已感染恶意代码，识别并清除恶意代码。

(5) 加固。对系统漏洞及隐患，采取一定必要的安全防范措施，主要包括安全性配置、关闭不必要的服务端口、系统漏洞扫描、渗透性测试、安装或更新安全补丁及增设防御功能和对特定攻击预防手段等，提高系统自身的安全。

(6) 监控。通过监控用户主体的各种访问行为，确保对网络等客体的访问过程中安全的技术手段。

测试题 7-3

(7) 审核跟踪。对网络系统异常访问、探测及操作等事件及时核查、记录和追踪。可利用多项审核跟踪不同活动。

(8) 备份恢复。为了在网络系统出现异常、故障或入侵等意外情况时，及时恢复系统和数据而进行的预先备份的技术方法。备份恢复主要包括备份技术、容错技术、冗余技术和不间断电源保护四个方面。

常见的网络安全技术有哪些？身份认证的安全目标是什么？

第二节　网络空间安全体系与评估标准

中国高度重视网络安全管理工作。2014 年，中央网络安全和信息化领导小组成立，习近平总书记指出："没有网络安全就没有国家安全，没有信息化就没有现代化。"网络安全和信息化是事关国家安全和国家发展、事关广大人民群众工作生活的重大战略问题。2019 年，习近平总书记在国家网络安全宣传周强调："举办网络安全宣传周、提升全民网络安全意识和技能，是国家网络安全工作的重要内容。"可见，网络安全是影响国家安全、社会稳定、经济发展和文化传播的关键和基础。

一、网络空间安全学科知识体系

测试题 7-4

2018 年，上海交通大学信息安全工程学院常务副院长李建华教授，在"第十二届中国网络空间安全学科专业建设与人才培养研讨会"的"新工科背景多元化网络空间安全人才培养及学科建设创新"报告中提出网络空间安全学科知识体系，主要包括密码学基础知识、网络空间基础理论、网络安全理论与技术知识、系统安全理论与技术知识及应用安全理论与技术知识等，网络空间安全学科知识体系的相关内容如图 7-2 所示。

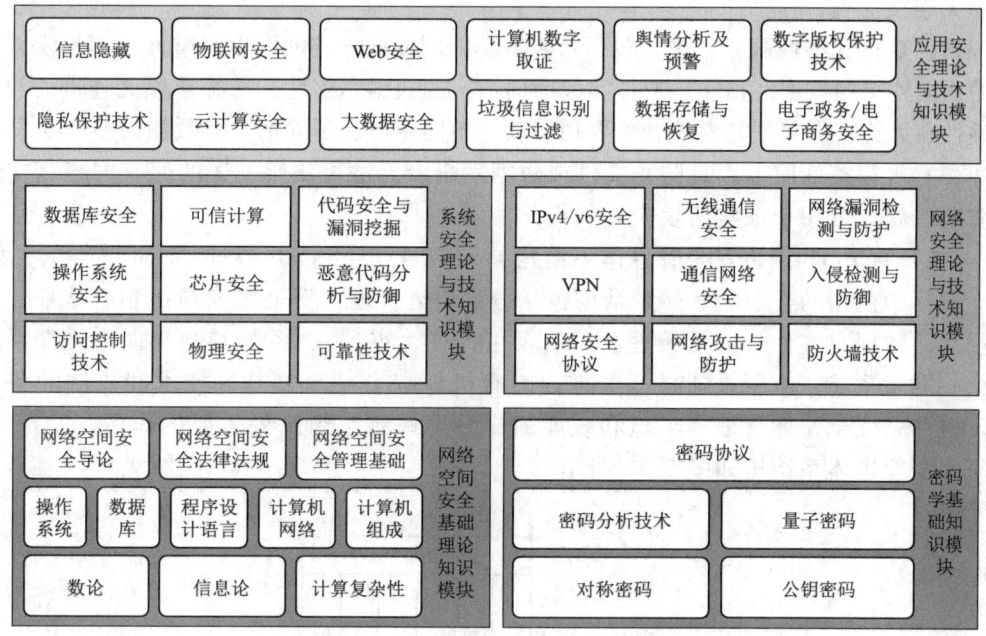

图 7-2 网络空间安全学科知识体系

网络层/传输层使用的网络安全协议有哪些？物联网安全主要的研究内容包含哪些方面？

二、网络安全的体系结构

（一）ISO 网络安全体系结构

在计算机网络中，ISO 提出的开放系统互连参考模型 OSI/RM，主要用于异构网络及设备互联的开放式层次结构的研究。ISO 网络安全体系结构主要由网络安全机制和服务构成。

ISO 网络安全体系结构中，规定的网络安全机制有加密机制、数字签名机制、访问控制机制、数据完整性机制、鉴别交换机制、信息量填充机制、路由控制机制和公证机制 8 项内容。

网络安全服务主要由鉴别服务、访问控制服务、数据保密性服务、数据完整性服务和可审查性服务等五项服务组成。

（1）鉴别服务。主要用于在网络系统中认定识别实体（包含用户及设备以及数据源等），涉及同等实体鉴别和数据源鉴别两种服务。

（2）访问控制服务。包括身份验证和权限验证，不但可以防止未授权用户非法访问网络资源，而且也可防止合法用户越权访问。

（3）数据保密性服务。用于防御信息泄露、窃听等被动威胁的措施，分为信息保密、通信系统中的信息或网络数据保密，通信系统中的信息保密，又分为面向连接保密和无连接保密。

（4）数据完整性服务。主要包括带恢复功能的面向连接的数据完整性、不带恢复功能的面向连接的数据完整性、选择字段面向连接的数据完整性、选择字段无连接的数据完整性和无连接的数据完整性，主要用于满足不同用户、不同场合对数据完整性要求。

（5）可审查性服务。是防止文件或数据发出者无法否认所发送的原有内容真实性的防范措施，可用于证实已发生过的操作。

（二）TCP/IP 网络安全管理体系结构

实际中使用的 TCP/IP 体系结构包括分层安全管理、安全服务与机制（认证、访问控制、数据完整性、抗抵赖性、可用及可控性、审计）、系统安全管理（终端系统安全、网络系统、应用系统）三个方面。有机地综合安全管理、技术和机制的各方面，对网络安全整体管理、实施和效能的充分发挥将起到至关重要的作用。TCP/IP 网络安全管理体系结构如图 7-3 所示。

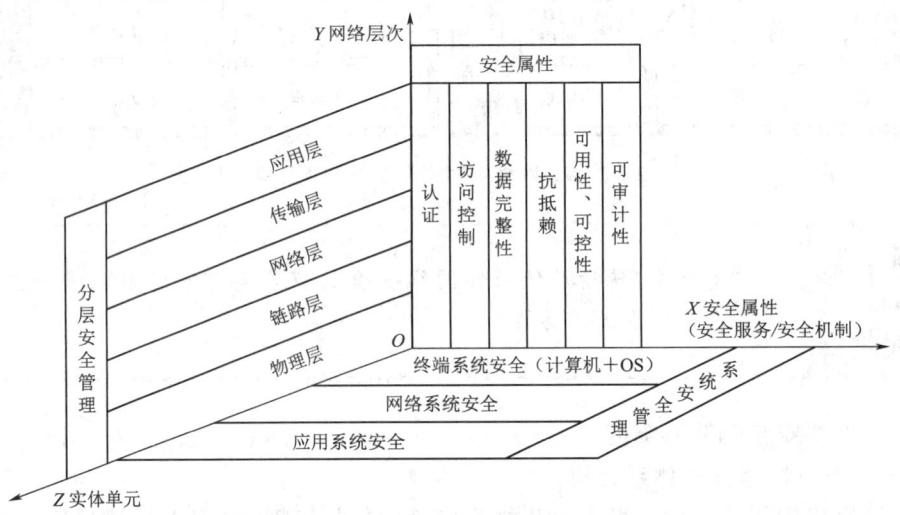

图 7-3 TCP/IP 网络安全管理体系结构

（三）网络安全攻防体系结构

网络安全的攻防体系结构主要包括攻击技术和防御技术两大方面。知其攻击才能有针对性做好防御，主要的攻防体系结构如图 7-4 所示。

测试题 7-5

主要的网络安全防御技术包括系统安全配置与加固、实体（物理）安全与隔离技术、密码及加密技术、计算机病毒查杀、防火墙、入侵检测与防御技术、统一威胁资源管理、操作系统安全配置等。

思考 数据保密性和完整性有哪些区别？网络攻击技术有哪些？

三、网络安全评估标准

网络安全评估标准是在网络安全技术和产品的设计、研发、建设、实施、使用、测评和管理维护过程中，解决一致性、可靠性、可控性、先进性和符合性等问题的技术规范和依据。

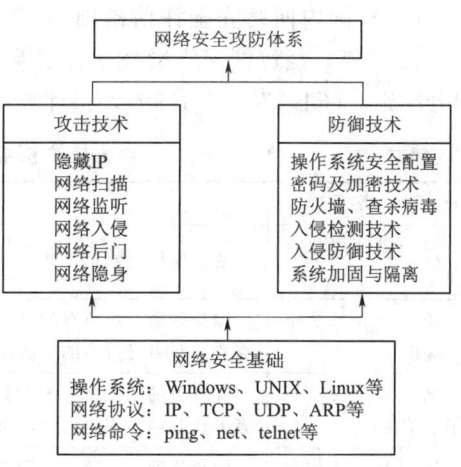

图 7-4　网络安全攻防体系结构

（一）国外网络安全评估准则

1983 年，由美国国防部制定的可信计算系统评估准则（trusted computer standards evaluation criteria，TCSEC），即网络安全橙皮书，主要利用计算机安全级别评价计算机系统的安全性。将安全分为安全政策、可说明性、安全保障和文档 4 个方面（类别）。将这 4 个方面（类别）又分为 7 个安全级别，从低到高依次为 D、C1、C2、B1、B2、B3 和 A 级，见表 7-2。

表 7-2　　　　　　　　　　可信计算系统评价准则（TCSEC）

类别	级别	名 称	主 要 特 征
D	D	低级保护	没有安全保护
C	C1	自主安全保护	自主存储控制
	C2	受控存储控制	单独的可查性，安全标识
B	B1	标识的安全保护	强制存取控制，安全标识
	B2	结构化保护	面向安全的体系结构，较好的抗渗透能力
	B3	安全区域	存取监控、高抗渗透能力
A	A	验证设计	形式化的最高级描述和验证

信息技术安全评估标准（information technology security evaluation criteria，ITSEC），俗称欧洲的白皮书，将保密作为安全增强功能，仅限于阐述技术安全要求，并未将保密措施直接与计算机功能相结合。ITSEC 是欧洲的英国、法国、德国和荷兰在借鉴橙皮书的基础上，于 1989 年联合提出的。信息技术安全评价通用准则（common criteria for information technology security evaluation，CC）由美国等国家与 ISO 联合提出，并结合联邦信息技术安全标准（federal criteria for information technology security，FC）及 ITSEC 的主要特征，强调将网络信息安全的功能与保障分离，将功能需求分为 9 类 63 族（项），将保障分为 7 类 29 族。CC 标准的先进性体现在其结构的开放性、表达方式的通用性、结构及表达方式的内在完备性和实用性 4 个方面。CC 标准于 1996 年发布第一版，充分结合并替代了 ITSEC、TCSEC、FC 等国际上重要的信息安全评估标准而成为通用评估准则。

(二) 国内网络安全评估准则

1999年，经过国家质量技术监督局批准发布了《计算机信息系统 安全保护等级划分准则》(GB 17859—1999)，将计算机系统安全保护划分为5个级别，见表7-3。

表7-3 中国计算机系统安全保护等级划分

等级（名称）	描述
第一级（用户自我保护级）	安全保护机制可以使用户具备安全保护的能力，保护用户信息免受非法的读写破坏
第二级（系统审计保护级）	除具备第一级所有的安全保护功能外，要求创建和维护访问的审计跟踪记录，使所有用户对自身行为的合法性负责
第三级（安全标记保护级）	除具备前一级所有的安全保护功能外，还要求以访问对象标记的安全级别限制访问者的权限，实现对访问对象的强制访问
第四级（结构化保护级）	除具备前一级所有的安全保护功能外，还将安全保护机制划分为关键部分和非关键部分，对关键部分可直接控制访问者对访问对象的存取，从而加强系统的抗渗透能力
第五级（访问验证保护级）	除具备前一级所有的安全保护功能外，还特别增设了访问验证功能，负责仲裁访问者对访问对象的所有访问

(三) 网络安全等级保护2.0体系

2017年6月1日，《中华人民共和国网络安全法》正式实施，网络安全等级保护制度成为网络安全的基本制度。2019年12月1日起，网络安全等级保护2.0体系相关标准正式实施。新体系对各个级别的信息系统的要求分为安全通用要求和安全扩展要求。安全通用要求指每个级别的信息系统都要符合的要求，如图7-5所示；安全扩展要求则是针对云计算平台/系统、大数据平台/系统、物联网、工业控制系统、采用移动互联技术的系统等新纳入等级保护范围的信息系统的要求。

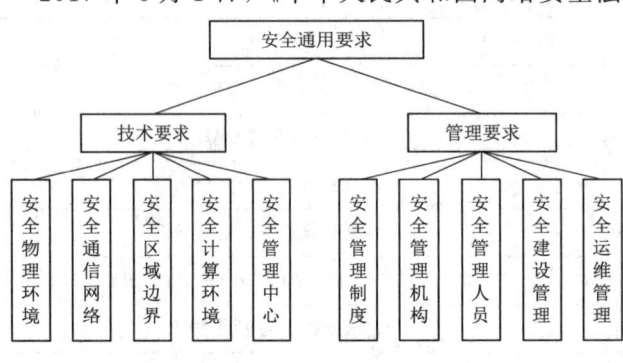

图7-5 安全通用要求框架结构

安全通用要求的内容分为技术要求和管理要求两块，所有定级对象都需要按照安全通用要求进行测评。其中技术要求包括安全物理环境、安全通信网络、安全区域边界、安全计算环境和安全管理中心；管理要求包括安全管理制度、安全管理机构、安全管理人员、安全建设管理和安全运维管理。安全通用要求框架结构如图7-5所示。

安全扩展要求是采用特定技术或特定应用场景下的等级保护对象需要增加实现的安全要求，包括云计算安全扩展要求、移动互联安全扩展要求、物联网安全扩展要求、工业控制系统安全扩展要求。

(1) 云计算安全扩展要求是云计算平台提出的安全通用要求之外额外需要实现的安全要求。主要内容包括基础设施的位置、虚拟化安全保护、镜像和快照保护、云计算环境管理和云服务商选择等。

（2）移动互联安全扩展要求是针对移动终端、移动应用和无线网络提出的安全要求，与安全通用要求一起构成针对采用移动互联技术的等级保护对象的完整安全要求。主要内容包括无线接入点的物理位置、移动终端管控、移动应用管控、移动应用软件采购和移动应用软件开发等。

（3）物联网安全扩展要求是针对感知层提出的特殊安全要求，与安全通用要求一起构成针对物联网的完整安全要求。主要内容包括感知节点的物理防护、感知节点设备安全、网关节点设备安全、感知节点的管理和数据融合处理等。

（4）工业控制系统安全扩展要求主要是针对现场控制层和现场设备层提出的特殊安全要求，它们与安全通用要求一起构成针对工业控制系统的完整安全要求。主要内容包括室外控制设备防护、工业控制系统网络架构安全、拨号使用控制、无线使用控制和控制设备安全等。

测试题 7-6

数据备份有哪些方法？网络安全等级保护 2.0 体系，等级测评结论分为哪几个级别？

第三节　网络攻击分类和安全模型

随着网络新技术的不断兴起，新时期网络攻击的手段层出不穷，掌握常见的攻击技术可以有效地预防攻击，做到"知己知彼，百战不殆"。本节简要描述网络攻击的分类、网络攻击的一般步骤和网络安全常用模型。

一、网络攻击分类

网络攻击是指利用安全缺陷或不当配置对网络信息系统的硬件、软件或通信协议进行攻击，损害网络信息系统的完整性、可用性、机密性和抗抵赖性，导致被攻击信息系统敏感信息泄露、非授权访问、服务质量下降等后果的攻击行为。

网络攻击形式与种类很多，一些常见的安全威胁攻击方式包括：DoS、蠕虫、木马、SQL Injection、跨站脚本（XSS）、ARP 欺骗、IP 欺骗、DNS 欺骗、网络钓鱼、恶意软件、社交工程、勒索软件等，具体见表 7-1。

从攻击者的角度，按照攻击发生时，攻击者与被攻击者之间的交互关系进行分类，可以将网络攻击分为如下几类。

（一）本地攻击

本地攻击也称物理攻击，指的是攻击者通过实际接触被攻击的主机而实施的攻击。本地攻击比较难于防御，因为攻击者往往能够接触到物理设备，对目标网络的防御手段非常熟悉，防御本地攻击的主要手段依靠严格的安全管理制度。

（二）主动攻击

主动攻击指攻击者利用 Web、FTP、Telnet 等开放网络服务对目标实施的各种攻击。主动攻击包括漏洞扫描、远程口令破解、远程控制、信息窃取、信息篡改、拒绝服务攻击等方法。防御主动攻击的主要思路是通过技术手段或安全策略加固系统所开放的网络服务。

（三）被动攻击

被动攻击指攻击者利用浏览器、邮件接收程序、文字处理程序等客户端应用程序漏洞或系统用户弱点，对目标实施的各种攻击。社会工程学在被动攻击中应用广泛，可以获取信息、取得访问权限或让目标采取特定的行动。

（四）中间人攻击

中间人攻击指攻击者处于被攻击主机的某个网络应用的中间人位置，进行的数据窃听、破坏或篡改等攻击。攻击者使用中间人冒充客户的身份与服务器进行通信，同时冒充服务器的身份与客户通信，在此过程中读取或修改传递的信息。在整个攻击过程中，中间人对于客户和服务器而言是透明的。

防御中间人攻击的主要思路是为网络通信提供可靠的认证与加密机制，以确保通信双方身份的合法性和通信内容的机密与完整性。

测试题 7-7

哪些场景可能发生中间人攻击？可用性被损害的场景有哪些？

二、网络攻击的一般步骤

一般来说，有预谋的网络攻击行为往往体现出计划性和系统性的特点，通常可以分为收集信息、获取权限、安装后门、扩大影响、清除痕迹等五大步骤，且各步骤皆有其相对明确的任务目的和方法手段，如图 7-6 所示。

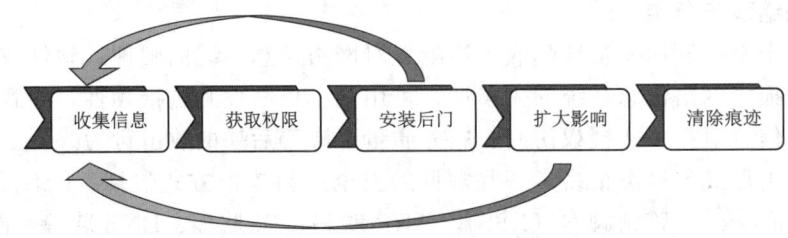

图 7-6　网络攻击一般步骤

（一）收集信息

收集信息是指黑客为了更加有效地实施攻击而在攻击前或攻击过程中对目标的所有探测活动。收集信息是一把双刃剑，黑客需要收集信息，才能有效地实施攻击，管理员需要收集信息发现系统的弱点。

信息收集的内容可以包含域名和 IP 地址、防火墙、入侵检测等安全防范措施、内部网络结构、域组织、用户电子邮件、操作系统类型、端口、系统构架、敏感文件或目录、应用程序类型等。

信息收集的主要方法可分为主动型收集和被动型收集，主动型收集包括利用公开信息收集、主机扫描与端口扫描、操作系统探测与应用程序类型识别等方法，被动型收集包括有收集客户端应用的有关信息、收集用户的有关信息。

其中公开信息收集方法可以利用 Web 服务、搜索引擎服务、WhoIs 服务、DNS 域名服务来获得目标的相关信息，如网站的拥有者信息、IP 地址信息，以及目标网络拓扑结构、指定类型的设备、已注册域名的拥有者信息、域名到 IP 地址的映射等信息。

例如，使用 DNS 域名服务获得登记人信息、联系电话和邮箱、域名注册时间和更新时间、权威 DNS 的 IP 地址，使用 Nslookup 可查到域名服务器地址和 IP 地址，以及域名服务器的传输内容。使用 Google Hacking 可以做到搜索密码文件、搜索管理员后台 URL 登录页面、搜索 Web 应用漏洞、搜索黑客留下的后门、搜索网站中的文件、下载网站的数据库、利用 Google 搜索 C 段服务器信息等。

另外，还有社会工程学的攻击，利用受害者心理弱点、本能反应、好奇心、信任、贪婪等心理陷阱进行诸如欺骗、伤害等危害手段来获得信息，例如，从同学录中寻找目标，在论坛、聊天室设"钓鱼"陷阱，通过简历收集信息，利用搜索引擎进行数据挖掘，或者网站出售注册信息。

（二）获取权限

攻击者在获取权限阶段主要目的是获得目标系统的读、写、执行等权限，从而获得普通用户直至超级用户的不同等级的权限，对其进行控制，以达到自己的攻击目的，超级用户的权限是一个攻击者在单个系统中的终极目标，获得超级用户的权限意味着对目标有了完全控制权。普通用户的权限也可以对目标中某些资源进行访问，得到普通用户的权限将为进一步得到超级用户权限提供更多的可能。

攻击者在这一阶段会使用收集信息阶段得到的各种信息，通过弱口令获得管理员权限或者通过穷举法破解管理员的用户密码，通过系统漏洞、管理漏洞、软件漏洞得到系统权限，通过监听获得的敏感信息进一步获得相应权限，通过攻破与目标机有信任关系的另一台机器进而得到目标机的控制权，通过欺骗获得权限，或者通过其他有效方法来获取相关权限。具体的攻击方法有口令攻击、缓冲区溢出、脚本攻击、特洛伊木马、使用邮件发送恶意链接等。

例如，对于计算机系统，只有经过授权的合法用户才能访问，用户向计算机系统以一种安全的方式提交自己的身份证明，然后由系统确认用户的身份是否属实，最终拒绝用户或者赋予用户一定的权限。攻击者入侵的前提是得到合法用户账号和密码，进而获得计算机和网络系统的访问权。

（三）安装后门

在安装后门阶段，为了保持对胜利果实的访问权，攻击者会在已经攻破的系统上安装上后门。成功的入侵通常消耗攻击者的大量时间和精力，所以在退出系统前安装后门或木马，以更加方便、更加隐蔽的方式对目标系统进行长期的操控。

攻击者在成功入侵一个系统后，会反复地进入该系统，盗用系统的资源、窃取系统内的敏感信息、以该系统为"跳板"攻击其他目标，为了能够方便地"出入"系统，攻击者就需要在目标中安装后门或木马程序。安装后门运用的主要技术是恶意代码相关技术，包括隐藏技术、通信机制、生存性技术等。恶意代码是指通过存储介质和网络进行传播，从一台计算机系统到另外一台计算机系统，未经授权破坏计算机系统完整性的程序或代码，包含了迄今为止的所有对计算机及网络系统构成威胁的程序，如病毒、木马、后门、蠕虫、逻辑炸弹、网络钓鱼、勒索软件、僵尸网络等。

木马是一种基于远程控制的黑客工具，它隐藏在目标系统中，能控制整个系统，并能和特定控制者进行信息交互的程序。木马的实质是 C/S 结构的网络程序，木马具有隐蔽性、非授权性、可控性、高效性特点，可以实现对目标访问权限保留、远程控制、信息收集以及其他特殊功能。

（四）扩大影响

攻击者在扩大影响阶段的主要目的是以目标系统为"跳板"，对目标所属网络的其他主机进行攻击，最大限度地扩大攻击的效果。

该阶段使用的主要方法有：可使用远程攻击主机的所有攻击方式，还可使用局域网内部攻击所特有的嗅探、假消息攻击等方法。

例如，在假消息攻击中，利用网络协议设计中的安全缺陷，通过发送伪造的数据包达到欺骗目标、从中获利的目的。TCP/IP 协议的设计存在缺陷，缺乏有效的信息加密机制，通信内容易被第三方截获，也缺乏有效的身份鉴别和认证机制，通信双方无法确认彼此的身份。假消息攻击的类型有网络嗅探、ARP 欺骗攻击、ICMP 重定向攻击、IP 欺骗攻击、DNS 欺骗攻击、SSL 中间人攻击。IP 欺骗攻击可以通过伪造 IP 头部的源 IP 地址，以可信任的身份与服务器建立连接，隐藏攻击者身份，消除攻击痕迹。

攻击者利用 TCP/IP 协议上安全性的不足，利用嗅探和假消息攻击技术可以完成扩大影响阶段的各项任务和目标，局域网的环境也给该阶段的实施提供了更多的便利。

视频 7-1

测试题 7-8

（五）清除痕迹

清除痕迹阶段攻击者的任务与目的主要是：清除攻击的痕迹，以尽可能长久地对目标进行控制，并防止被识别、追踪。主要的方法有 Rootkit 隐藏、系统安全日志清除、应用程序日志清除等方法。

例如，日志清除方法，一次成功入侵之后，一般在对方的系统上已经存储了相关的登录日志，这样就容易被管理员发现，在入侵完毕后需要清除登录日志和其他相关的日志，尽量使管理员察觉不到系统已经被入侵，或者说找不到攻击的源头。

 网络攻击的五个基本步骤，第四步扩大影响还可以使用哪些方法？说一说对人工智能系统的后门攻击类型及危害。

思考

三、网络安全常用模型

借助网络安全模型，可进行网络安全解决方案制定、规划、设计和实施等。

（一）PDRR 模型

常用的描述网络安全整个过程和环节的网络安全模型为 PDRR 模型，如图 7-7 所示。

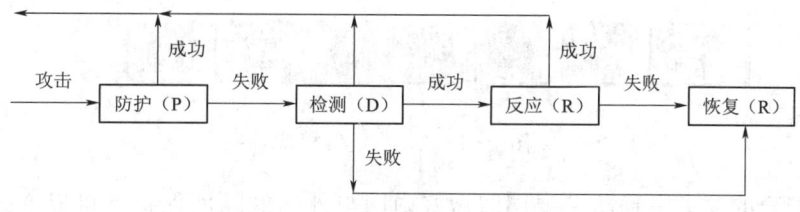

图 7-7　PDRR 模型

其中，防护（protect）指采用可能的手段保障信息的保密性、完整性、可用性、可控性和不可否认性；检测（detect）指提供工具检查系统可能存在的黑客攻击、白领犯罪和病毒泛滥等脆弱性；反应（react）指对危及安全的事件、行为、过程及时做出响应处理，杜绝危害的进一步蔓延扩大，力求系统尚能提供正常服务；恢复（recovery）指一旦系统遭到破坏，尽快恢复系统功能，尽早提供正常的服务。

（二）IPDRRR 模型

在上述模型的基础上，以"检查准备、防护加固、检测发现、快速反应、确保恢复、反省改进"的原则，经过改进得到另一个网络系统安全生命周期模型——IPDRRR 模型，如图 7-8 所示。

（三）CGS2.0 框架

美国国家安全局于 2014 年 6 月发布《美国国家安全体系黄金标准》（*Community Gold Standard v2.0*，CGS2.0）。

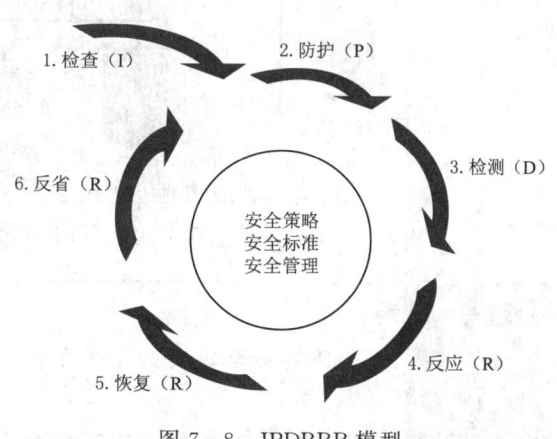

图 7-8　IPDRRR 模型

CGS2.0 框架强调了网络空间安全四大总体性功能，即治理、保护、检测和反应与恢复。其中，治理功能为各机构全面了解整个组织的使命与环境、管理档案与资源、建立跨组织的弹性机制等行为提供指南；保护功能为机构保护物理和逻辑环境、资产和数据提供指南；检测功能为识别和防御机构的物理及逻辑事务上的漏洞、异常和攻击提供指南；响应与恢复功能则为建立针对威胁和漏洞的有效响应机制提供指南。

CGS2.0 框架的设计使得组织机构能够应对各种不同的挑战。该框架没有像开处方那样给出单独的一种方法来选择和实施安全措施，而是按照逻辑，将基础设施的系统性理解和管理能力，以及通过协同工作来保护组织安全的保护和检测能力整合在了一起。

还有一些其他攻击模型，例如，Mandiant 公司的 APT 攻击生命周期模型，洛克希德·马丁公司的"杀伤链"模型。"杀伤链"模型将单机的攻击过程细化，增加武器构建过程，并将突破环节细化为载荷投递、突防利用、安装植入等步骤，如图 7-9 所示。

图 7-9 "杀伤链"模型

网络安全的关键是预防，要同时做好内网与外网的隔离保护。可以通过图 7-10 所示网络安全防御模型构建的系统保护内网。

测试题 7-9

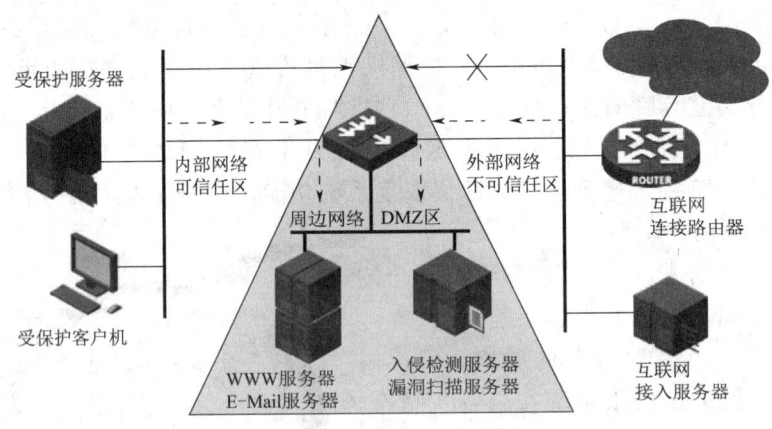

图 7-10 网络安全防御模型

思考　网络安全的模型有哪些？网络安全 PDRR 模型主要内容有哪些？

第四节　网络攻击技术与安全防范

本节首先介绍网络攻击者——黑客的形成及分类，重点阐述网络扫描、网络监听、口令破解、缓存区溢出攻击四种网络攻击技术，最后对个人网络安全的防范给出一些建议措施。

一、四种网络攻击技术简介

先介绍网络攻击者——黑客的形成及分类，然后具体介绍网络扫描、网络监听、口令破解、缓存区溢出攻击四种网络攻击技术。

(一) 黑客简介

黑客是音译词,最早源自英文动词"hack",意为"劈、砍",引申为"干了一件非常漂亮的工作"。黑客最初并不是贬义词,原本指的是那些对计算机及计算网络漏洞有深入研究的爱好者及专业技术人员。近年来,勒索病毒、网络攻击、信息泄密等网络安全事件的日益凸显,以至于人们谈"黑客"色变。人们把以窃取他人信息、破坏重要数据来达到牟利的"黑客"称为"骇客",该名称来自英文"cracker",意为"破坏者"或"入侵者"。

现在,从黑客进行网络攻击的目的可以将其分为如下两类:

(1) 普通黑客。普通黑客指没有牟利目的的黑客,这类黑客多为技术的爱好者,有一定的职业操守与道德、法制观念。网络攻击活动中,通过网络中的漏洞未经授权登录、查看远程主机,很少篡改他人数据与信息,也不会故意造成被攻击方的网络瘫痪、信息泄露。但是此类行为仍然不被提倡和允许。

(2) 恶意攻击黑客。恶意攻击黑客与普通黑客有着本质区别,其实施网络攻击的目的就是为了获得目的主机的控制权,从而以植入木马、暴力破解等形式获得、窃取和损坏数据、信息。此类破坏性的工作是主观上有意而为,此类黑客即为骇客。

黑客根据其行为可分为如下几类:

(1) 骇客。破坏者,但是不一定以此牟取私利。传统的黑客就是指这类人。

(2) 黑帽子。为了达成私利性目的而非法使用系统的人。常见的情况有勒索(如不付钱就会破坏系统和数据)、盗用账户、获得非法虚拟货币等。

(3) 白帽子。和黑帽子相对,是为了修补系统问题而研究系统的人。一般为安全团队,或者被安全公司收编,对安全问题感兴趣,并进行研究,做渗透测试的人。这类黑客以发现零日漏洞和 exp 为目标,发现漏洞后第一时间提交安全漏洞,以此来获得赏金。

(4) 灰帽子。打着白帽子的旗号,干着黑帽子的勾当的人,是业界败类,需要声讨,强力打击。

(5) 脚本小子。没什么技术,不会写大程序,专门搜集和下载别人的工具和脚本干坏事的一类人。通常而言,大家所说黑客中,有90%的可能是这一类人。

黑客实施攻击主要目的有如下两种:

(1) 为了得到物质利益,主要是指获取金钱和利益。

(2) 为了满足精神需求,主要是指满足个人心理欲望。

(二) 网络扫描

网络扫描的目的就是利用各种工具对攻击目标的 IP 地址或地址段的主机查找漏洞。对于黑客,可通过网络扫描探察对方各方面情况,找到漏洞,确定攻击的时机;对于管理员,网络扫描同样具备检查漏洞,提高安全性的重要作用。扫描目标可以是工作站、服务器、交换机、路由器和数据库应用等。

网络扫描有两种策略:主动式策略是基于网络的,它通过执行一些脚本文件模拟对系统进行攻击的行为并记录系统的反应,从而发现其中的漏洞;被动式策略就是基于主机之上,对系统中不合适的设置,脆弱的口令以及其他同安全规则抵触的对象进行检查。被动式策略不会对系统造成破坏,而主动式策略对系统进行模拟攻击,可能会对系统造成破坏。

主动式策略的方法有活动主机探测、ICMP查询、网络ping扫描、端口扫描、标识UDP和TCP服务、指定漏洞扫描、综合扫描等。其中,活动主机探测要进行主机扫描,主机扫描的目的是确定在目标网络上的主机是否可达,同时尽可能多映射目标网络的拓扑结构,可分为传统主机扫描技术和高级主机扫描技术。传统主机扫描技术包括ping、ping sweep、ICMP broadcast、非echo的ICMP等;高级主机扫描技术利用被探测主机产生的ICMP错误报文来进行探测,包括利用反馈的ICMP错误报文发现主机IP地址、异常的IP包头(目标主机或路由设备会反馈ICMP parameter problem error报文)、IP头部设置无效字段(目标主机反馈ICMP destination unreachable报文)、错误的数据分片(目标主机反馈ICMP fragment reassembly time exceeded报文)、端口的开放或关闭状态(用UDP扫描向目标主机特定端口发送UDP报文,如果该端口关闭则会反馈ICMP port unreachable报文,而开放的端口则没有任何反馈)、通过超长包探测内部路由器(构造长度超过MTU的数据包,且设置DF标志,路由器会反馈fragmentation needed and don't fragment bit was set报文)。

一款著名的扫描工具Nmap,其作者是Fyodor,该扫描工具功能有主机探测(探测网络上的主机,例如列出响应TCP和ICMP请求、开放特别端口的主机)、端口扫描(探测目标主机所开放的端口)、版本检测(探测目标主机的网络服务,判断其服务名称及版本号)、系统检测(探测目标主机的操作系统及网络设备的硬件特性)。其他的工具有Superscan、X-Scan、Pinkie,以及一些综合性的攻击工具,如Burp-suite、ISS、Nessus等。

另外,Nikto是一款开放源代码的、功能强大的Web扫描评估工具,能对Web服务器多种安全项目进行测试,能在230多种服务器上扫描出2600多种有潜在危险的文件、公共网关接口及其他问题,也可以扫描指定主机的Web类型、主机名、特定目录、Cookie、特定公共网关接口漏洞、XSS漏洞、SQL漏洞、返回主机允许的HTTP模式等。

端口扫描的基础是利用TCP和UDP端口的连接定向特性,根据与目标计算机某些端口建立的连接的应答,从而收集目标计算机的有用信息,发现系统的安全漏洞。扫描的方式主要采用手工扫描和端口扫描工具。

端口扫描器是一种自动检测远程或本地主机安全性弱点的程序。端口扫描器通过选用远程TCP/IP不同端口的服务,记录目标给予的回答,搜集到很多关于目标计算机的各种有用的信息,如是否有端口在侦听,是否能用匿名登录,是否有可写的FTP目录,是否能用Telnet,HTTPD是用root还是nobody。端口扫描器不是一个直接地攻击网络漏洞的程序,它仅能帮助使用者发现目标机的某些内在的弱点。一个好的端口扫描器能对它得到的数据进行分析,帮助查找目标主机的漏洞。

端口扫描工具及其扫描方式如下:

(1) TCP connect端口扫描。使用socket的函数connect()来探测对方的端口是否开放。如果 connect() 返回成功,则说明端口开放,否则说明端口关闭。

(2) TCP SYN 扫描。也称为半开扫描。发送 TCP SYN 报文,目标端口开放时,返回 SYN+ACK 报文,关闭时返回 RST+ACK 报文。

(3) 隐蔽扫描。设置 TCP 头某个或某些标志位(ACK/FIN/RST)、不设置 TCP 头的任何标志位(NULL 扫描)、设置 TCP 头中的所有标志位(XMAS 扫描)。

(4) UDP 端口扫描。对 UDP 端口进行扫描,寻找开放的端口。攻击者通常发送空的 UDP 包,如果该端口正处于监听状态,将返回一个错误消息或忽视的数据包,如果该端口关闭,大多数操作系统会返回一个 ICMP 端口不可达的消息,进而可以确定端口是否开放。

(5) ping 扫描。手工命令的方式,用于探测单个主机是否在线,也可以使用 ping sweep 进行多个主机地址的探测。

TCP 扫描是利用 TCP 协议建立连接或者释放连接的过程,实现扫描探测的目的,实现的原理如下:

当一个 SYN|ACK 或 FIN 报文到达一个关闭的端口,会返回一个 RST 报文。

当一个 SYN|ACK 或 FIN 报文到达一个开放的端口时,报文被丢弃。

当一个包含 ACK 的报文到达一个开放端口时,报文被丢弃,同时返回一个 RST 报文。

当一个不包含 SYN 的报文到达一个开放端口时,报文被丢弃。

当一个 SYN 报文到达一个开放端口时,正常三次握手,回答一个 SYN/ACK 报文。

(三)网络监听

网络监听可监视网络状态、数据流程以及网络上信息传输,可将网络界面设定成监听模式,可以截获网络上所传输的信息。网络监听是主机的一种工作模式,在此模式下,主机可以接收到与本网络在同一条物理通道上传输的所有信息,而不管这些信息的发送方和接受方是谁。此时,如果两台主机进行通信的信息没有加密,只要使用某些网络监听工具就可以轻而易举地截取包括口令和账号在内的信息资料。

网络监听为网络管理员提供了管理网络的手段,起到监测网络传输数据、排除网络故障等作用,正是由于其对于网络强大的监测能力,成了黑客获取在局域网上传输的敏感信息的一种重要手段。

如果将以太网主机的网络接口设置为混杂模式,则无论接收的数据帧中的目标地址是哪里,该主机都可以接收所有在以太网上传输的数据帧,包括在网络上传输的口令等敏感信息。这也是如 Sniffer 等的网络监听工具的工作原理。通常将网络监听攻击放置在被攻击主机或网络附近,也可将其放在网关或路由器上。

传统网络监听工具有 Wireshark、Sniffer、Packet Tracer 等。

防止监听的手段可以使用加密技术和一次性口令技术、划分 VLAN、使用专门的防监听工具。

（四）口令破解

网络操作系统及其各种应用软件的运行和访问安全，主要是由口令认证方式实现，黑客破解口令密码，能够提升权限，进而可以获得系统的任何资源。

在口令攻击方法中，有针对口令强度的攻击、针对口令存储的攻击、针对口令传输的攻击。对于口令强度，攻击者可以利用一些专门软件通过对目标口令不断地猜测、推断，进行破解尝试，最终破解用户口令。对于口令存储，用户口令生成后，会以文件、缓存、数据库的形式保存在系统中，如果设法找到存放口令的文件，就可以对其进行破解，得到用户口令。对于口令传输，在口令认证交互过程中，利用网络监听可以非法得到用户传送的口令。

一些口令攻击的方法如下：

（1）暴力攻击。暴力攻击是利用无穷列举的方法尝试账号或口令的方法。针对固定长度的口令，只要有足够的时间，总能穷举出所有可能的组合值，如字母、数字、特殊字符等的组合。

（2）字典攻击。字典攻击是将一些网络用户经常使用的口令集中起来存放在一个称为"口令字典"的文本文件中，通过对字典中的口令逐一进行比较猜测口令的攻击方式。

（3）组合攻击。实际应用中，网络系统要求用户的口令采用字母和数字的组合，许多用户将原先的口令尾部添加几个数字，组成新的口令，如 hello 改成 hello123，组合口令攻击对于此类口令的攻击效果显著。组合攻击就是在使用词典单词的基础上，在单词的后面串接几个字母和数字进行攻击的攻击方式。

（4）撞库攻击。攻击者通过收集在网络上已泄露的用户名、口令等信息，之后用这些账号和口令尝试批量登录其他网站，最终得到可以登录这些网站的用户账号和口令。

（5）彩虹表攻击。彩虹表就是一种破解哈希算法的技术，主要可以破解 MD5、Hash 等多种密码。

（6）口令存储攻击。操作系统中存储了一些口令文件，如 Windows 系统的 Sam 文件、Linux 系统的 Shadow 文件。用户的口令信息以明文或者密文的方式存放在这些文件中，黑客只要能够远程控制或者本地操作目标主机，那么通过一些技术手段破解口令文件，进而获取到这些口令的明文。

（7）网络钓鱼。攻击者利用欺骗性的电子邮件和伪造的 Web 站点，骗取用户输入口令以及其他身份敏感信息。

（8）重放攻击。攻击者记录下当前的通信流量，以后在适当的时候重发给通信的某一方，达到欺骗的目的。重放攻击是一种绕过口令破解获得授权的攻击方式。

口令破解工具是用于破解口令的应用程序，大多数口令破解工具并不是真正意义上的解码，而是通过尝试加密后的口令与要解密的口令进行比较，直到数据一致，则认为这个数据就是要破解的密码。例如，使用彩虹表进行暴力破解、LC7（L0phtCrack7）破解本地账户口令与密码（SAM 文件）、John the Ripper 的密码破解。

口令破解的一些防御方法策略如下：

(1) 设置足够长度的口令。
(2) 口令中混合使用大小写字母、数字、特殊符号。
(3) 正确设置和管理账户。
(4) 禁止不需要的服务。
(5) 关闭不用的端口。
(6) 设置安全策略。
(7) 不在多个不同系统中使用同一密码。
(8) 定期改变口令。
(9) 不将密码保存在计算机或其他磁盘文件中，也不要写在纸上。

（五）缓冲区溢出攻击

缓冲区溢出是一种非常普遍、非常危险的漏洞，在各种操作系统、应用软件中广泛存在。利用缓冲区溢出攻击，可以导致程序运行失败，系统宕机、重新启动等后果。更为严重的是，可以利用它执行非授权指令，甚至可以取得系统特权，进而进行各种非法操作。缓冲区溢出攻击通过向缓冲区写入超出其长度的大量文件或信息，造成缓冲区溢出，破坏程序的堆栈，使程序转而执行其他指令或使得攻击者篡夺程序运行的控制权。如果该程序具有足够的权限，那么整个网络或主机就被控制了，此时，黑客可以达到期望的攻击目的。

视频 7-2

缓冲区溢出，最为危险的是堆栈溢出，因为入侵者可以利用堆栈溢出，在函数返回时改变返回程序的地址，让其跳转到任意地址，带来的危害一种是程序崩溃导致拒绝服务，另外一种就是跳转并且执行一段恶意代码，比如得到 shell，然后为所欲为。

视频 7-3

缓冲区溢出攻击占了远程网络攻击的绝大多数。如果能有效地消除缓冲区溢出的漏洞，则很大一部分的安全威胁可以得到缓解。保护缓冲区免受缓冲区溢出攻击和影响的直接方法是提高软件编写者的能力，强制编写正确代码。

最简单的方法是用 grep 来搜索源代码中容易产生漏洞的库的调用，例如，对 C 语言中 strcpy 和 sprintf 的调用，这两个函数都没有检查输入参数的长度的功能。

视频 7-4

此外，人们还开发了一些高级的查错工具，如 Fault Injection 等。这些工具的目的在于通过人为随机地产生一些缓冲区溢出来寻找代码的安全漏洞。还有一些静态分析工具用于侦测缓冲区溢出的存在。

视频 7-5

利用编译器的边界检查来实现缓冲区的保护，这个方法使得缓冲区溢出不可能出现，从而完全消除了缓冲区溢出的威胁，但是相对而言代价比较大。现在还有一些研究基于代码的相关特征，旨在自动探索发现代码存在的漏洞，提高发现漏洞的能力和效率。

测试题 7-10

缓冲区溢出是代码中固有的漏洞，除了在开发阶段要注意编写正确的代码之外，对于用户而言，一般的防范措施如下：

(1) 关闭端口或服务。管理员应该知道自己的系统上安装了什么，并且哪些服务正在运行。

(2) 安装软件厂商的补丁。漏洞一公布，大的厂商就会及时提供补丁。

（3）在防火墙上过滤特殊的流量。此种方法无法阻止内部人员的溢出攻击。

（4）自己检查关键的服务程序，看看是否有漏洞。

黑客攻击的目的有哪些？黑客技术是一把双刃剑，安全行业的从业人员要守住法律和道德底线。普通的用户，在个人计算机的使用中，如何防范黑客攻击？

二、网络安全防范

主观上，用户应该认识到网络安全的威胁，积极采取应对措施。单位应注重网络信息泄露、窃听和过滤的各种技术手段，普及网络安全教育，抑制和过滤威胁国家安全的暴力与邪教等信息传播，以免给国家的稳定带来不利的影响，甚至危害国家安全。个人用户需要掌握网络安全知识，避免涉及国家政治、军事、经济等重要机密信息的无意或有意泄露。

在管理上应当明确安全对象，建立强有力的安全保障体系，按照安全等级保护条例对网络实施保护与监督；认真制定有针对性的防攻措施，采用科学的方法和行之有效的技术手段，在网络中层层设防，使每一层都成为一道关卡，从而让攻击者无隙可钻、无计可施。网络管理员或安全管理员，负责配置与维护网络，在保护授权用户方便快捷地访问网络资源的同时，必须防范非法访问、病毒感染、黑客攻击、服务中断和垃圾邮件等各种威胁，一旦系统遭到破坏，致使数据或文件损失，可以采取相应的应急响应和恢复等措施。

所有网络用户都应关心网络安全问题，注意保护个人隐私和商业信息不被窃取、篡改、破坏和非法存取，保障网络信息的保密性、完整性、有效性和可审查性。

对于个人用户的网络安全防御，具体的措施包括但不限于如下内容：

（1）加强网络安全防范法律法规等宣传和教育，提高安全防范意识。

（2）加固网络系统，及时下载、安装系统补丁程序。

（3）尽量避免下载不知名的软件、游戏程序。

（4）不要随意打开来历不明的电子邮件及文件，不要运行不熟悉的人给用户的程序。

（5）不随便运行第三方程序。

（6）设置安全密码。

（7）使用防火墙软件，以阻挡外部网络侵入。

（8）安装端口监视程序，关闭不用端口。

（9）加强浏览器对网页的安全防护。

测试题 7-11

网络安全防范攻击的基本措施有哪些？如何设置 IE 属性来提高 IE 访问网页的安全性？

第五节　DoS 与 DDoS 攻击

本节从 DoS 攻击入手，介绍常见的 DoS 攻击方式，最后介绍 DDoS 攻击及防御。

一、DoS 与 DDoS 攻击概述

DoS 攻击是通过向服务器、主机发送大量的服务请求，用大量的数据包"淹没"目标主机，迫使目标主机疲于处理这些垃圾数据，而无法向合法用户提供正常服务的一种攻击。最常见的 DoS 攻击是计算机网络带宽攻击和连通性攻击。带宽攻击是以极大的通信量冲击网络，使网络所有可用带宽都被消耗掉，最后导致合法用户的请求无法通过。连通性攻击是用大量的连接请求冲击计算机，最终导致计算机无法再处理合法用户的请求。

一旦主机遭受了 DoS 攻击，会表现出如下现象：

（1）被攻击的主机上有大量等待的 TCP 连接。

（2）网络中充斥着大量无用的数据包，源地址为假。

（3）制造高流量无用数据，造成网络拥塞，使受害主机无法正常和外界通信。

（4）利用受害主机提供的服务或传输协议上的缺陷，反复高速地发出特定的服务请求，使受害主机无法及时处理所有正常请求。

（5）严重时会造成系统死机。

DoS 攻击是非法用户向目标主机提供的合法服务请求，它具有易于实施、难于防范、破坏性强等特点。

DDoS 攻击是利用更多的傀儡机（肉鸡）来发起进攻，以更大的规模来进攻受害者，DDoS 攻击是在传统的 DoS 攻击基础之上产生的一类攻击方式。DDoS 攻击通过制造伪造的流量，使得被攻击的服务器、网络链路或是网络设备（如防火墙、路由器等）负载过高，从而导致系统崩溃，无法提供正常的 Internet 服务。阿里云发布的 2014 年 DDoS 攻击种类分布如图 7-11 所示。

视频 7-6

测试题 7-12

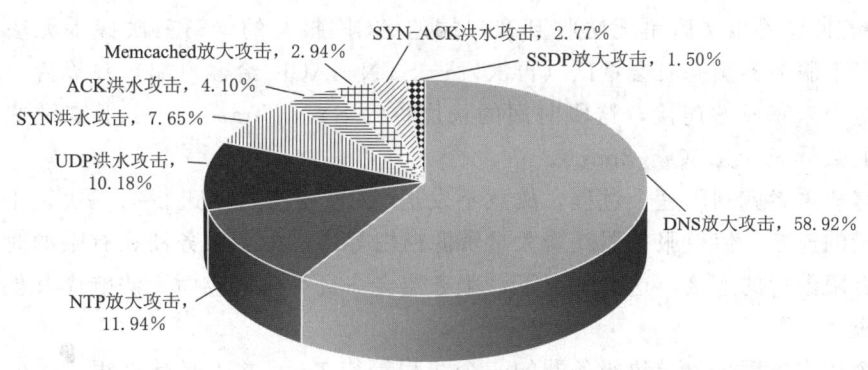

图 7-11　2024 年 DDoS 攻击种类分布

Radware 发布的 2024 年 1—6 月 DDoS 攻击行业分布，如图 7-12 所示。

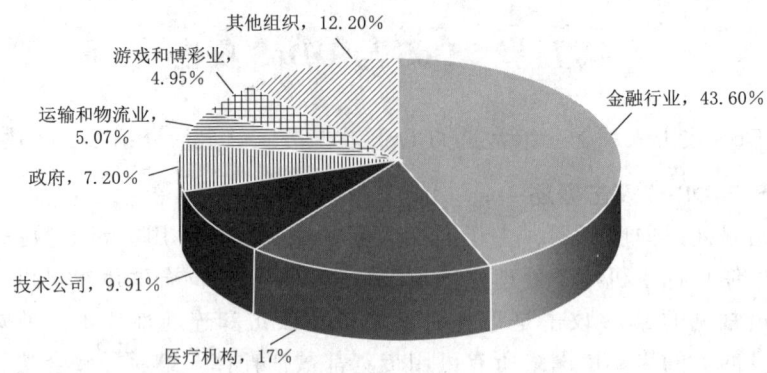

图 7-12 2024 年 1—6 月 DDoS 攻击行业分布

 思考　DoS 攻击会造成什么样的危害？DDoS 攻击与 DoS 攻击的不同点是什么？

二、常见的 DoS 攻击方式

本节介绍常见的 9 种 DoS 攻击方式，包括 SYN Flood、Smurf 攻击、TCP 连接耗尽攻击、泪滴（Teardrop）攻击、Land 攻击、UDP Flood、HTTP GET 攻击、DNS 查询攻击、Ping of Death。

（一）SYN Flood

SYN Flood 是利用 TCP 连接中三次握手的设计缺陷而发起的 DoS 攻击。标准的 TCP 握手需要三次包交换来建立：当服务器接收到客户机发送的 SYN 包后，必须回应一个 SYN/ACK 包，然后等待客户机回应一个 ACK 包来确认，从而建立起真正的连接。

假设一个用户向服务器发送了 SYN 报文后突然死机或掉线，那么服务器在发出 SYN+ACK 应答报文后是无法收到客户端的 ACK 报文的（第三次握手无法完成），这种情况下服务器端一般会重试（再次发送 SYN+ACK 给客户端）并等待一段时间后丢弃这个未完成的连接，这段时间的长度称为 SYN Timeout，一般来说这个时间是分钟的数量级（为 30s~2min）。

黑客攻击者就利用这个过程，故意不发送 ACK 报文，不进行第三次握手，同时建立大量的连接，使得服务器耗费大量资源白白等待，由于服务器在有限的时间内只能响应有限数量的连接，这种情况下，服务器会一直等待回应而无法响应其他机器的连接请求。

一个用户出现异常导致服务器的一个线程等待 1min 并不是什么很大的问题，但如果有一个恶意的攻击者大量模拟这种情况，服务器端将为了维护一个非常大的半连接列表而消耗非常多的资源——数以万计的半连接，即使是简单的保存并遍历也会消耗非常多的 CPU 时间和内存，还要不断对这个列表中的 IP 地址进行 SYN+ACK 的

第五节 DoS 与 DDoS 攻击

重试。实际上如果服务器的 TCP/IP 协议栈不够强大,最后的结果往往是堆栈溢出崩溃——即使服务器端的系统足够强大,服务器端也将忙于处理攻击者伪造的 TCP 连接请求而无暇理睬客户的正常请求(毕竟客户端的正常请求比率非常之小),此时从正常客户的角度看来,服务器失去响应,使得目标无法响应合法用户的连接请求,就会发生 DoS,导致不能为正常用户提供服务。这种情况称作服务器端受到了 SYN Flood 攻击。

(二) Smurf 攻击

Smurf 攻击是 Ping to Death 攻击的一种改进,以最初发动这种攻击的程序"Smurf"来命名,如图 7-13 所示。

Smurf 攻击,利用了 TCP/IP 中的定向广播特性,广播信息可以通过广播地址发送到整个网络中的所有主机,当某台主机使用广播地址发送一个 ICMP echo 请求包时,一些系统会回应一个 ICMP echo 回应包,发送一个包会收到许多响应包。为了使网络上某台主机成为被攻击的对象,将该主机的地址作为发送源地址,目的地址为广播地址的包,会有许多的系统响应发送大量的信息给被攻击的主机。大量 ICMP echo 回应包会被发送到被攻击主机而消耗其网络带宽和 CPU 周期。

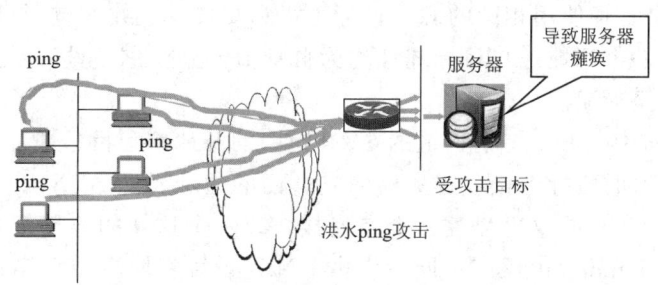

图 7-13 Smurf 攻击示意图

(三) TCP 连接耗尽攻击

攻击者与被攻击目标完成 TCP 三次握手后,立刻发送 FIN 或 RST 报文,释放本端连接,同时快速发起新的连接,以此来消耗被攻击目标的系统资源。通过检查新建连接的速率来防御此类攻击。首先,针对受保护目标进行统计,当受保护目标的 TCP 新建连接速率超过阈值时,启动防御功能。然后针对源进行统计,如果某个源 IP 在指定的时间间隔内发起的 TCP 新建连接数超过了阈值,则将该源 IP 加入黑名单。

攻击者与被攻击目标完成三次握手后,发送很少的报文来维持连接状态,通过这种异常的 TCP 连接来消耗被攻击目标的系统资源。通过异常会话检查来防御此类攻击。如果受保护目标的 TCP 连接上特定时间内通过的报文数小于阈值,则认为该连接为异常会话。如果在特定时间内某个源 IP 的异常会话数小于阈值,则将该源 IP 加入黑名单。

TCP 连接耗尽攻击防范策略:基于会话机制,通过新建连接速率检查、并发连接数检查、异常会话检查等措施,将攻击源加入黑名单,阻断攻击流量以达到防御效果。对于 TCP 异常报文攻击，通过检查 TCP 报文是否符合协议规范来防御异常报文攻击。

（四）泪滴（Teardrop）攻击

泪滴攻击也被称为分片攻击，它是一种典型的利用 TCP/IP 协议的问题进行 DoS 攻击的方式，由于第一个实现这种攻击的程序名称为 Teardrop，所以这种攻击也被称为泪滴。

泪滴攻击的工作原理是向被攻击者发送多个分片的 IP 包，某些操作系统收到含有重叠偏移的伪造分片数据包时将会出现系统崩溃、重启等现象。也就是利用了在 TCP/IP 堆栈中实现信任 IP 碎片中的数据包的标题头所包含的信息来实现自己的攻击，该攻击通过 TCP/IP 协议栈中分片重组代码中的 bug 来瘫痪各种不同的操作系统。

泪滴攻击防范策略：网络安全设备将源 IP 地址和目的 IP 地址均相同的报文归入同一组，对每组 IP 报文的相关分片信息进行检查，丢弃分片信息存在错误的报文。为了防止缓存区溢出，当缓存快要存满时，直接丢弃后续分片报文。

（五）Land 攻击

Land 攻击是一种使用相同的源、目标主机和端口发送数据包到目标主机的攻击，使目标主机开启一个源地址与目标地址均为自身 IP 地址的空连接，持续地自我应答，消耗系统资源直至崩溃。

在 Land 攻击中，一个特别打造的 SYN 包中的源地址和目标地址都被设置成某一个服务器地址，这时将导致接收服务器向它自己的地址发送 SYN＋ACK 报文，结果这个地址又发回 ACK 报文并创建一个空连接，每一个这样的连接都将保留直到超时掉。不同系统对 Land 攻击反应不同，许多 UNIX 系统将崩溃，而 Windows NT 会变得极其缓慢（大约持续 5min）。

Land 攻击防范策略：这类攻击的检测方法相对来说比较容易，因为可以直接通过判断网络数据包的源地址和目标地址是否相同确认是否属于攻击行为。反攻击的方法是适当地配置防火墙设备或制定包过滤路由器的包过滤规则，并对这种攻击进行审计，记录事件发生的时间、源主机和目标主机的 MAC 地址和 IP 地址，从而可以有效地分析并跟踪攻击者的来源。

（六）UDP Flood

当受害系统接收到一个 UDP 数据包的时候，它会确定目的端口正在等待中的应用程序。当它发现该端口中并不存在正在等待的应用程序，它就会产生一个目的地址无法连接的 ICMP 数据包发送给伪造的源地址。如果向受害者计算机端口发送了足够多的 UDP 数据包，整个系统就会瘫痪。

现在纯粹的 UDP Flood 攻击比较少见，取而代之的是 UDP 协议承载的 DNS Query Flood 攻击。

（七）HTTP GET 攻击

HTTP GET 攻击也称为 HTTP Flood 攻击，利用代理服务器向受害者发起大量 HTTP GET 请求，主要是请求动态页面，这涉及数据库访问操作，将导致数据库负载以及数据库连接池负载极高，无法响应正常请求。

提交一个 GET 或 POST 指令对客户端的耗费和带宽的占用是几乎可以忽略的，而服务器为处理此请求却可能要从上万条记录中去查出某个记录，这种处理过程对资源的耗费是很大的，常见的数据库服务器很少能支持数百个查询指令同时执行，而这对于客户端来说却是轻而易举的，因此攻击者只需通过代理向主机服务器大量递交查询指令，只需数分钟就会把服务器资源消耗掉而导致 DoS，常见的现象就是网站慢如蜗牛、ASP 程序失效、PHP 连接数据库失败、数据库主程序占用 CPU 偏高。

HTTP GET 攻击的巨大危害性主要表现在发起方便、过滤困难、影响深远三个方面。防范策略有控制单台主机对服务器的并发 HTTP 连接数量、控制单台主机的连续重复信息、控制单台主机的 HTTP GET 速率、HTTP 重定向（区分人和攻击程序）。

HTTP GET 攻击防御主要通过缓存的方式进行，尽量由设备的缓存直接返回结果来保护后端业务。当高级攻击者穿透缓存时，清洗设备会截获 HTTP 请求做特殊处理。一般的方法是 JavaScript 跳转人机识别方法，由于 HTTP GET 请求是由程序模拟的 HTTP 请求，一般来说不会解析服务端返回数据，更不会解析 Java Script 之类的代码。因此当清洗设备截获到 HTTP 请求时，返回一段特殊 JavaScript 代码，正常用户的浏览器会处理并正常跳转不影响使用，而攻击程序会攻击到空处。

（八）DNS 查询攻击

DNS 查询攻击采用的方法是向被攻击的服务器发送大量的域名解析请求，通常请求解析的域名是随机生成或者是网络世界上根本不存在的域名，域名解析的过程给服务器带来了很大的负载，每秒钟域名解析请求超过一定的数量就会造成 DNS 服务器解析域名超时。

攻击者操纵大量傀儡机，对目标发起海量的域名查询请求，常用的做法是 UDP 层随机伪造源 IP 地址、随机伪造源端口等参数，在 DNS 协议层随机伪造查询 ID 以及待解析域名。随机伪造待解析域名除了防止过滤外，还可以降低命中 DNS 缓存的可能性，尽可能多地消耗 DNS 服务器的 CPU 资源。

（九）Ping of Death

Ping of Death 是利用早期操作系统在处理 ICMP 协议数据包时存在的漏洞。早期许多操作系统对 TCP/IP 协议的 ICMP 包长度规定为固定大小 64KB，在接受 ICMP 数据包时，只开辟 64KB 的缓存区存储接受的数据包。一旦发送过来的 ICMP 数据包的实际尺寸超过 64KB（65536B），操作系统将收到的数据报文向缓存区填写时，报文长度大于 64KB，就会产生缓存区溢出，将导致 TCP/IP 协议栈的崩溃，造成主机的重启动或是死机，这种攻击就称为 Ping of Death。

视频 7-7

测试题 7-13

思考

常见的 DoS 攻击方式有哪些？基于应用层协议的 DoS 的攻击方式有哪些？各有什么特点？

第七章 网络安全与防护概论

三、DDoS 攻击类别及防御

DDoS 攻击的攻击者控制分散在不同地理位置的各种受控主机（也称为傀儡机或肉机），通过主控端（也称为 master 主机）这样的控制端，去向傀儡机发布攻击指令，然后由傀儡机对目标受害者发起 DoS 攻击。

图 7-14 是 DDoS 攻击体系结构示意图，实际要复杂很多。

（一）DDoS 攻击类别

从受害者的角度，DDoS 攻击可以分为带宽资源耗尽型 DDoS 攻击和计算资源耗尽型 DDoS 攻击，带宽资源耗尽型 DDoS 攻击主要是

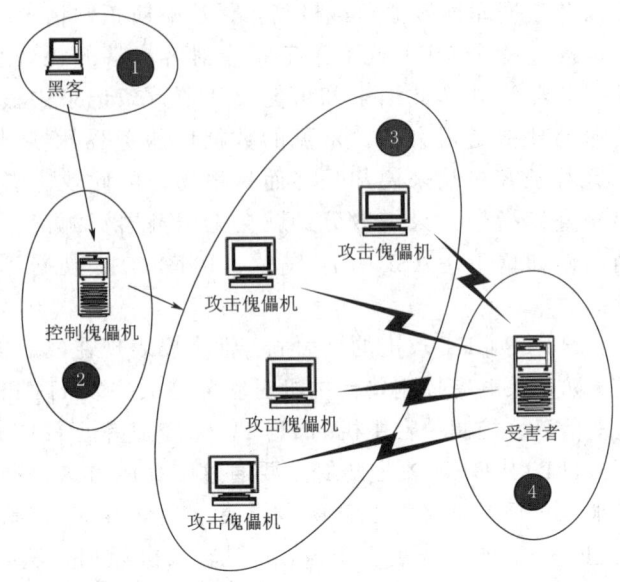

图 7-14 DDoS 攻击体系结构示意图

堵塞目标网络的出口，导致带宽消耗不能提供正常的上网服务，如常见的 Smurf 攻击、UDP Flood 攻击。

带宽资源耗尽型 DDoS 攻击可以分为四种攻击类型，即直接攻击、反射攻击、放大攻击、链路攻击。

其中，放大攻击包括：DNS 放大攻击、NTP 放大攻击、SNMP 放大攻击、Memcached 放大攻击。所有放大攻击都利用了攻击者和目标 Web 资源之间的带宽消耗差异。当在许多请求中放大成本差异时，由此产生的流量可能会破坏网络基础设施。通过发送导致大量响应的小查询，恶意用户可以用更少的内容获得更多流量。

例如，NTP 放大攻击的攻击者攻击的步骤是先寻找攻击对象或者互联网中支持 NTP 放大攻击的服务器资源；然后通过伪造 IP 地址向 NTP 服务器发送 monlist 的请求报文，为了增加攻击的强度，monlist 指令会监控 NTP 服务器，NTP 服务器响应 monlist 指令后就会返回与其进行过时间同步的最近多个客户端的 IP 地址，通常 NTP 服务器与大量的客户端进行交互时，攻击者可以伪造源发地址向 NTP 服务器发送大小不超过 64 字节的 monlist 查询，但是 NTP 服务器会返回 100 个 482 字节的 UDP 数据包，因此它具有放大数百倍的功能，从而这些大流量就会阻塞网络，导致网络不通，造成 DDoS。

计算资源耗尽型 DDoS 攻击，利用服务器的处理缺陷，消耗目标主机的计算资源，如 CPU、内存、连接数等，导致目标主机无法提供正常服务。例如，利用 TCP 协议的有常见的 SYN 洪水攻击、TCP 连接洪水攻击、PSH＋ACK 洪水攻击、RST 洪水攻击，攻击 SSL 协议的 SSL 洪水攻击，攻击应用资源的 DNS 查询洪水攻击。这些危害难以防范。

按照网络层次划分的 DDoS 攻击见表 7-4。

第六节 网络安全未来展望

表 7-4　　　　　　　按照网络层次划分的 DDoS 攻击

攻击分类	攻击方式	攻击分类	攻击方式
网络层攻击	ICMP/IGMP 洪水攻击	应用层攻击	DNS QUERY 洪水攻击
传输层攻击	UDP 洪水攻击		DNS NXDOMAIN 洪水攻击
	SYN 洪水攻击		DNS 放大攻击
	TCP 连接洪水攻击		HTTP 洪水攻击
	PSH+ACK 洪水攻击		SNMP 洪水攻击
	ACK 反射攻击		NTP 放大攻击
	RST 洪水攻击		
	SSL 洪水攻击		

（二）僵尸网络

在 DDoS 攻击中经常使用的控制端和傀儡机组成的僵尸网络，就是数量庞大的僵尸程序通过一定方式组合，出于恶意目的，采用一对多的方式进行控制的大型网络，也可以说是一种复合型攻击方式。因为僵尸主机的数量很大而且分布广泛，所以危害程度和防御难度都很大。僵尸网络中大量功能节点，可能是普通 PC、服务器或者移动设备。僵尸网络一般的控制步骤：感染传播→安装执行→接入僵尸网络→命令执行，特别的木马去感染传播。

视频 7-8

（三）DDoS 攻击工具及防御手段

LOIC 是一个最受欢迎的 DDoS 攻击工具，可以通过使用单个用户执行 DDoS 攻击小型服务器，非常易于使用，这个工具执行 DDoS 攻击的方式是发送 UDP、TCP 或 HTTP 请求到受害者服务器。其他的工具有 Windows 平台的 hyenae，Linux 平台的 hping3、SlowHTTPTest、XOIC 等。

视频 7-9

DDoS 攻击的防御手段有设置高性能设备、带宽得到保证、异常流量的清洗（防火墙）、网站做成静态页面、分布式集群防御、IP 轮询技术、BGP 高防 IP、运营商过滤、流量预压制等。

测试题 7-14

按照层次划分的 DDoS 攻击方式有哪些？DDoS 的防御手段有哪些？

第六节　网络安全未来展望

从 2020 年开始，国际环境日趋复杂，网络霸权主义对世界和平与发展构成威胁，全球产业链、供应链遭受冲击，网络空间安全面临的形势持续复杂多变，网络空间对抗趋势更加突出，大规模针对性网络攻击行为增加，安全漏洞、数据泄露、网络诈骗等风险增加。

世界主要国家和地区不断推出关键信息基础设施保护、供应链安全、数据安全、个人信息保护等方面的法规和政策，平台反垄断监管不断强化。网络安全威胁呈现以下发展的趋势。

一是关键信息基础设施成为攻击重点目标。2021年，多国关键信息基础设施和重要信息系统遭受网络攻击，引发全球震荡，对国家安全稳定造成巨大风险，引发了全球关于加强关键信息基础设施安全保护的思考。

二是勒索软件成为主要威胁。勒索软件破坏范围广、后果严重，攻击者的溯源变得更加困难，呈现出破坏涉及行业领域增多、索要赎金增加、支付赎金机构比例上升、破坏后果严重等特点。

三是金融、交通、医疗、能源等领域成为新的攻击对象。2021年5月7日，美国大型成品油管道运营商科洛尼尔管道运输公司遭受勒索攻击引发全球高度重视。5月14日，负责爱尔兰公共卫生事务的卫生服务执行局络系统被勒索软件攻击，被迫暂时关闭IT系统，多家医院运营遭受影响。7月9日，伊朗铁路公司的计算机系统遭受网络攻击，数百辆列车被延误或取消。

四是数据泄露事件持续频发。大量数据和设备暴露在网上，它们被入侵的风险逐渐增大。2021年，工业制造、政务、医疗、金融、交通等领域数据泄露事件频发，数据交易黑色地下产业链活动猖獗。数据安全问题已成为全球的关注重点，各国纷纷将数据安全上升至国家安全层面，设立相关机构，完善数据安全法规和政策。美国、韩国、新加坡、日本等国针对个人信息相关法规进行修订，欧盟发布多个指南文件，明确和细化通用数据保护条例（gereral date protection regulation，GDPR）的相关要求。加拿大、澳大利亚、印度尼西亚等国家均已制定新的个人数据保护法规。

五是供应链网络攻击事件频发。2021年，软件供应链攻击事件频发，例如，Codecov、Kaseya等遭受供应链攻击，直接影响关键信息基础设施和重要信息系统安全。据欧盟网络安全局统计，2020年1月—2021年7月，共有24起供应链攻击事件。软件供应链安全影响重大，各国高度重视，纷纷推行政策法规推动软件供应链安全保护工作。

六是国家级网络攻击越演越烈。受地缘政治的影响，全球网络空间局部冲突将不断升级。以窃取敏感数据、破坏关键信息基础设施为目的的国家级网络攻击的复杂性将持续上升。

整体上来看，网络面临着日益普遍和复杂的攻击，全球网络安全形势依旧严峻，主要体现在以下三个方面。

（1）攻击影响日益深远。网络成为现代社会不可或缺的工具，网络攻击的影响力也将愈加重要。2016年，Mirai蠕虫使得美国东海岸地区遭受大面积网络瘫痪，同年美国大选，黑客组织攻入竞选党派的办公网络、发布敏感消息或文件，影响大选局势。

第六节　网络安全未来展望

（2）攻击领域不断拓展。物联网技术的飞速发展，使人们更快地进入一个万物互联的时代，网络攻击技术在这些新领域中也将获得新的舞台。2017 年，Black Hat Confference 上，研究者分享了远程入侵特斯拉汽车的技术细节，针对无人机、刷卡机、智能家电、智能开关等各种联网设备的攻击不断被研究者呈现在大众面前。目前，很多学者对人工智能系统的攻击及防御技术也展开了深入研究。

（3）攻击技术愈加精细。从普通黑客到 APT 组织，攻击者的资源也越来越多，攻击工具的针对性越来越强，新的攻击技术呈现出精细化的趋势。

在安全防御方面，国内外关键信息基础设施安全保护措施频出。美国除了大幅增加关键信息基础设施安全防护的资金投入，还推出多部有关强化关键信息基础设施网络安全、预防勒索软件攻击等方面的法案和指南文件。2021 年 2 月，美国网络安全与基础设施安全局（Cybersecurity and Information Security Agency，CISA）发布了《CISA 全球参与》文件，通过加强国际合作以增强全球关键信息基础设施的安全性和韧性。欧盟也在《欧盟安全联盟战略》中将提升关键信息基础设施的保护和恢复能力作为未来 5 年网络安全工作的重中之重。2021 年 5 月，澳大利亚政府提出了关键信息基础设施提升计划，旨在识别和解决关键信息基础设施中的漏洞，提升网络安全成熟度。中国也于 2021 年 8 月出台了《关键信息基础设施安全保护条例》，这是中国首部专门针对关键信息基础设施安全保护工作的行政法规，为开展关键信息基础设施安全保护工作提供了基本遵循。

随着《中华人民共和国网络安全法》《中华人民共和国数据安全法》《中华人民共和国个人信息保护法》等法律的相继出台，如何规范数据处理活动，保障数据安全，成为企业面临的一个重要的课题。企业收集数据后的保管和使用都使得数据安全风险增大，需要根据法律法规、监管规定、行业准则、国际标准有关数据安全及隐私管理的新变化，建立健全企业数据安全及隐私管理体系。

同时，网络安全高端人才供给缺口巨大。根据 Cybersecurity Ventures 2021 年发布的全球网络安全人才报告，过去 8 年全球网络安全空缺职位的数量增长了 350%，从 2013 年的 100 万个职位增加到 2021 年的 350 万个。2021 年 8 月，美国白宫称，美国大约有 50 万个网络安全职位仍然空缺。中国 170 余所高校设有与网络安全直接相关的专业，每年网络安全毕业生约 2 万人，缺口高达 50 万～100 万人。2022 年，网络安全行业高端人才供需矛盾将继续加剧，实战型、实用型等人才更加急缺。

网络攻击与防御是矛盾的两面，其发展是在相互对抗的过程中不断螺旋式上升的。可以预见的是，随着对网络安全问题关注度的提高，更多的注意力与资源会投入对攻防技术的更新与发展上来，而网络攻击防御的对抗也会更加激烈、更加扣人心弦。

测试题 7-15

思考　什么是护网行动？数据隐私保护方面有哪些法律法规？

实 践 应 用 案 例

网 络 扫 描

网络扫描是黑客或网络管理员为了有效地进行信息收集而对目标对象进行的探测活动。通过主机扫描，可以判断主机的工作状态；通过端口扫描，可以判断主机端口的开放状态；通过操作系统识别，可以判断主机服务的操作系统类型；通过漏洞扫描，可以判断主机中可能存在的安全漏洞。

Nmap 是一款开放源代码的网络探测和安全审核的工具，软件名字 Nmap 是 Network Mapper（网络映射器）的简称。它的设计目标是快速地扫描大型网络。Nmap 以新颖的方式使用原始 IP 报文来发现网络上有哪些主机，哪些主机提供什么服务（应用程序名和版本），哪些服务运行在什么操作系统（包括版本信息），它们使用什么类型的报文过滤器/防火墙，以及其他功能。虽然 Nmap 通常用于安全审核，许多系统管理员和网络管理员也用它来做一些日常的工作，比如查看整个网络的信息，管理服务升级计划，以及监视主机和服务的运行。

Nmap 输出的是扫描目标的列表，以及每个目标的补充信息，至于是哪些信息则依赖于所使用的选项，例如，列出端口号、协议、服务名称和状态，状态可能是 open（开放的）、filtered（被过滤的）、closed（关闭的）或者 unfiltered（未被过滤的）。当要求进行版本探测时，端口表也可以包含软件的版本信息。当要求进行 IP 协议扫描时（-sO），Nmap 提供关于所支持的 IP 协议而不是正在监听的端口的信息。Nmap 还能提供关于目标主机的进一步信息，包括反向域名、操作系统猜测、设备类型和 MAC 地址。下面利用 Nmap 进行一些网络扫描操作。

一、实践目的

了解网络扫描的主要作用，初步会判断主机的工作状态、主机端口的开放状态、目标操作系统类型以及发现可能存在的安全漏洞。

二、实践内容

(1) 目标主机是否在线。
(2) 目标主机开放的端口。
(3) 目标主机的操作系统。
(4) 目标主机所运行的服务以及版本。
(5) 目标主机的拓扑结构扫描。

三、实践过程及结果分析

(一) 一个典型的 Nmap 扫描

Nmap 从官方下载地址，根据操作系统选择合适的版本，下面的例子在 Windows 系统中完成。

下载安装完成后，在命名模式下，输入 nmap -A -T4 scanme.namp.org，返回结果如图 7-15 所示。

```
C:\Use         nmap -A -T4 scanme.nmap.org
Starting Nmap 7.94 (           ) at 2023     17:17 中国标
准时间
Nmap scan report for scanme.nmap.org (45.33.32.156)
Host is up (0.0013s latency).
Other addresses for scanme.nmap.org (not scanned): 2600:3c01::f03c:
91ff:fe18:bb2f
Not shown: 983 closed tcp ports (reset)
PORT       STATE     SERVICE          VERSION
135/tcp    filtered  msrpc
139/tcp    filtered  netbios-ssn
445/tcp    filtered  microsoft-ds
554/tcp    filtered  rtsp
593/tcp    filtered  http-rpc-epmap
1023/tcp   filtered  netvenuechat
1025/tcp   filtered  NFS-or-IIS
1068/tcp   filtered  instl_bootc
1080/tcp   filtered  socks
2222/tcp   filtered  EtherNetIP-1
4444/tcp   filtered  krb524
5800/tcp   filtered  vnc-http
5900/tcp   filtered  vnc
6667/tcp   filtered  irc
6669/tcp   filtered  irc
7000/tcp   filtered  afs3-fileserver
65000/tcp  filtered  unknown
Warning: OSScan results may be unreliable because we could not find
 at least 1 open and 1 closed port
OS fingerprint not ideal because: Missing an open TCP port so resul
ts incomplete
No OS matches for host
Network Distance: 3 hops

TRACEROUTE (using port 3306/tcp)
HOP RTT      ADDRESS
1   ...
2   1.00 ms 192.168.189.225
3   1.00 ms scanme.nmap.org (45.33.32.156)
```

图 7-15　一个 Nmap 扫描的例子

Nmap 的一般格式为：nmap[＜扫描类型＞][＜选项＞][＜扫描目标说明＞]。选项-A 用来进行操作系统及其版本的探测（也包括脚本扫描和跟踪路由），-T4 可以加快执行速度（指定扫描过程使用的时序，总有 6 个级别，即 0～5，级别越高，扫描速度越快），接着是一个目标主机名 scanme.namp.org。结果显示该主机在线（up），部分端口是过滤状态（如 135、139、445 等），也返回路由跟踪的结果（3 跳）。

（二）Nmap 的基本命令

假设目标主机 IP 地址为 192.168.1.1，目标主机域名为 www.example.com，一些基本的扫描命令如下：

Nmap 扫描目标 IP 地址：nmap 192.168.1.1。

Nmap 扫描目标主机名：nmap www.example.com。

Nmap 扫描目标 IP 地址段：nmap 192.168.1.1-100。

Nmap 扫描目标网段：nmap 192.168.1.0/24。

Nmap 扫描目标网段并指定端口范围：nmap - p 1 - 100 192.168.1.0/24。

Nmap 扫描目标主机并指定端口范围：nmap - p 80，443 www.example.com。

Nmap 扫描目标主机并进行服务探测：nmap - sV www.example.com。

也可以在命名窗口使用 Nmap 的查看相关选项及使用帮助。

（三）目标主机是否在线

使用 nmap - sP 10.136.64.0/20 扫描 10.136.64.0/20 网络段中在线的主机，部分返回结果如图 7 - 16 所示。选项 - sP 表示使用 ping 方式进行扫描，结果包含在线主机的 IP 地址、MAC 地址以及设备信息。

```
C:\User          nmap -sP 10.136.64.0/20
Starting Nmap 7.94 (              ) at 2023          中国
标 准时间
Nmap scan report for 10.136.64.5
Host is up (0.0011s latency).
MAC Address: 24:CF:24:87:1D:19 (Beijing Xiaomi Mobile Software)
Nmap scan report for 10.136.64.17
Host is up (0.0040s latency).
MAC Address: 78:11:DC:46:5C:6E (Xiaomi Electronics,CO.)
Nmap scan report for 10.136.64.26
Host is up (0.0010s latency).
MAC Address: EC:56:23:56:D0:32 (Huawei Technologies)
Nmap scan report for 10.136.64.112
Host is up (0.0040s latency).
MAC Address: 60:EE:5C:4D:75:C5 (Shenzhen Fast Technologies)
Nmap scan report for 10.136.64.162
Host is up (0.0011s latency).
MAC Address: 54:75:95:DD:EC:6C (TP-Link Technologies)
Nmap scan report for 10.136.64.187
Host is up (0.00s latency).
MAC Address: CC:08:FB:82:17:91 (TP-Link Technologies)
Nmap scan report for 10.136.64.201
Host is up (0.0025s latency).
MAC Address: 6C:59:40:C5:28:99 (Mercury Communication Technologies)Nmap scan report for 10.136.64.241
Host is up (0.0021s latency).
MAC Address: 80:89:17:D3:51:11 (TP-Link Technologies)
```

图 7 - 16 主机扫描

（四）目标主机开放端口扫描

使用 nmap - sU - v - T4 10.136.77.120 扫描主机 10.136.77.120 上的开放端口，- sU 表示使用 UDP 扫描，- v 表示输出详细的版本信息，- T4 表示扫描较快，也可以添加选项 - p 来指定具体的端口，结果如图 7 - 17 所示。结果显示，目标主机有 7 个端口开放（如 137、138、1900 等）。

（五）目标主机操作系统扫描

使用 nmap - O - sV 10.136.77.120 扫描主机 10.136.77.120 上的操作系统，选项 - sV 表示使用服务指纹识别，- O 表示操作系统，结果如图 7 - 18 所示。图中显示，4 个端口开放（如 135、139、445 等）。结果显示，目标主机运行的操作系统及版本

图 7-17 端口扫描

图 7-18 操作系统及服务版本扫描

为 Windows 10。

（六）目标主机所运行的服务以及版本

使用 nmap - sS www.ncwu.edu.cn 扫描主机 ncwu 站点上运行的服务，选项-sS 表示使用 TCP SYN 扫描，这是一种半开扫描，扫描结果如图 7-19 所示。此主机开放端口 80/443，可以初步判断是一个 Web 服务器。

（七）Nmap 高级扫描

部分 Nmap 扫描类型及命令见表 7-5。

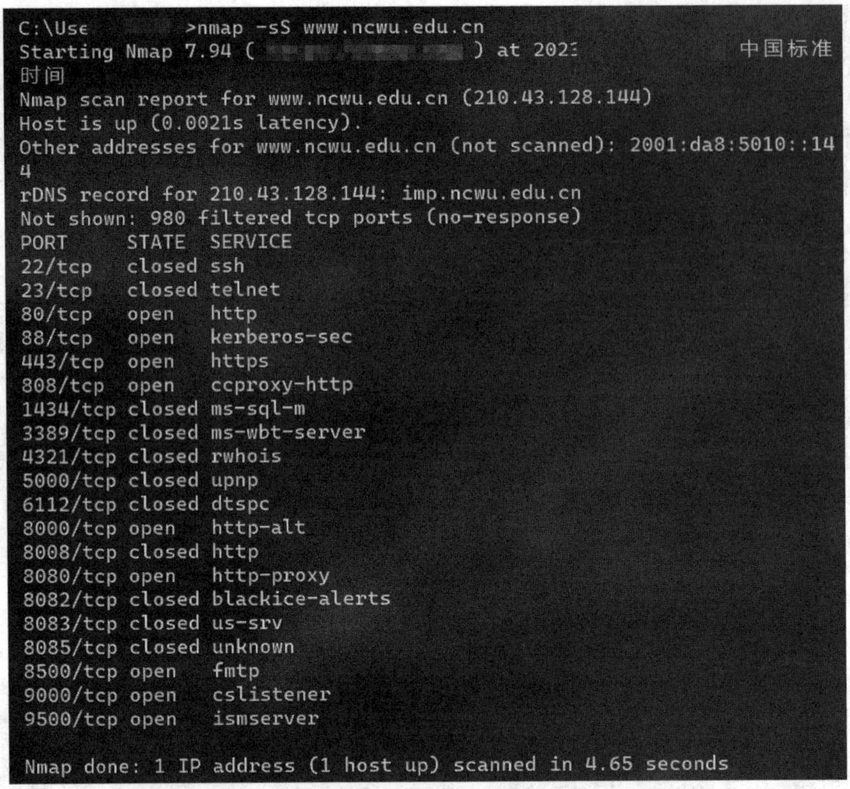

```
C:\Use      >nmap -sS www.ncwu.edu.cn
Starting Nmap 7.94 (              ) at 202:     中国标准
时间
Nmap scan report for www.ncwu.edu.cn (210.43.128.144)
Host is up (0.0021s latency).
Other addresses for www.ncwu.edu.cn (not scanned): 2001:da8:5010::14
4
rDNS record for 210.43.128.144: imp.ncwu.edu.cn
Not shown: 980 filtered tcp ports (no-response)
PORT      STATE  SERVICE
22/tcp    closed ssh
23/tcp    closed telnet
80/tcp    open   http
88/tcp    open   kerberos-sec
443/tcp   open   https
808/tcp   open   ccproxy-http
1434/tcp  closed ms-sql-m
3389/tcp  closed ms-wbt-server
4321/tcp  closed rwhois
5000/tcp  closed upnp
6112/tcp  closed dtspc
8000/tcp  open   http-alt
8008/tcp  closed http
8080/tcp  open   http-proxy
8082/tcp  closed blackice-alerts
8083/tcp  closed us-srv
8085/tcp  closed unknown
8500/tcp  open   fmtp
9000/tcp  open   cslistener
9500/tcp  open   ismserver

Nmap done: 1 IP address (1 host up) scanned in 4.65 seconds
```

图 7-19 目标主机所运行的服务以及版本扫描

表 7-5   部分 Nmap 扫描类型及命令

扫描类型	命　　令	扫描类型	命　　令
TCP SYN 扫描	nmap-sS target	端口版本指纹识别	nmap-sV-version-all target
TCP connect 扫描	nmap-sT target	脚本扫描	nmap-sC target
UDP 扫描	nmap-sU target	快速扫描	nmap-F target
操作系统指纹识别	nmap-O target	全端口扫描	nmap-p-target
服务指纹识别	nmap-sV target	带服务和版本的全端口扫描	nmap-p-sV target

（八）Zenmap 使用及操作

Zenmap 是一个多功能的网络扫描器，可以用于检测网络上的安全漏洞和管理网络。Zenmap 是基于 Nmap 的图形化用户界面（graphical user interface，GUI）版本，是用 Python 语言编写的，能够在 Windows、Linux、UNIX、Mac OS 等不同系统上运行。开发 Zenmap 的目的主要是为 Nmap 提供更加简单的操作方式。图 7-20 是 Zenmap 操作的一个例子，扫描目标主机 www.baidu.com，指定具体的扫描方式，扫描结果显示在软件窗口下方的区域。图 7-21 是 Zenmap 扫描 www.ncwu.edu.cn 得到网络拓扑结构图的一个例子。

实 践 应 用 案 例

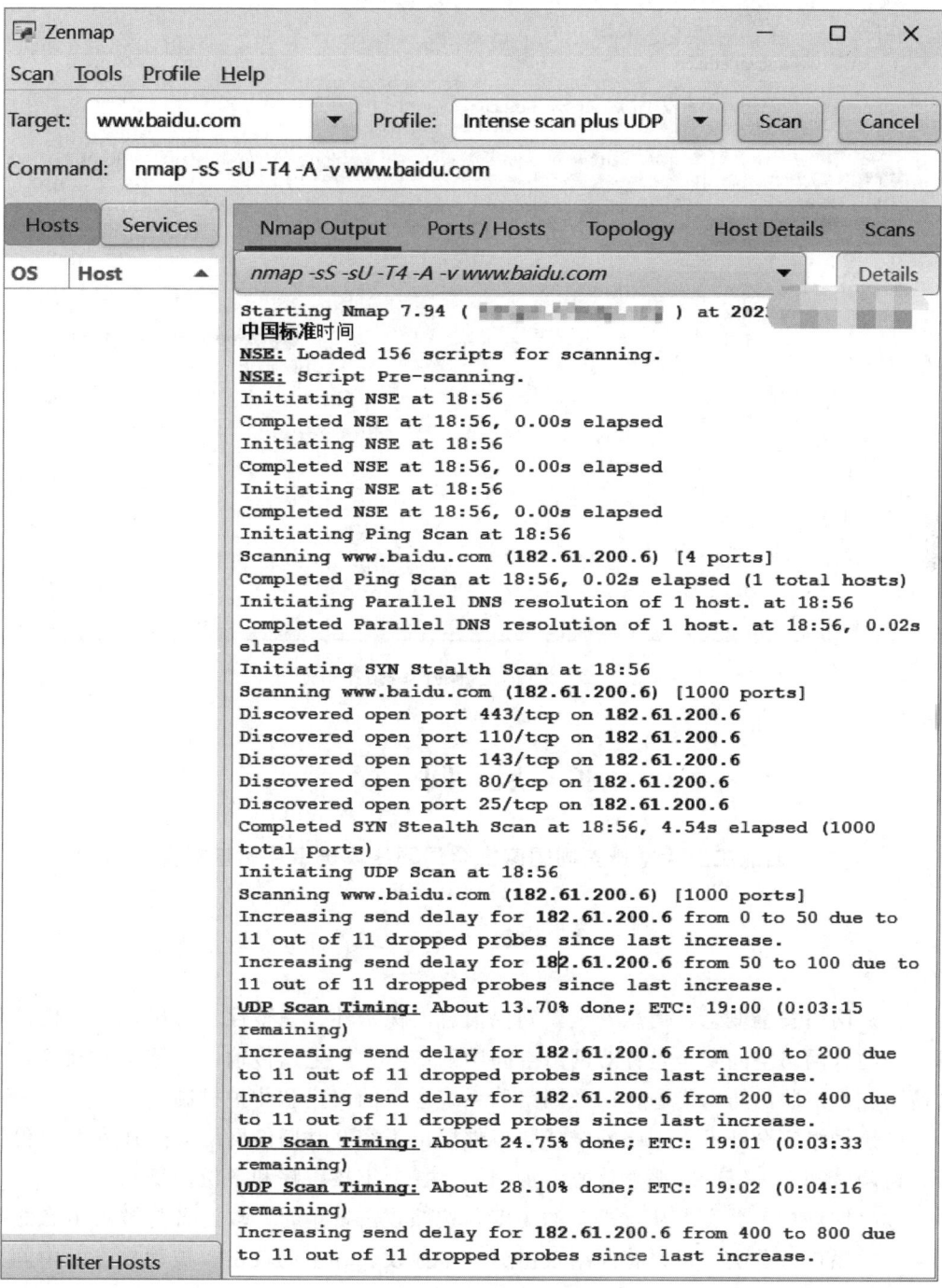

图 7-20　Zenmap 扫描的例子

第七章 网络安全与防护概论

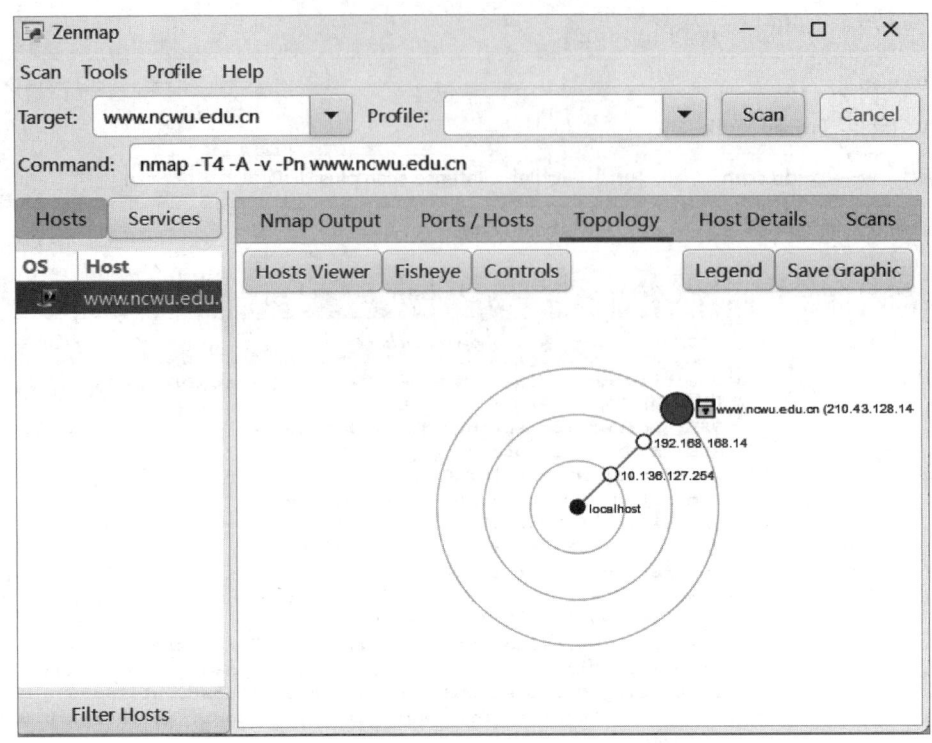

图 7-21 目标主机的网络拓扑扫描

西北工业大学
遭美国国家
安全局网络
攻击事件
调查报告

扩 展 阅 读

西北工业大学遭美国国家安全局网络攻击事件调查报告

本 章 小 结

（1）网络安全概念。信息安全要确保信息的保密性、完整性、可用性、可控性和可审查性，网络空间安全是针对网络空间中的信息在产生、传输、存储、处理等环节中所面临的威胁的防御措施，以及网络和系统本身的安全和防护机制。

（2）网络安全技术。网络安全威胁事件层出不穷，常用的网络安全技术有身份认证、访问管理、加密、防恶意代码、加固、监控、审核跟踪和备份恢复八种。

（3）网络攻击分类。从攻击者的角度，按照攻击发生时，攻击者与被攻击者之间的交互关系进行分类，可以将网络攻击分为本地攻击、主动攻击、被动攻击、中间人攻击。

（4）网络攻击步骤与安全模型。网络攻击行为一般有收集信息、获取权限、安装后门、扩大影响、清除痕迹五大步骤。网络安全模型有 PDRR 模型、IPDRRR 模型、CGS2.0 框架、APT 攻击生命周期模型、"杀伤链"模型等。

(5) 网络空间安全体系。网络空间安全学科的理论基础包括数学、信息论、控制论和系统论、计算理论、密码学理论、访问控制理论等；网络空间安全学科的主要研究方向及研究内容包括密码学、网络安全、系统安全、内容安全、信息对抗等。

(6) 网络安全评估标准。国内的网络安全等级保护 2.0 标准，包括安全通用要求和安全扩展要求。安全通用要求的内容分为技术要求和管理要求。

(7) 网络攻击技术。常见的网络攻击技术有网络扫描、网络监听、口令破解、缓存区溢出攻击等。

(8) DoS 与 DDoS 攻击。DoS 攻击是通过向服务器、主机发送大量的服务请求，用大量的数据包"淹没"目标主机，迫使目标主机疲于处理这些垃圾数据，而无法向合法用户提供正常服务的一种攻击。DoS 攻击常见的 9 种攻击方式，即 SYN Flood、Smurf 攻击、TCP 连接耗尽攻击、泪滴（Teardrop）攻击、Land 攻击、UDP Flood、HTTP GET 攻击、DNS 查询攻击、Ping of Death。DDoS 攻击指的是攻击者控制分散在不同地理位置的各种受控主机（傀儡主机或者肉鸡），对目标受害者发起 DoS 攻击，对现实中的网络安全构成严重的威胁。

(9) 网络安全防范措施。对于个人网络安全防御，应注意提高个人安全防范意识、及时安装系统补丁、不运行未知的程序、设置复杂性足够的安全密码、使用防病毒软件、不向陌生人泄漏个人信息、不在陌生环境上网等。

习 题

1. 从主观和客观两个角度分析网络安全威胁的成因。
2. 列举一些网络安全威胁事件及造成的危害和影响。
3. 网络攻击的步骤通常分为五个阶段，试述攻击者在这些攻击阶段的目的和采用的技术方法。
4. 网络攻击发展的特点和趋势是什么？
5. 试述本地攻击、主动攻击、被动攻击、中间人攻击这些按照攻击者和被攻击者交互关系进行的四种攻击分类，各自的特点及如何进行有效的防御。
6. 简述网络空间安全学科的主要研究方向及研究内容。
7. 拒绝服务攻击的方式有哪些？
8. 试述 DDoS 攻击的危害及防御措施。
9. 个人网络安全的防范可以采取哪些措施？
10. 移动端及无线网络面临哪些安全威胁？

第八章

无线网络

内容导读

根据覆盖范围、传输速率和用途的不同，无线网络大致分为四大类，即无线个人区域网、无线局域网、无线城域网和无线广域网。

(1) WPAN：基于802.15标准和2.4GHz频率，使用低功率发射机建立的、小范围的无线网络。典型应用有蓝牙、ZigBee、超宽带等。

(2) WLAN：基于802.11标准和2.4GHz或5GHz频率，使用发射机建立的、中小规模的无线网络，适用于家庭、办公甚至园区环境。典型应用有家庭Wi-Fi、办公室Wi-Fi、园区Wi-Fi等。

(3) 无线城域网（wireless metropolitan area network，WMAN）：基于专用的授权频率，使用发射机建立的、覆盖更大区域的无线网络，适用于为一个城市或者城区提供无线接入。典型应用有蜂窝移动通信系统4G、5G等。

(4) 无线广域网（wireless wide area network，WWAN）：基于专用的授权频率，使用发射机建立的、覆盖非常大区域的无线网络，适用于国家或者国际通信领域。

本章的主要内容如下：

(1) WLAN的组成，特别是分配系统（distribution system，DS）和接入点的作用。

(2) WLAN的CSMA/CA协议和无线局域网MAC帧使用的几种地址。

(3) 典型的WPAN应用有蓝牙、ZigBee、超宽带。

第一节 WLAN

自20世纪80年代末以来，随着移动通信技术的飞速发展，WLAN逐步进入市场。WLAN提供了移动接入的功能。在有大量持有便携式计算机的用户上网的场合（如图书馆、股票交易大厅等），或者当某个园区跨越的面积很大时，若要将各个部门都用电缆连接成网，则较难铺设电缆，建网速度较慢，费用可能很高。使用WLAN，可以减少电缆铺设，加快建网速度，节省成本。

一、WLAN的组成

WLAN可分为两大类。第一类是有固定基础设施的，第二类是无固定基础设施的。本节主要介绍第一类有固定基础设施的WLAN。

(一) 有固定基础设施的WLAN

对于第一类有固定基础设施的WLAN，1997年，IEEE制定WLAN的802.11

第一节 WLAN

系列标准，此系列标准相当复杂，其在 MAC 层使用 CSMA/CA 协议。802.11 系列标准的 WLAN 常称为 Wi-Fi，Wi-Fi 是非营利性国际组织 Wi-Fi 联盟的标记。

在有固定基础设施的 WLAN 中，中心采用 AP，也叫无线接入点（wireless access point，WAP），是 WLAN 的基础设施，也是数据链路层的设备。现在 AP 通常具有 100Mbit/s 或 1Gbit/s 端口，用来连接到有线以太网。需要说明的是，家庭网络通常使用无线路由器接入 Internet，无线路由器具备 AP 和路由器的功能。

802.11 标准规定，WLAN 的最小构件是基本服务集（basic service set，BSS）。一个 BSS 包括一个 AP 和若干个移动站。各移动站在本 BSS 范围内的通信，或者与本 BSS 之外的站点的通信，都必须通过本 BSS 的 AP。当网络管理员安装 AP 时，必须为该 AP 分配一个不超过 32 字节的服务集标识符（service set identifier，SSID）和通信信道，SSID 就是指使用该 AP 的 WLAN 的名字。一个 BSS 所覆盖的地理范围叫作一个基本服务区（basic service area，BSA）。WLAN 的 BSA 所覆盖的范围直径一般不超过 100m。

一个 BSS 可以是单个服务集，也可通过 AP 连接到一个分配 DS，然后再连接到另一个 BSS，这样就构成了一个扩展服务集（extended service set，ESS）。DS 的作用就是使 ESS 对上层的表现就像一个 BSS 一样。DS 可以使用以太网（这是最常用的）、点对点链路或其他无线网络。ESS 还可通过门户（portal）为无线用户提供到 802.x 局域网的接入。在一个 ESS 内的几个不同的 BSS 也可能有相交的部分。移动站 A 如果要和另一个 BSS 中的移动站 B 通信，就必须经过 AP_1 和 AP_2，即 A→AP_1→AP_2→B，从 AP_1 到 AP_2 的通信通常使用有线以太网传输，如图 8-1 所示。

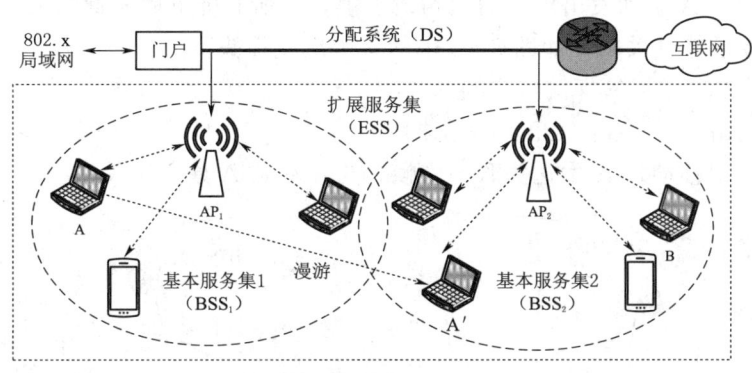

图 8-1 BSS 和 ESS

图 8-1 画出了移动站 A 从 BSS_1 漫游到 BSS_2 的情况，移动站 A 漫游中仍然保持与移动站 B 的通信不中断，但其所使用的接入点由 AP_1 切换到 AP_2。BSS 的服务范围是由移动站所发射的电磁波的辐射范围确定的。在图 8-1 中用一个虚线椭圆来表示 BSA 的范围。受实际地形条件的限制，一个服务区的覆盖范围可能是不规则的几何形状。

802.11 标准并没有定义如何实现漫游，但定义了一些基本的工具。例如，一个移动站若要加入一个 BSS，就必须先与某个 AP 建立关联。建立关联就表示这个移动站加入了选定的 AP 所属的子网,并和这个 AP 创建了一个虚拟线路。只有已关联的 AP 才向这个移动站发送数据帧,而这个移动站也只有通过关联的 AP 才能向其他站点发送数据帧。

移动站与 AP 建立关联的方法有两种。一种是被动扫描,如图 8-2 所示,其过程如下:

(1) AP 周期性发出(例如每秒 10 次)信标帧,其中包含有若干系统参数(如 SSID 以及支持的速率等)。图 8-2 表示移动站 A 收到了 AP_1、AP_2 发出的信标帧。

(2) 移动站 A 扫描 11 个信道,选择愿意加入 AP_2 所在的 BSS_2,于是向 AP_2 发出关联请求帧。

(3) AP_2 同意移动站 A 发来的关联请求,向移动站 A 发送关联响应帧。

这样,移动站 A 和 AP_2 的关联就建立了。

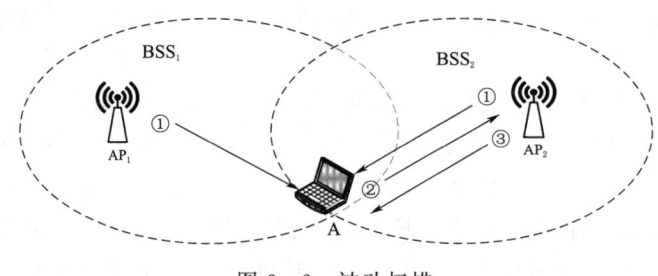

图 8-2 被动扫描

另一种建立关联的方法是主动扫描(图 8-3),其步骤如下:

(1) 移动站 A 主动发出广播的探测请求帧,让所有能够收到此帧的 AP 都能够知道有移动站要求建立关联,如图 8-3 中的多个虚线箭头。

(2) 两个 AP 都回答探测响应帧。

(3) 移动站 A 向 AP_2 发出关联请求帧。

(4) AP_2 向移动站 A 发送关联响应帧,与移动站 A 建立了关联。

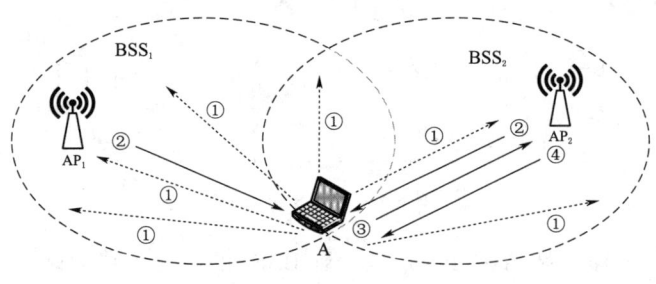

图 8-3 主动扫描

此后,这个移动站就和选定的 AP 互相使用 802.11 协议进行对话。移动站点还要向该 AP 鉴别自身。现在的 AP 在出厂时就嵌入了 DHCP 模块。因此在关联建立后,移动站点通过关联的 AP 向该子网发送 DHCP 发现报文就可以获取 IP 地址。这时,就把这个移动站当作该 AP 子网中的一台主机。

若移动站使用重建关联服务,就可把这种关联转移到另一个 AP。当使用分离服

第一节　WLAN

务时，就可终止这种关联。

一个移动站可以同时进行主动扫描和被动扫描，这样可以更加迅速地和 AP 建立关联。802.11 标准没有规定移动站应选择哪一种扫描方式，但很多移动站的大都使用被动扫描，这样可以节省移动站的功率消耗。

WLAN 用户在和附近的接入点 AP 建立关联时，一般还要键入用户口令。键入正确后，才能和在该网络中的 AP 建立关联。在 WLAN 发展初期，接入加密方案称为有线等效保密（wired equivalent privacy，WEP）。WEP 的加密方案有安全漏洞，现在普遍采用保密性更好的 Wi-Fi 保护的接入（Wi-Fi protected access，WPA）或其第二个版本 WPA2。现在 WPA2 是 802.11n 中强制执行的加密方案。

（二）无固定基础设施的 WLAN

无固定基础设施的 WLAN，又叫作自组网络。这种自组网络没有上述 BSS 中的 AP，而是由一些处于平等状态的移动站相互通信组成的临时网络，如图 8-4 所示。从图 8-4 中可以看出，当移动站 A 和 E 通信时，要经过 A→B、B→C、C→D 和最后 D→E 这样一连串的存储转发过程。因此，在从源节点 A 到目的节点 E 的路径中，移动站 B、C 和 D 都是转发节点，这些节点都具有路由器的功能。由于自组网络没有预先建好的固定基础设施（基站），自组网络的服务范围通常是受限的，而且自组网络一般也不和外界的其他网络相连接，当然也不能接入到互联网。

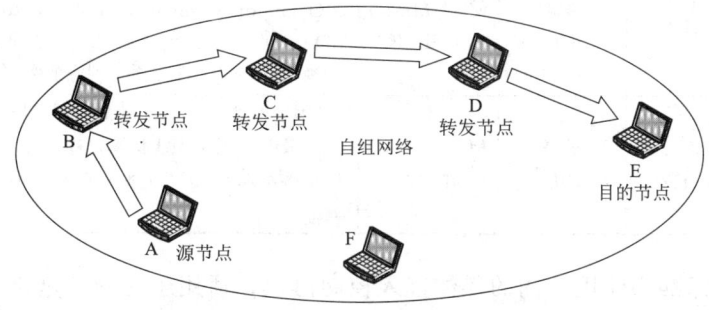

图 8-4　由移动站构成的自组网络

自组网络在军用和民用领域都有很好的应用前景。在军事领域中，由于战场上往往没有预先建好的固定接入点，其移动站就可以利用临时建立的自组网络进行通信。这种组网方式也能够应用到作战的地面车辆群和坦克群以及海上的舰艇群、空中的机群。由于每一个移动设备都具有路由器转发分组的功能，分布式的自组网络的生存性非常好。在民用领域，持有笔记本计算机的人可以利用这种自组网络方便地交换信息。在自然灾害、抢险救灾时利用自组网络进行及时通信往往也是很有效的，因为这时事先已建好的网络基础设施（基站）可能都被破坏了。

测试题 8-1

思考　无线局域网由哪几部分组成？无线局域网中关联的作用是什么？

二、WLAN 的物理层

根据 WLAN 的物理层的不同（如工作频段、数据速率、调制方法等），其对应的 IEEE 802.11 标准也不同，最早流行的 WLAN 标准是 802.11b、802.11a 和 802.11g，2009 年以后又公布了新的标准 802.11n、802.11ac 以及 802.11ax，见表 8-1。为了使 WLAN 的适配器能够适应多种标准，很多适配器都做成双模的（802.11a/g）或多模的（802.11a/b/g/n/ac）。

表 8-1 常用的 IEEE 802.11 对应的 WLAN

标准（别名）	频段	数据速率	物理层	优 缺 点
802.11b（Wi-Fi1）	2.4GHz	最高 11Mbit/s	DSSS	最高数据速率较低，价格最低，信号传播距离较远，且不易受阻碍
802.11a（Wi-Fi2）	5GHz	最高 54Mbit/s	OFDM	最高数据速率较高，价格较高，信号传播距离较短，且易受阻碍
802.11g（Wi-Fi3）	2.4GHz	最高 54Mbit/s	OFDM	最高数据速率较高，信号传播距离较远，且不易受阻碍，价格比 802.11b 贵
802.11n（Wi-Fi4）	2.4GHz 5GHz	最高 300Mbit/s	MIMO OFDM	使用多个发射和接收天线来允许更高的数据速率，当使用双倍带宽（40MHz）时速率可达 600Mbit/s
802.11ac（Wi-Fi5）	5GHz	最高 3.5Gbit/s	MU-MIMO OFDM	比 802.11n 使用更高阶数的调制技术和更多的 MIMO（mutiple-input multiple-output，多输入多输出）空间流，完全遵循 802.11i 安全标准，使得无线连接能够在安全性方面达到企业级用户的需求
802.11ax（Wi-Fi6）	2.4GHz 5GHz	最高 9.6Gbit/s	MU-MIMO OFDMA	2019 年公布，向下兼容 802.11a/b/g/n/ac，采用大量最新物理层无线技术，被称为"高效无线网络"，侧重解决密集环境（如火车站、机场）下的吞吐量密度

测试题 8-2

以上几种标准都使用共同的媒体接入控制协议，适用于有固定基础设施的或无固定基础设施的 WLAN。除 IEEE 的 802.11 委员会外，欧洲电信标准协会（European Telecommunications Standards Institute，ETSI）也为欧洲制定 WLAN 的标准，并把这种 WLAN 标准取名为 Hiper LAN。ETSI 和 IEEE 的标准是可以互操作的。

思考　无线局域网的物理层标注主要有哪几种？

三、WLAN 的 CSMA/CA 协议

（一）CSMA/CA 协议

CSMA/CD 协议已成功应用于使用有线连接的局域网，那 WLAN 能不能也使用 CSMA/CD 协议呢？下面从无线信道本身的特点出发来讨论这个问题。

"碰撞检测"要求一个站点在发送本站数据的同时，还必须不间断地检测信道。

一旦检测到碰撞,就立即停止发送。但由于无线信道的传输条件特殊,无线信号衰减非常快,其信号强度的动态范围非常大,因此在 802.11 适配器上接收到的信号强度往往会远远小于发送信号的强度。WLAN 的适配器要实现碰撞检测,对硬件的要求非常高。

即使能够实现碰撞检测的功能,并且在发送数据时检测到信道是空闲的,在接收端仍然有可能发生碰撞。无线电波能够向所有的方向传播,且其传播距离有限。当电磁波在传播过程中遇到障碍物时,其传播距离就会受到限制。

假定每个移动站的无线电信号传播范围都是以发送站为圆心的一个圆形区域。图 8-5 所示移动站 A 和 B 都想和 AP 通信,A 和 B 之间相距较远或者有障碍物时,彼此检测不到对方发送的信号。当 A 和 B 检测到信道空闲时,就都向 AP 发送数据,结果发生了碰撞,并且无法检测出这种碰撞,这就是隐蔽站问题。图 8-5 中 B 是 A 的隐蔽站,A 也是 B 的隐蔽站。

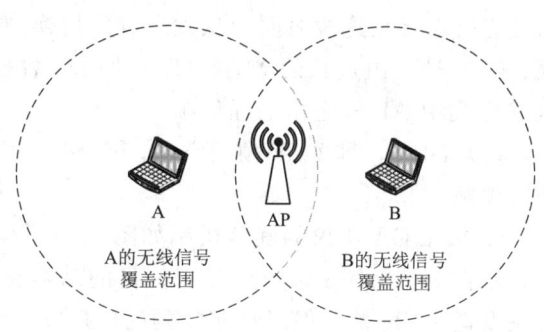

当A和B同时向AP发送数据时,彼此检测不到对方的无线信号,因此发生碰撞。

图 8-5 无线局域网的隐蔽站问题

综上所述,在制定 WLAN 的协议时,必须考虑以下特点。

(1) WLAN 的适配器无法有效实现碰撞检测。

(2) 检测到信道空闲,其实信道可能并不空闲。

(3) 即使能够在硬件上实现 WLAN 的碰撞检测功能,也无法检测出隐蔽站问题带来的碰撞。

既然不能有效检测碰撞,就要尽可能避免碰撞。为此,802.11 标准的 WLAN 没有简单照搬有线局域网使用的 CSMA/CD 协议,而是使用一种称为 CSMA/CA 的协议。802.11 标准的 WLAN 在使用 CSMA/CA 协议的同时,还使用停止等待协议。这是因为无线信道的通信质量远不如有线信道的,无线站点每通过无线局域网发送完一帧后,要等到收到对方的确认帧后才能继续发送下一帧,这就是链路层确认,链路层确认也是解决碰撞后重传的手段。

802.11 标准的 MAC 层包括两种不同的媒体接入控制方式,即分布式协调功能(distributed coordination function,DCF)和点协调功能(point coordination function,PCF)。DCF 不采用任何中心控制,每一个节点使用 CSMA 机制的分布式接入算法,让各个站通过争用信道来获取发送权,这是 802.11 标准定义的默认方式,目前 WLAN 都是使用 DCF。PCF 使用集中控制的接入算法,用类似于探询的方法把发送数据权轮流交给各个站,从而避免了碰撞的产生,PCF 是 802.11 标准定义的可选方式,在实际中很少使用。

(二) 确认机制和帧间空隙

在考虑如何避免碰撞之前,先介绍 802.11 标准中的确认机制和帧间空隙。

802.11 标准规定，所有的站点必须在持续检测到信道空闲一段指定时间后才能发送帧，这段时间通称为帧空隙（inter-frame space，IFS）。IFS 的长短取决于该站点要发送的帧的类型。高优先级帧需要等待的时间较短，因此可优先获得发送权，低优先级帧就必须等待较长的时间才能发送。若低优先级帧还没来得及发送，而其他站的高优先级帧已发送到信道上，则信道变为忙态，低优先级帧就只能再推迟发送了。这样就减少了发生碰撞的机会，以下是常用的两种 IFS。

(1) SIFS，即短帧间空隙，是最短的 IFS，用来分隔属于一次对话的各帧。一个站点应当能够在这段时间内从发送方式切换到接收方式。使用 SIFS 的帧类型有 ACK 帧、CTS 帧、由过长的 MAC 帧分片后的数据帧，以及所有回答 AP 探询的帧和在 PCF 方式中 AP 发送出的任何帧。

(2) DIFS，即 DCF 帧间空隙，比 SIFS 长得多，在 DCF 方式中用来发送数据帧和管理帧。

CSMA/CA 协议的确认机制如图 8-6 所示。源站先检测信道，若检测到信道空闲，则在等待 DIFS 时间后发送。目的站若正确收到此帧，则经过 SIFS 时间后，向源站发送 ACK 帧（但对于接收到的广播帧不发送 ACK 帧）。若源站在规定时间内没有收到 ACK 帧（由超时计时器控制这段时间），就必须重传此帧，直到收到 ACK 帧为止，或者经过若干次的重传失败后放弃发送。可以认为 CSMA/CA 协议的确认机制是一种"间接碰撞检测"机制。

为什么信道空闲还要再等待呢？这就是考虑到可能其他站有高优先级的帧要发送。如有，就要让高优先级帧先发送。例如，图 8-6 中的 ACK 帧就是一种高优先级帧，需确保其发送不被其他站发送的数据帧打断。

可以看出，802.11 WLAN 采用停止等待协议来提供可靠传输服务（但对广播帧不进行确认）。

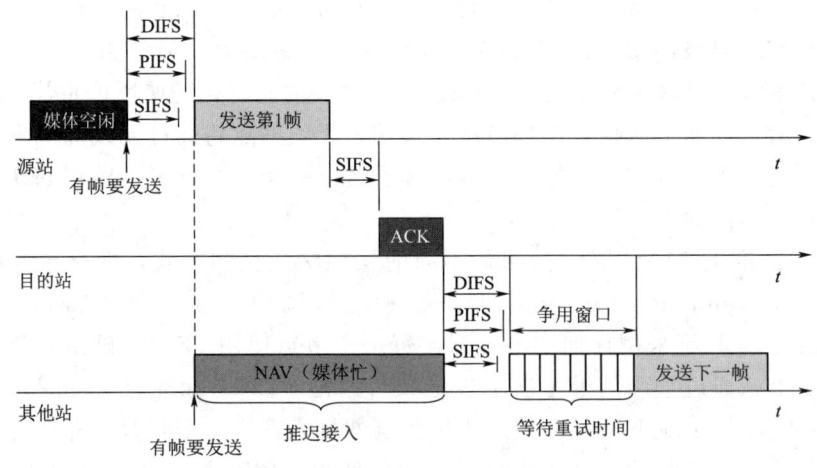

图 8-6 CSMA/CA 协议的确认机制

（三）退避算法

为了尽可能避免各种可能的碰撞，CSMA/CA 协议采用了一种不同于 CSMA/CD

协议的退避算法。图 8-6 指出，当信道从忙变为空闲时，任何其他站要发送数据帧，不仅要必须等待一个 DIFS 时间，而且还要退避一段随机的时间以后重新试图接入信道。在以太网的 CSMA/CD 协议中，要发送数据的站点在监听到信道变为空闲时等待一个帧间最小空隙就立即发送数据，同时进行碰撞检测。如果发生了碰撞，才执行退避算法。CSMA/CD 协议通过碰撞检测能及时停止发送碰撞了的无效帧，而 CSMA/CA 协议并没有像以太网那样的碰撞检测机制。为降低发生碰撞的概率，在 802.11 标准的 CSMA/CA 协议中，当要发送帧的站点检测到信道从忙转为空闲时，就要执行退避算法，在执行退避算法时，站点为退避计时器设置一个随机的退避时间。当退避计时器的时间减小到零时，就开始发送数据。若退避计时器的时间还未减小到零，信道又转变为忙态，这时就冻结退避计时器的时间，重新等待信道变为空闲，再经过 DIFS 时间后，继续启动退避计时器。显然，当退避计时器的时间减小到零时，信道一定处于空闲状态。

当发送站点因没有接收到 ACK 帧而重传帧时，也要执行退避算法。

为了避免一个站点独占信道，一个站点在成功发送完一个数据帧后（收到 ACK 帧后），要连续发送下一个数据帧时也要执行退避算法。

因此，当一个站点要发送数据帧时，仅在下面的情况下才不使用退避算法：检测到信道是空闲的，并且这个数据帧不是成功发送完上一个数据帧之后立即连续发送的数据帧。除此以外的以下情况，都必须使用退避算法。

（1）在发送帧之前检测到信道为忙态时。
（2）在每一次重传一个帧时。
（3）在每一次成功发送帧后要连续发送下一个帧时。

（四）信道预约和虚拟载波监听

为尽可能降低碰撞的概率和减少碰撞的影响，802.11 标准允许要发送数据的站点对信道进行预约。如图 8-7 所示，源站在发送数据帧之前先发送一个短的控制帧，叫作请求发送（request to send，RTS）帧，它包含源地址、目的地址和这次通信（包括相应的确认帧）所需的持续时间。当然，源站在发送 RTS 帧之前，必须先监听信道。若信道空闲，则等待 DIFS 时间后，就能够发送 RTS 帧了。若目的站正确收到源站发来的 RTS 帧，且信道空闲，就发送一个响应控制帧，叫作允许发送（clear to send，CTS）帧，它也包含这次通信所需的持续时间（从 RTS 帧中将此持续时间复制到 CTS 帧中）。源站收到 CTS 帧后，再等待 SIFS 时间后，就可发送其数据帧。若目的站正确收到了源站发来的数据帧，在等待 SIFS 时间后，就向源站发送 ACK 帧。

在图 8-7 中，除源站和目的站以外的其他各站，监听到 RTS 帧或 CTS 帧后，根据帧中指明的持续时间推迟接入 WLAN。这样就保证了源站和目的站之间的通信不会受其他站的干扰。如果 RTS 帧发生碰撞，源站就收不到 CTS 帧，需执行退避算法重传 RTS 帧。

RTS 帧和 CTS 帧很短，发生碰撞的概率、碰撞产生的开销及本身的开销都很小，而一般的数据帧发送时延往往远大于传播时延（注意是局域网），碰撞的概率很大，而一旦发生碰撞导致数据帧重发，浪费的时间就很多。因此，用很小的代价对信道进

第八章 无线网络

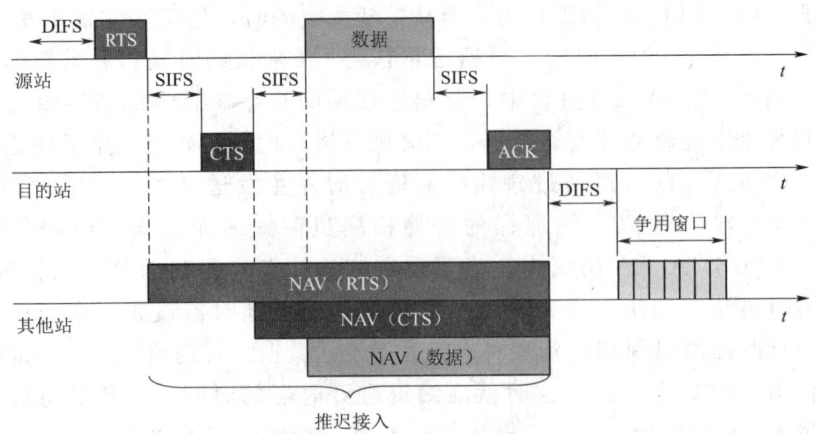

图 8-7 利用 RTS 帧和 CTS 帧实现信道预约

行预约往往是值得的。虽然如此，802.11 标准还是设置了三种情况供用户选择。

(1) 使用 RTS 帧和 CTS 帧。

(2) 只有当数据帧超过一定长度时，才使用 RTS 帧和 CTS 帧。

(3) 不使用 RTS 帧和 CTS 帧。

实际上不仅 RTS 帧和 CTS 帧会携带持续时间，数据帧也会携带持续时间，这就是 802.11 WLAN 的虚拟载波监听机制。802.11 WLAN 的帧中有一个持续时间字段，允许发送帧的站点把它要占用信道的时间（包括目的站发回确认帧所需的时间）及时通知所有其他站点。当一个站点检测到正在信道中传送的 MAC 帧首部的持续时间字段时，它就调整自己的网络分配向量（network allocation vector，NAV）。NAV 指出了信道将被占用的时间，即使站点（如隐蔽站）在这段时间内可能检测不到信道忙，也不能访问信道，也好像是监听到信道忙一样。由于利用虚拟载波监听机制的站点只要监听到 RTS 帧、CTS 帧和数据帧中的任何一个，就能知道信道被占用的持续时间，而不需真正监听到信道上的信号，虚拟载波监听机制能减少隐蔽站带来的碰撞。

测试题 8-3

> 思考：为什么在无线局域网中不能使用 CSMA/CD 协议而必须使用 CSMA/CA 协议？

四、WLAN 的 MAC 帧

802.11 帧共有三种类型，即控制帧、数据帧和管理帧。这里仅讨论数据帧的一些重要字段。

从图 8-8 可以看出，802.11 数据帧由三大部分组成。

(1) MAC 首部，共 30 字节。帧的复杂性都在帧的 MAC 首部。

(2) 有效载荷，也就是帧的数据部分，不超过 2312 字节。不过 802.11 帧的长度通常都小于 1500 字节。

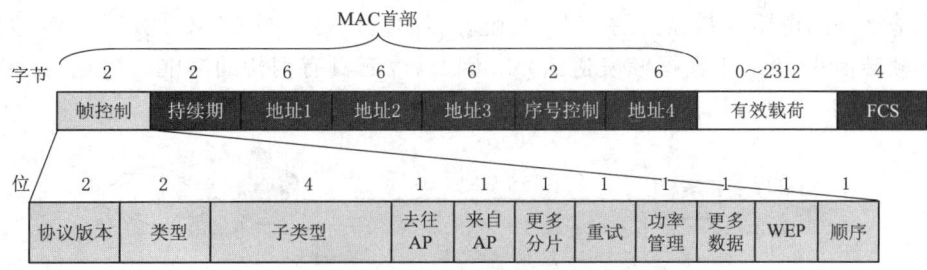

图 8-8 802.11 的数据帧格式

（3）帧检验序列（FCS），即帧尾部，共 4 字节。

（一）地址字段

802.11 数据帧有 4 个地址字段，这几个地址字段与帧控制字段中的"去往 AP"（移动站发送到 AP）和"来自 AP"（从 AP 发往移动站）这两个子字段的数值有关，见表 8-2。

表 8-2　　　　　　　　　　802.11 数据帧地址字段的含义

去往 AP	来自 AP	地址 1	地址 2	地址 3	地址 4
0	0	目的地址	源地址	BSSID	—
0	1	目的地址	发送 AP 地址	源地址	—
1	0	接收 AP 地址	源地址	目的地址	—
1	1	接收 AP 地址	发送 AP 地址	目的地址	源地址

地址 1 永远是接收地址（即直接接收数据帧的节点地址）。

地址 2 永远是发送地址（即实际发送数据帧的节点地址）。

地址 3 和地址 4 取决于数据帧中的"来自 AP"和"去往 AP"这两个字段的数值。这里要再强调一下，上述地址都是数据链路层的 MAC 地址，即硬件地址。

一个站点要和本 BSS 以内或以外的站点通信，都必须通过本 BSS 的 AP。下面分几种情况说明，"来自 AP"和"去往 AP"这两个字段的不同组合，也决定了 802.11 数据帧中地址 1、地址 2、地址 3、地址 4 的含义。

（1）如果站点 A 要和本 BSS 内的站点 C 发送数据帧，如图 8-9 所示。首先 A 要把数据帧发送给 AP_1，帧控制字段中"去往 AP=1"而"来自 AP=0"，帧中地址 1 是 AP_1 的 MAC 地址，地址 2 是 A 的 MAC 地址，地址 3 是 C 的 MAC 地址，而地址 4 没有被使用。当 AP_1 将数据帧转发给站点 C 时，帧控制字段中"去往 AP=0"而"来自 AP=1"，帧中地址 1 是 C 的 MAC 地址，地址 2 是 AP_1 的 MAC 地址，地址 3 是 A 的 MAC 地址，也不使用地址 4，见表 8-3。图 8-9 中的 DS 用于将不同的 AP 与通往外网的路由器互联起来。

（2）如果站点 A 要和本 BSS 以外的位于 DS 的路由器 R 发送数据帧。A 要把数据帧发送给 AP_1，如果 DS 是以太网，AP_1 会将 802.11 数据帧转换为以太网帧发送给 R。这时以太网帧中的源地址是 A 的 MAC 地址，目的地址是路由器 R 接口 1 的 MAC 地址（假如 AP_1 连接到路由器 R 接口 1）。反之，当 R 发送响应给 A 时，以太网帧的源地址是路由器 R 接口 1 的 MAC 地址，目的地址是 A 的 MAC 地址，AP_1 收到后会将该帧转换为 802.11 数据帧发送给 A。因此，AP 具有网桥的功能。站点 A 和位于 DS 的路由器 R 发送数据帧对应的 4 个地址见表 8-4。

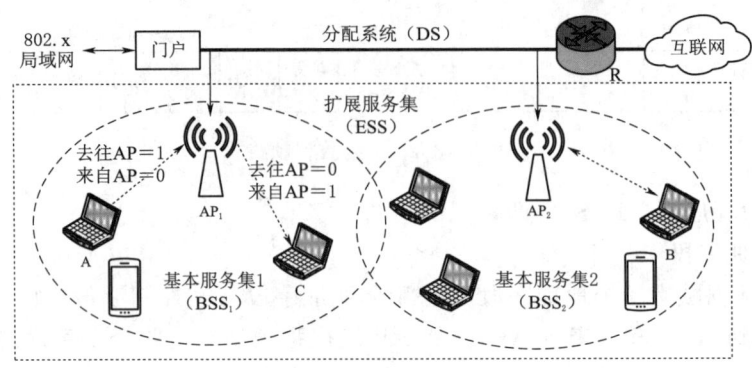

图 8-9　站点 A 通过 AP_1 和其他站点之间的通信

表 8-3　站点 A 和本 BSS 内的站点 C 发送数据帧对应的 4 个地址

数据报流向	去往 AP	来自 AP	地址 1	地址 2	地址 3	地址 4
A→AP_1	1	0	AP_1 的 MAC 地址	A 的 MAC 地址	C 的 MAC 地址	—
AP_1→C	0	1	C 的 MAC 地址	AP_1 的 MAC 地址	A 的 MAC 地址	—

表 8-4　站点 A 和位于 DS 的路由器 R 发送数据帧对应的 4 个地址

数据报流向	去往 AP	来自 AP	地址 1	地址 2	地址 3	地址 4
A→AP_1	1	0	AP_1 的 MAC 地址	A 的 MAC 地址	路由器 R 的接口 1 的 MAC 地址	—
AP_1→R（以太网帧）	目的 MAC 地址：路由器 R 接口 1 的 MAC 地址	源 MAC 地址：A 的 MAC 地址	—	—		
R→A	目的 MAC 地址：A 的 MAC 地址	源 MAC 地址：路由器 R 接口 1 的 MAC 地址	—	—		

（3）如果站点 A 向位于 BSS_2 的站点 B 发送数据帧，A→AP_1、AP_1→R 的过程与以上所述类似。接下来，路由器 R 会将以太网帧发送给 AP_2，这时以太网帧中的源地址是路由器 R 接口 2 的 MAC 地址（假如 AP_2 连接到路由器 R 接口 2），目的地址是 B 的地址。当 AP_2 将数据帧转发给站点 B 时，帧控制字段中"去往 AP=0"而"来自 AP=1"，帧中地址 1 是 B 的 MAC 地址，地址 2 是 AP_2 的 MAC 地址，地址 3 是路由器 R 接口 2 的 MAC 地址，也不使用地址 4。站点 A 向位于 BSS_2 的站点 B 发送数据帧对应的 4 个地址见表 8-5。

（4）帧控制字段中"去往 AP"和"来自 AP"都为 0，用于自组网络模式。两个站点处于同一个独立 BSS 时，它们可以直接通信而不需要 AP 的转发，地址 3 是 BSSID，用于指出它们所在的 BSS。BSSID 是一个 48 位的二进制数，对于有 AP 的

BSS，BSSID 就是 AP 的 MAC 地址，而对于 Ad-hoc 独立基本服务集，BSSID 一般由系统随机生成。

表 8-5　　　站点 A 向位于 BSS_2 的站点 B 发送数据帧对应的 4 个地址

数据报流向	去往 AP	来自 AP	地址 1	地址 2	地址 3	地址 4
$A \to AP_1$	1	0	AP_1 的 MAC 地址	A 的 MAC 地址	路由器 R 的接口 1 的 MAC 地址	—
$AP_1 \to R$（以太网帧）			目的 MAC 地址：路由器 R 接口 1 的 MAC 地址	源 MAC 地址：A 的 MAC 地址	—	—
$R \to AP_2$（以太网帧）			目的 MAC 地址：B 的 MAC 地址	源 MAC 地址：路由器 R 接口 2 的 MAC 地址	—	—
$AP_2 \to B$	0	1	B 的 MAC 地址	AP_2 的 MAC 地址	路由器 R 接口 2 的 MAC 地址	—

(5) 帧控制字段中"去往 AP"和"来自 AP"都为 1，用于连接多个 BSS 的 DS 也是 802.11 WLAN 的情况。例如，在图 8-9 中，如果 DS 也是 802.11 WLAN，位于 BSS_1 的站点 A 发送数据给 BSS_2 的站点 B，当 AP_1 通过无线 DS 将帧转发给 AP_2 时，帧中地址 1 是 AP_2 的 MAC 地址，地址 2 是 AP_1 的 MAC 地址，地址 3 是 B 的 MAC 地址，地址 4 是 A 的 MAC 地址。但如果 DS 是以太网，显然 AP_1 转发给 AP_2 的是以太网帧，帧中仅携带 A 和 B 的 MAC 地址。

（二）序号控制字段、持续期字段和帧控制字段

下面再介绍 802.11 数据帧中其他的一些字段。

(1) 序号控制字段占 16 位。其中序号子字段占 12 位（从 0 开始，每发送一个新帧就加 1，到 4095 后再回到 0），分片子字段占 4 位（不分片则保持为 0。如分片则帧的序号子字段保持不变，而分片子字段从 0 开始，每个分片加 1，最多到 15）。重传的帧的序号和分片子字段的值都不变。序号控制字段的作用是使接收方能够区分开接收到的帧是新传送的帧还是因出现差错而重传的帧。这和运输层讨论的序号的概念是相似的。

(2) 持续期字段占 16 位。CSMA/CA 协议允许发送数据的站点预约信道一段时间（图 8-7），并把这个时间写入到持续期字段中。这个字段只有最高位为 0 时才表示持续期。这样，持续期不能超过 $2^{15}-1=32767\mu s$。

(3) 帧控制字段共分为 11 个子字段。其中"去往 AP"和"来自 AP"字段已经介绍了。

类型字段和子类型字段用来区分帧的功能。802.11 帧共有控制帧、数据帧和管理帧三种类型，而每一种帧又分为若干种子类型。例如，控制帧有 RTS 帧、CTS 帧和 ACK 帧等几种不同的子类型。

WEP 字段占 1 位。若 WEP=1，就表明 MAC 帧的帧主体字段采用了加密算法。WEP 加密算法有安全漏洞，因此，IEEE 802.11i 在努力解决 WLAN 的安全问题。2002 年 Wi-Fi 联盟制定了符合 802.11i 功能的加密方式 WPA。2004 年制定的 WPA2 增加了支持高级加密标准（advanced encryption standard，AES）算法，并完

测试题 8-4

全符合 IEEE 802.11i-2004 的安全功能。现在的 Wi-Fi 产品几乎都支持 WPA2。但在 MAC 帧首部的帧控制字段中，WEP 字段的名称仍继续使用。

思考 无线局域网的 MAC 帧首部中地址 1、地址 2、地址 3、地址 4 的作用是什么？

五、WLAN 的接入设备

常见的无线网络接入设备如下：

（1）无线路由器。作为小型企业、家庭的无线接入设备，无线路由器和移动站与 AP 之间会通过主动扫描、被动扫描的方式建立关联，然后进行认证，以便接入本地网络和互联网。如图 8-10 所示，家庭和小型企业无线路由器将 AP、交换机和路由器的功能整合到一起，即提供 802.11a/b/g/n/ac 无线接入、提供四端口、全双工、10/100/1000 以太网交换机来连接有线设备、提供连接到其他网络基础设施（如互联网）的默认网关。

大多数无线路由器也会提供一些高级特性，比如高速访问、支持视频流、IPv6 编址、服务质量（quality of service，QoS）、配置工具和连接打印机或便携式驱动器的 USB 端口，集中用户的无线信号，并连接到现有基于铜介质的网络基础设施，如以太网。

（2）无线网卡适配器。笔记本计算机、平板计算机、智能手机，甚至最新款的汽车均集成安装无线网卡。如果没有集成无线网卡，也可以使用外置 USB 无线网卡适配器，如图 8-11 所示。

图 8-10 无线路由器

图 8-11 无线网卡适配器

目前常见的无线设备都没有外置天线，天线一般内置在智能手机、笔记本计算机和无线家用路由器中。另外，也可以部署 Wi-Fi 扩展器从而扩大无线网络的覆盖范围。随着技术的发展，许多 802.11 标准应运而生。在购买无线设备时，必须确保兼容性和互操作性。

（3）无线局域网控制器。在有大量 AP 的 WLAN 中，通常部署无线局域网控制器对网络中的大量 AP 进行配置和管理。无线局域网控制器提供更多额外服务和管理功能，可以快速看到配置的无线网络、关联的 AP 和活动客户端的数量。大多数无线

第一节 WLAN

局域网控制器都有一些基本的设置和菜单,可以使用这些设置和菜单快速访问、设备,完成一系列常见的配置,也可以执行一些高级设置。

无线局域网控制器拥有端口和接口。端口是用来物理连接到有线网络的插口,类似于交换机的端口。接口则是通过软件创建的虚拟接口,类似于 VLAN 虚拟接口。实际上,每个需要承载 WLAN 流量的接口都会映射一个不同的 VLAN。某品牌无线局域网控制器可以支持 150 个 AP 和 4096 个 VLAN,而它只有 5 个物理端口,这就表示每个物理端口都可以支持多个 AP 和 WLAN。无线局域网控制器的端口实际上就是中继端口,可以承载多个 VLAN 发往交换机的流量,并且分发给多个 AP。每个 AP 都可以支持多个 WLAN。

(4) AP。移动站会使用无线网卡发现周边通告 SSID 的 AP。接下来,移动站就会关联 AP,并且进行认证。通过认证之后,移动站就可以接入无线网络了。AP 分为自主 AP 和基于控制器的 AP 两类。

自主 AP:需要使用命令行界面(command line interface,CLI)或者 GUI 进行配置,如图 8-12 所

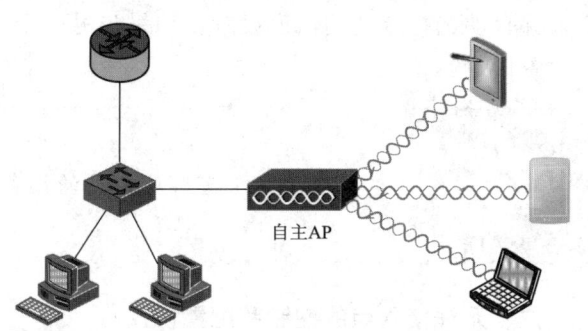

图 8-12 自主 AP

示。在有少量 AP 的网络里,自主 AP 的使用比较广泛。家庭路由器就属于一种自主 AP,所有配置在这一台 AP 上完成。如果无线的覆盖范围扩大了,就需要部署更多的 AP。每台 AP 都需要独立于其他 AP,每个 AP 也都需要手动进行配置和管理。如果 AP 的数量过多,配置工作量将会很大。

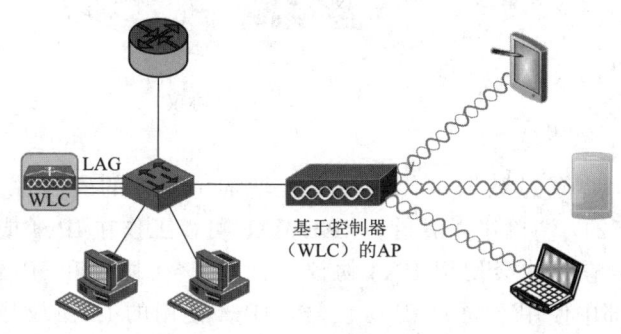

图 8-13 基于控制器的 AP

基于控制器的 AP:不需要进行初始配置,一般称为轻型接入点。轻型接入点会使用轻型接入点协议(lightweight access point protocol,LWAPP)和无线局域网控制器进行通信,如图 8-13 所示。在有大量 AP 的无线网络中,更适合部署基于无线局域网控制器的 AP,每个 AP 都可以由无线局域网控制器自动进行配置和管理。

在图 8-13 中可以看到,无线局域网控制器通过链路聚合组(link aggregation group,LAG)连接到交换机,这可以提供冗余和负载均衡。连接到无线局域网控制器的所有交换机端口都需要建立干道并且启动 EtherChannel。

要使移动站通过无线网络进行通信,移动站必须首先与 AP 建立关联。要成功建立关联,移动站必须和 AP 就特定参数达成一致。参数必须在 AP 上进行配置,然后在客户端配置,以便成功地协商关联。

SSID：会出现在无线客户端的可用无线网络列表中。在比较大的机构中，往往会使用多个 VLAN 来分隔流量，每个 SSID 可以映射到一个 VLAN。根据网络配置，一个网络上的多个 AP 可共享一个 SSID。

密码：从无线客户端对 AP 进行认证时需要提供密码。

网络模式：指 802.11a/b/g/n/ac/ad 等 WLAN 标准。AP 和无线路由器可以在混合模式下运行，这意味着它们可以同时使用多个标准。

安全模式：指安全参数设置，例如 WEP、WPA 或 WPA2。始终启用能够支持的最高安全级别。

信道设置：指用于传输无线数据的频段。无线路由器和 AP 可以扫描无线电信道，并自动选择合适的信道设置。如果与另一个 AP 或无线设备存在干扰，也可以手动设置信道。

思考

无线网络中有哪些常见的设备？AP 和无线路由器有区别吗？

六、无线接入点的控制和配置协议

无线接入点的控制和配置协议（control and provisioning of wireless access points protocol specification，CAPWAP）是一个 IEEE 标准的协议，它可以让无线局域网控制器管理多个 AP 和 WLAN，也负责在 AP 和 WLC 之间加密和转发 WLAN 客户端流量。

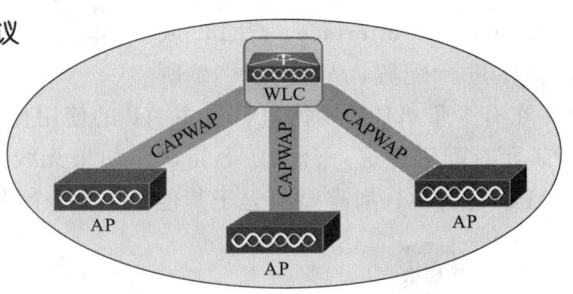

图 8-14　CAPWAP 协议

CAPWAP 以 LWAPP 为基础，并通过数据报传输层安全增加了额外的安全性。CAPWAP 会使用 UDP 的 5246 和 5247 端口建立隧道。CAPWAP 可以工作在 IPv4 或 IPv6 协议上，如图 8-14 所示，但它默认会使用 IPv4 协议。针对 IPv4 协议和 IPv6 协议，CAPWAP 隧道在数据帧头部中使用不同的 IP 协议号，IPv4 使用的 IP 协议号为 17，而 IPv6 使用的 IP 协议号为 136。

CAPWAP 协议拆分 MAC 功能，将原本由各个 AP 执行的所有功能，拆分为 AP 的 MAC 功能、WLC 的 MAC 功能两个功能组件，见表 8-6。

表 8-6　　　　　　　　AP 和 WLC 的 MAC 功能组件

AP 的 MAC 功能	WLC 的 MAC 功能
信标帧与探测帧的响应	认证
数据包确认和重传	漫游客户端的关联和重新关联
帧队列和数据包优先级	帧转换和数据包优先级
MAC 层数据加密和解密	在有线接口上终结 802.11 流量

第一节 WLAN

思考

无线接入点的控制和配置协议 CAPWAP 有什么作用？

七、无线局域网的信道管理

无线局域网设备把发射机和接收机调整到某些特定的射频频率范围才能进行通信。一种常见的做法是把频率划分为多个范围，这些范围则会进一步划分为比较小的范围，后者就称为信道。如果对某个信道的需求过高，这个信道就很有可能饱和。无线介质饱和会给通信质量带来负面影响。在过去很多年间，人们创立很多技术来提升无线通信的质量，减轻无线介质的饱和度。这些技术可以更加有效地利用信道，减轻信道饱和度。

直接序列扩频（direct sequence spread spectrum，DSSS）：这是一种在战争期间开发出来的调制技术，当时是为了让敌人难以截获或者阻塞通信信号。DSSS 技术会把信号分布在更大的频率范围上，从而有效地隐藏信号的可分辨峰值，如图 8-15 所示。接收机如果配置正确，就可以对 DSSS 信号进行解调，恢复最初的信号。802.11b 设备会使用 DSSS 技术来避免与其他使用 2.4GHz 频率的设备发生碰撞。

跳频扩频（frequency hopping spread spectrum，FHSS）：在多个频率信道之间快速切换载波信号，如图 8-16 所示。如果要使用 FHSS 技术，那么发射机和接收机必须进行同步，以便"搞清楚"要跳去哪条信道。跳频这个过程可以更加高效地利用信道，减少信道的拥塞。最初的 802.11 标准使用的是 FHSS 技术。对讲机和 900MHz 的无绳电话同样使用了 FHSS 技术，蓝牙使用的技术是 FHSS 技术的一种变体。

正交频分复用（orthogonal frequency division multiplexing，OFDM）：属于频分复用的一个分支，让一条信道在相邻频率上使用多条子信道。OFDM 系统中的子信道相互都是严格正交的，这样子信道之间就可以重叠而不干扰了，如图 8-17 所示。很多通信系统都采用了 OFDM 技术，其中包括 802.11a/g/n/ac。新的 802.11ax 使用了 OFDM 技术的一种变体，即正交频分多路访问。

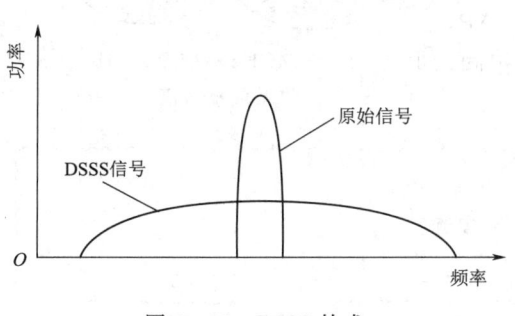

图 8-15 DSSS 技术

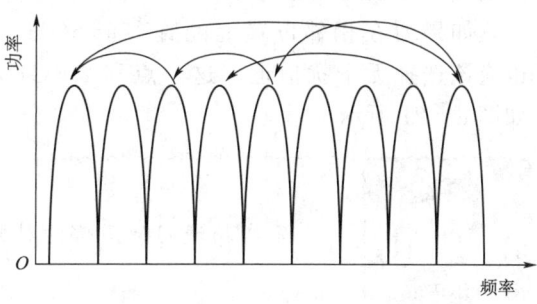

图 8-16 FHSS 技术

对于需要多个 AP 的 WLAN 环境而言，最佳实践就是使用无重叠信道。比如 802.11b/g/n 工作在 2.4GHz 到 2.5GHz 频段，带宽约 85MHz。2.4GHz 频带被划分为了多

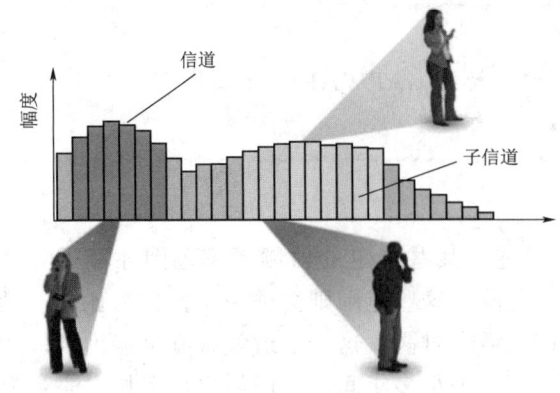

条信道，每条信道均拥有 22MHz 的带宽，相邻信道彼此相距 5MHz。802.11b 为北美洲定义了 11 条信道，如图 8-18 所示（为欧洲定义了 13 条信道，为日本定义了 14 条信道）。

当信道相互重叠的时候，就会发生干扰，发生干扰会导致信号失真。对需要多个 AP 的 2.4GHz 无线局域网来说，最佳实践是使用无重叠信道，绝大部分新的 AP 都会自动选择无重叠信道。如果有三个彼此相邻的 AP，应该使用信道 1、6 和 11，如图 8-19 所示。

图 8-17 OFDM 技术

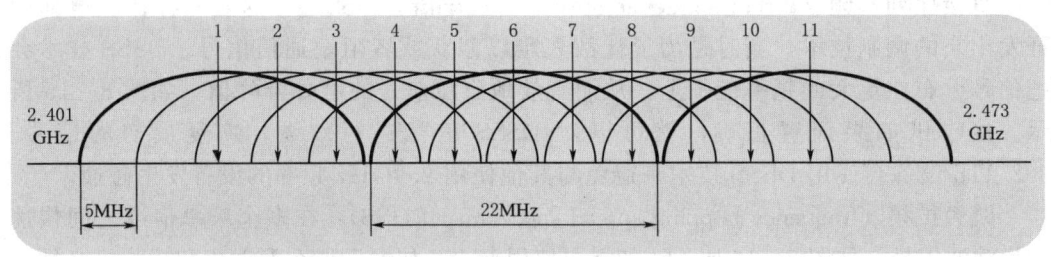

图 8-18 北美洲的 2.4GHz 重叠信道

5GHz 标准 802.11a/n/ac 的无重叠信道有 24 条，每条信道均与相邻信道彼此相距 20MHz。5GHz 带宽被分为了三个部分，图 8-20 显示了 5GHz 带宽第 1 部分的 8 条信道。虽然小有重叠，但是这些信道并不会相互干扰。在设备量大且密集的无线网络中，5GHz 无重叠信道可以为无线客户端提供更快的数据速率。

如果要在相邻位置上配置多个 5GHz 的 AP，也应该选择无干扰信道，这一点和 2.4GHz 相同，如图 8-21 所示。

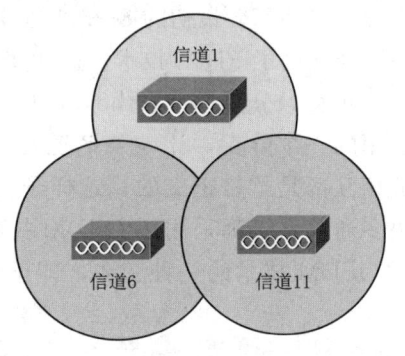

图 8-19 2.4GHz 标准 802.11b/g/m 的无重叠信道

测试题 8-7

 思考

无线局域网使用哪两种频率信道？

八、WLAN 的规划部署

在规划部署 WLAN 时，要考虑上网人数、无线终端数量、场地布局、用户期待

的数据速率、多个 AP 对无重叠信道的使用，以及发射功率设置等因素。在规划 AP 的位置时，推荐的做法包括如下内容：

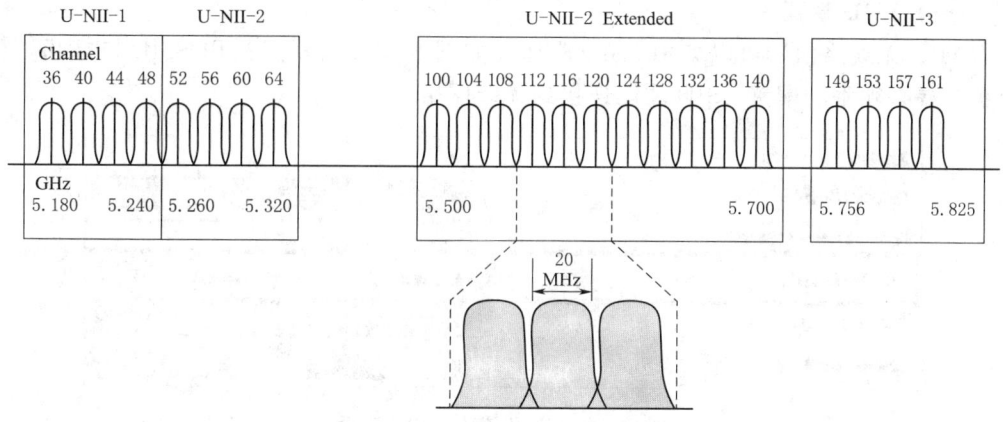

图 8-20　5GHz 无干扰信道

（1）如果准备用现成的布线来安装 AP，或者如果某些位置无法安装 AP，应该在地图上把这些位置标记出来。

（2）需要把所有有可能产生干扰的信号源都标记出来，包括微波炉、无线视频摄像头、荧光灯、运动探测器，以及所有其他使用 2.4GHz 频段的设备。

（3）把 AP 安装在障碍物的上方。

（4）尽可能把 AP 垂直安装在场地中心的天花板上。

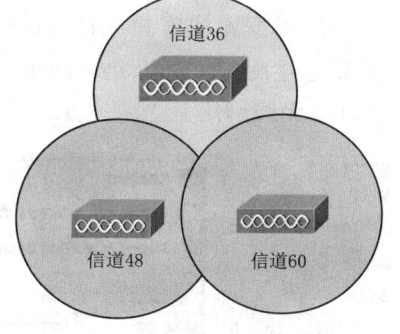

图 8-21　5GHz 标准 802.11a/n/ac 的无干扰信道

（5）把 AP 安装在用户经常活动的区域周围，会议室比过道更适合安装 AP。

（6）如果使用了 IEEE 802.11 网络混合模式，由于需要支持早期的无线标准，无线客户端感受到的速率可能会比正常速率要慢。

因此，AP 的覆盖范围取决于 WLAN 的标准、部署的混合模式、场所布局以及 AP 的发射功率等多种因素。

测试题 8-8

在规划部署无线局域网时，有哪些推荐的做法？

九、WLAN 的安全

无线信号可以穿透天花板、地板、墙体等，从而到达家庭住宅和办公环境之外。如果没有严格的安全措施，那么 WLAN 无异于到处提供无线接入，甚至提供给外部人员。为了提高无线接入的安全性，可以使用 SSID 隐藏、MAC 地址过滤等技术。尽管这两种技术非常古老，但目前大多数路由器和 AP 仍然支持。

（一）SSID 隐藏

AP、无线路由器可以禁用 SSID 广播，如图 8-22 所示。禁用 SSID 广播后，无线客户端必须手动配置 SSID 才能连接到无线网络。

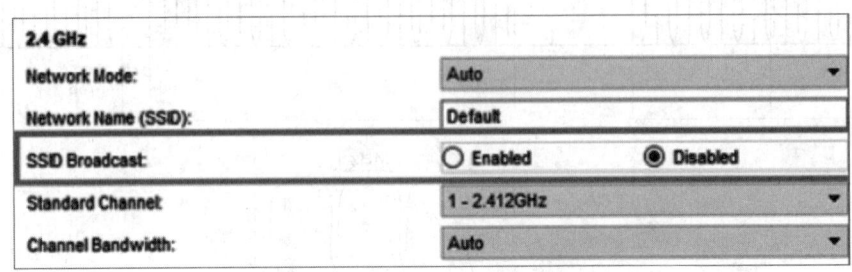

图 8-22 启用/禁用 SSID 广播

（二）MAC 地址过滤

可以根据无线客户端的 MAC 地址来选择允许或者拒绝其接入。在图 8-23 中，路由器通过配置，可以允许两个 MAC 地址。其他 MAC 地址的设备则无法加入这个 2.4GHz 无线网络。

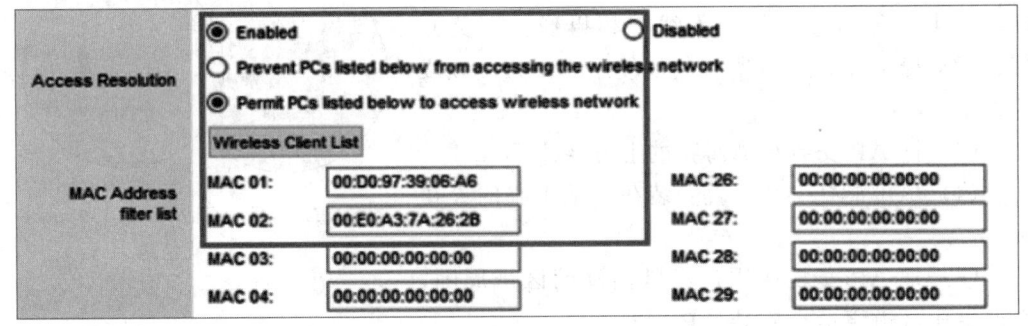

图 8-23 设置 MAC 地址过滤

虽然这两个技术可以阻止绝大多数用户，但无论是 SSID 隐藏还是 MAC 地址过滤，都无法防御真正高明的入侵者。即使 AP 不再广播 SSID，发现 SSID 仍然轻而易举，同时 MAC 地址是可以进行伪装的。

保护无线网络安全的最佳方式是使用认证和加密系统，最初的 802.11 标准支持以下两种类型的认证。

(1) 开放系统认证。任何无线客户端都能够轻松连接，开放系统认证只应该在那种安全性无关紧要的场所使用，比如那些提供免费互联网接入的场所，如咖啡厅、酒店等。无线客户端负责提供安全性，比如使用 VPN 来建立安全连接。

(2) 共享密钥认证。提供 WEP、WPA、WPA2 和 WPA3 等共享密钥认证方式，见表 8-7。在 WPA3 设备全面普及之前，无线网络广泛使用 WPA2 标准。

第二节 WPAN——蓝牙

表 8-7　802.11 标准支持的认证方法

认证方法	描　述
WEP	为了达到保护数据的目的，原始的 802.11 标准使用带静态密钥的 RC4（rivest cipher 4）加密方式。不过，在交换数据包的过程中，密钥不会改变，这会给入侵创造便利。WEP 已经过时，不推荐使用，以后也永远不应该使用
WPA	一种使用 WEP 的 Wi-Fi 联盟标准，但保护数据使用的是更加强大的时限密钥完整性协议（temporal key integrity protocal，TKIP）算法。TKIP 算法将更改每个数据包的密钥，使其更难受到攻击
WPA2	WPA2 是目前用于保护无线网络的行业标准，它使用 AES 进行加密。AES 可以认为是目前最强的加密协议
WPA3	下一代无线网络安全技术。所有启用了 WPA3 的设备都会使用最新的安全方法，不允许使用过时的协议，同时要求使用受保护管理帧。不过，支持 WPA3 的设备，目前仍然难得一见

视频 8-1

个人适用于家庭或小型办公网络，用户使用预共享密钥进行认证，不需要使用认证服务器。

企业适用于企业网络，但需要配备一台远程认证拨入用户服务（remote authentication dial-in user servive，RADIUS）认证服务器。虽然设置更加复杂，但可以提供额外的安全性。设备必须由 RADIUS 认证服务器进行认证，接下来用户则必须使用 802.1X 标准进行认证，后者执行认证时会使用可扩展认证协议（extensible authentication protocol，EAP）。

测试题 8-9

无线局域网有哪些安全措施？

第二节　WPAN——蓝牙

WPAN 把个人工作区域内的电子设备（如便携式计算机、平板计算机、便携式打印机以及蜂窝电话等）连接成自组网络，实际上就是一种低功率、小范围、低速率和低价格的无线技术。WPAN 不需要使用 AP，整个网络的范围约为 10m。WPAN 可以一个人使用，也可以由若干人共同使用，例如，一个外科手术小组的几位医生把几米范围内使用的一些电子设备组成一个 WPAN。

WPAN 的 IEEE 标准起初都由 IEEE 802.15 工作组制定，这个标准包括 MAC 层和物理层这两层的标准。后来也有其他组织参加了标准的制定。WPAN 工作在 2.4GHz 的 ISM 频段。顺便指出，欧洲的 ETSI 标准则把 WPAN 取名为 HiperPAN。

一、蓝牙简介

1998 年，爱立信公司与其他 4 家公司（IBM、Intel、Nokia 和 Toshiba）联合推出了一个开发项目，其目标是开发一个无线标准，可用来将计算设备、通信设备或其他附件通过短距离、低功耗和低成本的无线电连接起来。这个开发项目被命名为蓝牙(bluetooth),名字来源于北欧的一位国王 Harald Blatand,他统一了丹麦和挪威。

蓝牙1.0发布于1999年7月,数据速率为720kbit/s,通信范围在10m左右。2004年,蓝牙2.0版本发布,提供了更高的数据速率。2009年,蓝牙3.0版本发布,可用来配对(设备彼此发现并连接的行为),结合802.11的设备获得高吞吐量的数据传输。2009年12月,蓝牙4.0版本发布,规定了低耗能蓝牙,适用于数据量很小的节点,电池可以连续工作4~5年,距离增大到30m,数据率可达1Mbit/s,传统蓝牙数据速率提高到3Mbit/s,传输距离可达100m。2016年,蓝牙5.0版本发布,可结合 Wi-Fi 对室内位置进行辅助定位,提高传输速率和质量,增加有效工作距离,数据速率上限达24Mbit/s,传输距离最高可达300m。现在所有消费类电子设备都支持蓝牙,从智能手机、笔记本计算机到耳机、打印机、键盘、鼠标、游戏机、钟表、音乐播放器、导航设备等。蓝牙协议使这些设备能互相发现并连接,从而安全地传送数据。

测试题 8-10

思考　蓝牙的优点有哪些?

二、蓝牙体系结构

蓝牙体系的基本单元是一个微网,微网包含一个主节点,以及10m距离之内至多7个活跃的从节点。在同一个大房间中可以同时存在多个微网,多个微网甚至可以通过一个桥接从节点连接起来,如图8-24所示,该桥节点必须加入多个微网。一组相互连接的微网称为扩散网。

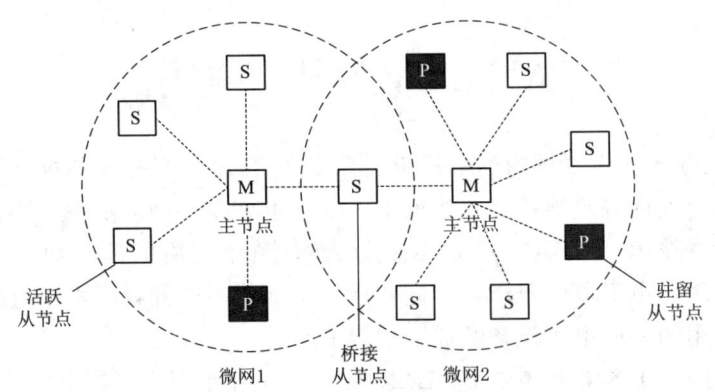

图 8-24　两个微网连接成一个扩散网

在一个微网中,除了7个活跃从节点以外,还可以有多达255个驻留节点。所谓驻留节点是指被主节点切换到低功耗状态的设备,以降低电源消耗。一个处于驻留状态的设备,除了响应节点的激活或者信标信号外,不做其他任何事情。此外,还有保持、嗅探两个中间电源状态。

这种主从模式的设计理念在于，设计者期望尽量降低蓝牙芯片的成本。在这种理念的指导下，从设备基本上都是哑设备，只能完成一些主节点告诉它们该做的事情。本质上，微网是一个集中式的 TDM 系统，主节点控制时钟，并决定每个时间槽被哪个设备用来通信。所有的通信都是在主节点和从节点之间进行。从节点与从节点不可能进行直接通信。

测试题 8-11

蓝牙系统主从模式（Master/Slave）的优点有哪些？

三、蓝牙应用

大多数网络协议只是为通信实体提供信道，至于用这些协议做哪些事情，则是应用设计者应该考虑的问题。例如，802.11 并没有规定用户如何使用笔记本计算机来收发邮件、浏览 Web 页面等。而蓝牙 SIG 规范却列出了蓝牙所支持的专门应用以及每一种应用对应的不同协议栈。蓝牙支持各种应用程序，这些应用通称为轮廓。其中有 6 个轮廓专门针对音频和视频的不同用途。例如，对讲机轮廓允许两个电话相互连接，以对讲机的方式使用。无线耳麦和免提轮廓都提供了耳机与其基站之间的语音通信，就像开车时的免提电话。有一些轮廓用于流媒体应用，例如，立体声品质的音频和视频，用在便携式音乐播放器到耳机或数码相机到电视机之间。人机接口轮廓用于把键盘和鼠标连接到计算机。有一些轮廓让手机或其他计算机接收来自摄像机的图像或把图像发送至打印机。有趣的是，有这样的一个轮廓，它允许把移动电话作为电视机（配蓝牙的）的遥控器来使用。个域网轮廓允许蓝牙设备自我形成一个自组网络或通过一个 AP 远程访问另一个网络，比如 802.11WLAN。拨号联网轮廓允许一台笔记本计算机无线连接到一台内置了调制解调器的移动电话。同步轮廓用于离家时上载数据到移动电话，而回家时从移动电话收集数据。

构建上述轮廓服务需要基础轮廓，通用访问轮廓是构建其他所有轮廓的基础，它提供了一种建立和维护主站和从站之间安全链路（信道）的方式。其他通用轮廓定义了对象交流和音视频传输的基础。实用程序轮廓广泛用于诸如模拟串行线等功能，这对许多传统应用程序尤其有用。

测试题 8-12

蓝牙有哪些常见的轮廓？

四、蓝牙协议

蓝牙标准有许多协议，它们松散地分成多个层次，如图 8-25 所示。容易看出，该结构不遵循 OSI 模型、TCP/IP 模型、802 模型或任何其他模型。

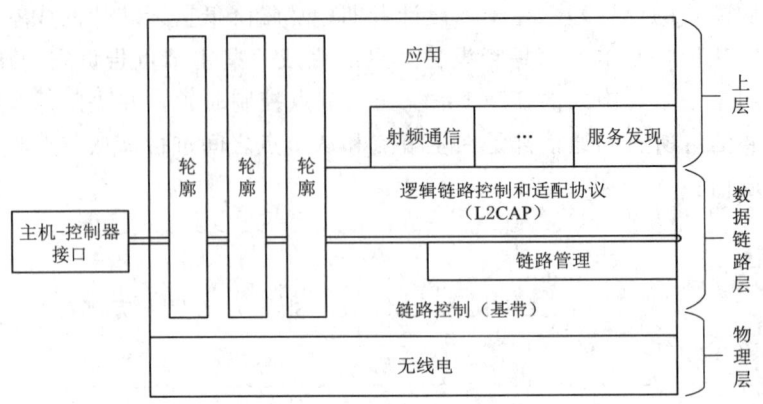

图 8-25 蓝牙协议体系结构

(一) 无线电层

蓝牙协议体系结构的最底层是无线电层，对应于 OSI 模型和 802 模型的物理层，涉及无线传输和调制解调。无线电层将比特信息从主节点移动到从节点，或者从节点移动到主节点。蓝牙运行在 2.4GHz 的 ISM 频段上，该频段被分成 79 个信道，每个信道宽 1MHz。为了与使用 ISM 频段的其他网络共存，蓝牙使用了 FHSS 技术，每秒 1600 跳，驻留时间 625μs。一个微网中的所有节点同步跳频，遵循主节点规定的时间槽和伪随机调频序列。为了减少蓝牙的早期版本与 802.11 之间的有害干扰，制定了蓝牙自适应调频序列，以排除有其他射频信号的信道，就是所谓的自适应跳频。在信道上发送比特可采用三种形式的调制解调技术。基本方案是使用频移键控每微秒传送 1bit 符号，提供 1Mbit/s 的总数据速率。蓝牙 2.0 版本引进了增强型数据速率，使用相移键控每符号发送 2bit 或 3bit，提供 2Mbit/s 或 3Mbit/s 的总数据速率。增强型速率只能用在帧的数据部分。

(二) 链路控制（基带）层

链路控制（基带）层是蓝牙中最接近 MAC 子层的部分，包括物理层的元素，涉及主节点如何控制时间槽以及如何将这些时间槽组成帧。它将原始比特流转换成帧，并定义了一些关键格式。在最简单的形式中，每个微网中的主节点定义了一组 625μs 的时间槽，主节点在偶数时间槽中开始传输，从节点在奇数时间槽中开始传输。这个方案就是传统的时分多路复用，主节点获得一半的时间槽，从节点共享剩余的一半时间槽。帧可以是 1 个、3 个或 5 个时间槽长。每个帧有一个 126 位的开销用作访问码和头，再加上每跳 250～260μs 的稳定时间，使廉价的无线电路变得稳定。为了达到保密要求，帧的有效载荷部分可用密钥加密，该密钥在主从节点建立连接时选定。频率的跳动只发生在两帧之间，而在一帧传输期间频率保持不变。这样的设计结果是一个 5 个时间槽的帧比 1 个时间槽的帧更为有效，因为开销不变，但发送了更多的数据。

链路管理器处理设备之间的逻辑信道建立，包括电源管理、配对、加密以及服务质量，它位于主机-控制器接口线的下面。主机-控制器接口是为了方便整个系统的实现而设置的。一般情况下,接口线下面的协议由蓝牙芯片实现,接口线上面的协议由蓝牙设备实现,蓝牙芯片就装在该设备上。

链路管理协议负责建立逻辑信道,逻辑信道称为链路,彼此能发现的主设备和从设备通过链路传输帧,主从设备的彼此发现要经过一次配对过程。旧的配对方法是两个设备必须设置相同的四位个人识别号码(personal identification number,PIN)。新的安全简单配对方法是在这两个设备上都显示相同的密码,或在一台设备上查看密码,再输入到第二个设备上,这种方法用户不需要选择或设置 PIN,更加安全,但不能用在输入/输出手段有限的某些设备上,比如免提耳麦。一旦配对成功,链路管理协议就在两个设备之间建立链路。

主要有两种链路:一种是同步的面向连接的链路(synchronous connection oriented link,SCO),主要用于实时数据的传输,比如电话连接。这种链路在每个方向分配固定的时间槽。一个从节点与它的主节点之间可以有多达 3 条 SCO。每条 SCO 可以传送一个 64000bit/s 的 PCM 音频信道。由于 SCO 的实时性,在这种链路上发送的帧永远不会被重传。另一种是异步无连接链路(asynchronous connection less link,ACL)。这类链路用来以数据包方式交换那些无时间规律的数据。ACL 流量基于尽力而为的投递,帧可能会丢失,也可能需要重传。一个从节点与主节点之间只可以有一条 ACL。

(三) 逻辑链路控制适配协议

逻辑链路控制适配协议(logical link control and adaptation protocol,L2CAP)位于主机-控制器接口线的上面。L2CAP 层有 4 个主要功能。首先,在发送端,L2CAP 层从应用层接收高达 64KB 的数据包,并把数据包拆分成帧传输。在接收端,帧被重组成数据包。其次,L2CAP 层处理多个数据包源的多路复用和分用。当一个包被重组后,L2CAP 层决定由哪一个上层协议来处理,例如,无线电频率通信协议(radio frequency communication,RFcomm)或服务发现两个协议,RFcomm 模拟 PC 上的标准串行端口,用于连接键盘、鼠标和调制解调器等其他设备。服务发现协议用于在网络中寻找可用服务。再次,L2CAP 协议处理差错控制和重传,检测错误,并重新发送没有被确认的数据包。最后,L2CAP 强制多个链路之间的服务质量要求。

(四) 应用程序

最上层是应用程序。轮廓由垂直的条状块表示,各轮廓定义了实现特定目标的协议栈切片。特定的轮廓,如耳机轮廓,通常只包含该应用程序所需要的协议,而没有包含该应用用不到的协议。例如,如果有数据包要发送,则轮廓可能包括 L2CAP。但如果它们只有一个稳定的音频样本,则轮廓就会跳过 L2CAP。

测试题 8-13

思考

蓝牙协议体系结构有哪些层次?简述其功能。

五、蓝牙数据帧结构

典型蓝牙数据帧格式如图 8-26 所示。帧的开头是一个访问码,它通常标识了主节点。所以,当从节点同时位于两个主节点的覆盖范围内时,它可以利用这个访问码来区分帧来自哪个主节点。接下来是一个 54 位的头。如果帧是以基本速率发送的,则紧接着的是数据字段,对于 5 个时间槽的传输最多可包含 2744 位。对于一个单时间槽的帧,除了数据字段长度减少到 240 位以外,格式的其他方面都一样。

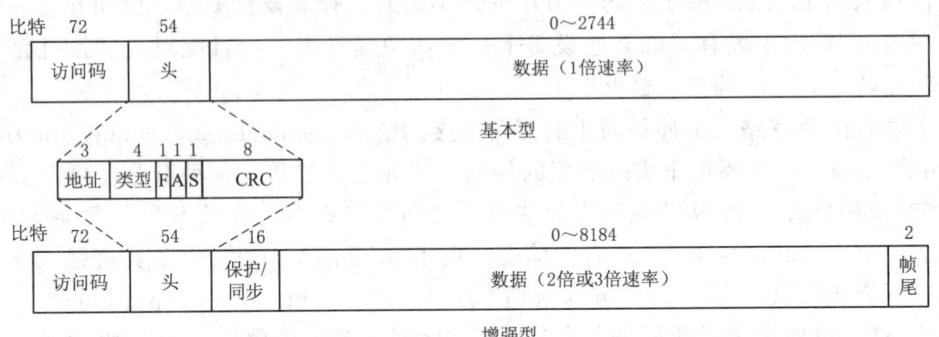

图 8-26 典型蓝牙数据帧

如果帧以增强型速率发送,数据速率可能高达基本速的 2~3 倍,因为每个符号携带 2bit 或 3bit,而不是 1bit。在数据字段之前是保护字段/同步模式,用来切换到更快的数据速率。也就是说,访问代码和头是按基本速率传输,只有数据部分用更快的速率传输。增强型速率的帧以一个 2bit 帧尾结束。

现在浏览头字段中的内容。地址字段标识了该帧的接收目标,指向 8 个活跃设备中的某一个。类型字段标识了帧的类型(ACL、SCO、轮询或者空)、数据字段中所使用的纠错码类型,以及该帧的时间槽长度。F 为流标志位,由从节点设置,当缓冲区为满不能再接收任何数据时,利用该位来声明不能接收数据的事实,这是流量控制的基本形式。A 为确认标志位,指明在一帧中捎带了一个 ACK。S 为序号位,用于帧的编号,以便接收方检测重传帧。协议采用停止等待机制,因此 1 位序号就够了。最后是 8bit 的头校验 CRC,整个 18 位的头重复了 3 次,由此构成了图 8-26 所示 54 位头。在接收方,一个简单的电路检查这 3 份副本中的每一位。如果 3 份副本都相同,则该位被接收;如果不相同,则少数服从多数。因此,54 位的容量被用来发送 18 位头的意义在于,要想在一个噪声环境中用廉价的、计算能力弱的低功耗 (2.5mW) 设备可靠地发送数据,大量的冗余是必需的。

测试题 8-14

第三节 低速和高速 WPAN——ZigBee 和超宽带

一、低速 WPAN——ZigBee

低速 WPAN 主要用于工业监控组网、物联网、办公自动化与控制等领域,速率是 2~250kbit/s,标准是 IEEE 802.15.4。

第三节 低速和高速 WPAN——ZigBee 和超宽带

低速 WPAN 中最典型的就是 ZigBee，ZigBee 源于蜂群赖以生存的通信方式。蜜蜂通过跳 Z 形舞蹈，来通知其伙伴所发现的新食物源的位置、距离和方向等信息。ZigBee 是一种低数据速率、低功耗通信的规范，适用于短距离（10～80m）、低数据速率、长电池寿命、成本低廉的应用场合。ZigBee 常用于工业和物联网环境，如无线照明开关和医疗设备数据采集。

ZigBee 功耗非常低。在工作时，信号的收发时间很短，而在非工作时，ZigBee 节点处于休眠状态（处于这种状态的时间一般都远远大于工作时间）。这就使得 ZigBee 节点非常省电，其节点的电池工作时间可以长达 6 个月到 2 年左右。对于某些工作时间和总时间（工作时间＋休眠时间）之比小于 1%的情况，电池的寿命甚至可以超过 10 年。

ZigBee 网络容量大。一个 ZigBee 网络最多包括有 255 个节点，其中一个是主设备，其余则是从设备。若是通过网络协调器，整个网络最多可以支持超过 64000 个节点。

图 8-27 是 ZigBee 的协议栈。可以看出，IEEE 802.15.4 只是定义了 ZigBee 协议栈的最低的两层（物理层和 MAC 层），而上面的两层（网络层和应用层）则是由 ZigBee 联盟定义的。在一些文献中可以见到"ZigBee/802.15.4"的写法，这就表示 ZigBee 标准是由两个不同的组织制定的。

IEEE 802.15.4 的物理层定义了表 8-8 所示的 3 个频段（都是免费开放的）。在 MAC 层，主要沿用 802.11 标准的 CSMA/CA 协议，即在传输之前会先检查信道是否空闲，若信道空闲，则开始进行数据传输。若没有收到确认，则执行退避算法重传。

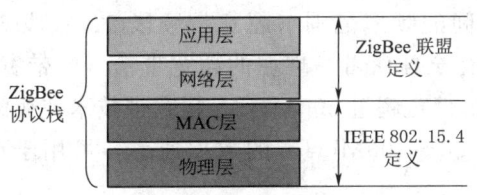

图 8-27 ZigBee 的协议栈

表 8-8 IEEE 802.15.4 物理层使用的 3 个频段

频段	数据率	信道数
2.4GHz（全球）	250kbit/s	16
915MHz（美国）	40kbit/s	10
868MHz（欧洲）	20kbit/s	1

在网络层，ZigBee 可采用星形和网状拓扑，或两者的组合，如图 8-28 所示。一个 ZigBee 网络最多可以有 255 个节点。ZigBee 网络的节点按功能的强弱可划分为两大类，即精简功能设备（reduced-function device，RFD）和全功能设备（full-function device，FFD）。RFD 节点是 ZigBee 网络中数量最多的端设备，如图 8-28 中的 9 个小圆点，它的电路简单，存储容量较小，因而成本较低。FFD 节点具备控制器的功能，能够提供数据交换，是 ZigBee 网络中的路由器。RFD 节点只能与处在该星形网中心的 FFD 节点交换数据。在一个 ZigBee 网络中有一个 FFD 充当该网络的协调器，负责维护整个 ZigBee 网络的节点信息，同时还可以与其他 ZigBee 网络的协调器交换数据。通过各网络协调器的相互通信，可以得到覆盖更大范围、超过 65000 个节点的 ZigBee 网络。

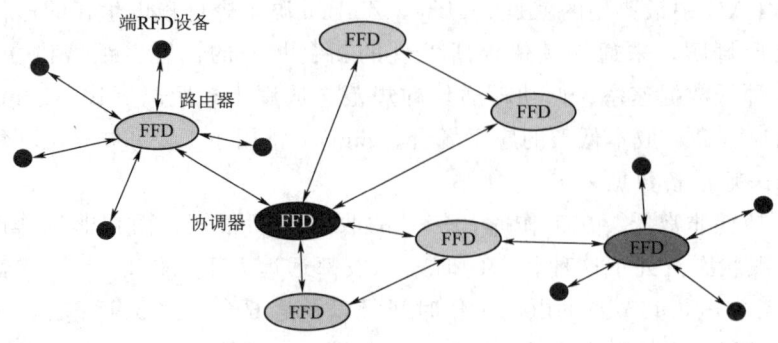

图 8-28 ZigBee 的组网方式

二、高速 WPAN——超宽带

高速 WPAN 的标准是 IEEE 802.15.3，是专为在便携式多媒体装置之间传送数据而制定的，这个标准支持 11~55Mbit/s 的数据率，在个人使用的数码设备日益增多的情况下特别方便。例如，使用高速 WPAN 可以不用连接线就能把计算机和在同一间屋子里的打印机、扫描仪、外接硬盘，以及各种消费电子设备连接起来。使用数码摄像机拍摄的视频节目，可以不用连接线就能复制到数码摄像机的存储卡上。在会议厅中的便携式计算机可以不用连接线就能通过投影机把制作好的幻灯片投影到大屏幕上。

IEEE 802.15.3a 工作组还提出了更高数据速率的超高速 WPAN，这种网络使用超宽带（ultra-wide band，UWB）技术。根据香农公式，信道的极限传输速率与信道的带宽成正比。因此，超宽带技术工作在 3.1~10.6GHz 微波频段，具有非常高的信道带宽，但建议使用 6.490~7.987GHz 之间的频率范围（超宽带频段 5、频段 6、频段 8 和频段 9，使用信道 5 和信道 9）以获得全球认可。现在的超宽带信号的带宽，应超过信号中心频率的 25%，或者信号的绝对带宽超过 500MHz。超宽带技术使用瞬间高速脉冲，因此信号的频带很宽，可支持 100~400Mbit/s 的数据速率，可用于小范围内高速传送图像或多媒体视频文件。

测试题 8-15

思考　简述 ZigBee 的组网方式？在定位方面，UWB 与蓝牙、Wi-Fi 相比如何？

第四节　蜂窝移动通信

蜂窝移动通信将所覆盖的地理区域划分成许多称为小区的小块区域，典型的区域形状为六边形，形状类似"蜂窝"，如图 8-29 所示。每个小区由一个小功率收发基站负责向小区内的移动终端发送或接收信号，并将移动终端连接到核心网络。为避免同频率信号间的干扰，相邻小区使用不同频率。移动终端与基站通过空间无线电进行通信，它们之间的无线电接口也被称为空中接口。

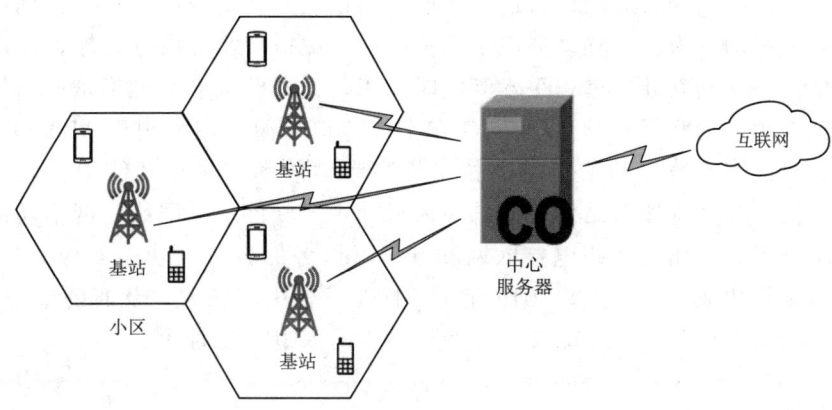

图 8-29 蜂窝移动通信的小区和基站

蜂窝移动通信经历了多次的更新换代，其技术发展主要体现在空中接口无线通信技术和系统体系结构两个方面。

最初的第一代（1G）蜂窝移动通信采用频分多路访问（frequency division multiple access，FDMA）的模拟调制方式，这种系统的主要缺点是频谱利用率低，信令干扰话音业务，只能够提供模拟话音通信，现已被淘汰。

第二代（2G）蜂窝移动通信采用数字化技术，主要提供数字话音和短信服务，标准主要有两种：一种是 GSM，另一种是 IS-95 CDMA。GSM 是 2G 蜂窝移动通信的代表技术，在 FDMA 的基础上引入了 TDMA 的数字调制方式，提高了系统容量，并采用独立信道传送信令。GSM 初始仅为话音通信而设计的，但后来还扩展了对分组数据的支持，可进行收发邮件和浏览网页等低速率数据通信。

第三代（3G）蜂窝移动通信能够提供话音和数据通信，具有相比 2G 高得多的数据传输速率。3G 系统的空中接口采用 CDMA 技术，主要有三个标准，即欧洲的 WCDMA（中国联通使用）、美国的 CDMA2000（中国电信使用）和中国的时分同步码分多址（time division-synchronous code division multiple access，TD-SCDMA）（中国移动使用）。CDMA 系统具有频率规划简单、系统容量大、频率复用系数高、抗多径能力强、通信质量高、软容量、软切换等优点。在系统体系结构方面，3G 通过在核心网增加与原有蜂窝语音网电路交换域平行的分组交换域来专门支持互联网数据业务。

第四代（4G）蜂窝移动通信主要采用了 OFDM、MIMO 等无线电新技术，可为用户提供高速数据传输服务。系统体系结构方面，4G 采用全 IP 网络结构，即语音和数据都使用 IP 进行传输。4G 主要有两个标准，即 LTE（long term evolution，长期演进技术）和 LTE-A（LTE-Advanced）。LTE 的意思就是从 3G 到 4G 的"长期演进"。实际上 LTE 是针对无线电接口方面的项目，在核心网方面配套的项目是系统架构演进（system architecture evolution，SAE）。

第八章 无线网络

第五代（5G）蜂窝移动通信是最新一代蜂窝移动通信，其主要性能目标是超高速、大容量、低时延和大规模设备连接。已不再仅仅是满足普通用户的上网需求，而是满足增强型移动宽带——移动环境下高清视频、虚拟现实等数据传输，超高可靠超低时延通信——自动驾驶、远程手术等实时应用，大规模机器类型通信——提供千亿设备的连接能力，物联网万物互联。5G 在空中接口方面采用大规模 MIMO、天线波束赋形、先进的多址技术和信道编码技术提高频谱效率，并开发使用了新的频谱资源——毫米波。在系统体系结构方面，引入云计算、软件定义网络、网络功能虚拟化等先进网络技术，采用云无线电接入网和基于微服务的核心网功能架构，具有灵活、高效、支持多样化业务等特点。2019 年 10 月 31 日，中国三大运营商公布 5G 商用套餐，并于 11 月 1 日正式上线 5G 商用套餐，开启了中国 5G 时代。

测试题 8-16

思考　简述中国移动通信的发展历史。

第五节　RFID 和传感器网络

在计算机网络中，无论是计算机，还是移动电话，都有计算能力，这些设备很容易被识别。而射频识别技术（radio frequency identification，RFID）则可以让日常物品也成为计算机网络的一部分，可以用来联网该物品。

RFID 标签看起来像一个邮票大小的贴纸，可粘贴（或嵌入）在某个对象上，对象可能是一头牛、一本护照、一本书或一个装运货盘。RFID 标签由一个带有唯一标识符的小芯片和一个接收无线电传输的天线两部分组成。在跟踪点安装 RFID 读写器，当对象进入特定范围时，RFID 读写器可发现对象携带的标签并获取对象的信息，如图 8-30 所示。RFID 应用范围很广，包括检查身份、管理供应链以及取代条形码等。

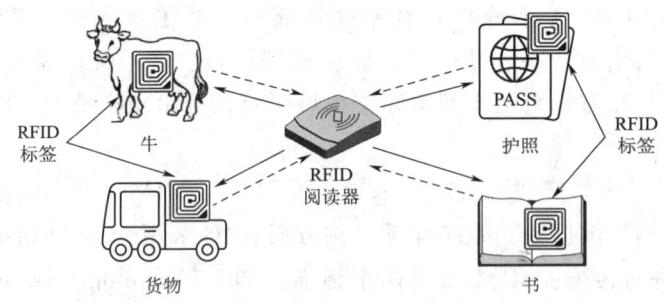

图 8-30　RFID 可用来联网日常物品

RFID 技术方面最迷人的是大多数 RFID 标签既没有电插头也不用电池。相反，

第五节 RFID 和传感器网络

操作所需要的全部能量来自 RFID 读写器提供的无线电波。这项技术称为无源 RFID，以区别于很少见的有源 RFID。在有源 RFID 中，标签上有一个电源。

常见的 RFID 是超高频 RFID，主要应用在货运托盘和一些驾驶执照上。在美国，RFID 读写器可在 902～928MHz 频段发送信号。数米范围内的标签通过改变它们反射读写器信号的方式进行通信，读写器能检测到这些反射信号。这种操作方式称为后向散射。另一种流行的 RFID 是高频 RFID，工作频率为 13.56MHz，可以应用在护照、信用卡、书籍和非接触式支付系统中。因为其物理机制基于感应而不是后向散射，因此高频 RFID 的传输距离较短，典型范围在 1m 以内。还有低频 RFID，这是在高频 RFID 之前开发的，主要用于动物跟踪。

RFID 读写器必须以某种方式解决读写器范围内存在多个标签的问题。这意味着一个标签在听到读写器的信号时不能简单地做出回应，否则从多个标签发出的信号可能会发生碰撞。解决的办法类似于 802.11 所采取的方法：标签在用自己的标识符响应 RFID 读写器之前，等待一段随机的短时间，以便允许阅读器聚焦到单个标签，并进一步询问它们的信息。

RFID 读写器具备轻松跟踪对象的能力，容易侵犯个人隐私，安全性是 RFID 必须要考虑的问题。RFID 标签缺乏计算和通信能力来运行强大的加密算法，因此很难确保 RFID 标签的安全。相反，RFID 使用了相对弱的措施，比如密码（可以很容易被破解）。

RFID 标签刚开始时只作为标识芯片，但很快许多 RFID 标签都有内存，这样的 RFID 可以用来记录、存储有关对象发生的事件信息，并可更新和查询这些事件信息。

传感器网络进一步提升 RFID 能力。到目前为止，传感器网络大多用于科学实验，例如监测鸟类栖息地、火山活动和斑马迁移等，商业应用包括医疗保健，监测振动设备，跟踪冷冻、冷藏或其他易腐货物等方面。

传感器节点是一台小型计算机，往往只有一个钥匙环大小，通常具有温度、振动和其他传感器。许多传感器节点预先放置在要监测的环境中。一般情况下，它们用电池，尽管它们可以通过振动或阳光来汲取能量。与 RFID 一样，拥有足够的能量是传感器网络面临的一个关键挑战，所有节点必须谨慎通信以便将它们的传感信息传递给一个外部数据搜集点。常用的策略是各个传感器节点自组织地中继彼此的消息，这种设计称为多跳网络。

RFID 和传感器网络有可能在未来变得功能更强大、更广泛。研究人员已经将这两种技术的优点结合起来，开发出可编程的 RFID 标签，使其具有光照、移动和其他传感器能力。

测试题 8-17

思考

什么是 RFID？RFID 系统主要由哪几部分组成？

第八章 无线网络

扩 展 阅 读

无线网络的昨天、今天和明天

无线网络的昨天、今天和明天

本 章 小 结

（1）802.11 标准使用星形拓扑，其中心叫作 AP，它是链路层设备，相当于 BSS 内的基站。但家用的 AP 都嵌入了路由器的功能，常称为无线路由器。

（2）802.11 WLAN 在 MAC 层使用 CSMA/CA 协议。不能使用 CSMA/CD 协议的原因是：在 WLAN 中，并非所有的站点都能够听见对方（如有障碍物出现在站点之间的情况），因此无法实现碰撞检测。使用 CSMA/CA 协议是为了尽量减小碰撞发生的概率，但不能完全避免碰撞。

（3）CSMA/CA 协议的要点是：

1）发送数据有时可不经过争用期，这是因为信道在较长时间是空闲的，很可能这时其他站点不会发送数据。

2）发送数据有时必须经过争用期，这是因为：①信道是从忙转到空闲，可能有多个站点要发送数据，因此要公平竞争；②未收到确认，表明很可能出现了碰撞，重传时要公平竞争；③连续发送数据，防止一个站点垄断信道，要公平竞争。

3）必须等待 DIFS 时间的理由，是让具有更重要的帧能够优先发送（如 ACK 帧、RTS 帧或 CTS 帧等）。

（4）802.11 WLAN 在使用 CSMA/CA 协议的同时，还使用停止等待协议。

（5）802.11 标准规定，所有的站在完成发送后，必须再等待一段帧间空隙时间才能发送下一帧。帧间空隙的长短取决于该站要发送的帧的优先级。

（6）在 802.11 WLAN 的 MAC 帧首部中有一个持续期字段，用来填入在本帧结束后还要占用信道多少时间（以 μs 为单位）。

（7）802.11 标准允许要发送数据的站对信道进行预约，即在发送数据帧之前先发送 RTS 帧请求发送。在收到响应允许发送的 CTS 帧后，就可发送数据帧。

（8）802.11 帧共有三种类型，即控制帧、数据帧和管理帧。其中数据帧有 4 个地址字段。

（9）典型的 WPAN 包括蓝牙、ZigBee 和超宽带。

（10）通过 WLAN 或蜂窝移动通信网接入到互联网，已经成为接入到互联网的主要方式。

习　题

1. WLAN 由哪几部分组成？
2. SSID 与 BSSID 有什么区别？ESSID 是什么意思？

3. WLAN 中关联的作用是什么？

4. WLAN 的物理层主要有哪几种标准？

5. 为什么 WLAN 不能使用 CSMA/CD 协议而必须使用 CSMA/CA 协议？简述 CSMA/CA 协议的工作原理。

6. 为什么 WLAN 的站点在发送数据帧时，即使检测到信道空闲也仍然要等待一小段时间？

7. 结合隐蔽站问题，说明 RTS 帧和 CTS 帧的作用。RTS/CTS 帧是强制使用还是选择使用？请说明理由。

8. 为什么在 WLAN 上发送数据帧后，要求对方必须发回确认帧？

9. WLAN 的 MAC 协议中 SIFS 和 DIFS 的作用是什么？

10. 试解释 WLAN 中 BSS、ESS、AP、BSA、DCF、PCF 和 NAV 的含义。

11. 冻结退避计时器剩余数值的做法是为了使协议对所有站点更加公平。请进一步解释。

12. 为什么站点在检测到信道空闲后，在等待时间 DIFS 内还不能立即发送数据？为什么在等待时间 DIFS 后，有时可立即发送数据，而有时必须执行退避算法？

13. 试用简单的例子说明 WLAN 的 MAC 帧首部中各地址字段的作用。

14. 试比较 IEEE 802.3 和 IEEE 802.11 局域网的主要区别。

15. WPAN 的主要特点是什么？现在已经有了什么标准？

16. 试举例说明怎样知道无线路由器的 AP 的 SSID 和 BSSID？

17. 某餐馆中有两个 ISP 分别设置了接入点 AP_1 和 AP_2，并且都使用 802.11b 协议。两个 ISP 都分别有自己的 IP 地址块。

（1）假定两个 ISP 在配置其 AP 时都选择了信道 11。如果有用户 A 和 B 分别使用接入点 AP_1 和 AP_2，那么这两个无线网络能够正常工作吗？

（2）若这两个 AP 一个工作在信道 1，而另一个工作在信道 11，题目的答案有变化吗？

18. 为什么采用预约信道的方法可以较好地解决隐蔽站的问题？

19. 假定有一个使用 802.11b 协议的站要发送 1000 字节长的数据帧（已包括了首部和尾部），并使用 RTS 帧和 CTS 帧。试计算，从决定发送帧直到收到确认帧所经历的时间（以 μs 计），忽略传播时间和误码率。

20. 一个蓝牙设备可同时位于两个微网中。试说明为什么一个设备不可能同时是这两个微网中的主节点？

21. 简要概括蓝牙技术几个方面的特点。

第三篇
计算机网络实践

第三篇
计算机辅助设计

第九章

网络操作与实践

内容导读

借助 Wireshark、eNSP、nginx 等工具软件，进行数据包的捕获及分析、网络设备的配置（仿真）、应用服务器的部署等，从而加深对计算机网络体系结构的认识，并掌握基本的分析及应用技能。

本章的主要内容如下：

（1）使用 Wireshark 数据包捕获及分析工具，分析数据链路层、网络层、运输层、应用层常见的网络协议。

（2）使用 eNSP 网络仿真工具构建网络拓扑，对网络设备进行配置，验证 VLAN、RIP、OSPF、DHCP 等协议的工作原理。

（3）熟悉 bind、nginx 等常见应用层服务器软件的配置，了解基本的 socket 编程接口的应用。

第一节 网络相关的命令行工具

本节内容介绍使用操作系统内置计算机网络相关命令，查看网络信息，或者进行网络配置。本节命令均为 Windows 操作系统上的网络操作命令。Linux 操作系统上也有类似的命令，而且通过安装其他软件包，可以有更丰富的命令和更强大的功能。

实际上，Windows 上的网络命令行工具都可以在 Windows \ System32 文件夹下找到对应的可执行文件。

一、网卡配置查看命令 ipconfig

在命令行中运行 ipconfig 命令，运行结果如图 9-1 和图 9-2 所示，每台主机上显示内容不同。

从图 9-2 中可以看到，以太网卡设定了两个 IP 地址。其中一个 IP 地址是 192.168.1.220，对应网关是 192.168.1.1。

二、网络连通测试命令 ping

ping 命令发出 ICMP 请求数据报，收到请求的主机/交换机/路由器通常情况下进行响应，据此可以判断远方的设备是否在线。注意：远方的设备也可能禁用 ICMP 功能，从而不会做出响应。

图 9-3 中，主机 ping 了网关地址 192.168.1.1（参考 ipconfig 部分），发出了 4 个请求，收到了 4 个响应。测试到网关的链路是否连通，通常是排除访问外网故障的第一步操作。

第九章 网络操作与实践

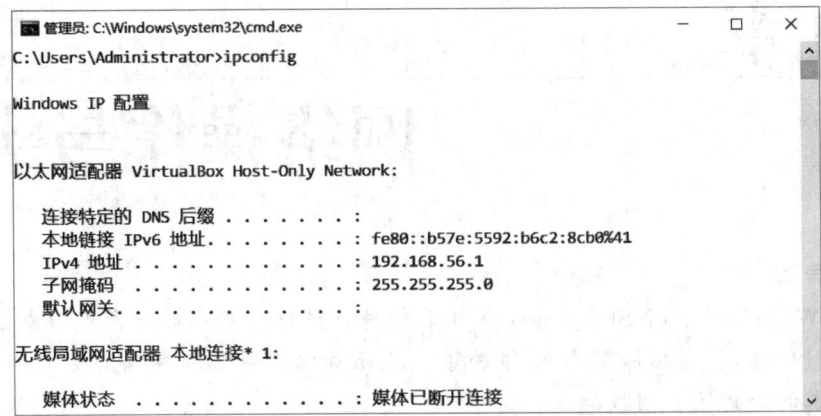

图 9-1 在 cmd 中运行 ipconfig 命令显示的虚拟网卡地址

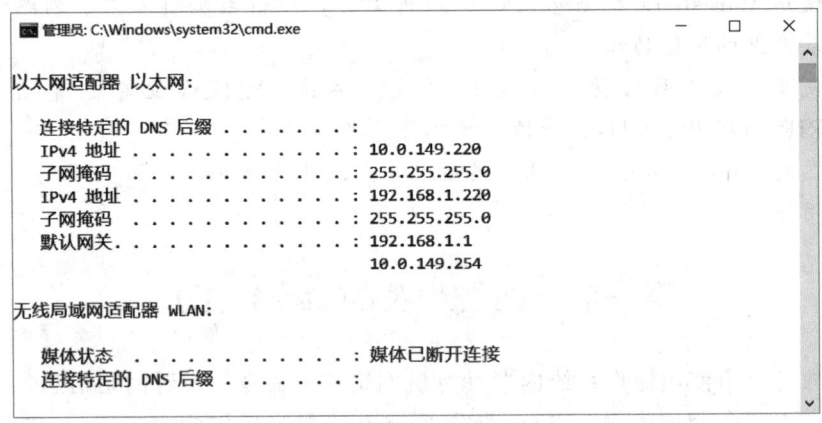

图 9-2 在 cmd 中运行 ipconfig 命令显示的以太网卡地址

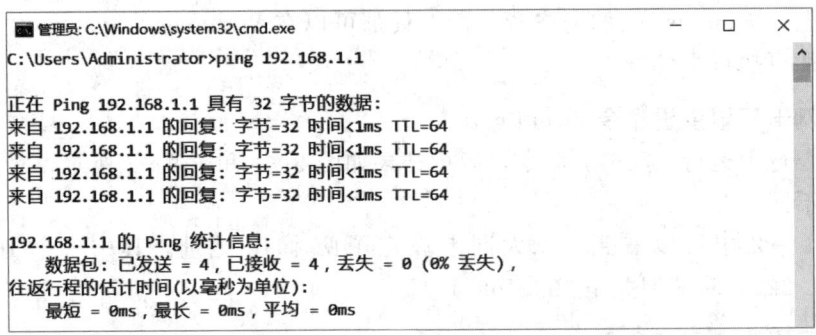

图 9-3 ping 网关地址

还可以 ping 一下环回地址 127.0.0.1，查看本地的 TCP/IP 协议是否工作正常，如图 9-4 所示。

更多时候，可以直接 ping 一个众所周知的网站，查看外网是否连通，如图 9-5 所示。

三、路由追踪命令 tracert

tracert 命令同样是发出 ICMP 请求，只不过它设定了特定的 TTL 值。比如设定

第一节 网络相关的命令行工具

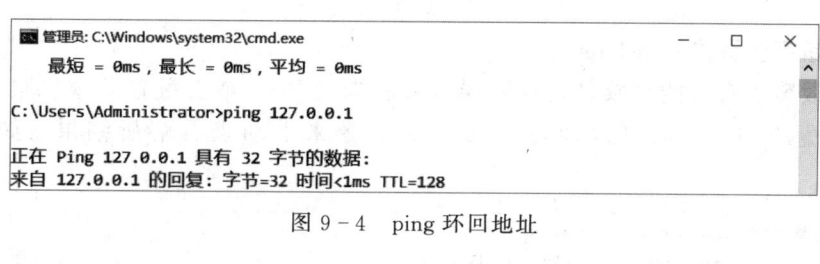

图 9-4 ping 环回地址

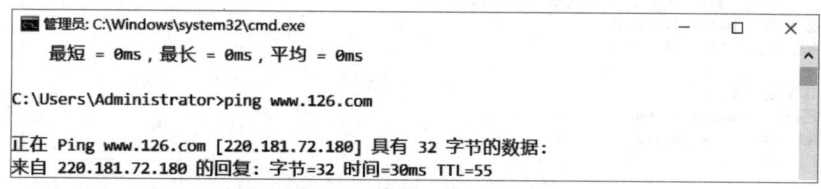

图 9-5 ping 常用网址

TTL 值为 1，如果第一跳设备收到该请求，其将 TTL 值减去 1，得到 0，则该设备送回差错信息，由此知道了第一跳的地址。

在图 9-6 中，可以看到第一跳正是网关地址 192.168.1.1。需要注意：链路上的设备可能不会对 TTL 值为 0 做出反应，则该跳的地址将无法推测。

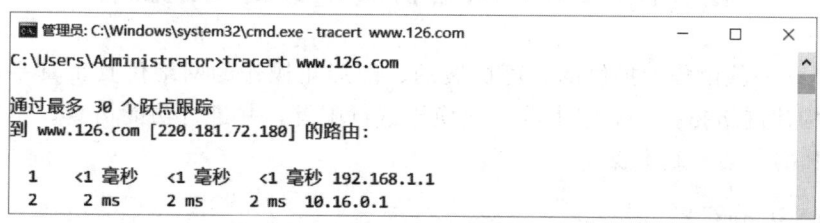

图 9-6 tracert 常用网址

四、网络状态查询命令 netstat

网络状态查询命令 netstat，可用于列出系统上所有的网络套接字连接情况，可以显示路由表、网络连接以及每一个网络接口设备的状态信息，如图 9-7 所示。

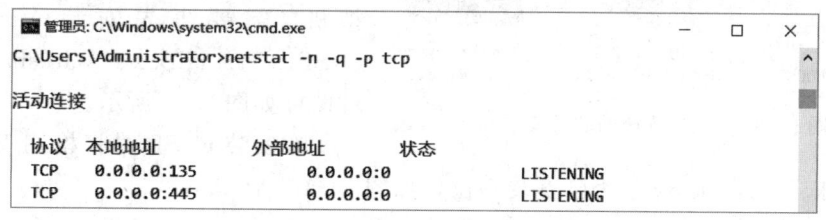

图 9-7 netstat 命令查看 TCP 状态

图 9-7 中，netstat 命令提供了选项 n，指示以数字形式显示地址及端口；提供了选项 q，指示显示侦听状态的连接等；提供了选项 p，以及参数 tcp，指示仅显示 TCP。上述命令及参数，经常用于查看本机的网络服务软件是否在预定的地址及端口启动正常（LISTENING 状态）。

五、域名查询命令 nslookup

网络故障也有可能是域名设置错误（或者未设置），或者设置的域名服务器无法解析域名造成的，此时可以通过 nslookup 命令来手动查看解析结果，如图 9-8 所示。

图 9-8 nslookup 命令应用

图 9-8 中显示，本机配置（或者通过 DHCP 协议自动获取）的 DNS 服务器地址为 114.114.114.114（这是一个公用的 DNS 服务器），它查询 www.126.com 这一域名，得到的 IP 地址是 220.181.72.180。

第二节 eNSP 网络仿真工具的基础操作

eNSP 是一款由华为提供的、可扩展的、图形化操作的网络仿真工具平台，可以在软件中构建网络拓扑，对路由器、交换机进行配置，并进行功能仿真。本次实践将熟悉 eNSP 的安装及基本操作。

一、eNSP 的安装

eNSP 提供了对 Wireshark 这一工具的调用支持，来捕获特定主机/交换机/路由器的网络接口的数据包，需要事先安装 Wireshark。安装 Wireshark 时需要顺带安装 WinPcap 工具（Wireshark 安装包中已经内置）。eNSP 本身依赖 VirtualBox 这一工具来创建、启动、关闭虚拟机，需要事先安装 VirtualBox。eNSP、VirtualBox、Wireshark 的软件图标如图 9-9 所示。

图 9-9 eNSP 及辅助软件安装包

在安装 eNSP 时将检测 WinPcap、Wireshark、VirtualBox 是否已安装到位，如图 9-10 所示。

安装注意事项如下：
（1）建议关闭杀毒软件等潜在的安装拦截工具。
（2）建议安装上述软件时，选择以管理员身份来运行。
（3）建议安装上述软件时，使用建议的目的文件夹，或者安装在系统盘以外的文件夹中。
（4）不建议更新 Wireshark 及 VirtualBox。

第二节 eNSP 网络仿真工具的基础操作

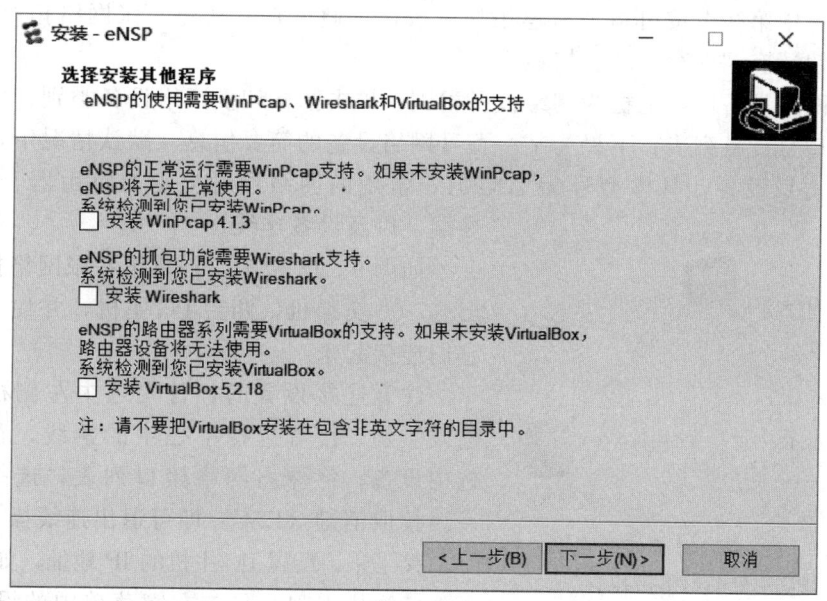

图 9-10 eNSP 安装时的前置检查

二、创建网络拓扑

eNSP 使用时，首先需要创建网络拓扑（图 9-11），将主机/交换机/路由器等拖放到工作区（画板），并使用线缆将它们连接起来，然后启动这些设备，并对这些设备进行配置。

图 9-11 启动 eNSP 新建网络拓扑

工具栏中第一个按钮是"新建拓扑"按钮，通过它来新建一张网络拓扑。此外，常用的按钮还有"保存拓扑"按钮。

左侧网络设备区：上栏为网络设备类别，单击图标切换网络设备类别，中栏为该类别的各型号设备列表，下栏为某一型号网络设备的简要信息。默认情况下，显示的是路由器类别设备，具体型号为 AR201。常用的网络设备类别有路由器、交换机、终端，以及设备连线。

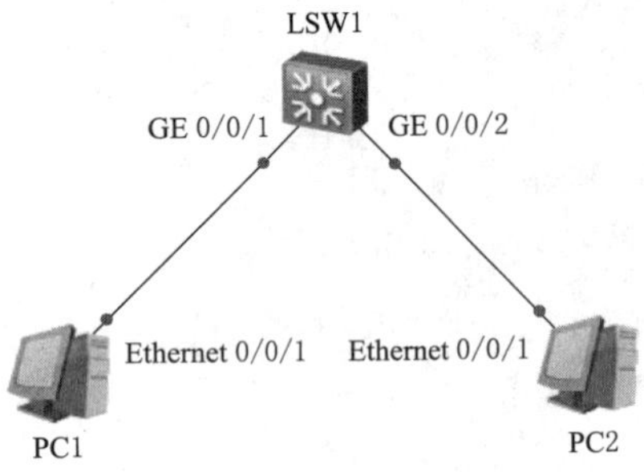

如图 9-12 所示，构建第一张网络拓扑：一台 S5700 交换机，两台 PC 主机，并使用铜线将它们连接起来。

注意连接设备时，首先选中左侧栏的设备连线类别，接着选择中栏中的铜线，在拓扑区选中设备，将弹出网络接口列表，选择其中之一。按取消键（ESC）即可退出连线操作模式。

接下来，配置 PC 主机的 IP 地址，如图 9-13 所示。选中 PC1，单击右键菜单中的设置按钮，打开 PC1 的设置对话框。对话框中的第一个 TAB 页，即为基础配置，配置 PC1 的 IPv4 地址为静态的，地址为 192.168.0.1，子网掩码为 255.255.255.0。同样操作，设置 PC2 的 IP 地址为 192.168.0.2。

图 9-12 S5700 连接两台 PC 主机的网络拓扑

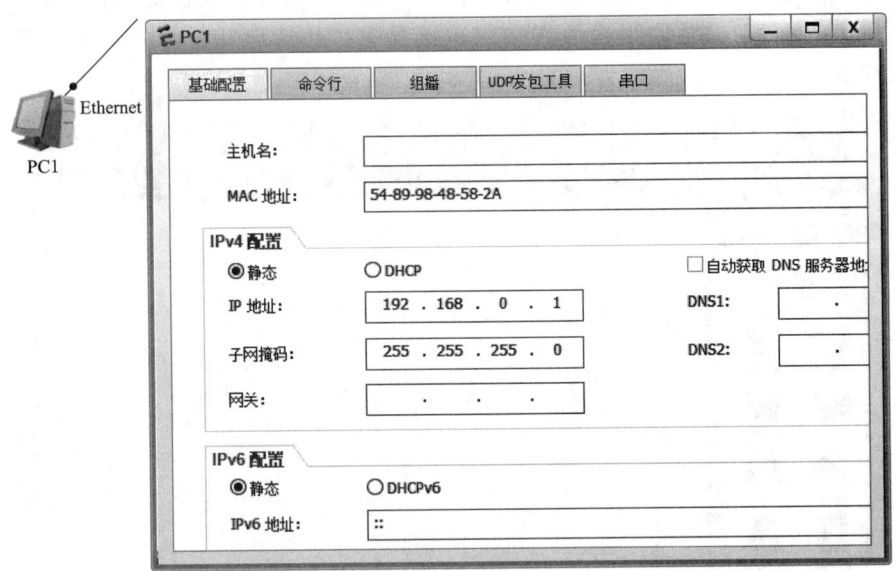

图 9-13 设置主机 PC1 的静态 IPv4 地址及子网掩码

接下来启动设备。可以选中设备，使用右键菜单中的启动按钮来启动这些设备。交换机的启动相对缓慢一些，双击设备，打开终端，当在终端中输入回车后，显示〈Huawei〉，表明设备启动完毕，如图 9-14 所示。

接下来，验证两台主机连通状况。在 PC1 的命令行窗口中 ping PC2，如图 9-15 所示。

第二节　eNSP 网络仿真工具的基础操作

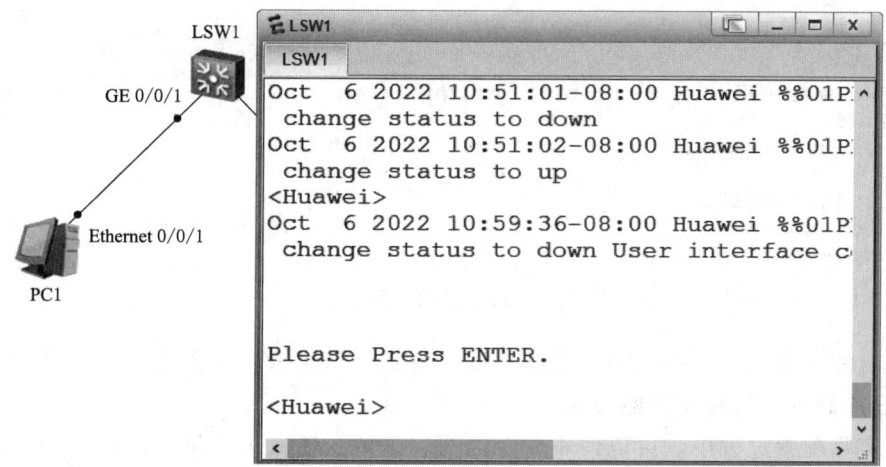

图 9-14　交换机设备终端中输入回车后显示用户视图

图 9-15　在 PC1 上 ping PC2（显示互通）

三、交换机基本命令

（一）切换到系统视图

输入 system-view 命令，并回车，如图 9-16 所示，切换到系统视图，可以进行系统配置。

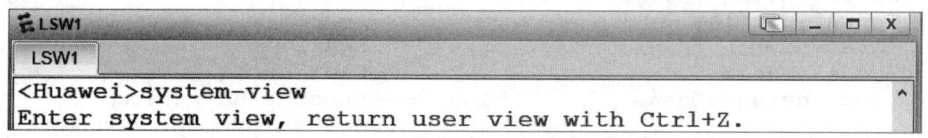

图 9-16　切换到系统视图

（二）显示当前配置

输入 display current-configuration 命令，并回车，显示当前配置，如图 9-17 所示。

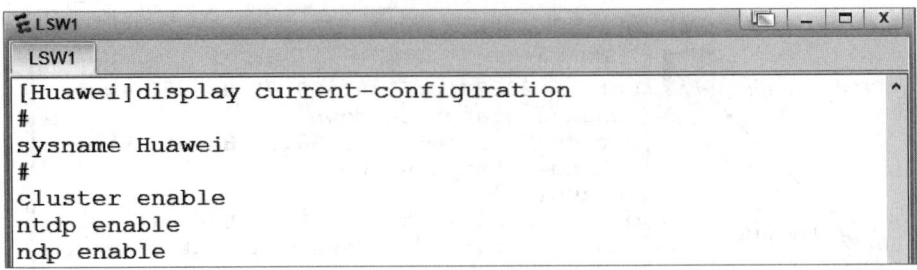

图 9-17　显示当前配置

当前配置有多行，按空格，继续显示，直到显示完全，或者按 Q 键，退出显示。

（三）命令行简写及智能提示

在实际配置过程中，可以使用命令简写，来减少输入工作量、记忆负担，以及出错概率。命令简写时，只需输入命令的前几个字符即可。比如显示当前配置，输入 dis cu 即可，如图 9-18 所示。简写到何种程度，取决于是否与其他命令产生判断模糊。

图 9-18　显示当前配置的命令简写

在实际配置过程中，还可以实现命令补全，只需输入命令的前几个字符，再按下 Tab 键。比如输入 dis，按下 Tab 键，将补全命令为 display。

在实际配置过程中，还可以输入问号？来显示后续命令或者参数列表，比如输入 display ?，即可显示所有显示选项，如图 9-19 所示。

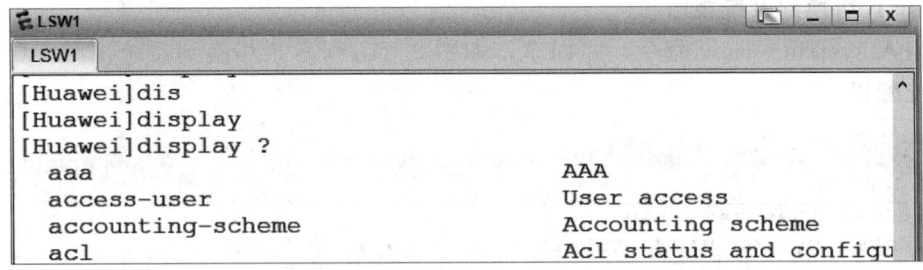

图 9-19　命令的智能补全及后续命令/参数列表显示

可以借助于设备命令手册来熟悉庞大的命令库。

（四）进入接口视图

进入交换机的接口 1 视图，完整的命令是 interface GigabitEthernet 0/0/1。进入

接口视图后,输入 display this,可以显示当前接口的配置。输入 quit,可以退出接口视图,从而退回到系统视图,如图9-20所示。

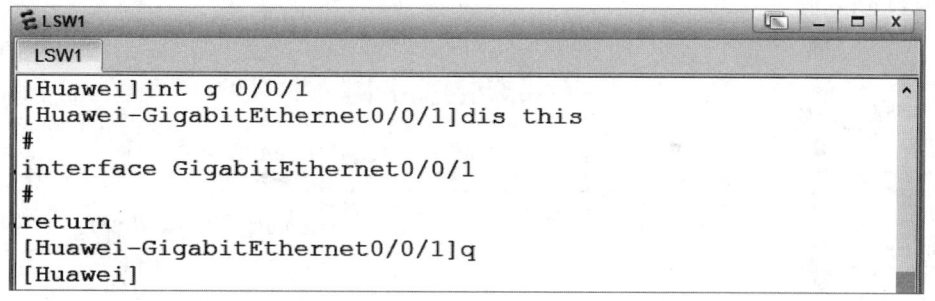

图9-20 进入接口视图显示配置之后退出

(五)退回到用户视图,保存配置

在系统视图中输入 quit,退回到用户视图,使用 save 命令可以保存当前配置。保存时要求进行确认,输入 Y 或者 y 进行确认,如图9-21所示。

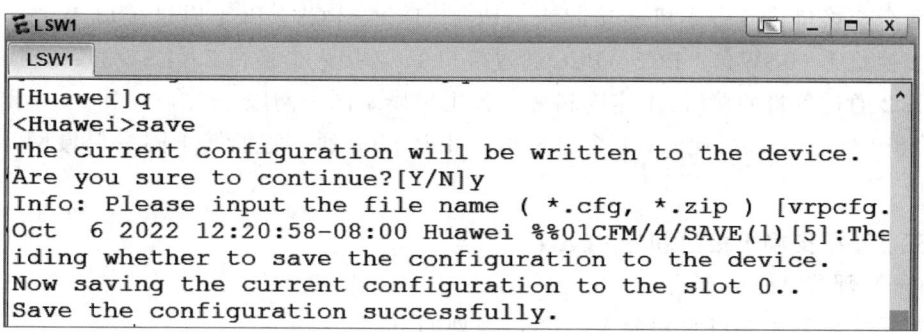

图9-21 在用户视图下保存交换机配置

一般先保存各个交换机、路由器的配置,再保存拓扑,这样下次打开拓扑后,就可以复原相应的配置。如果不保存交换机配置,下次启动后,需要重新进行配置。

第三节 VLAN 配 置

VLAN 技术可以把一个局域网划分成多个逻辑的 VLAN,每个 VLAN 是一个广播域,VLAN 内的主机间通信就和在一个局域网内一样,而 VLAN 间则不能直接互通。

划分 VLAN 的方式有基于交换机接口划分 VLAN、基于 MAC 地址划分 VLAN、基于子网划分 VLAN 等。基于交换机接口划分 VLAN 比较常见,配置也较为简单。

一、创建网络拓扑

在 eNSP 中新建拓扑后:拖放2台 S5700 交换机到拓扑中,拖放6台主机到拓扑中，用网线连接这些设备。启动这些设备，如图 9-22 所示。

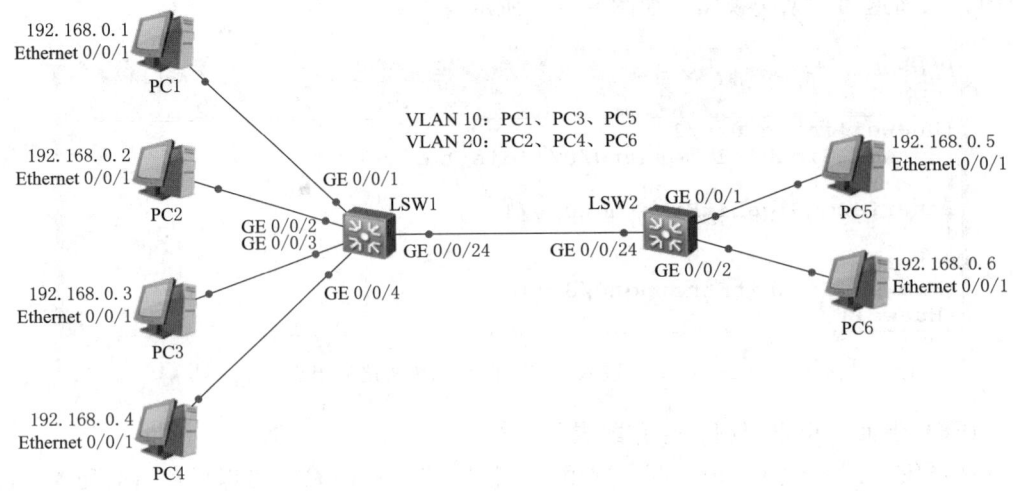

图 9-22 VLAN 网络拓扑

两台交换机将 6 台主机连接起来。PC1、PC2、PC3、PC4 通过接口 1、2、3、4 接入交换机 1（LSW1）；PC5、PC6 通过接口 1、2 接入交换机 2（LSW2）；交换机 1、交换机 2 通过各自的接口 24 连接起来。各主机属于同一网段 192.168.0.x，子网掩码均为 255.255.255.0。此时，6 台主机可以相互 ping 通，它们属于同一局域网，同一广播域。

二、基于交换机接口划分 VLAN

（一）配置 Access 链路

接下来将基于端口来划分 VLAN，规划如下：

（1）把 PC1、PC3、PC5 划分到 VLAN 10。

（2）把 PC2、PC4、PC6 划分到 VLAN 20。

交换机 1 具体配置如下：

1. 批量创建 VLAN 10 和 VLAN 20

使用 vlan batch 命令，后面紧跟 VLAN 10 和 VLAN 20，用空格分开多个编号，就可以一次创建多个 VLAN，如图 9-23 所示。

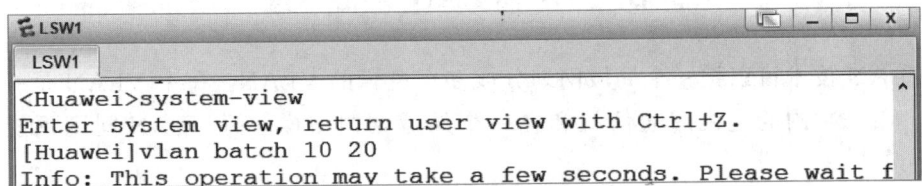

图 9-23 进入系统视图后创建 VLAN

2. 接口 1 的配置（interface GigabitEthernet 0/0/1）

接口 1 配置使用命令：

port link – type access
port default vlan 10

命令含义：设置端口的链路类型为 access，表示主机接入当前接口；设置接口的默认 VLAN 为 10，如图 9 – 24 所示。

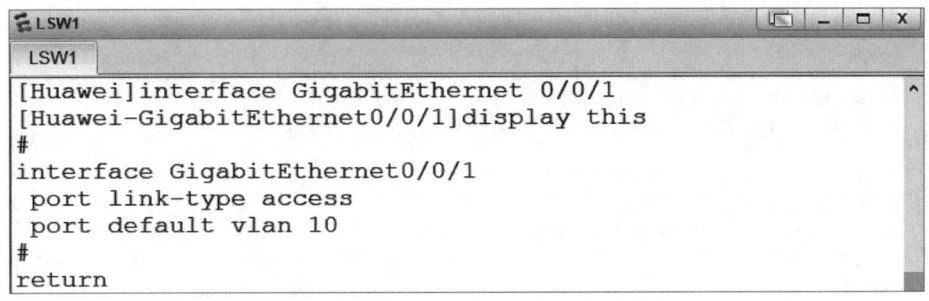

图 9 – 24　交换机 1 的接口 1 的配置核对

3. 接口 2 的配置 （interface GigabitEthernet 0/0/2）

接口 2 配置使用命令：

port link – type access
port default vlan 20

命令含义：设置接口的链路类型为 access，表示主机接入当前接口；设置接口的默认 VLAN 为 20，如图 9 – 25 所示。

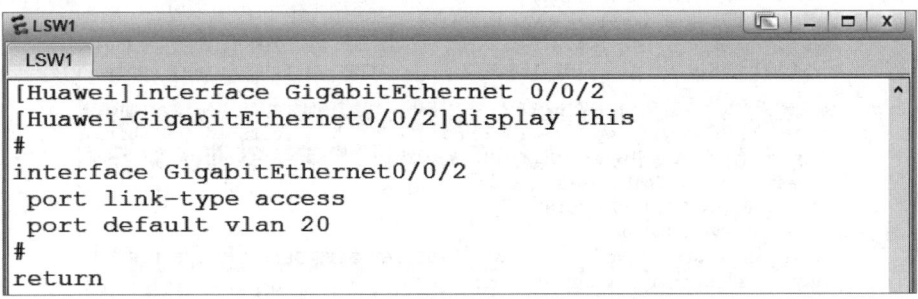

图 9 – 25　交换机 1 的接口 2 的配置核对

交换机 1 的接口 3、4，以及交换机 2 的配置与上述配置类似，配置完毕后使用 ping 工具进行如下测试：

（1）PC1、PC3 位于同一 VLAN，它们之间相通。

（2）PC1、PC4 位于不同 VLAN，它们之间不通。

（3）PC1、PC5 划分的 VLAN ID 相同，但它们跨越两台交换机，目前还不能相通。

（二）配置 trunk 链路

接下来将配置两台交换机所连接口成为 trunk 链路，并允许 VLAN 10、VLAN 20 的数据帧通过。

交换机 1、2 的接口 24 均配置使用命令：

port link – type trunk

port trunk allow – pass vlan 10 20

命令含义：设置接口链路类型为 trunk，表示用作交换机之间的干道链路；设置接口允许通过的 VLAN 为 10、20，如图 9 – 26 所示。

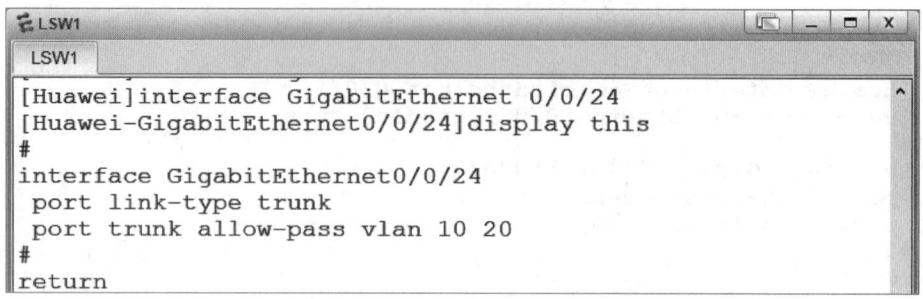

图 9 – 26　LSW1 的接口 24 的配置核对

配置完毕后，使用 ping 工具进行如下测试：

(1) 在 PC1 上 ping PC5，它们之间相通，VLAN 10 跨越两台交换机。

(2) 在 PC2 上 ping PC6，它们之间相通，VLAN 20 跨越两台交换机。

三、以太网帧分析

在交换机 1 的接口 1 上进行数据抓包，启动 Wireshark，然后在 PC1 上 ping PC5。其中一对 ICMP 请求及响应如图 9 – 27 所示。

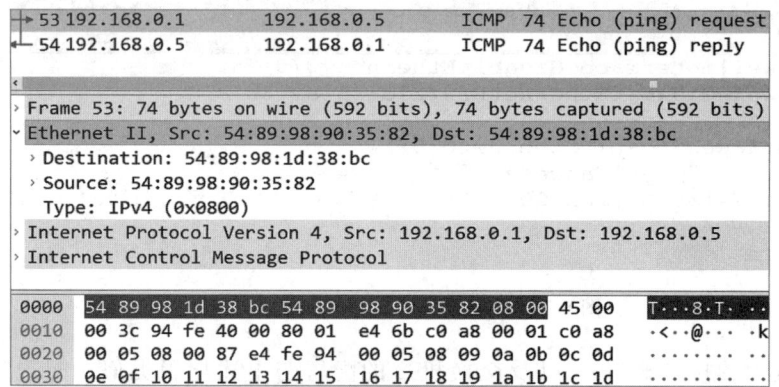

图 9 – 27　主机发送的以太网帧

由上图可知，PC1（IP 地址 192.168.0.1）的 MAC 地址为 54：89：98：90：35：82；PC5（IP 地址 192.168.0.5）的 MAC 地址为 54：89：98：1d：38：bc。以太网帧的类型字段值为 0x0800，表示帧数据为 IP 数据报。而 ICMP 数据正是装载在 IP 数据报中。

四、VLAN 帧分析

在交换机 1 的接口 24 上进行数据抓包，启动 Wireshark，然后在 PC1 上 ping PC5。其中一对 ICMP 请求及响应如图 9 – 28 所示。

```
 →16 192.168.0.1        192.168.0.5       ICMP  78 Echo (ping) request
 ←17 192.168.0.5        192.168.0.1       ICMP  78 Echo (ping) reply

Frame 16: 78 bytes on wire (624 bits), 78 bytes captured (624 bits)
Ethernet II, Src: 54:89:98:90:35:82, Dst: 54:89:98:1d:38:bc
 › Destination: 54:89:98:1d:38:bc
 › Source: 54:89:98:90:35:82
   Type: 802.1Q Virtual LAN (0x8100)
802.1Q Virtual LAN, PRI: 0, DEI: 0, ID: 10
Internet Protocol Version 4, Src: 192.168.0.1, Dst: 192.168.0.5
Internet Control Message Protocol

0000  54 89 98 1d 38 bc 54 89  98 90 35 82 81 00 00 0a   T···8·T·  ··5·····
0010  08 00 45 00 00 3c 96 49  40 00 80 01 e3 20 c0 a8   ··E··<·I  @···· ··
0020  00 01 c0 a8 00 05 08 00  3c e3 49 96 00 05 08 09   ········  <·I·····
0030  0a 0b 0c 0d 0e 0f 10 11  12 13 14 15 16 17 18 19   ········  ········
```

图 9-28　交换机 trunk 链路上传输的 VLAN 帧

由图 9-28 可知，PC1（IP 地址 192.168.0.1）发送给 PC5（IP 地址 192.168.0.5）的 ICMP 请求，以太网帧的类型字段值为 0x8100，表示这是一个 VLAN 帧；0x8100 后面是 0x000a，取出这两个字节的低 12bit，可知 VLAN ID 是 10；0x000a 后是 0x0800，表示帧中装载的是 IP 数据报。由此可知，交换机的干道链路上传输的 VLAN 帧，多出了 0x8100 ox000a 这 4 个字节。

视频 9-1

第四节　网络层协议分析

　　Wireshark 是一个网络数据包分析工具，它可以图形化显示数据包的总体、细节以及时序。它是进行网络协议分析的利器，也是进行网络故障诊断的重要助手。

　　Wireshark 可单独使用，从而可以捕获所在计算机"嗅探"到的数据包；还可以在 eNSP 中启动，从而捕获拓扑中"虚拟"设备特定接口的数据包。

一、Wireshark 基本操作

　　Wireshark 的典型功能有：捕获特定接口的数据包，可以设置捕获过滤器，以列表形式呈现所捕获的数据包，可以设置显示过滤器，可对单个数据包进行详尽分析，如图 9-29 所示。

　　除了双击图 9-29 中的以太网接口来启动捕获，还可以通过菜单栏"捕获"的菜单项来启动捕获，这里可以选择特定的网络接口，还可以设置捕获过滤器。如图 9-30 所示，选择只捕获以太网网络接口的数据，并设置捕获过滤器为 icmp，从而只捕获 ICMP 数据报。

　　接下来，在所在主机上"创造"一些 ICMP 数据报，比如 ping 远方主机，从而捕获到对应的数据报，如图 9-31 所示。

　　图 9-31 中，工具栏以下分别为数据帧列表、选中数据帧的分析、数据帧选中字段对应的十六进制数据。

　　捕获获得感兴趣的数据包后，可以在菜单栏单击停止按钮。

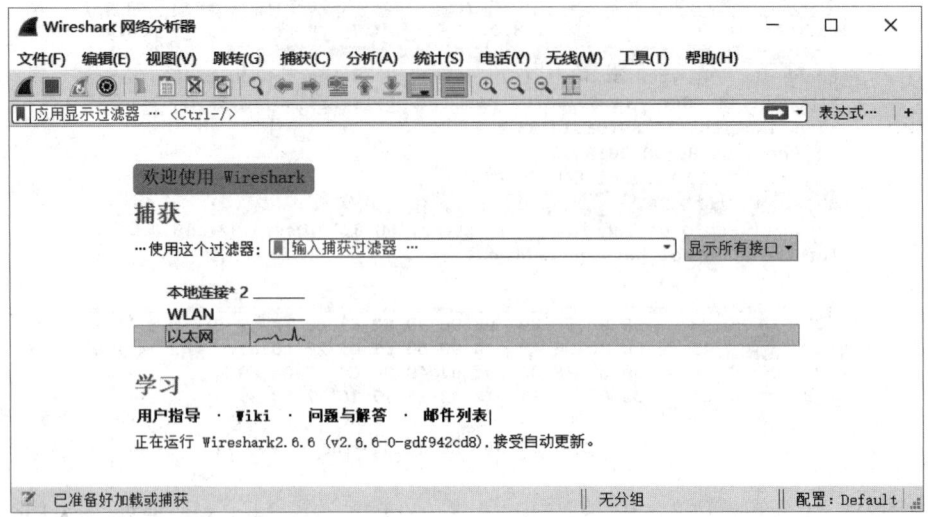

图 9-29　Wireshark 启动后会显示捕获可用的网络接口

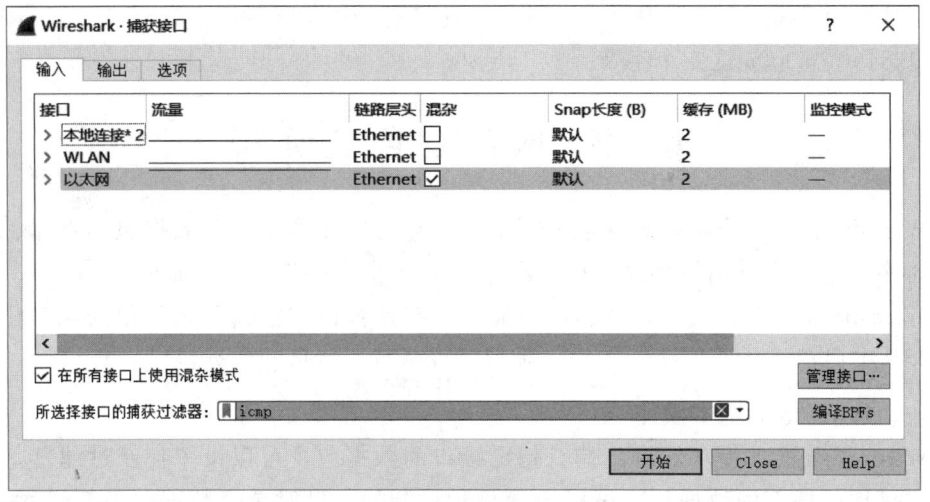

图 9-30　Wireshark 捕获选项

二、ARP 协议分析

在 eNSP 中创建如下网络拓扑，进行网络层的 ARP、IP、ICMP 协议的分析，如图 9-32 所示。

启动三台设备后，调用 Wireshark，捕获交换机接口 GE 0/0/1 上的数据帧，如图 9-33 所示。

在 PC1 上 ping 主机 PC2，即 ping 192.168.0.2，此时，PC1 尚不知道 192.168.0.2 对应的 MAC 地址，于是进行 ARP 请求（广播），随之 PC2 进行 ARP 响应（单播），如图 9-34～图 9-36 所示。

第四节 网络层协议分析

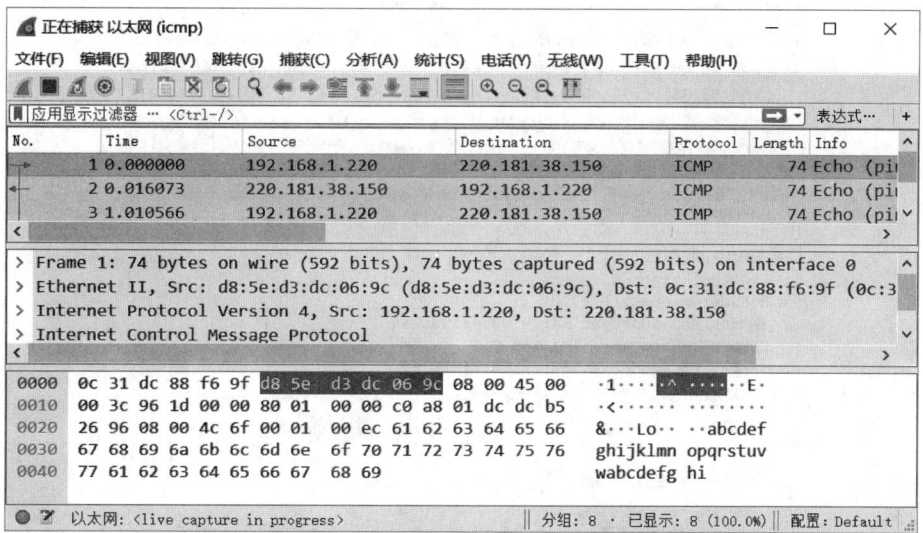

图9-31 Wireshark捕获到ping命令激发的数据报

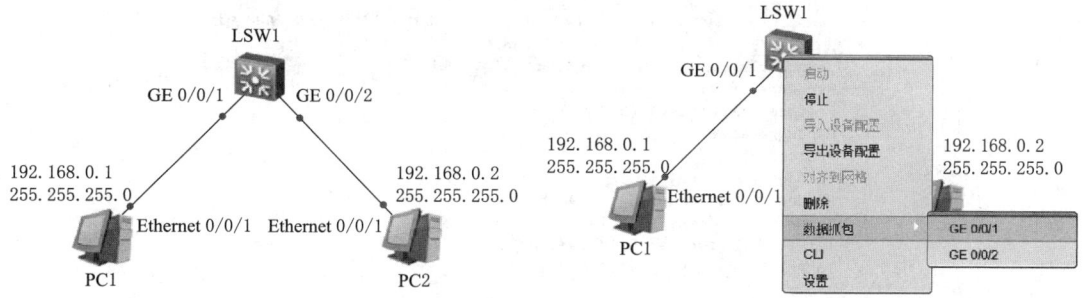

图9-32 网络层协议分析使用的eNSP网络拓扑　　图9-33 调用Wireshark捕获特定接口的数据帧

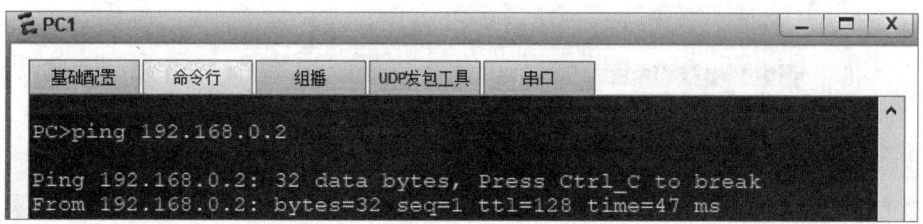

图9-34 PC1上首次ping主机PC2将产生ARP及ICMP数据包

三、IP协议分析

同样使用上述捕获的数据包，注意，IP协议分析改变显示过滤器，由只显示ARP改为显示IP数据报，如图9-37所示。

图9-37选择了其中一个ICMP请求数据帧，选中IPv4分析，并展开字段详情。可以看到IP头部关键性的头部长度（header length）、总长度（total length）、装载数据的类型（protocol）、源IP地址、目的IP地址等信息。

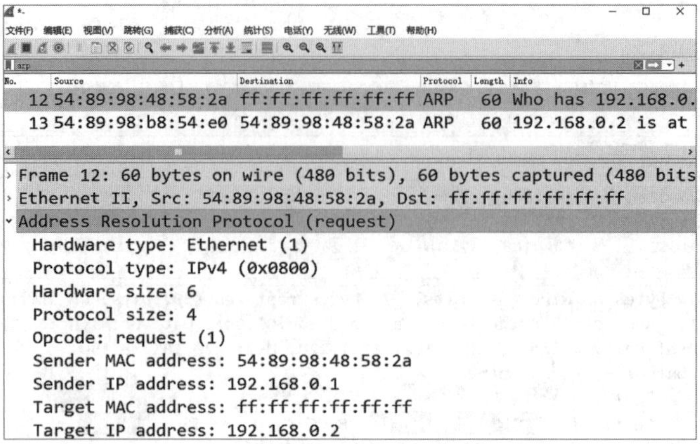

第九章 网络操作与实践

图 9-35 ARP 请求数据详情

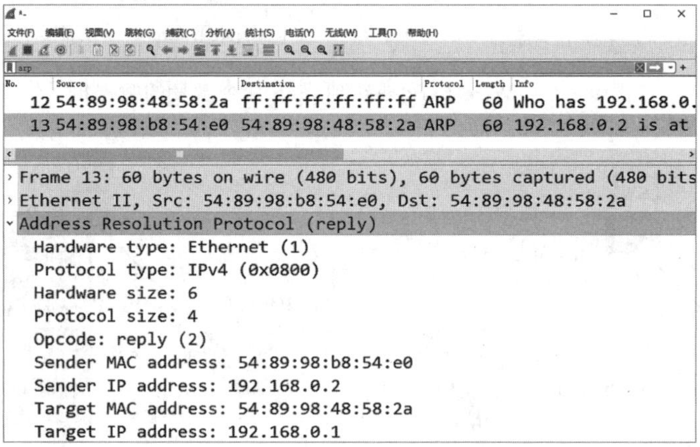

图 9-36 ARP 响应数据详情

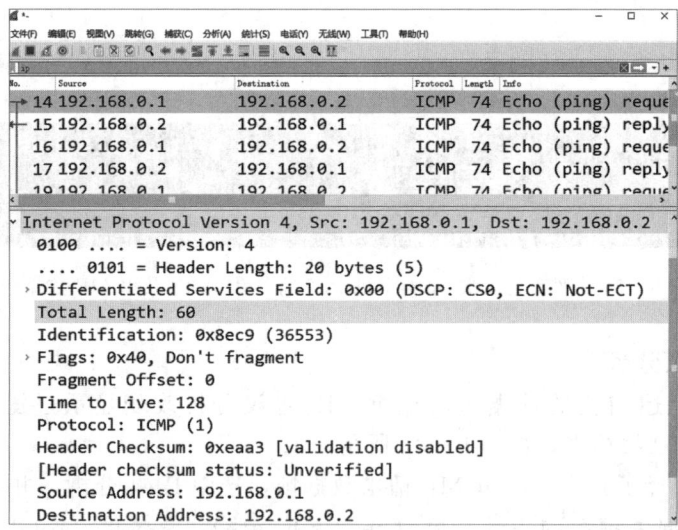

图 9-37 IP 数据报分析

四、ICMP 协议分析

选择一个 ICMP 响应数据帧，如图 9-38 所示，选中 ICMP 分析，可以看到 ICMP 头部首字节是 0x00，即类型为 Echo reply。还可以看到 ICMP 数据报的编号、标识等信息，Wireshark 还分析出，这个 ICMP 响应对应的 ICMP 请求的帧编号，以及请求到响应的时差等信息。

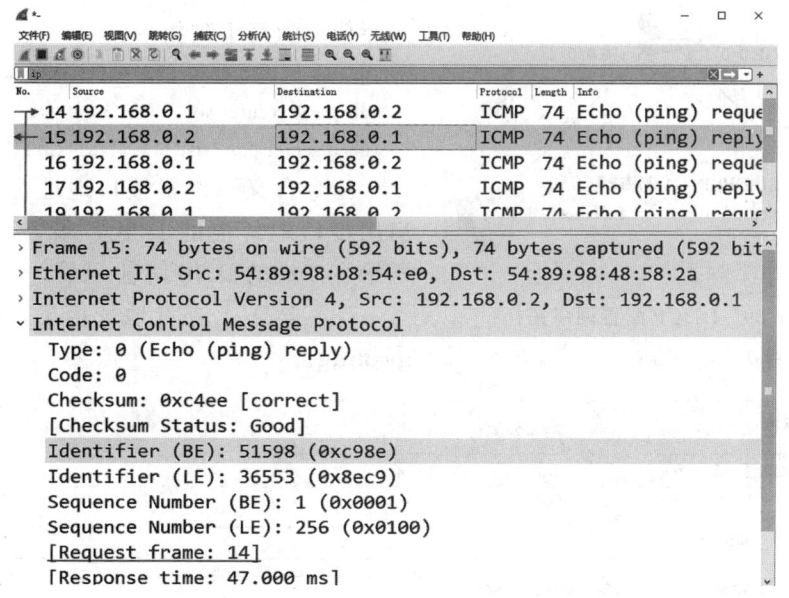

图 9-38 ICMP 响应分析

第五节 路 由 器 配 置

在路由器上可以配置 DHCP 服务，这样可以对 IP 地址进行统一规划管理，终端设备可以从地址池中动态选取一个地址来使用；在路由器上可以启用 NAT 功能，这样可以将内部网络使用私有 IP 地址的数据报，转换为分配的公网 IP 地址，从而可以在互联网上转发下去；在路由器上还可以设置静态路由，指明路由器的下一跳转发规则；若干个网络之间的路由器，还可以启用 RIP 协议，让这些路由器互相学习路由，并可以及时更新路由。

一、DHCP 配置

DHCP 协议中，客户端主机需要配置的 IP 地址、子网掩码、网关地址、DNS 地址等配置信息，可以向 DHCP 服务器申请得到，而且这些配置信息还是可变的，即动态的。DHCP 配置网络拓扑如图 9-39 所示。

在图 9-39 中，PC1 及 PC2 启用 DHCP 功能（客户端）来申请 IP 地址、子网掩码、网关地址、DNS 地址；路由器 AR3 上启用 DHCP 功能（服务器）来分配 IP 地址等信息。

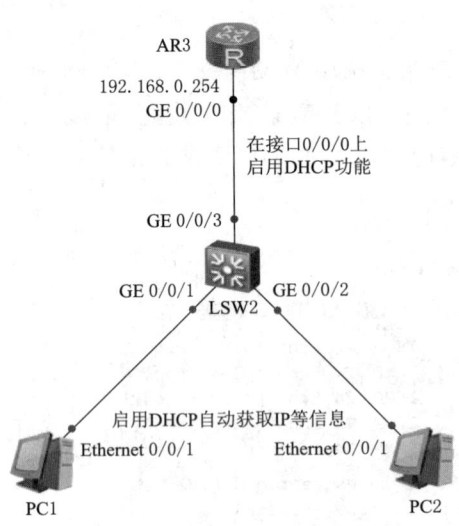

图 9-39　DHCP 配置网络拓扑

（1）PC1 和 PC2 启用 DHCP 功能：如图 9-40 所示，点击 IPv4 配置中 DHCP 选项，启用 DHCP 功能。

（2）执行指令：interface GigabitEthernet 0/0/0，进入 AR3 的 GE 0/0/0 接口视图。

依次执行下列指令：

ip address 192.168.0.254 255.255.255.0
dhcp select interface
dhcp server dns-list 114.114.114.114

指令含义：设置接口地址及子网掩码，启用接口地址池的 DHCP 服务功能，设置送给客户端的 DNS 信息。

（3）PC1 上查看地址信息，执行指令：ipconfig。

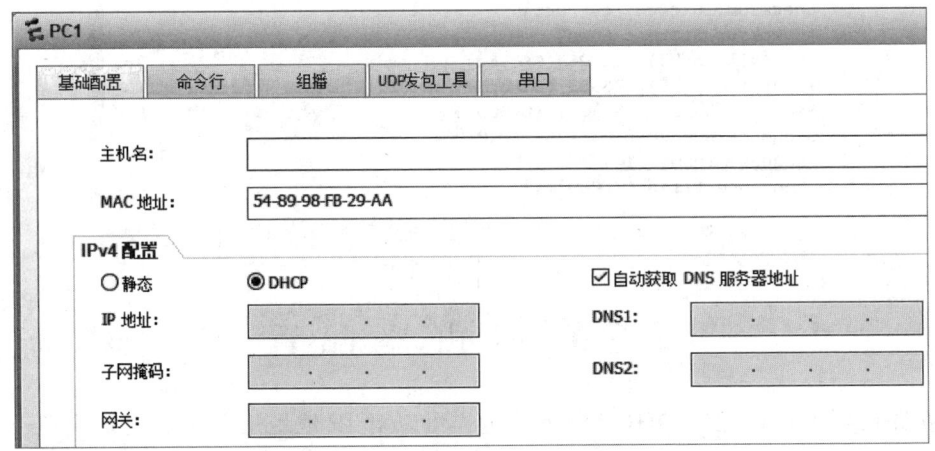

图 9-40　主机启用 DHCP 功能

显示以下信息（简化）：

IPv4 address......................：192.168.0.252
Subnet mask......................：255.255.255.0
Gateway..........................：192.168.0.254
DNS server.......................：114.114.114.114

由此可知 PC1 的 IP 地址、子网掩码、网关地址及 DNS 服务器地址。

（4）在 AR3 的接口 0 上启动 Wireshark，关闭 PC1，之后再启动 PC1。PC1 启动时会发出 DHCP 请求，AR3 则进行响应，如图 9-41 所示。

在图 9-41 中，PC1 发出的 DHCP 数据包，目的 MAC 地址为全 1，即进行广播；AR3 进行响应时，目的 MAC 地址为 PC1 的 MAC 地址，注意其填入了目的 IP 地址为 192.168.0.252。

第五节 路由器配置

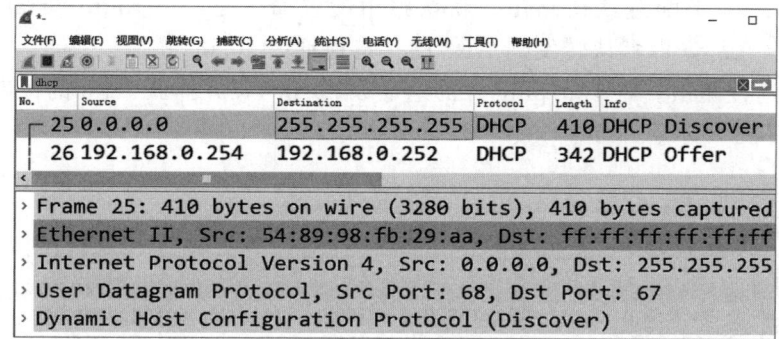

图9-41 DHCP的广播请求及单播响应

二、NAT 配置

路由器启用 NAT 后,在转发数据报时,将源地址(组)转换为另一地址(组)。通常是将内部网络的私有地址,转换(映射)为分配给该单位的公有地址,从而使得数据报能够在公网上转发。这种转换,发生在数据报出、进路由器的特定接口时。

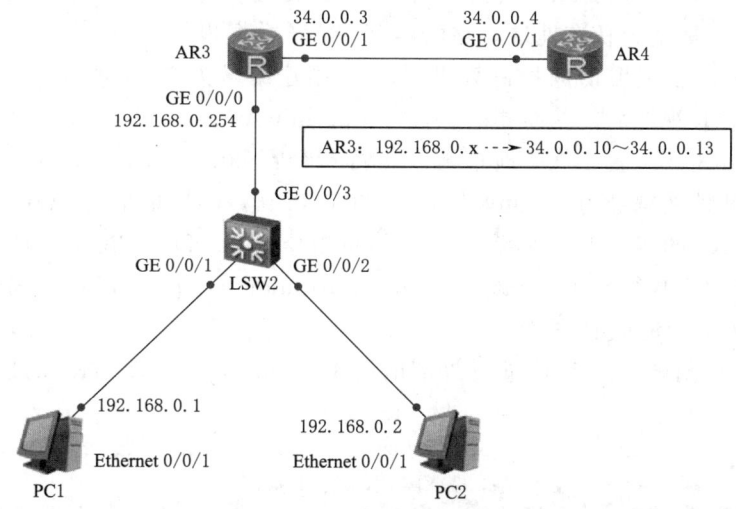

图9-42 NAT 实验网络拓扑

在图9-42所示网络拓扑中,PC1及PC2使用私有地址192.168.0.x,数据报从AR3的接口0/0/1转发出去时,变更私有地址为34.0.0.10~34.0.0.13这一地址池中的公有地址。具体配置过程如下:

(1) 配置 PC1、PC2 的 IP 地址、子网掩码及网关地址。其中子网掩码均为255.255.255.0,网关地址均为192.168.0.254。

(2) 配置接口地址。配置 AR3 的接口地址(两个)、AR4 的接口地址(一个),分别为192.168.0.254、192.168.34.3、192.168.34.4。

(3) 在 AR3 配置默认路由。默认路由配置命令是:ip route - static 0.0.0.0 0.0.0.0 34.0.0.4,即默认转发到 AR4 的接口地址 34.0.0.4。

(4) 在 AR4 上配置默认路由。默认路由配置命令是：ip route - static 0.0.0.0 0.0.0.0 34.0.0.3，即默认转发到 AR3 的接口地址 34.0.0.3。

(5) 连通性测试。PC1 上 ping 外部地址 34.0.0.4，并捕获 AR3 的接口 1 的数据包，如图 9-43 所示。

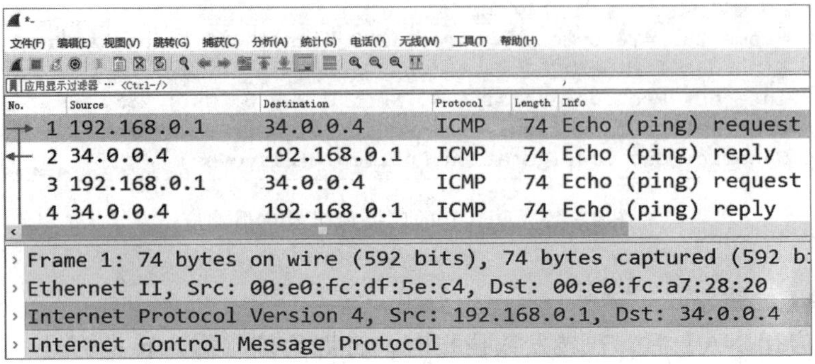

图 9-43　未进行 NAT 转换的源地址为 192.168.0.1

图 9-43 中，未进行 NAT 转换，源地址保持为 192.168.0.1。注意，在现实环境中，如果目的地址为私有地址，路由器会丢弃该数据报。

(6) 在 AR3 上配置访问控制列表 ACL。创建编号为 2001 的 ACL：acl number 2001。进入 ACL 视图后，执行指令：rule 5 permit source 192.168.0.0 0.0.0.255。

(7) 在 AR3 上配置 NAT 地址池。执行指令：nat address - group 7 34.0.0.10 34.0.0.13。地址池编号为 7，起始地址为 34.0.0.10，结尾地址为 34.0.0.13。

(8) 在 AR3 的接口 1 上配置 NAT。执行指令：interface GigabitEthernet 0/0/1，进入接口视图后，执行指令：nat outbound 2001 address - group 7。将编号为 2001 的 ACL 和编号为 7 的地址池关联起来。

(9) 连通性测试。PC1 上 ping 外部地址 34.0.0.4，并捕获 AR3 的接口 1 的数据包，如图 9-44 所示。

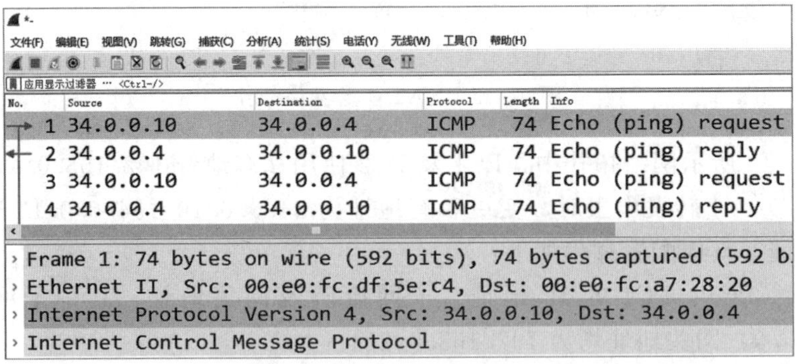

图 9-44　NAT 机制将源地址 192.168.0.1 转换为 34.0.0.10

和第 (5) 步相比较，此时源地址变更为 34.0.0.10。从而数据报可以在公网上进行转发。

三、静态路由配置

静态路由，即手动设置固定路由项，一旦设定，则保持不变，除非再次手动设置它。

在图 9-45 中，PC1 连接到路由器 AR1，PC2 连接到路由器 AR2，路由器 AR1、AR2 相连接。在 AR1、AR2 上配置静态路由实现 PC1 和 PC2 的互通。

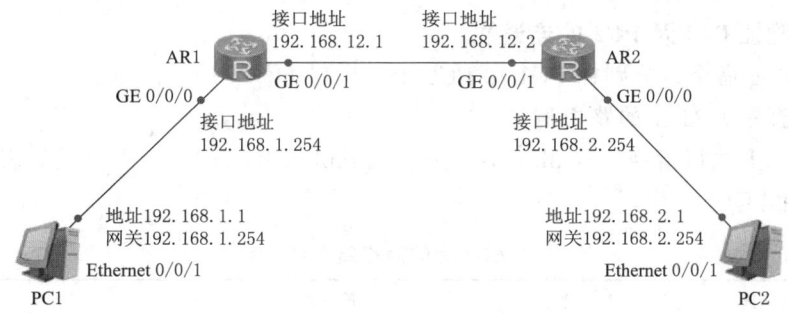

图 9-45　静态路由网络拓扑

（一）设置 PC1、PC2

设置 PC1 和 PC2 的 IP 地址、子网掩码及网关地址，如图 9-46 所示。

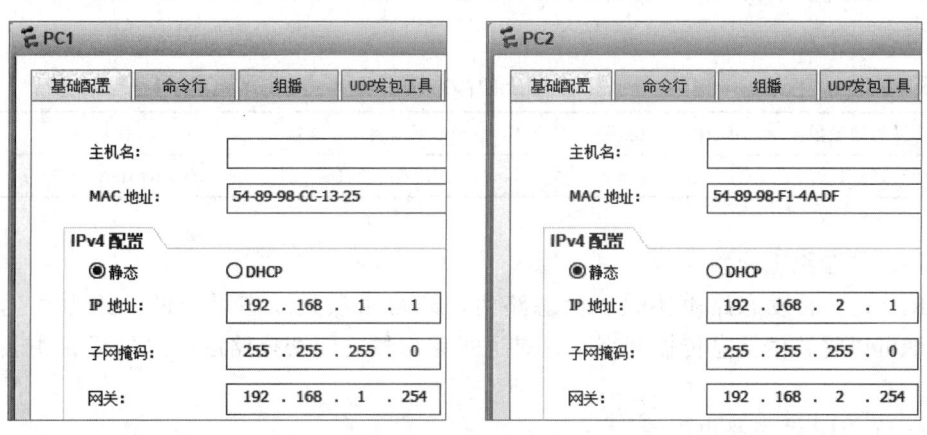

图 9-46　设置主机的 IP 地址信息

（二）配置 AR1、AR2

配置路由器 AR1 的接口 GE 0/0/0 地址命令如下：

[Huawei]interface GigabitEthernet 0/0/0

[Huawei-GigabitEthernet 0/0/0]ip address 192.168.1.254 24

命令含义：进入 AR1 的接口 0 视图，设置 IP 地址及子网掩码位数为 24。AR1 和 AR2 的其他三个接口的配置与此类似。

（三）配置 AR1、AR2 上的静态路由

AR1 上的静态路由配置指令：

ip route-static 192.168.2.0 255.255.255 192.168.12.2

即 AR1 收到目的地址为 192.168.2.x 的数据报，将转发给地址为 192.168.12.2 的下一跳路由器，即 AR2。

AR2 上的静态路由配置指令：

ip route-static 192.168.1.0 255.255.255 192.168.12.1

即 AR2 收到目的地址为 192.168.1.x 的数据报，将转发给地址为 192.168.12.1 的下一跳路由器，即 AR2。

（四）验证 PC1 及 PC2 的连通性

通过 ping 命令，分别在 PC1 和 PC2 上，向对方作连通性测试。

（五）查看 AR1 上的路由信息

在 AR1 上执行指令：display ip routing-table 192.168.2.1，显示如表 9-1 所示的静态路由。

表 9-1　　　　　　　　　　AR1 上的静态路由项

目的地址段	协议	下一跳	接口
192.168.2.0/24	static	192.168.12.2	GigabitEthernet 0/0/1

（六）查看 AR2 上的路由信息

在 AR2 上执行指令：display ip routing-table 192.168.1.1，显示表 9-2 所示静态路由。

表 9-2　　　　　　　　　　AR2 上的静态路由项

目的地址段	协议	下一跳	接口
192.168.1.0/24	static	192.168.12.1	GigabitEthernet 0/0/1

四、动态路由配置

RIP 是一种动态路由协议。动态路由，即路由项是动态可变的，路由发生了变化，则可以将路由信息传播开来，这是通过路由器之间交换路由信息形成路由表来实现的。

（一）RIP 动态路由配置

在图 9-47 中，PC1 连接到路由器 AR1，PC2 连接到路由器 AR3，路由器 AR1、AR2、AR3 相连接。

在 AR1、AR2、AR3 上配置 RIP 实现 PC1 和 PC2 的互通。需要首先设置 PC1、PC2 的 IP 地址、子网掩码及网关，然后配置 AR1、AR2、AR3 的接口地址，再在 AR1 启用 RIP。启用 RIPv2 的命令如下：

[Huawei]rip 1
[Huawei-rip-1]version 2
[Huawei-rip-1]network 192.168.1.0
[Huawei-rip-1]network 192.168.12.0

命令含义：进入 RIP 进程 1（编号），启用 RIP 版本 2；192.168.1.0 网段启用 RIP，192.168.12.0 网段启用 RIP。

第五节 路由器配置

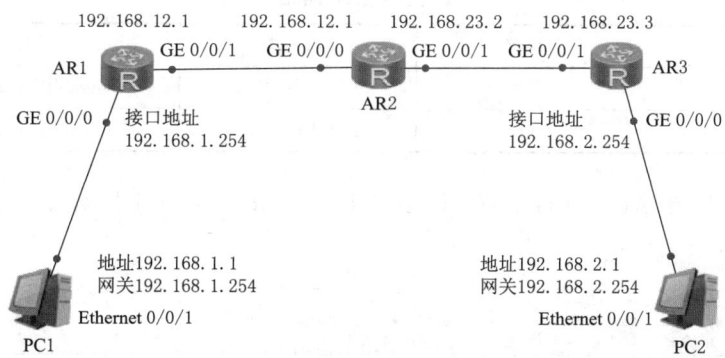

图 9-47 RIP 实验拓扑图

同理，在 AR2 上启用 RIP 的命令如下：

[Huawei]rip 1
[Huawei-rip-1]version 2
[Huawei-rip-1]network 192.168.12.0
[Huawei-rip-1]network 192.168.23.0

同理，在 AR3 上启用 RIP 命令如下：

[Huawei]rip 1
[Huawei-rip-1]version 2
[Huawei-rip-1]network 192.168.23.0
[Huawei-rip-1]network 192.168.2.0

此时，路由器 AR1、AR2 和 AR3 会周期性将自己的路由表发给邻居，全网路由收敛，可以通过 ping 命令验证 PC1 及 PC2 的连通性。

（二）查看 RIP 路由信息

执行指令：display ip routing-table protocol rip，可以查看路由器的路由表信息，分别进入 3 个路由器的命令窗，输入指令查看信息，就可以得到 AR1 上的 RIP 路由项（表 9-3）、AR2 上的 RIP 路由项（表 9-4）、AR3 上的 RIP 路由项（表 9-5）。

表 9-3　　　　　　　　　　　AR1 上的 RIP 路由项

目的地址段	协议	下一跳	接口
192.168.2.0/24	RIP	192.168.12.2	GigabitEthernet 0/0/1
192.168.23.0/24	RIP	192.168.12.2	GigabitEthernet 0/0/1

表 9-4　　　　　　　　　　　AR2 上的 RIP 路由项

目的地址段	协议	下一跳	接口
192.168.1.0/24	RIP	192.168.12.1	GigabitEthernet 0/0/0
192.168.2.0/24	RIP	192.168.23.3	GigabitEthernet 0/0/1

表 9-5　　　　　　　　　　AR3 上的 RIP 路由项

目的地址段	协议	下一跳	接口
192.168.1.0/24	RIP	192.168.23.2	GigabitEthernet 0/0/1
192.168.12.0/24	RIP	192.168.23.2	GigabitEthernet 0/0/1

最后，可以在 AR2 的 GE 0/0/0 接口上查看 RIP 路由交换数据包，如图 9-48 所示。

视频 9-5

视频 9-6

视频 9-7

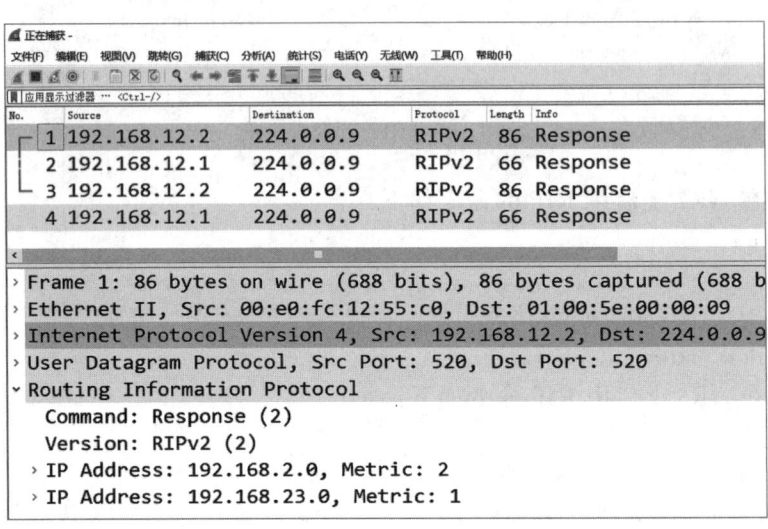

图 9-48　路由器之间组播 RIP 路由信息

第六节　运输层协议分析

TCP/UDP 协议需要具体的应用层服务器及客户端来支持。eNSP 中提供了简单的域名解析及网页访问功能，本次实践在 eNSP 中搭建场景，来模拟域名解析及网页访问，从而捕获 TCP/UDP 数据包，进行格式分析。

一、创建网络拓扑

在 eNSP 中构造如图 9-49 所示计算机网络拓扑。

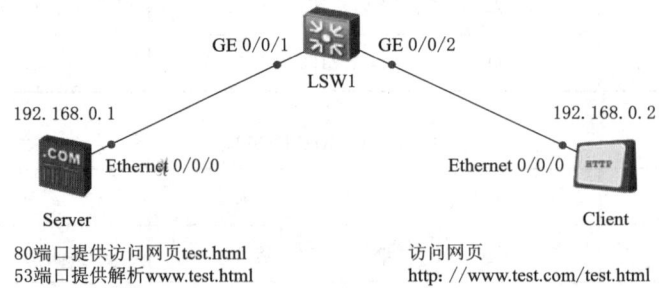

图 9-49　eNSP 中创建简单 DNS 及 Web 访问网络拓扑

左侧是服务器（server），提供 DNS 及 HTTP 服务功能，右侧是客户端（client），可以模拟浏览器来访问网页。

启动三台设备。对于服务器，设置其 DNSServer，配置其将 www.test.html 解析为 192.168.0.1 这一地址，如图 9-50 所示，并单击启动按钮。

图 9-50　eNSP 中设置 DNSServer

对于服务器，设置其 HttpServer，如图 9-51 所示，配置其提供特定文件夹下网页 test.html 的访问，并单击启动按钮。注意，test.html 可以是自己编写的网页。

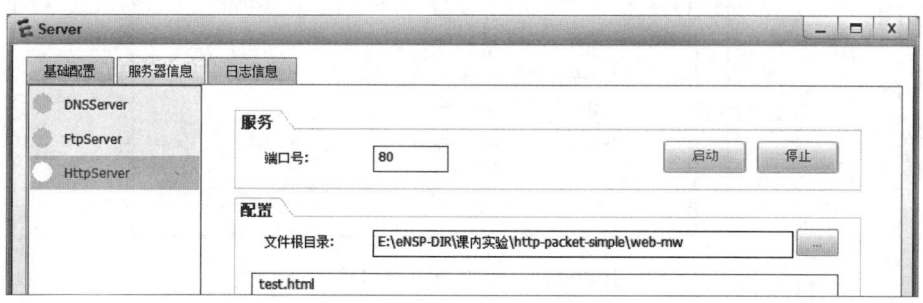

图 9-51　eNSP 中设置 HttpServer

配置右侧的客户端的域名服务器（域名解析提供者）为 192.168.0.1，从而请求左侧的服务器来解析域名，如图 9-52 所示，修改完毕后单击保存按钮。

使用客户端中的 HttpClient 工具，来访问 http://www.test.com/test.html。输入网址后，单击获取按钮，显示访问成功，如图 9-53 所示。

该访问分为如下两个步骤：

（1）客户端使用 UDP（DNS 请求）向 192.168.0.1 的 53 端口（UDP 端口）请求解析 www.test.html，接着 192.168.0.1 送回响应，告知对应的 IP 地址为 192.168.0.1。

（2）客户端使用 TCP（HTTP 请求）向 192.168.0.1 的 80 端口（TCP 端口）请求网页文件 test.html，接着 192.168.0.1 送回响应，也即返回的 HTTP 内容为 test.html 的文件内容。图 9-53 中提示保存文件，可取消掉。

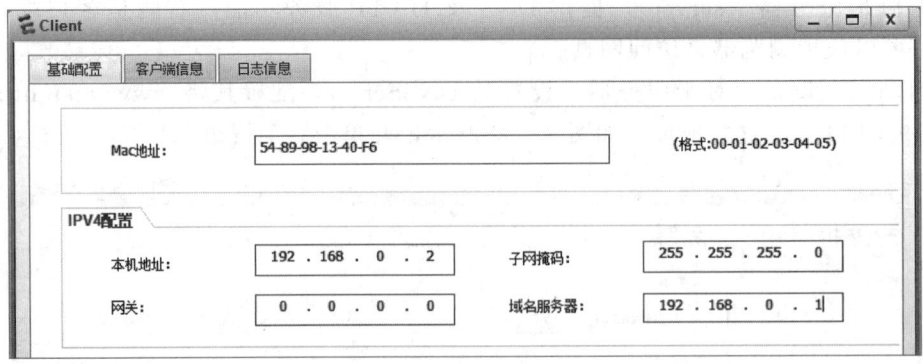

图 9-52 eNSP 中设置客户端的域名服务器

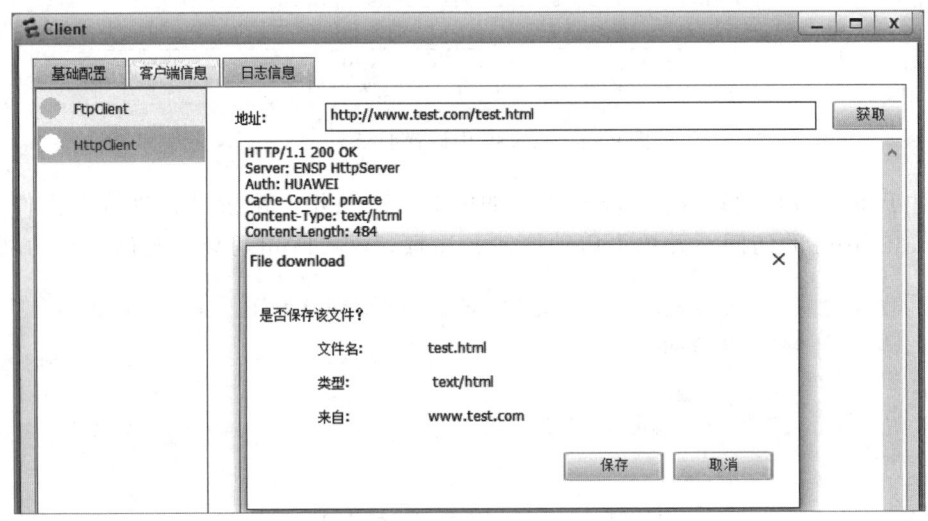

图 9-53 客户端中访问网页

调用 Wireshark，捕获交换机接口 1 的网络数据。重复上述请求，捕获到 DNS 请求及响应，HTTP 请求及响应。

二、UDP 用户数据报分析

以 DNS 请求为例，如图 9-54 所示，可以看到目的端口为 53，总长度为 38 字节，除去头部占用 8 字节（源端口、目的端口、长度、校验和各 2 字节），UDP 数据部分长度为 30 字节。

三、TCP 建立连接分析

建立 TCP 连接的三个数据段的方法如下：

首先，建立 TCP 连接的第一个数据段，如图 9-55 所示，可以看到，客户端发起连接时，访问的目的端口为 80，其设置了 SYN 标志位，TCP 起始序号为 6765。

接着是第二个数据段，这个数据段是服务器进行响应，同样设置了 SYN 标志位，并且对客户端的 SYN 进行了确认，确认号（期望的下一个字节序号）是 6766。服务

第六节 运输层协议分析

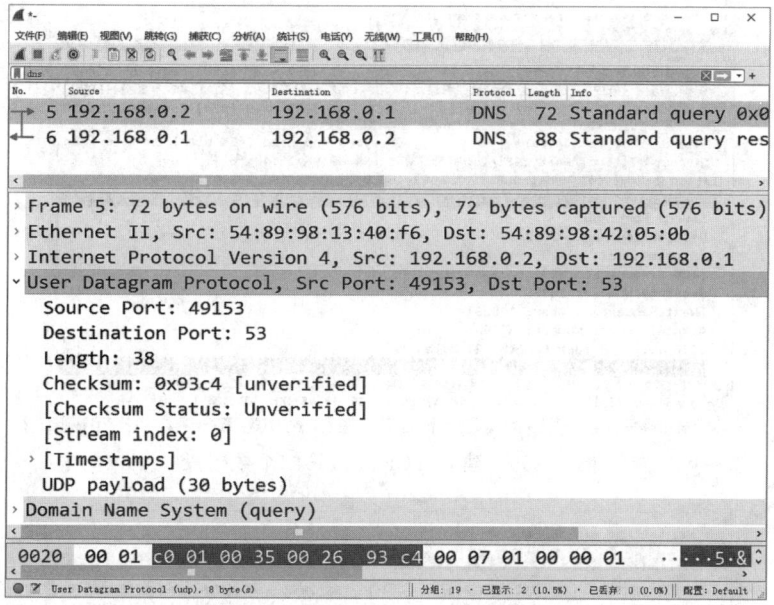

图 9-54 UDP 用户数据报分析

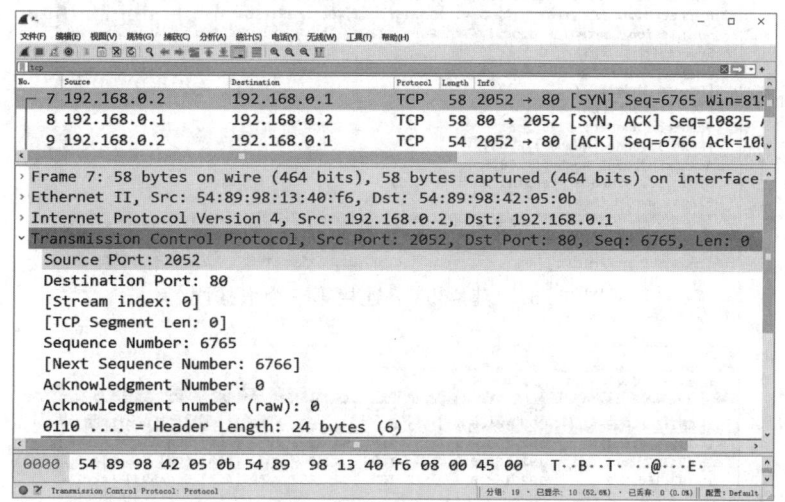

图 9-55 建立 TCP 连接第一个数据段

器的 TCP 起始序号为 10825，如图 9-56 所示。

在第三个数据段，客户端对服务器的 SYN 进行确认。确认号（期望的下一个字节序号）是 10826。同时，本次序号是 6766，如图 9-57 所示。

四、TCP 释放连接分析

当网页传输完毕后，客户端发起关闭连接，送出 FIN+ACK 数据段；接着，服务器由此可知，客户端不再发送数据，对此进行确认；然后，服务器没有更多数据要发送，送出 FIN+ACK 数据段；最后，客户端进行确认，如图 9-58 所示。

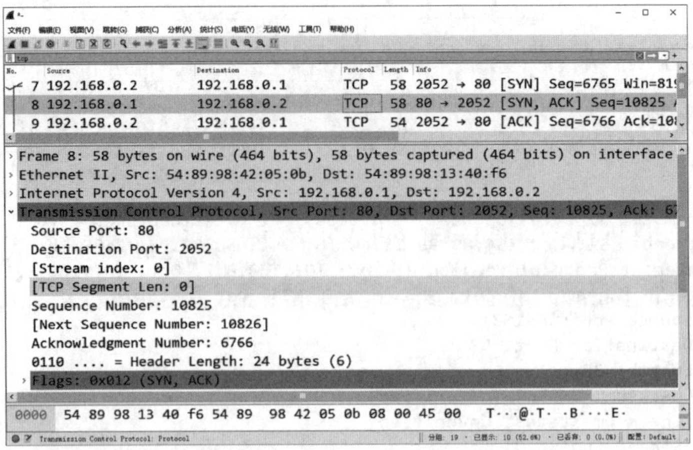

图 9-56 建立 TCP 连接第二个数据段

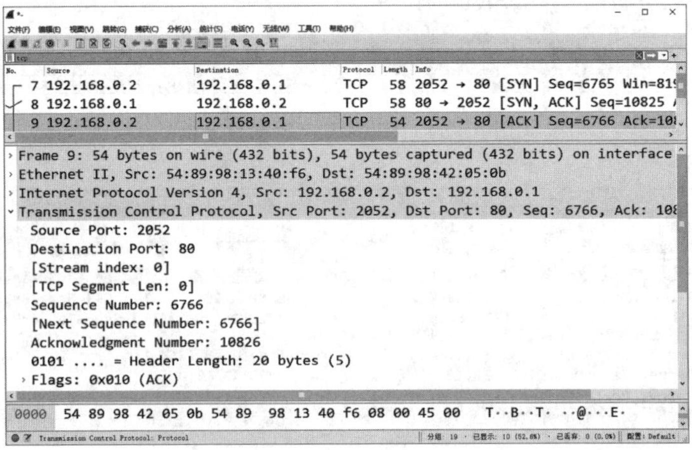

图 9-57 建立 TCP 连接第三个数据段

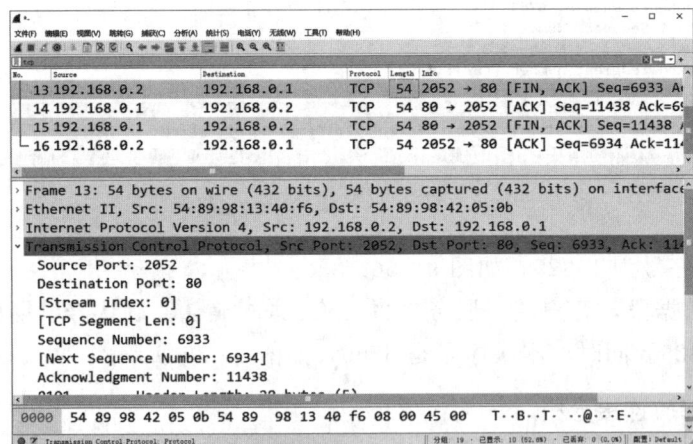

图 9-58 TCP 释放连接的 4 个数据段

第七节 应用服务器配置

常用的应用服务器如 DNS 服务器、FTP 服务器、Web 服务器等，通常有若干种服务器软件，各自有自己特定的功能集及配置方法。本次实践将围绕 Web 服务器软件 nginx 来展开。

一、安装 nginx

Nginx 的官方网站是 nginx.org，在下载页面上，下载 Windows 版本的压缩包，下载完解压后即可使用，如图 9-59 所示。这里下载的是 1.22.0 版本，解压到 D 盘。

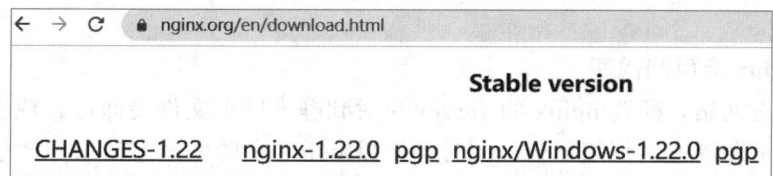

图 9-59　下载 nginx 的 Windows 版本

安装目录下有主程序 nginx.exe，如图 9-60 所示。

图 9-60 中，html 是页面文件目录，其中有页面文件 index.html；conf 是配置文件目录，其中 nginx.conf 是默认的配置文件；logs 是日志文件目录，可以查看 error.log 来查明出错信息。

双击 nginx.exe，在浏览器中访问 http：//127.0.0.1，如果正常启动则可看到图 9-61 所示页面。

图 9-61 中的网页文件正是 html 文件夹下的 index.html 文件。nginx 启动失败的主要原因有配置文件错误、端口被占用等，具体信息可通过查看日志信息来判明。

注意：在生产环境中，一般将 nginx 作为后台服务随计算机启动；重启或停止 nginx 一般通过命令行来操作。

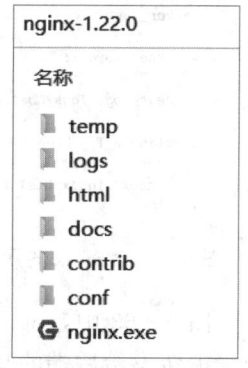

图 9-60　nginx 文件目录

二、查看配置文件

打开 nginx.conf 查看主要配置信息（可以使用记事本等文本编辑器）。

默认 server 配置如图 9-62 所示。

根据图 9-62 可以看出如下配置信息：服务器在 80 端口侦听；定义虚拟主机名为 localhost；定义 URI 匹配规则，如果匹配到"/"，定义根目录 html，即映射到安装目录下的 html 文件夹；定义首页，即如果没有指明要访问的页面，那么将尝试 index.html，或者是 index.htm 页面。

Nginx 的配置文件指令及规则较多，全面深入了解配置项需要查看手册或者相关书籍。

第九章　网络操作与实践

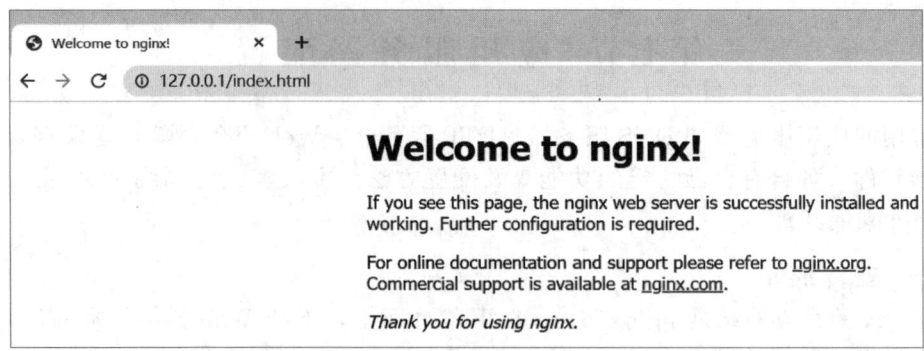

图 9-61　访问默认页面验证 nginx 启动成功

三、Nginx 作反向代理

部署静态网站，配置 nginx 的 server 映射到静态网页文件夹即可。现实中，更多的是静态网页和动态网页相结合，此时可使用 nginx 来转发动态请求到产生动态页面的服务器，比如 Tomcat，如图 9-63 所示。

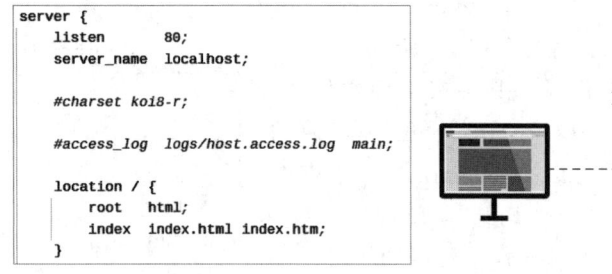

图 9-62　nginx 的默认 server 配置

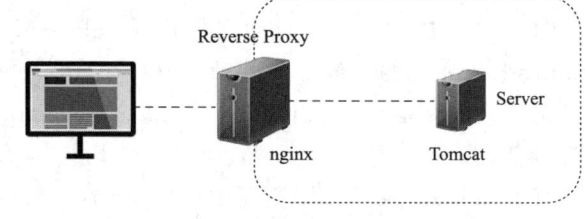

图 9-63　nginx 作反向代理示意图

图 9-63 中，nginx 作反向代理，即用户首先访问到前台的 nginx，前台 nginx 再把请求转发给后端的其他服务器，前台的 nginx 收到后端的响应，将其转发回用户。看起来前台 nginx 在为用户服务，实际上隐藏了真正的后端服务器。

考虑到安装配置 Tomcat 相对烦琐，接下来在同一台计算机上进行实践，用另一个 nginx 实例来模拟被代理的服务器。

（1）再次解压 nginx 压缩包，命名为 nginx-1.22.0-backend-1，修改配置文件，使它在 8050 端口侦听。

（2）修改 nginx-1.22.0-backend-1 的 html 文件夹下的 index.html 文件，如图 9-64 所示。

（3）启动 nginx-1.22.0-backend-1 的 nginx.exe。注意：它在 8050 端口提供服务。

（4）对前台 nginx 进行图 9-65 所示配置。此时，前台 nginx 为 nginx-1.22.0 文件夹下已启动的实例。

如果 URI 匹配到 backends，那么就代理该请求，并将其转发到本机的 8050

端口。

（5）前台 nginx 重新加载配置文件，如图 9-66 所示。

（6）在浏览器中请求 backends，前台 nginx 会将其转发到本机的 8050 端口，返回页面如图 9-67 所示。

```
<!DOCTYPE html>
<html>
    <head>
        <title>backend server</title>
    </head>
    <body>
        <h1>from Backend Server 1</h1>
    </body>
</html>
```

图 9-64　后端服务器 1 的主页

```
location /backends {
    proxy_pass http://127.0.0.1:8050/
}
```

图 9-65　在 nginx.conf 的 server 中配置 proxy_pass

```
管理员: C:\Windows\system32\cmd.exe
D:\nginx-1.22.0>nginx.exe -s reload
```

图 9-66　前台 nginx 重新加载配置文件命令

← → C ① 127.0.0.1/backends

from Backend Server 1

图 9-67　验证 niginx 反向代理配置

四、Nginx 作负载均衡

前台 nginx 在代理转发请求时，可以将请求转发给一组后端服务器，让负载在它们之间分摊，从而提高整体的响应速度，如图 9-68 所示。

Nginx 作负载均衡的操作如下：

（1）再次解压 nginx 压缩包，命名为 nginx-1.22.0-backend-2，修改配置文件，使它在 8060 端口侦听。

（2）修改 nginx-1.22.0-backend-2 的 html 文件夹下的 index.html 文件，如图 9-69 所示。

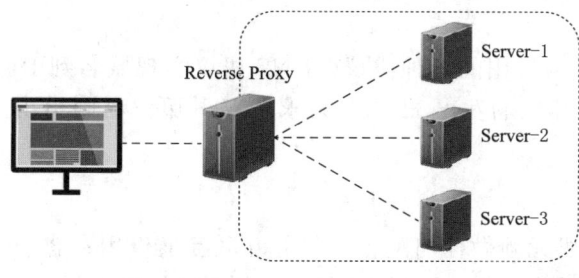

图 9-68　nginx 作负载均衡示意图

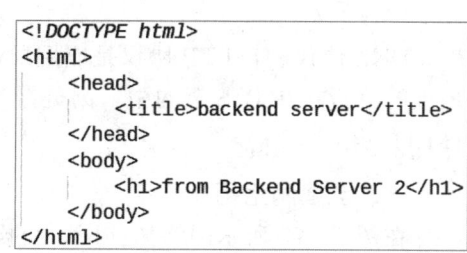

图 9-69　后端服务器 2 的主页

（3）启动 nginx-1.22.0-backend-2 的 nginx.exe。注意：它在 8060 端口提供服务。

（4）对前台 nginx 作如图 9-70 所示配置。此时，前台 nginx 为 nginx-1.22.0 文件夹下已启动的实例。

定义 upstream 的名字为 groupA，包括两个后端服务器：①本机的 8050 端口提供的服务器；②本机的 8060 端口提供的服务器。

重新定义路径/backends 的转发规则为转发到 groupA 这一负载均衡组。

（5）前台 nginx 重新加载配置文件。

视频 9-8

（6）在浏览器中请求 backends，前台 nginx 会将其转发到本机的 8050 端口或者 8060 端口，如图 9-70 所示。刷新页面，可以看到该页面在后端的两个服务器之间切换，如图 9-71 所示。如果将后端服务器部署在不同的计算机上，并使它们提供相同的服务，就可以提高网站的并发能力。

```
upstream groupA {
    server 127.0.0.1:8050;
    server 127.0.0.1:8060;
}

server {
    listen       80;
    server_name  localhost;

    #charset koi8-r;

    #access_log  logs/host.access.log  main;

    location / {
        root   html;
        index  index.html index.htm;
    }

    location /backends {
        proxy_pass http://groupA/;
    }
}
```

图 9-70　在 nginx.conf 的 http 中配置 upstream　　图 9-71　刷新页面轮询调度返回后端的两个页面

第八节　应用层协议分析

DNS 协议、HTTP 协议是应用层最为常用的两种协议。DNS 协议实现域名到 IP 地址的解析；在 B/S 架构中，浏览器等客户端发出 HTTP 请求，Web 服务器则给出 HTTP 响应。

一、创建网络拓扑

在图 9-72 所示网络拓扑中，交换机无须做任何配置，仅起互联互通作用；客户端上配置 IP 地址、DNS 服务器地址；服务端上配置 IP 地址，并启用 DNS 服务、HTTP 服务。启动交换机、服务端、客户端。

客户端的基础配置如图 9-73 所示，设置 IP 地址为 192.168.0.2，设置 DNS 服务器地址为左侧主机的 IP 地址（192.168.0.1）。

服务端的基础配置如图 9-74 所示，设置 IP 地址为 192.168.0.1。

服务端的服务器配置，首先是 DNS 服务器配置，填入域名、IP 地址后，单击增加按钮，即可显示图 9-75 所示列表。图 9-75 中显示，可以把 www.test.com 解析

第八节 应用层协议分析

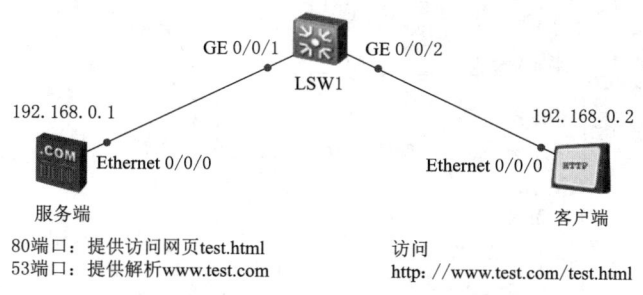

图 9-72 搭建 DNS、HTTP 服务的网络拓扑

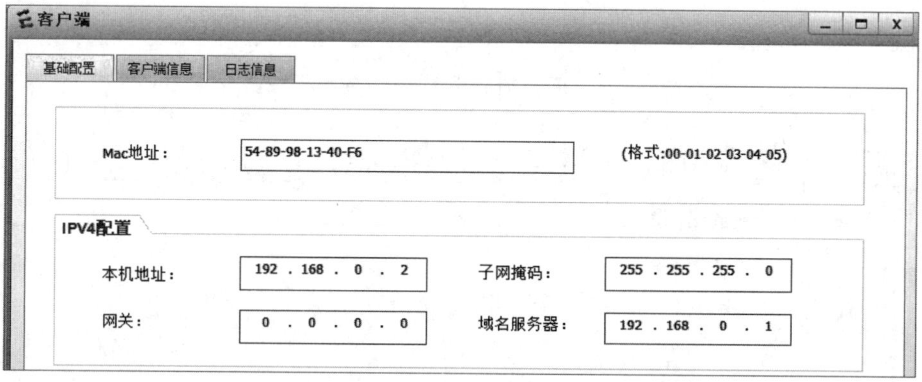

图 9-73 客户端的基础配置

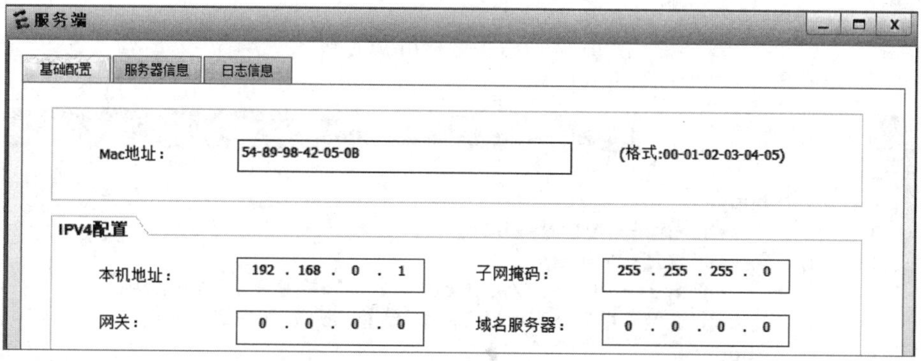

图 9-74 服务端的基础配置

为 192.168.0.1,该地址为当前服务器自己的地址。设定域名解析列表后,单击图 9-75 中的启动按钮,这样就启用了 DNS 服务。

服务端的服务器配置,接着是 HTTP 服务器配置,通过图 9-76 的按钮可以选择一个文件夹作为根目录。根目录下放置编写的网页,比如图 9-76 所示 test.html 文件。设定根目录后,单击图中的启动按钮,这样就启用了 Web 服务。

Test.html 文件可以灵活编写,比如图 9-77 所示内容。

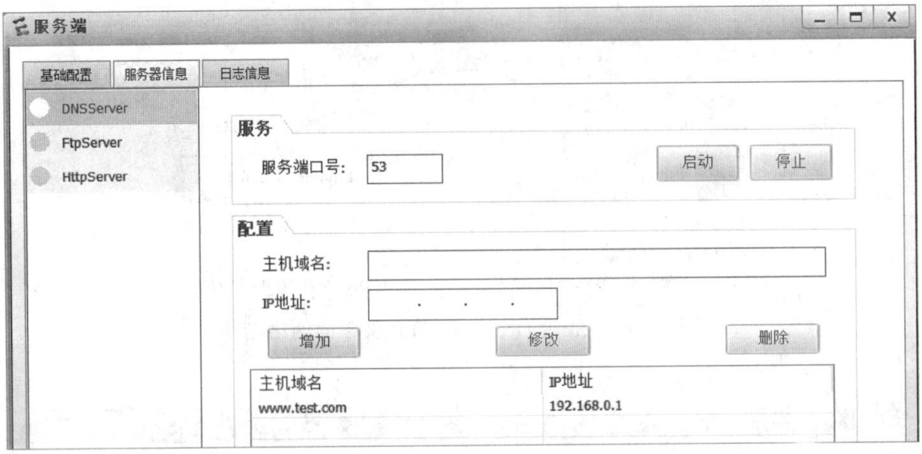

图 9-75　服务端启用 DNS 服务解析域名

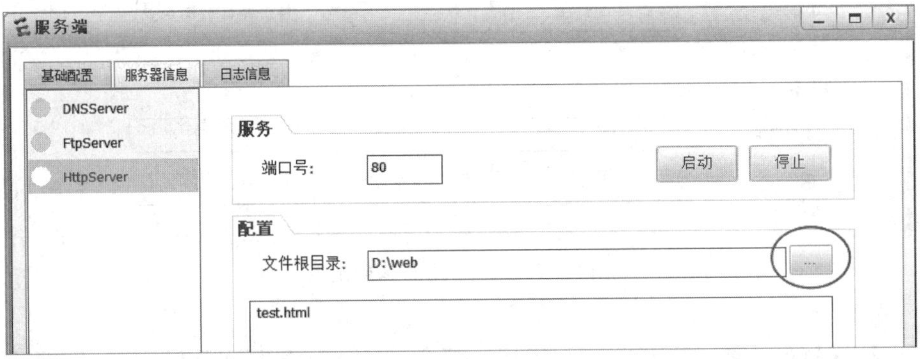

图 9-76　服务端启用 Web 服务

```
test.html                    ×
1   <html>
2       <body>
3           <h2>这是一个标题</h2>
4           <p>这是一个段落</p>
5           <a href="http://www.cctv.com">这是一个链接</a>
6           <p>在网页中你还可以呈现表单、表格、图像、画布等</p>
7       </body>
8   </html>
```

图 9-77　服务端部署的网页实例 test.html

二、HTTP 协议分析

使用客户端的 HttpClient 功能，在地址栏输入 http：//192.168.0.1/test.html，并单击获取，则弹出图 9-78 所示对话框。可以单击取消，也就是不保存它。另外，在地址栏下方，还显示了 HTTP 响应的响应行及 HTTP Header 信息。

上述信息说明，使用 HTTP 协议向 192.168.0.1 这台主机的 80 端口发出请求，

第八节　应用层协议分析

图 9-78　客户端使用 IP 地址来访问服务端的 Web 服务

请求的资源为根路径下的 test.html 文件。192.168.0.1 这台主机则给出了 HTTP 响应。

在交换机的任一接口上启动 Wireshark，重新执行上述的获取操作。捕获到 TCP 连接的建立、HTTP 请求、HTTP 响应、TCP 连接的释放，如图 9-79 所示。

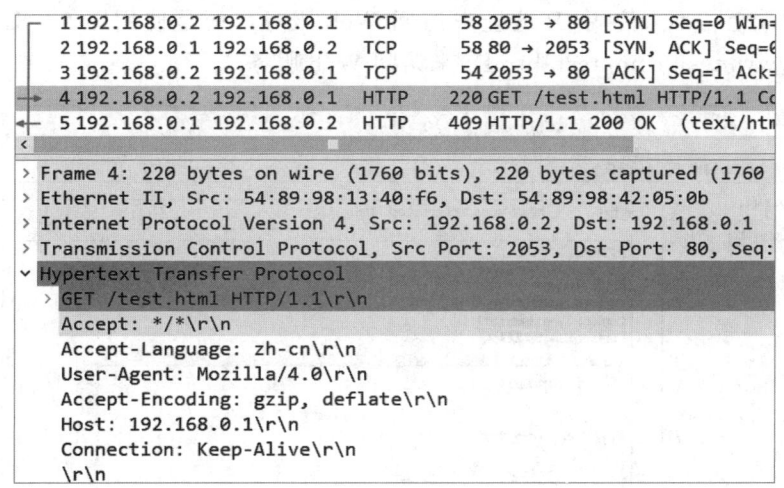

图 9-79　捕获的 HTTP 请求数据分析

图 9-79 中可以看出，请求是 192.168.0.2 发往 192.168.0.1 的 80 端口的 HTTP 请求。请求行显示，这是一个 GET 请求，请求的 URI 是/test.html，使用的是 HTTP 协议，版本为 1.1。还可以看到请求行是以 \r（编码 0x0d）、\n（编码 0x0a）两个字符结尾；Accept 等 HTTP 请求头，同样以 \r\n 两个字符结尾；最后一个请求头 Connection，它的 \r\n 结尾之后，再来一个 \r\n，表示没有其他请求

头了。

图 9-80 中可以看出，该响应是 192.168.0.1 发往 192.168.0.2 的 HTTP 响应。状态行显示，使用的是 HTTP 协议，版本为 1.1，状态码为 200，状态信息为 OK；根据 Content-Type 请求头看到，响应内容是文本格式，且是 HTML 编写的文本；根据 Content-Length 请求头看到，响应体内容长度为 227 字节。

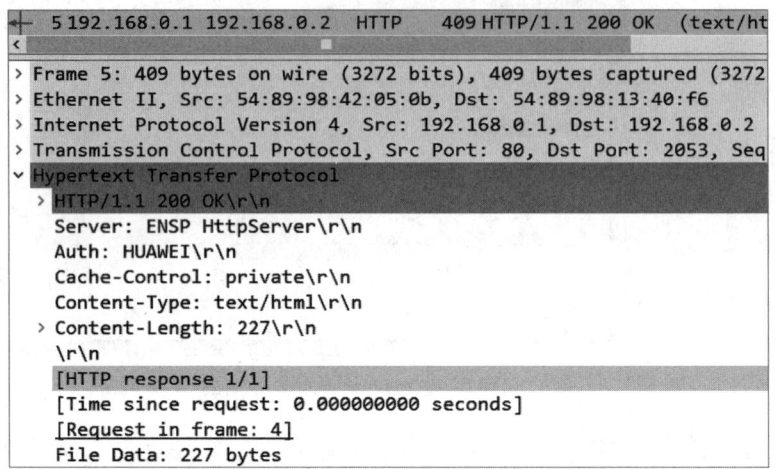

图 9-80　捕获的 HTTP 响应数据分析

三、DNS 协议分析

在客户端上，不再使用 IP 地址来访问 Web 服务，而是使用图 9-81 所示域名（http：//www.test.com/test.html）来访问 Web 服务。

图 9-81　客户端使用域名来访问服务端的 Web 服务

由于使用了域名来访问 Web 服务，客户端首先要进行域名解析，客户端设置的域名服务器地址为 192.168.0.1（左侧主机），客户端则发出解析 www.test.com 这一域名的请求，而 192.168.0.1 主机上已经启用了 DNS 服务，且已配置将 www.test.com 解析为 192.168.0.1，从而给出该响应。

图 9-82 中可以看出，根据 Flag 字段，可知这是一个标准请求，请求事务 ID 为 0x0001，查询问题个数为 1，期望查询 www.test.com 的 IPv4 地址。

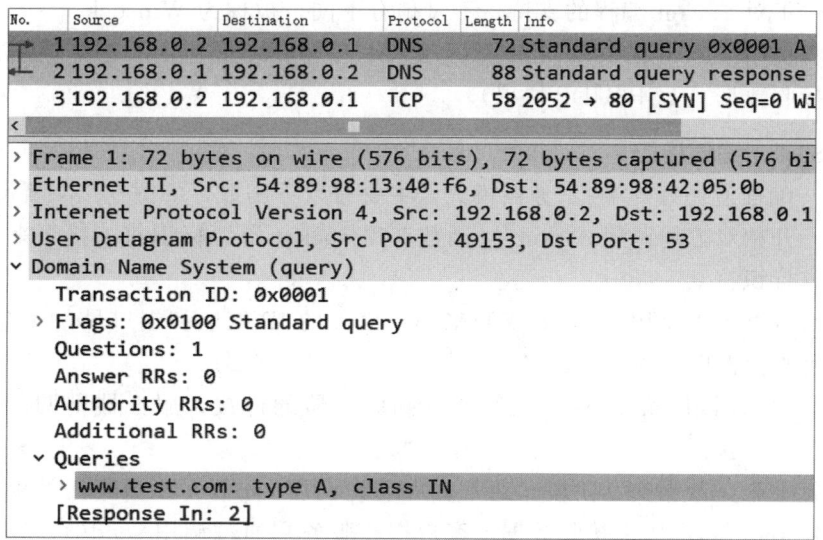

图 9-82　捕获的 DNS 请求数据分析

图 9-83 中可以看出，根据 Flag 字段，可知这是一个标准响应；请求事务 ID 为 0x0001，从而与图 9-82 中的请求对应起来，查询问题及回答个数为 1，期望查询 www.test.com 的 IPv4 地址为 192.168.0.1。

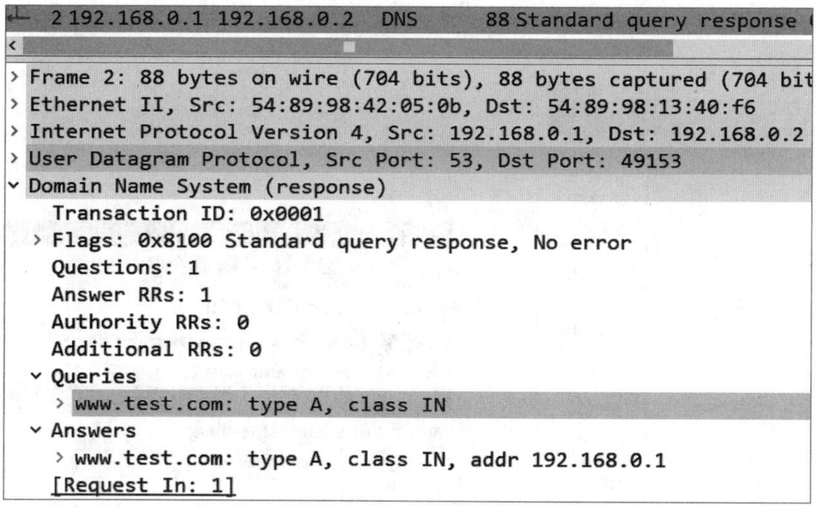

图 9-83　捕获的 DNS 响应数据分析

视频 9-9

第九节 Socket 编程基础

Socket 是一种独立于协议的网络编程接口，又被称为 Berkeley socket 或者 BSD socket，在 1983 年，随着 BSD 4.2 操作系统而发布。

时至今日，这些接口的底层实现不断进化，但接口仍保持不变。Windows 操作系统也提供了对 Socket 编程的支持，不过稍有不同，被称为 Winsock。

下面将使用 Visual Studio 2022 社区版来编写 Winsock 应用程序，调用接口函数来发送或接收数据（TCP/UDP 协议）。

一、Socket 编程接口

Socket 编程遵循客户端/服务器模式，主要有以下函数，如图 9-84 所示。

（1）一开始双方均调用 socket() 函数获得 socket 资源标识符，接下来在其他函数中使用该标识符。

（2）服务器可以调用 bind() 函数来绑定服务的 IP 地址和端口号，接着调用 listen() 函数侦听客户端的主动连接。

（3）客户端调用 connect() 函数建立到服务器的连接，服务器则调用 accept() 函数来接受该连接。

（4）接下来是数据交互阶段。通常客户端先调用 send() 函数发送请求数据，服务端则调用 recv() 函数来接收数据。客户端和服务端通过调用 send() 和 recv() 函数一直交互下去。

（5）最后双方调用 close() 函数，释放 socket 资源。

上面的基本模型，对于 TCP 协议和 UDP 协议略有不同。

首先需要新建一个 Visual Studio 解决方案，再在解决方案中新建项目。后续的实践中将有 4 个项目，分别为 TCP 客户端、TCP 服务器、UDP 客户端、UDP 服务器，如图 9-85 所示。

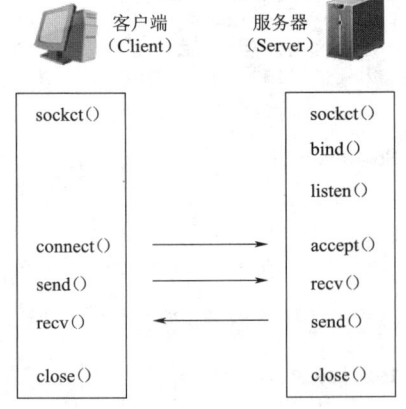

图 9-84 Socket 编程的核心接口函数　　图 9-85 Visual Studio 中新建的解决方案及项目

每个项目中,要通过头文件 winsock2.h 引入 Winsock 接口函数声明,通过预处理指令,告诉编译器使用 Winsock 库文件,如图 9-86 所示。

如图 9-87 所示,在调用 Winsock 接口函数前,必须先调用 WSAStartup 来初始化 Winscok,这里将其封装到 setup 函数。在程序的最后需要调用 WSACleanup 释放 Winsock 占用的资源,这里将其封装到 cleanup() 函数。

```
#include <winsock2.h>
#pragma comment (lib, "ws2_32.lib")
```

```
void setup() {
    WSADATA data;
    int result;

    result = WSAStartup(MAKEWORD(2, 2), &data);
    if (result != 0) {
        printf("WSAStartup failed: %d\n", result);
        exit(-1);
    }
}

void cleanup() {
    WSACleanup();
}
```

图 9-86　Visual Studio 项目中引入 Winsock 接口函数

图 9-87　Visual Studio 中初始化 Winsock 及清理资源

二、TCP 服务器程序

首先调用 socket() 函数创建套接字,AF_INET 表示使用 IPv4 地址,SOCK_STREAM 与 AF_INET 配合,表示使用 TCP 协议,函数返回 socket 资源标识符。接着声明套接字地址变量 serverAddr,设置地址家族为 IPv4 地址,设置地址值为任意网络接口地址(32bit 全 0,即对应地址 0.0.0.0),设置端口号为 8060(代码中使用的是宏 SERVER_PORT)。代码中包含了 socket()、bind()、listen() 函数调用失败时的处理,可以调用 closeSocket 函数〔该函数是 Winsock 特有的,对应 BSD socket 中的 close() 函数〕来释放 socket 资源,如图 9-88 所示。

调用 bind() 函数将前面的创建的套接字绑定到 serverAddr。调用 listen() 函数在套接字上侦听 TCP 连接。

声明字符数组 buffer,用于从网络接收数据。进入循环,逐个处理 TCP 客户端。调用 accept() 函数,accept() 函数只有成功接受一个 TCP 连接或者出错才返回。accept() 函数记录下对端的地址及端口,返回一个新的套接字,用于后续的数据交互,如图 9-89 所示。

调用 recv() 函数,在上面返回的套接字上接收数据,存放到声明字符数组 buffer。recv() 函数等待数据,直到读得数据,或者出错,recv() 才返回。接收到数据后,在终端输出客户端发来的字符串。之后调用 send() 函数,向客户端发回字符序列 "I am tcp server"。发送完毕后,即关闭连接。注意:实际通信中,数据格式及交互时序要比这复杂得多。

三、TCP 客户端程序

首先调用 socket() 函数创建 TCP 套接字。声明套接字地址变量 serverAddr,服

```c
int main() {
    setup();

    SOCKET listeningSock = socket(AF_INET, SOCK_STREAM, 0);
    if (listeningSock == INVALID_SOCKET) {
        printf("socket failed with error: %ld\n", WSAGetLastError());
        cleanup();
        return -1;
    }

    sockaddr_in serverAddr;
    memset(&serverAddr, 0, sizeof(serverAddr));
    serverAddr.sin_family = AF_INET;
    serverAddr.sin_addr.s_addr = htonl(INADDR_ANY);
    serverAddr.sin_port = htons(SERVER_PORT);

    int result = bind(listeningSock, (SOCKADDR*)&serverAddr,
                      sizeof(serverAddr));
    if (result < 0) {
        printf("bind failed with error: %d\n", WSAGetLastError());
        closesocket(listeningSock);
        cleanup();
        return -1;
    }
    result = listen(listeningSock, 5);
    if (result < 0) {
        printf("listen failed with error: %d\n", WSAGetLastError());
        closesocket(listeningSock);
        cleanup();
        return -1;
    }
}
```

图 9-88　TCP 服务器程序的初始化

务器的地址为 127.0.0.1（宏 SERVER_IP），服务器的端口号为 8060（宏 SERVER_PORT）。调用 connect() 函数连接服务端，如图 9-90 所示。

connect() 函数调用成功，则建立了 TCP 连接。接下来调用 send() 函数，向服务器发送字符序列"I am tcp client"。之后调用 recv() 函数，接收服务器送回的数据，并输出服务器送回的字符串，如图 9-91 所示。

编译程序后，先执行 TCP 服务器，再执行 TCP 客户端，如图 9-92 所示。

客户端先发送字符序列"I am tcp client"，服务器接收到"I am tcp client"，服务器送回"I am tcp server"，客户端接收到送回的"I am tcp server"。

四、UDP 服务器程序

首先调用 socket() 函数创建 UDP 套接字。声明套接字地址变量 serverAddr，端口号为 8050，地址为本地网络接口所有地址。调用 bind() 函数绑定地址。UDP 无须调用 listen() 函数，如图 9-93 所示。

循环中，UDP 无须调用 accept() 函数，直接调用 recvfrom() 函数，读得数据，取得客户端地址，并在终端输出客户端送来的字符串；调用 sendto() 函数，将"I am udp server"发送给客户端，并在终端输送给客户端的字符串，如图 9-94 所示。

第九节　Socket 编程基础

```
SOCKET acceptedSock;
sockaddr_in acceptedAddr;
int addrSize;
char buffer[BUF_SIZE];
int segmentSize;
while (1) {
    addrSize = sizeof(acceptedAddr);
    acceptedSock = accept(listeningSock, (SOCKADDR *)&acceptedAddr,
                          &addrSize);
    if (acceptedSock == INVALID_SOCKET) {
        printf("accept failed with error: %d\n", WSAGetLastError());
        closesocket(listeningSock);
        cleanup();
        return -1;
    }

    segmentSize = recv(acceptedSock, buffer, BUF_SIZE, 0);
    if (segmentSize < 0) {
        printf("recvfrom failed with error: %d\n", WSAGetLastError());
        closesocket(acceptedSock);
        closesocket(listeningSock);
        cleanup();
        return -1;
    }
    buffer[segmentSize] = '\0';
    printf("received: %s\n", buffer);

    strcpy(buffer, "I am tcp server");
    segmentSize = strlen(buffer);
    result = send(acceptedSock, buffer, segmentSize, 0);
    if (result < 0) {
        printf("send failed with error: %d\n", WSAGetLastError());
        closesocket(acceptedSock);
        closesocket(listeningSock);
        cleanup();
        return -1;
    }
    printf("sended: %s\n", buffer);

    closesocket(acceptedSock);
}
```

图 9-89　TCP 服务器程序接受连接并服务

五、UDP 客户端程序

首先创建 UDP 套接字。声明套接字地址变量 serverAddr，服务器的地址为 127.0.0.1，服务器的端口号为 8050，如图 9-95 所示。

UDP 客户端无须调用 connect() 函数，直接调用 sendto() 函数，向服务器发送 "I am udp client"，并在终端输出发给服务器的字符串。接下来调用 recvfrom() 函数，接收服务器送回的数据，并在终端输出服务端送回的字符串，如图 9-96 所示。

编译程序后，先执行 UDP 服务器，再执行 UDP 客户端，如图 9-97 所示。

客户端先发送字符序列 "I am udp client"，服务器接收到 "I am udp client"，服务端送回 "I am udp server"，客户端接收到送回的 "I am udp server"。

视频 9-10

```
int main() {
    setup();

    SOCKET sock = socket(AF_INET, SOCK_STREAM, 0);
    if (sock == INVALID_SOCKET) {
        printf("socket failed with error: %ld\n", WSAGetLastError());
        cleanup();
        return -1;
    }

    sockaddr_in serverAddr;
    memset(&serverAddr, 0, sizeof(serverAddr));
    serverAddr.sin_family = AF_INET;
    serverAddr.sin_addr.s_addr = inet_addr(SERVER_IP);
    serverAddr.sin_port = htons(SERVER_PORT);

    int result = connect(sock, (SOCKADDR*)&serverAddr, sizeof(serverAddr));
    if (result < 0) {
        printf("connect failed with error: %d\n", WSAGetLastError());
        closesocket(sock);
        cleanup();
        return -1;
    }
```

图 9-90　TCP 客户端程序的初始化

```
char buffer[BUF_SIZE] = { "I am tcp client" };
int msgSize = strlen(buffer);
result = send(sock, buffer, msgSize, 0);
if (result < 0) {
    printf("send failed with error: %d\n", WSAGetLastError());
    closesocket(sock);
    cleanup();
    return -1;
}
printf("sended: %s\n", buffer);

int segmentSize = recv(sock, buffer, BUF_SIZE, 0);
if (segmentSize < 0) {
    printf("recv failed with error: %d\n", WSAGetLastError());
    closesocket(sock);
    cleanup();
    return -1;
}
buffer[msgSize] = '\0';
printf("received: %s\n", buffer);

closesocket(sock);
cleanup();
```

图 9-91　TCP 客户端程序发送及接收数据

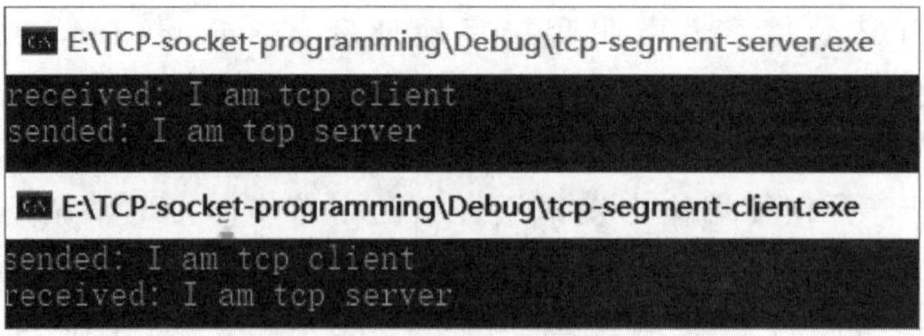

```
E:\TCP-socket-programming\Debug\tcp-segment-server.exe
received: I am tcp client
sended: I am tcp server

E:\TCP-socket-programming\Debug\tcp-segment-client.exe
sended: I am tcp client
received: I am tcp server
```

图 9-92　TCP 服务器及客户端运行结果

第九节 Socket 编程基础

```
int main() {
    setup();

    SOCKET sock = socket(AF_INET, SOCK_DGRAM, 0);
    if (sock == INVALID_SOCKET) {
        printf("socket failed with error: %ld\n", WSAGetLastError());
        cleanup();
        return -1;
    }

    sockaddr_in serverAddr;
    memset(&serverAddr, 0, sizeof(serverAddr));
    serverAddr.sin_family = AF_INET;
    serverAddr.sin_addr.s_addr = htonl(INADDR_ANY);
    serverAddr.sin_port = htons(SERVER_PORT);

    int result = bind(sock, (SOCKADDR*)&serverAddr, sizeof(serverAddr));
    if (result < 0) {
        printf("bind failed with error: %d\n", WSAGetLastError());
        closesocket(sock);
        cleanup();
        return -1;
    }
```

图 9 - 93 UDP 服务器程序的初始化

```
sockaddr_in peerAddr;
int addrSize;
char buffer[BUF_SIZE];
int msgSize;
while (1) {
    addrSize = sizeof(SOCKADDR);
    msgSize = recvfrom(sock, buffer, BUF_SIZE, 0, (SOCKADDR*)&peerAddr,
                      &addrSize);
    if (msgSize < 0) {
        printf("recvfrom failed with error: %d\n", WSAGetLastError());
        closesocket(sock);
        cleanup();
        return -1;
    }
    buffer[msgSize] = '\0';
    printf("received: %s\n", buffer);

    strcpy(buffer, "I am udp server");
    msgSize = strlen(buffer);
    result = sendto(sock, buffer, msgSize, 0, (SOCKADDR*)&peerAddr,
                   sizeof(peerAddr));
    if (result < 0) {
        printf("sendto failed with error: %d\n", WSAGetLastError());
        closesocket(sock);
        cleanup();
        return -1;
    }
    printf("sended: %s\n", buffer);
}
```

图 9 - 94 UDP 服务器收发数据

```
int main() {
    setup();

    SOCKET sock = socket(AF_INET, SOCK_DGRAM, 0);
    if (sock == INVALID_SOCKET) {
        printf("socket failed with error: %ld\n", WSAGetLastError());
        cleanup();
        return -1;
    }

    sockaddr_in serverAddr;
    memset(&serverAddr, 0, sizeof(serverAddr));
    serverAddr.sin_family = AF_INET;
    serverAddr.sin_addr.s_addr = inet_addr(SERVER_IP);
    serverAddr.sin_port = htons(SERVER_PORT);
```

图 9-95 UDP 客户端程序的初始化

```
sockaddr_in serverAddr;
memset(&serverAddr, 0, sizeof(serverAddr));
serverAddr.sin_family = AF_INET;
serverAddr.sin_addr.s_addr = inet_addr(SERVER_IP);
serverAddr.sin_port = htons(SERVER_PORT);

char buffer[BUF_SIZE] = { "I am udp client" };
int msgSize = strlen(buffer);
int result = sendto(sock, buffer, msgSize, 0,
                    (SOCKADDR *)&serverAddr, sizeof(serverAddr));
if (result < 0) {
    printf("sendto failed with error: %d\n", WSAGetLastError());
    closesocket(sock);
    cleanup();
    return -1;
}
printf("sended: %s\n", buffer);

sockaddr_in peerAddr;
int addrSize = sizeof(SOCKADDR);
msgSize = recvfrom(sock, buffer, BUF_SIZE, 0,
                   (SOCKADDR *)&peerAddr, &addrSize);
if (msgSize < 0) {
    printf("recvfrom failed with error: %d\n", WSAGetLastError());
    closesocket(sock);
    cleanup();
    return -1;
}
buffer[msgSize] = '\0';
printf("received: %s\n", buffer);
```

图 9-96 UDP 客户端收发数据

```
E:\TCP-socket-programming\Debug\udp-message-server.exe
received: I am udp client
sended: I am udp server

E:\TCP-socket-programming\Debug\udp-message-client.exe
sended: I am udp client
received: I am udp server
```

图 9-97 UDP 服务器、客户端运行结果

382

本 章 小 结

（1）Windows 操作系统提供了一些计算机网络相关命令行工具，这包括网卡配置命令 ipconfig、网络连通测试命令 ping、路由追踪命令 tracert、网络状态查询命令 netstat、域名查询命令 nslookup 等，熟悉其应用方法及背后机制，有助于解决一般性的网络故障。

（2）eNSP 网络仿真工具，用于仿真交换机、路由器、主机等设备，在其中新建网络拓扑后，拖放设备到网络拓扑中，并使用网线等连接设备接口，启动设备后，可以进入交换机、路由器的系统视图中，对设备进行配置，启用各种网络功能。

（3）使用 eNSP 搭建网络拓扑，启用交换机的 VLAN 功能，按接口划分 VLAN，实现不同 VLAN 间的隔离，还可以使用 Wireshark 捕获 VLAN 帧、以太网帧进行对比，分析交换机的 VLAN 实现机制。

（4）使用 eNSP 搭建网络拓扑，验证主机之间可以 ping 通，使用 Wireshark 捕获相应的 ARP、ICMP 数据报，进而分析 ARP、IP（ICMP 装入了 IP 中）、ICMP 协议的格式，以及其工作特点。

（5）使用 eNSP 搭建网络拓扑，在路由器上启用 DHCP 功能，使用 Wireshark 捕获 DHCP 相关的数据包，进行简单分析，了解 DHCP 的工作特点和功能。使用 eNSP 搭建网络拓扑，在路由器上配置 NAT 功能，使用 Wireshark 捕获地址转换前后的数据报，进行分析对比。

（6）使用 eNSP 搭建网络拓扑，在多个路由器上配置静态路由，分析路由表，验证数据报的逐跳转发。使用 eNSP 搭建拓扑网络，在多个路由器上启用 RIP 路由功能，分析路由表，验证数据报的逐跳转发。

（7）使用 eNSP 搭建网络拓扑，模拟 DNS、Web 服务器，捕获 DNS（使用 UDP）、HTTP（使用 TCP）相关的消息，进而分析 UDP 用户数据报的格式、TCP 段的格式，特别是分析 TCP 建立连接、释放连接的过程。

（8）nginx 在生产环境中应用广泛，配置并启动它，简单验证其 Web 服务器功能、反向代理功能、负载均衡功能。

（9）使用 eNSP 搭建网络拓扑，模拟 DNS、Web 服务器，捕获 DNS、HTTP 相关的消息，分析 DNS 请求、DNS 响应、HTTP 请求、HTTP 响应的格式，理解其工作特点。

（10）在 Windows 平台上使用 Winsock 来编写简单的 UDP 服务器、UDP 客户端、TCP 服务器、TCP 客户端，理解 socket()、bind()、listen()、connect()、accpet()、send()、recv()、sendto()、recvfrom() 等函数的功能，了解编写网络应用程序的一般方法。

参 考 文 献

[1] 张自力. 基于问题学习的计算机网络教程 [M]. 北京：电子工业出版社，2013.
[2] 谢钧，谢希仁. 计算机网络教程：微课版 [M]. 6版. 北京：人民邮电出版社，2021.
[3] 王达. 深入理解计算机网络 [M]. 北京：中国水利水电出版社，2017.
[4] 谢希仁. 计算机网络 [M]. 7版. 北京：电子工业出版社，2017.
[5] James F Kurose，Keith W Ross. 计算机网络：自顶向下方法 [M]. 陈鸣，译.8版. 北京：机械工业出版社，2022.
[6] 吴功宜，吴英. 计算机网络高级教程 [M]. 2版. 北京：清华大学出版社，2015.
[7] 徐恪，吴建平，徐明伟. 高等计算机网络：体系结构、协议机制、算法设计与路由器技术 [M]. 2版. 北京：机械工业出版社，2008.
[8] William Stallings. 现代网络技术：SDN、NFV、QoE、物联网和云计算 [M]. 胡超，邢长友，陈鸣，译. 北京：机械工业出版社，2018.
[9] 陈震，曹军威，尹浩. 内容中心网络体系架构 [M]. 北京：清华大学出版社，2014.
[10] 金志刚. 计算机网络 [M]. 西安：西安电子科技大学出版社，2009.
[11] 蔡开裕，朱培栋，徐明. 计算机网络 [M]. 2版. 北京：机械工业出版社，2008.
[12] Andrew S Tanenbaum. 计算机网络 [M]. 熊桂喜，王小虎，译.3版. 北京：清华大学出版社，1998.
[13] 朱俊虎. 网络攻防技术 [M]. 2版. 北京：机械工业出版社，2019.
[14] 吴礼发，洪征. 网络攻防原理与技术 [M]. 4版. 北京：机械工业出版社，2025.
[15] Andrew S Tanenbaum，David J Wetherall. 计算机网络 [M]. 严伟，潘爱民，译.5版. 北京：清华大学出版社，2012.
[16] Larry L Peterson，Bruce S Davie. 计算机网络：系统方法 [M]. 王勇，张龙飞，李明，等，译.5版. 北京：机械工业出版社，2015.
[17] 竹下隆史，村山公保，荒井透，等. 图解 TCP/IP [M]. 乌尼日其其格，译.5版. 北京：人民邮电出版社，2013.